Impressum

Verfasserin und Herausgeberin:
Sr. M. Clara Petschnigg
Pottenmühlenweg 28
52064 Aachen
Deutschland

„Die verschwiegene Hälfte der Kirche – Frauen und Ämter im Licht der Quellen“
1. Auflage, 2025
ISBN: 9783819410048
Covergestaltung: Michael Petschnigg
Cover-Hintergrund: „Ende Johannesevangelium“ (Seite 260r aus dem Codex Sinaiticus),
gemeinfrei – Wikimedia Commons, Datei: Ende_Johannesevangelium.jpg

Bibliografische Information der Deutschen Nationalbibliothek:
Die Deutsche Nationalbibliothek verzeichnet diese Publikation in der Deutschen Nationalbibliografie.
Detaillierte bibliografische Daten sind im Internet über http://dnb.d-nb.de abrufbar.

Herstellung und Druck über tolino media GmbH & Co. KG,
Albrechtstr. 14, 80636 München. Printed in Germany.
Fragen zu Produktsicherheit an: gpsr@tolino.media.

Die verschwiegene Hälfte der Kirche

Frauen und Ämter im Licht der Quellen

Inhalt

EINLEITUNG

An einem ruhigen Abend mache ich mich auf den Weg zur Messe – ein liebgewonnenes Ritual, um den Tag in Stille ausklingen zu lassen und mich bewusst Gott zuzuwenden. Die Straßen sind still, die Luft mild. Als ich die Kirche fast erreicht habe, höre ich plötzlich Stimmen.

Vor der Kirchentür steht eine Gruppe von Frauen. Sie halten Schilder in den Händen, ihre Gesichter sind entschlossen. Auf mich wirken sie verhärtet und konfrontativ – nicht weil sie laut wären, sondern weil ich das Gefühl habe, ihr Protest richtet sich auch gegen mich. Eine Woche lang, so erfahre ich später aus den Medien, wollen sie keine Kirche betreten, um den Zugang von Frauen zu allen Ämtern zu fordern.

Ich bleibe einen Moment stehen, spüre Irritation und auch Enttäuschung. Ich bin nicht gekommen, um zu streiten oder zu diskutieren, sondern um zu beten. Für mich ist der tägliche Besuch der heiligen Messe und die Anbetung zusammen mit dem Stundengebet der Kirche die Kraftquelle, aus der heraus ich meinen Alltag als Lehrerin bestreite.

Ich betrete das Gotteshaus, lasse die Stimmen draußen zurück, doch ihre Botschaft hallt in mir nach. Während ich in der Stille sitze, frage ich mich: Warum wirkt ihr Protest wie ein Gegensatz zu meinem Wunsch nach Einkehr?

Warum fühlt es sich an, als müsste ich mich für mein Bedürfnis nach Stille und Gebet rechtfertigen? Warum muss es in der Kirche überhaupt zwei so gegensätzliche Lager geben: die einen, die leidenschaftlich für Gleichberechtigung und Reformen streiten, die anderen, die ebenso entschieden für den Erhalt der überlieferten Ordnung kämpfen, aus Sorge, dass Angleichung an den Zeitgeist die Botschaft Christi verwässert?

Dieses Erlebnis hat mich zum Nachdenken gebracht. Die Irritation über den Protest wich nach und nach einer tieferen Frage: Wie sah die Rolle der Frau in der Kirche historisch eigentlich aus? Gibt es wirklich eine durchgehende Tradition, die Frauen von kirchlichen Ämtern ausschließt? Oder hat es in der Geschichte auch andere Stimmen und Praktiken gegeben, die in Vergessenheit geraten sind? Ich wollte es genauer wissen.

Die Fragen ließen mich nicht mehr los. Die Frage nach der Rolle der Frau in der Kirche ist keine rein akademische. Sie betrifft das Selbstverständnis von Kirche, die Art, wie wir miteinander Glauben leben, und sie berührt auch das Bild von Gott, das wir weitergeben. Immer mehr wurde mir klar: Es geht nicht nur um historische Fakten, sondern auch um Deutungen, um Macht, um Traditionen – und darum, wie wir heute Kirche gestalten wollen.

Ich bin mir bewusst: Noch vor einem Jahrhundert hätte ich nicht so selbstverständlich Theologie studiert oder gemeinsam mit einem Priester ein Vorseminar für Priesteramtskandidaten leiten können, wie ich es vor über 20 Jahren bereits getan habe. Aber müssen solche Veränderungen derart aggressiv, wie es mir vorkommt, und teilweise unreflektiert erkämpft werden? Geht es in der Kirche nicht im Gegenteil um etwas ganz anderes? Gibt es nicht schon ausreichend viele Betätigungsfelder für Frauen in der Kirche? Sind solche Protestaktionen nicht einfach nur ein Machtstreben, das der christlichen Botschaft zutiefst widerstrebt? Müssen wir nicht vor allem für die Kirche und ihre Leitung beten, anstatt aus Protest keine Kirche zu betreten?

Um den gegensätzlichen Positionen in der Frage auf den Grund zu gehen, habe ich beschlossen, vor allem einen Blick auf die biblischen und historischen Quellen zu werfen, um mir ein eigenes fundiertes Urteil bilden zu können. Bei der Untersuchung dieser Quellen kam es mir zugute, dass ich nicht nur Theologin bin, sondern auch Griechisch und Latein studiert habe und mir so die meisten Quellen im Urtext zugänglich sind. Meine Recherchen wurden zu einer abenteuerlichen Reise durch die Bibel und durch die Kirchengeschichte – voller Spannung, Überraschung und manchmal auch Widerspruch. Ich lade Sie, liebe Leser und Leserinnen, ein, mich auf diesem Weg zu begleiten.

In diesem Buch möchte ich keine fertige Antwort vorlegen, sondern eine Grundlage für die eigene Urteilsbildung schaffen. Ich werde biblische und historische Zeugnisse analysieren, die Rolle von Frauen in der frühen Kirche und in kirchlichen Ämtern untersuchen, bedeutende Texte des kirchlichen Lehramts analysieren und Entwicklungen der Gegenwart einordnen. Ziel ist es nicht, zu „beweisen“, was sein darf oder nicht, sondern zu verstehen, wie es war, und zu fragen, was daraus folgen könnte.

Zur besseren Verständlichkeit werden griechische Begriffe gelegentlich zusätzlich in eckigen Klammern [ ] in lateinischer Umschrift angegeben. Dies dient der Lesbarkeit und Orientierung auch für Leserinnen und Leser ohne Griechischkenntnisse.

Wenn es der Kirche heute gelingt, auf ihre Ursprünge zu hören, könnte sie den Mut finden, ihre bestehenden Strukturen im Licht des Evangeliums neu zu überdenken.

Wenn ich in diesem Buch über Ämter in der Katholischen Kirche schreibe, ist mir eines besonders wichtig: Die Zukunft der Kirche entscheidet sich nicht an ihren Strukturen, sondern an der Tiefe und Echtheit des gelebten Glaubens. Diese Überzeugung möchte ich gleich zu Beginn deutlich machen.

Vorgehensweise der Untersuchungen

Die Frage nach der Stellung der Frau in der Kirche – insbesondere mit Blick auf kirchliche Ämter – berührt theologische, gesellschaftliche, kirchenrechtliche und spirituelle Dimensionen. Sie lässt sich weder ausschließlich historisch noch rein dogmatisch beantworten.

In diesem Buch soll deshalb ein mehrstufiger und interdisziplinärer Zugang gewählt werden, der sowohl die historische Tiefe als auch die aktuelle Relevanz dieser Thematik berücksichtigt.

Im ersten Teil des Buchs möchte ich den Blick auf die biblischen Zeugnisse des Neuen Testaments werfen. Hier steht die Frage im Zentrum, wie Frauen von Anfang an in den Gemeinden mit Verantwortung betraut wurden und welche Rollen sie in der Nachfolge Jesu und in den frühen Gemeinden einnahmen. Dabei soll es nicht vorrangig um die Konstruktion späterer Ämter gehen – denn zu Lebzeiten Jesu existierten weder das kirchliche Amtsverständnis noch die institutionalisierte Kirche –, sondern um die Haltung Jesu gegenüber Frauen. Wie hat Jesus Frauen behandelt? Wie hat er mit ihnen kommuniziert? Und wie spiegeln sich diese Begegnungen in den Evangelien wider? Solche Fragen helfen, ein theologisches und menschliches Gespür für die

Grundausrichtung der christlichen Botschaft zu entwickeln.
Im zweiten Teil der Untersuchung wird das Augenmerk auf die Stellung der Frau im Laufe der Kirchengeschichte gelegt. Besonders das Amt der Diakonin, das in den Quellen vielfach belegt ist, steht exemplarisch für weibliche Mitwirkung an liturgischen, pastoralen und sozialen Aufgaben. Durch die Analyse von zentralen Texten unterschiedlicher Art und von wenigen archäologischen Zeugnissen sollen die Aufgaben und die Stellung, die mit diesem Amt verknüpft waren, aufgezeigt werden.
Der dritte Teil widmet sich der Betrachtung bedeutender lehramtlicher und kirchlicher Dokumente der jüngeren Vergangenheit, insbesondere seit dem Zweiten Vatikanischen Konzil. Texte wie *Inter Insigniores* (1976), *Ordinatio Sacerdotalis* (1994) oder die Aussagen des kirchlichen Lehramts im Rahmen des Synodalen Wegs bieten einen Einblick in die Spannungen zwischen Traditionsbewusstsein, kirchlichem Recht und dem Wunsch nach Erneuerung. In diesem Zusammenhang werde ich vor allem die Argumente, mit denen Frauen von kirchlichen Ämtern ausgeschlossen werden, analysieren.
Diese drei Untersuchungsebenen – biblisch-exegetisch, kirchengeschichtlich und gegenwartsorientiert – werden durch eine hermeneutische Grundhaltung miteinander verbunden: Der Blick in die Geschichte soll nicht bloß rückwärtsgewandt, sondern wegweisend sein. Es geht darum, aus der Geschichte zu lernen, um für die Gegenwart Orientierung zu gewinnen. Gerade der Blick

auf die Anfänge des Christentums kann eine inspirierende Kraft entfalten, wenn es um die Frage nach Teilhabe und Mitgestaltung in der Kirche heute geht.
Viele biblische und kirchliche Texte lassen sich nicht eindeutig lesen. Immer wieder bin ich bei der Arbeit an diesem Buch auf Stellen gestoßen, die ganz unterschiedlich verstanden werden, je nachdem, aus welcher Perspektive man sie betrachtet, mit welchem Vorverständnis man herangeht oder welche Erfahrungen man selbst gemacht hat. Diese Vielfalt möchte ich nicht glätten, sondern sichtbar machen. Deshalb stelle ich an vielen Stellen verschiedene Deutungen einander gegenüber: Was sagen alte und neue Ausleger dazu? Welche Gedanken öffnen mir einen Zugang – und welche lassen mich eher ratlos zurück?
Die methodische Leitlinie dieser Arbeit ist eine theologisch verantwortete und historisch fundierte Spurensuche. Sie folgt den Spuren bedeutender Frauen der Bibel und der Kirchengeschichte, um aus der Vielfalt der Zeugnisse heraus eine ehrliche und offene Diskussion über kirchliche Berufung und Autorität zu ermöglichen. Das Buch ist dabei nicht rein linear oder ausschließlich sachlich aufgebaut: Neben der chronologischen Darstellung kirchengeschichtlicher Entwicklungen füge ich immer wieder persönliche Reflexionen ein. Diese Abschnitte sind *kursiv gesetzt* und leicht eingerückt – sie geben meiner eigenen Auseinandersetzung mit den Themen Raum. Sie sollen keine endgültige Antwort geben, sondern zeigen, wie ich mich im Ringen um Wahrheit und Gerechtigkeit in der Kirche orientiere: offen für

unterschiedliche Stimmen, aber auch bereit, eine eigene Position zu wagen.

Außerdem finden sich zwischen den historischen Kapiteln vereinzelt grau hinterlegte Abschnitte, in denen *Hintergrundinformationen* zur jeweiligen Epoche gegeben werden. Diese Einschübe sind thematisch notwendig, um das Gesagte im jeweiligen historischen Kontext besser verstehen und einordnen zu können.

Nun lade ich Sie ein, liebe Leserinnen und Leser, sich mit mir gemeinsam auf die Reise durch die Kirchengeschichte zu begeben, um die verborgene Hälfte der Kirche aufzuspüren und zu betrachten: im Geist des Evangeliums, der Gerechtigkeit und der Würde aller Getauften.

I. Frauen im Neuen Testament

Im Neuen Testament begegnen uns Frauen in sehr unterschiedlichen Rollen: als Begleiterinnen Jesu, als Gastgeberinnen und Gemeindeleiterinnen, als Prophetinnen und Diakoninnen, als Unterstützerinnen und als erste Zeuginnen der Auferstehung. Doch neben diesen starken Bildern stehen auch Aussagen, die Frauen eine zurückhaltende, stille oder gar untergeordnete Rolle zuschreiben. Dieses Spannungsfeld macht deutlich, wie vielschichtig und teilweise widersprüchlich das Bild der Frau bereits in den frühesten christlichen Schriften war – und wie eng sich daran bis heute zentrale Fragen kirchlicher Identität und Autorität knüpfen.

Die entstehende Kirche formierte sich in einem kulturellen Umfeld, das sowohl vom hellenistisch-römischen Denken als auch von den Traditionen des Judentums geprägt war. Diese Einflüsse prägten nicht nur das gesellschaftliche Leben, sondern schlugen sich auch in der theologischen Sprache, im Amtsverständnis und in den Erwartungen an die Geschlechterrollen innerhalb der Gemeinden nieder.

Gerade in dieser frühen Phase des Christentums zeigt sich: Frauen waren keine Randfiguren. Sie nahmen aktiv Anteil am Gemeindeleben, wirkten als Missionarinnen, Lehrerinnen und spirituelle Begleiterinnen. Namen wie Lydia, Priska, Phoebe oder Junia stehen exemplarisch für diese Realität weiblicher Präsenz und Mitverantwortung.

Ihre Erwähnung in den neutestamentlichen Texten ist kein Zufall, sondern ein Hinweis darauf, dass Frauen in den ersten christlichen Gemeinden wichtige Aufgaben übernahmen, auch wenn diese später in der kirchlichen Erinnerung oft übersehen oder gezielt marginalisiert wurden.

Gleichzeitig sind die neutestamentlichen Texte nicht widerspruchsfrei. Neben den Schilderungen von Frauen in öffentlich-wirksamen Rollen stehen Passagen, in denen ihnen das Lehren oder Sprechen in der Gemeinde untersagt wird. Solche Anweisungen – oft als „Schweigebefehle" bezeichnet – werfen Fragen auf: War Paulus ein Förderer weiblicher Mitwirkung oder Ausdruck seiner Zeit? Sind diese Aussagen theologisch begründet – oder waren sie Reaktionen auf konkrete Konflikte innerhalb einzelner Gemeinden?

Eindeutige Antworten gibt es darauf nicht. Doch gerade das Nebeneinander gegensätzlicher Aussagen lädt zu einer genauen, differenzierten Lektüre ein. Es zeigt: Es gab im frühen Christentum kein einheitliches Frauenbild, keine allgemeingültige Rollenverteilung. Vielmehr spiegeln sich in den Schriften des Neuen Testaments unterschiedliche theologische Perspektiven, regionale Besonderheiten und kulturelle Prägungen wider.

Dieses Kapitel beginnt daher mit einem Blick auf die gesellschaftlichen Rahmenbedingungen jener Zeit. Es folgt eine Analyse der Begegnungen Jesu mit Frauen, der Rolle von Frauen in der Apostelgeschichte und den Paulusbriefen sowie eine Auseinandersetzung mit den Aussagen der Pastoralbriefe und weiterer

neutestamentlicher Schriften. Ziel ist es, historische Entwicklungen sichtbar zu machen und zugleich theologische Grundlagen für die heutige Debatte um die Rolle der Frau in der Kirche herauszuarbeiten.
Diese Spurensuche beginnt mit der Frage: Wie lebten Frauen im antiken Mittelmeerraum und wie hat sich ihre Lebenswirklichkeit in den biblischen Texten niedergeschlagen?

Frauen in der antiken Welt

Wer die Rolle der Frau im Neuen Testament verstehen will, muss die gesellschaftlichen Verhältnisse jener Zeit kennen. Denn die biblischen Texte spiegeln eine Welt wider, die in vielem von patriarchalen Strukturen geprägt war, aber zugleich komplexer und widersprüchlicher, als man es lange angenommen hat.

Die mediterrane Gesellschaft des ersten Jahrhunderts nach Christus war ein Schmelztiegel unterschiedlicher Kulturen: Griechisch-hellenistische Bildungstraditionen, römisches Rechtsdenken und jüdische Religionspraxis überlagerten sich, und mit ihnen auch die Vorstellungen davon, was Frauen durften, konnten und sollten.

Die weitverbreitete Vorstellung, Frauen hätten in der Antike ausschließlich im häuslichen Bereich agiert, während öffentliche, wirtschaftliche und religiöse Aufgaben nahezu ausschließlich den Männern vorbehalten waren, erweist sich bei näherer Betrachtung als ideologisch geprägte Konstruktion späterer Zeiten. Neuere Forschungen – etwa von Ute E. Eisen[1], Joan

[1] Ute E. Eisen, *Amtsträgerinnen im frühen Christentum. Epigraphische und literarische Studien*, Göttingen: Vandenhoeck & Ruprecht, 1996, S. 34-38.

Breton Connelly[2], Mary Beard[3] und Sarah B. Pomeroy[4] – belegen eindrucksvoll, dass Frauen in den antiken Gesellschaften weit häufiger öffentlich sichtbar waren, als lange angenommen wurde.

So dokumentieren Quellen eine bemerkenswerte Präsenz von Frauen im wirtschaftlichen und politischen Leben, insbesondere im östlichen Mittelmeerraum: Als Händlerinnen, Tempelpriesterinnen, Philosophinnen, Gymnasiarchinnen, Mäzeninnen oder gar als Stadtvorsteherinnen wirkten sie aktiv an der Gestaltung ihrer Gesellschaft mit. Auch innerhalb der römischen Provinzverwaltung lassen sich Hinweise auf weibliche Beteiligung finden – ein Befund, der das gängige Bild der rein häuslichen Frau der Antike nachhaltig infrage stellt.

Für die Relativierung dieses Bildes ist vor allem eine kritische Analyse der Überlieferung notwendig. Die Quellenlage zu aktiven Frauenfiguren ist in der Regel fragmentarisch – nicht, weil diese Frauen nicht existiert hätten, sondern weil Geschichtsschreibung über Jahrhunderte primär von Männern betrieben wurde. Diese männlichen Autoren von Aristoteles bis Cicero prägten das kulturelle Gedächtnis durch normative Idealbilder von Frauen als sittsame Mütter und Hausfrauen.

---

2 Joan Breton Connelly, *Portrait of a Priestess. Women and Ritual in Ancient Greece*, Princeton: Princeton University Press, 2007.

3 Mary Beard, *Frauen und Macht. Ein Manifest*, Frankfurt a. M.: S. Fischer, 2018.

4 Sarah B. Pomeroy, *Goddesses, Whores, Wives, and Slaves. Women in Classical Antiquity*, New York: Pimlico, 1995.

Im römischen Reich war die rechtliche Stellung der Frau ambivalent. Einerseits unterstand sie formal der *patria potestas*, der Gewalt des Vaters oder Ehemanns. Andererseits konnte sie unter bestimmten Bedingungen wirtschaftlich selbstständig handeln, Vermögen besitzen, Verträge abschließen und öffentlich als Stifterin oder Bauherrin auftreten. In Grabinschriften werden Frauen als *matrona*, *benefactrix* oder als Leiterinnen von Kollegien geehrt. Ihre gesellschaftliche Wirksamkeit blieb jedoch stark von ihrer sozialen Stellung abhängig. Politische Ämter oder Rederecht in der Öffentlichkeit blieben ihnen verwehrt.

Im Judentum war die Rolle der Frau stärker auf das Haus und die Familie konzentriert. Die religiöse Praxis im öffentlichen Raum – insbesondere in Synagogen und im Tempel – war Männern vorbehalten. Frauen nahmen religiöse Pflichten im häuslichen Bereich wahr, lehrten Kinder das Gebet, verwalteten das Familienvermögen und hielten viele Regeln des Glaubens ein. In den Schriften des Alten Testaments erscheinen auch Frauen mit geistlicher oder politischer Autorität, wie Deborah oder Ester, doch sie bleiben Ausnahmen. Im jüdischen Alltag war weibliche Leitung selten und institutionell kaum vorgesehen.

In der klassischen griechischen Tradition galt die Zurückgezogenheit der Frau als Zeichen ihrer Würde. Öffentliche Auftritte galten als ungehörig. Frauen hatten keine juristischen oder politischen Rechte, waren in vielen Stadtstaaten rechtlich auf das Haus beschränkt. Gleichzeitig existierte besonders in hellenistisch geprägten Städten eine Gegenrealität: Dort begegnet man gebildeten Frauen, die als Philosophinnen, Dichterinnen, Heilerinnen oder Priesterinnen auftraten. Auch religiöse Ämter wie das der Pythia in Delphi zeigen, dass Frauen in bestimmten Kontexten spirituelle Autorität zugesprochen wurde.

Zur Zeit der Abfassung des Neuen Testaments lebten Frauen also in einer komplexen Welt: Ihre Möglichkeiten und Rechte waren regional, kulturell und sozial stark unterschiedlich ausgeprägt. Manche waren sichtbar, gebildet, wirtschaftlich unabhängig, andere vollständig dem männlichen Familienoberhaupt untergeordnet. Es gab keine einheitliche Frauenrolle, sondern ein weites Spektrum zwischen Selbstbestimmung und Abhängigkeit.

Wir werden bei der Analyse der neutestamentlichen Texte sehen, dass auch im frühen Christentum Frauen eine weit bedeutendere Rolle spielten, als es die spätere kirchliche Überlieferung lange erkennen ließ. Die Vorstellung von der Frau als rein häuslichem Wesen erweist sich nicht als historisches Faktum, sondern als Ergebnis nachträglicher Deutungen.

1. Jesu Umgang mit Frauen

Die Evangelien bezeugen zahlreiche Begegnungen Jesu mit Frauen: oft überraschend, manchmal provozierend. Der erste Teil dieses Buches widmet sich der Frage, wie Jesus mit Frauen sprach, sie in seine Sendung einbezog und welche Wertschätzung er ihnen damit entgegenbrachte.

Seine Mutter Maria

Die Evangelien überliefern mehrere Schlüsselstellen, in denen Jesus in markanter Weise mit seiner Mutter interagiert.
Die erste Szene findet sich im Lukasevangelium, das als einziges Evangelium einen Blick auf die Kindheit Jesu wirft. In der *Erzählung vom zwölfjährigen Jesus im Tempel* (Lk 2,41–52) wird Maria als diejenige dargestellt, die gemeinsam mit Josef ihren Sohn verzweifelt sucht. Als sie ihn nach drei Tagen im Tempel wiederfindet, wendet sie sich an ihn mit einem klaren Vorwurf:

> Kind, warum hast du uns das getan? Siehe, dein Vater und ich haben dich schmerzerfüllt gesucht. (Lk 2,48)

Jesus antwortet nicht entschuldigend, sondern mit einer doppelten Gegenfrage:

> Warum habt ihr mich gesucht? Wusstet ihr nicht, dass ich in dem sein muss, was meines Vaters ist? (Lk 2,49)

In dieser Perikope offenbart sich die wachsende Eigenständigkeit Jesu, aber auch die Spannung zwischen seiner göttlichen Sendung und den Erwartungen seiner Familie. Er distanziert sich nicht aus Lieblosigkeit, sondern um seine Berufung in den Vordergrund zu stellen. Dennoch heißt es am Ende der Szene:

> „Und er ging mit ihnen hinab, kam nach Nazareth und war ihnen (dauerhaft) gehorsam. (Lk 2,51)[5]

Maria muss lernen, dass Jesu Berufung auch ihre Erwartungen übersteigt – ein Prozess, der für viele Mütter prophetischer Gestalten der Heilsgeschichte bezeugt ist. Und dennoch: Jesus bleibt ihr Sohn, auch wenn seine Sendung ihn auf Wege führt, die sie nicht immer versteht. Im Partizip ὑποτασσόμενος („gehorchend“) in Verbindung mit dem Imperfekt ἦν wird deutlich, dass sich Jesus trotz dieser Szene wieder auf Dauer seinen Eltern unterordnet.

Ein besonders bemerkenswerter Moment im Umgang Jesu mit seiner Mutter Maria ist die Szene der *Hochzeit zu Kana* (Joh 2,1–12). Als der Wein ausgeht, spricht Maria ihn an:

> Sie haben keinen Wein mehr. (Joh 2,3).

---

[5] François Bovon, *Das Evangelium nach Lukas I (Lk 1,1–9,50) (EKK NT III/1)*, Zürich/Neukirchen-Vluyn: Benziger/ Neu-kirchener Verlag, 1989, S. 161. „ὑποτασσόμενος αὐτοῖς“: Lk 2,5. „Die periphrastische Form und das Partizip Präsens unterstreichen die Dauer.“

Jesu Antwort wirkt auf den ersten Blick überraschend schroff:

> Was (ist) zwischen mir und dir, Frau? Meine Stunde ist noch nicht gekommen. (Joh 2,4)

Der griechische Ausdruck „Τί ἐμοὶ καὶ σοί, γύναι;" lässt sich wörtlich übersetzen mit: „Was mir und dir, Frau?" – ein idiomatischer Ausdruck, der im biblischen Sprachgebrauch häufig eine Abgrenzung oder Distanz ausdrückt. Dieselbe Wendung begegnet uns auch in Mk 5,7, wo der Besessene von Gerasa Jesus mit den Worten anschreit: „Was habe ich mit dir zu tun, Jesus, Sohn des höchsten Gottes?": ein Ausdruck der Abwehr, fast des Widerstands.[6]

Auch im Alten Testament finden sich ähnliche Formulierungen, wo sie ebenfalls eine klare Trennung oder ein Missverständnis zwischen zwei Gesprächspartnern markieren.[7] Diese Parallelen lassen erkennen, dass Jesu Worte nicht als Unhöflichkeit, sondern als bewusstes theologisches Statement zu verstehen sind: Er macht deutlich, dass er selbst seiner Mutter gegenüber nicht aus menschlicher Beziehung heraus handelt, sondern ausschließlich aus der Sendung des Vaters.

Zugleich verweist Jesus auf seine „Stunde": ein Begriff, der im Johannesevangelium durchgehend auf seinen Tod und

---

[6] Mk 5,7: „τί ἐμοὶ καὶ σοί", vgl. auch: 3 Esra 1,24.

[7] Zum Beispiel in: Ri 11,12; 1 Kön 17,18; 2 Kön 3,13 und 2 Chr 35,21, vgl. Peter Streitenberger, *Das Johannesevangelium*, https://www.bibelkreis.ch/streitenberger/Johannes.pdf, letzter Zugriff: 17.01.2025, S. 34.

seine Auferstehung hinweist. Wenn er sagt, „meine Stunde ist noch nicht gekommen", dann verschiebt er die Perspektive weg vom gegenwärtigen Hochzeitsfest hin zur eschatologischen Vollendung. Die Verwandlung des Wassers in Wein wird so zum symbolischen Vorausbild seiner Verherrlichung und macht diese Szene zu weit mehr als einer Wundererzählung: Sie markiert den Übergang vom alten Bund zum neuen, vom Alltäglichen zur eschatologischen Vollendung.
Trotz dieser scheinbaren Zurückweisung bleibt Maria präsent, nicht gekränkt, sondern vertrauend. Sie sagt zu den Dienern:

> Was er euch sagt, das tut! (Joh 2,5)

Damit nimmt sie gewissermaßen die Rolle einer ersten Glaubenden ein, die sich – auch ohne alles zu verstehen – auf das Handeln Gottes verlässt. Jesus wiederum reagiert nicht mit weiterer Abgrenzung, sondern handelt: Er lässt Wasserkrüge füllen, verwandelt das Wasser in Wein und wird so vom Gast zum Gastgeber.[8] Maria wird auf diese Weise zur Wegbereiterin des ersten Zeichens, das seine Herrlichkeit offenbar macht (Joh 2,11).

Eine weitere bedeutsame Szene, die oft unter dem Titel *„Die wahren Verwandten Jesu"* diskutiert wird, findet sich in den synoptischen Evangelien, etwa bei Markus:

---

[8] vgl. Klaus Wengst, *Das Johannesevangelium I (ThKN 4/1)*, Stuttgart: Kohlhammer, 2000, S. 101.

> Siehe, deine Mutter und deine Brüder (und Schwestern) draußen fragen nach dir. (Mk 3,32)

Jesu Antwort darauf ist wiederum eine Gegenfrage:

> Wer sind meine Mutter und meine Brüder? (Mk 3,33)

Und er fährt fort:

> Wer den Willen Gottes tut, der ist für mich Bruder und Schwester und Mutter. (Mk 3,35)

Auch hier stellt Jesus seine geistliche Berufung über seine familiäre Bindung. Das bedeutet jedoch keine Abwertung seiner Mutter, sondern vielmehr eine neue Definition von Nähe: Sie gründet sich nicht in biologischer Verwandtschaft, sondern im Tun des göttlichen Willens.
Diese geistliche Verwandtschaft schließt Maria ausdrücklich mit ein, denn sie ist es, die in den Evangelien als glaubende Frau erscheint, die „alles in ihrem Herzen bewahrt" (Lk 2,19) und Jesu Weg mitträgt – bis ans Kreuz.

Gerade *am Kreuz*, im Moment der größten Einsamkeit, spricht Jesus noch einmal zu seiner Mutter, und wieder nennt er sie „Frau":

> Frau, siehe, dein Sohn! (Joh 19,26)

Und zu Johannes sagt er:

> Siehe, deine Mutter! (Joh 19,27)

Hier steht Maria nicht mehr als Mutter des Kindes, sondern als Vertreterin der Gemeinschaft der Glaubenden. Jesus übergibt sie dem „geliebten Jünger“, traditionell mit Johannes identifiziert, und stellt damit eine neue geistliche Familie her. Dieser Akt symbolisiert Fürsorge, Solidarität und Verantwortung: ein Vermächtnis des Gekreuzigten an seine Nachfolger.[9]
Jesus verwendet auch in diesem letzten Akt die Anrede „Frau“, nicht, um auf Distanz zu gehen, sondern um sie als eigenständige, würdevolle Person anzusprechen. Maria ist nicht nur Mutter Jesu, sie wird zur Mutter der Kirche.

Persönliches Fazit

Die Szenen, in denen Jesus seiner Mutter begegnet, sind geprägt von Tiefe und Spannung zugleich. Sie zeigen Maria nicht als schweigende Nebenfigur, sondern als aufmerksame, glaubende Frau, die Fragen stellt, mitdenkt, mitgeht. Jesus begegnet ihr in einer Weise, die seine Sendung und ihre Eigenverantwortung gleichermaßen ernst nimmt. Maria steht in diesen Szenen für eine Haltung des Glaubens, der nicht alles versteht, aber alles mitträgt.

Was mich besonders bewegt: Beide, Jesus und Maria, sind in diesen Szenen Lernende. Maria muss ihre Vorstellungen loslassen und Jesu Berufung Raum geben. Jesus, auf der anderen Seite, nimmt Marias Bitte ernst und handelt, obwohl seine Stunde „noch nicht gekommen“ ist. Das zeigt: Auch er wächst in seinem Weg. Diese wechselseitige Bewegung ist für mich ein starkes Bild für die Kirche von heute. Wir sind eingeladen, wie Maria und Jesus zu lernen: voneinander, vom Leben, von Gott. Glaube heißt nicht, schon alles zu wissen, sondern bereit zu sein, sich verwandeln zu lassen.

---

[9] ebd.

Maria von Magdala wird in den Evangelien fast ausschließlich im Kontext des Todes und der Auferstehung Jesu genannt. Eine wichtige Ausnahme bietet das Lukasevangelium, das von *Frauen in der unmittelbaren Gefolgschaft Jesu* berichtet. Wörtlich heißt es in dieser Bibelstelle:

> Und es geschah danach, dass er [Jesus] durch Stadt und Dorf wanderte, während er predigte und das Evangelium vom Reich Gottes verkündigte, und die Zwölf waren mit ihm, und auch einige Frauen, die von bösen Geistern und Krankheiten geheilt worden waren: Maria, genannt Magdalena, aus der sieben Dämonen ausgefahren waren, Johanna, die Frau des Chuzas, eines Beamten des Herodes, Susanna und viele andere, welche ihm (αὐτῷ) dienend (διηκόνουν) waren mit den ihnen gehörenden [Dingen]. (Lk 8,1-3)

Den letzten Halbsatz könnte man auch folgendermaßen übersetzen: „die für ihn einen Dienst versahen aus dem heraus,[10] was ihnen zur Verfügung stand oder wozu sie fähig waren."[11]

Diese Formulierung legt nahe, dass nicht bloß materielle Güter gemeint sind, sondern auch persönliche Fähigkeiten und aktives Mitwirken.

---

[10] „ἐκ": Aland, Kurt und Barbara Aland (Hrsg.), Novum Testamentum Graece et Germanice: Das Neue Testament Griechisch und Deutsch, 26. Aufl., Stuttgart: Deutsche Bibelgesellschaft, 1986, S. 180.

[11] Lk 8,6: ebd.: „τῶν ὑπαρχόντων αὐταῖς"

Für das gesellschaftliche Empfinden der damaligen Zeit war es äußerst ungewöhnlich, dass Frauen ihre gewohnten familiären Bindungen verließen, um einem Wanderprediger zu folgen. [12] Dass Frauen Jesus auf seiner Missionsreise begleiteten, verweist nicht nur auf ihre persönliche Bindung zu ihm, sondern auch auf eine strukturelle Nähe zur Jesusbewegung, die weit über das traditionelle Rollenverständnis hinausging.

Von besonderer Bedeutung ist hierbei das verwendete Verb διακονεῖν [diakonein], das die Einheitsübersetzung mit „unterstützen" wiedergibt. Das Verb und seine Ableitungen bedeuten im Neuen Testament (im Gegensatz zu δουλεύειν) nicht einfach niedrige Sklavendienste oder Alltagstätigkeiten. Sie gehören einer gehobenen Sprachebene an und bezeichnen verschiedene Tätigkeiten, die aus einer konkreten Beauftragung hervorgehen – oft im Namen eines anderen. Tischdienst wird insbesondere nicht von Sklaven, sondern von eigens beauftragten Personen übernommen, um besondere Ehre zu zeigen.

Traditionell wurde *diakonía* als Dienst am Nächsten verstanden (z.B. karitative Nächstenliebe nach Jesu Vorbild, wie Mk 10,45), aber neuere Forschungen zeigen: Im ursprünglichen griechischen Verständnis geht es primär um einen Auftrag und die Ausführung im Namen eines Auftraggebers, nicht um Demut oder reine Nächstenliebe. Ein *diákonos* handelt also mit Autorität und

[12] François Bovon, Das Evangelium nach Lukas I, S. 398.

Pflichtbewusstsein, nicht als bloßer Diener. Männer und Frauen konnten gleichermaßen *diákonoi* sein.[13]

Dabei ist auch textkritisch interessant, ob sich der Dienst auf Jesus selbst oder auf die Zwölf bezieht. Die älteren Handschriften bezeugen die Lesart αὐτῷ [autó] – „welche *ihm* (nämlich Jesus) dienten“ –, während spätere Handschriften αὐτοῖς [autoís] lesen – „welche *ihnen* (nämlich den Aposteln) dienten“. [14] Die spätere Textänderung könnte der Tendenz entspringen, den aktiven Beitrag der Frauen zugunsten der Autorität der Zwölf zu relativieren. Möglicherweise sollte dadurch bewusst vermieden werden, den Eindruck zu erwecken, dass Frauen in der Nachfolge Jesu eine offizielle Beauftragung erhalten hatten. Stattdessen sollten sie eher als Gehilfinnen der Zwölf erscheinen – und damit in eine eindeutig untergeordnete Rolle gerückt werden. Dass ihre Tätigkeit sich auf das „Dienen“ beschränken sollte, scheint dabei weniger der Absicht Jesu zu entsprechen als vielmehr einer frühen kirchlichen Tendenz, weibliche Mitwirkung zu begrenzen.[15]

Auch in der frühen Kirche wurde das Verb διακονεῖν [diakoneín] mit offiziellen kirchlichen Diensten verbunden, insbesondere mit dem Amt des Diakons. Dass

---

[13] Anni Hentschel, Dienen/ Diener, abrufbar unter: https:// www.die-bibel.de/ressourcen/wibilex/neues-testament/ dienen-diener-nt, letzter Zugriff am 25.04.2025.

[14] ebd., vgl. besonders den textkritische Apparat: für „ἀυτῷ“: „ ⸀א A L Ψ f1 33. 565. 1241 pm it vgc1 syh co; Mcion“ ¦ für ἀυτοῖς : txt B D K W Γ Δ Θ f13 28. 700. 892. (1010). 1424 pm lat sy^s.c.p.hmg“

[15] Bovon, Das Evangelium nach Lukas I, S. 398.

gerade dieses Verb hier verwendet wird, deutet auf die Möglichkeit hin, dass den Frauen innerhalb der jesuanischen Bewegung mehr zugetraut wurde, als ihnen später zugestanden wurde.

Von „Maria, die Magdalena genannt wurde“ (Lk 8,2) heißt es außerdem, dass aus ihr sieben Dämonen ausgefahren seien. Was sich hinter dieser Formulierung konkret verbirgt, bleibt unklar: Ein entsprechender Exorzismus Jesu an ihr wird in den Evangelien nicht geschildert. Der Zusatz findet sich jedoch auch bei Markus, in der erweiterten Ostererzählung:

> …erschien er zuerst Maria von Magdala, von der er sieben Dämonen ausgetrieben hatte. (Mk 16,9)

Daraus lässt sich zumindest ableiten, dass ein entsprechendes Heilungsgeschehen in der urchristlichen Erinnerungstradition verankert war. Zugleich wird dadurch deutlich: Maria Magdalena ist nicht mit der Sünderin aus Lk 7,36–50 zu identifizieren, auch wenn diese Gleichsetzung in späterer Zeit oft vorgenommen wurde.[16]

Im Kontext des Todes *und der Auferstehung Jesu* wird Maria Magdalena in allen vier Evangelien genannt. Im ältesten Evangelium, dem des Markus, heißt es:

> Es waren aber auch Frauen da, die von weitem zusahen, unter ihnen Maria Magdalena, und Maria, die Mutter des Jakobus des Kleinen und des Joses, und Salome. Diese

[16] Bovon, Das Evangelium nach Lukas I, S. 399.

> waren, als er in Galiläa war, ihm gefolgt (ἠκολούθουν αὐτῷ) und hatten ihm gedient (διηκόνουν). Und viele andere waren mit ihm nach Jerusalem hinaufgezogen. (Mk 15,40f.)[17]

Auch hier wird für „dienen" wieder das Verb διακονεῖν [diakoneín] verwendet, ein Hinweis auf die langjährige, aktive Jüngerschaft dieser Frauen. Ähnliche Beschreibungen finden sich bei Matthäus (Mt 27,55f.) und Lukas (Lk 23,49), ebenfalls mit dem Begriff διακονεῖν. Johannes nennt Maria Magdalena sogar unter den Frauen, die direkt beim Kreuz Jesu standen (Joh 19,25).
Wenig später berichtet Markus, dass Maria Magdalena gemeinsam mit Maria, „der Mutter des Joses", beobachtet, wohin Jesus gelegt wird (Mk 15,47). Nach dem Sabbat kauft sie mit einer weiteren Maria, „der Mutter des Jakobus", wohlriechende Öle zur Salbung des Leichnams (Mk 16,1).[18] Am Grab angekommen, finden sie dieses leer vor. Ein junger Mann in weißem Gewand spricht sie an:

> Er aber sagt zu ihnen: Erschreckt nicht! Ihr sucht Jesus, den Nazarener, den Gekreuzigten. Er ist auferweckt worden; er ist nicht hier. Seht, die Stelle, wohin sie ihn gelegt haben. Aber geht und sagt seinen Jüngern und Petrus: Er geht euch voraus nach Galiläa; dort werdet ihr ihn sehen, wie er euch gesagt hat. (Mk 16,6f.)

Die Reaktion der Frauen ist von Furcht geprägt:

---

[17] vgl. auch Mt 27,55f.
[18] vgl. auch Mt 28,1.

> Und sie gingen hinaus und flohen vom Grab; denn Zittern und Entsetzen hatte sie ergriffen. Und sie sagten niemandem etwas; denn sie fürchteten sich.“ (Mk 16,8)

Mit diesen Worten endet das ursprüngliche Markusevangelium. Im 2. Jahrhundert wurde es jedoch um eine *Erscheinung des Auferstandenen* vor Maria Magdalena ergänzt:

> Als er aber früh am ersten Tag der Woche auferstanden war, erschien er zuerst Maria Magdalena, von der er sieben Dämonen ausgetrieben hatte. Sie ging hin und verkündete (ἀπήγγειλεν) es denen, die mit ihm gewesen waren, die trauerten und weinten. Und als jene hörten, dass er lebe und von ihr gesehen worden sei, glaubten sie nicht. (Mk 16,9–11)

Auch Matthäus überliefert, dass die Frauen den Auftrag zur Verkündigung erhielten:

> Da sagte Jesus zu ihnen: Fürchtet euch nicht! Geht und verkündet (ἀπαγγείλατε) meinen Brüdern (ἀδελφοί), sie sollen nach Galiläa gehen und dort werden sie mich sehen. (Mt 28,10)

Die Einheitsübersetzung verwendet das Wort „sagt“ statt „verkündet“, doch im griechischen Urtext steht das Verb ἀπαγγεῖλαι (apangeílai) – ein klares Indiz für einen Verkündigungsauftrag. Schon zwei Verse zuvor heißt es ausdrücklich, dass die Frauen „liefen, um es den Jüngern zu verkünden“ – wiederum mit ἀπαγγεῖλαι. Und mit ἀδελφοί (adelphoí) – „Brüder“ – sind im Neuen Testament nicht nur Männer gemeint, sondern alle Jüngerinnen und Jünger Jesu.

Bei Lukas ist die Gruppe der Frauen, die die Osterbotschaft überbringen, sogar noch größer (Lk 24,9f.). Auch hier wird das gleiche Verb verwendet. Während die Apostel in Jerusalem bleiben, überbringen die Frauen die erste Nachricht – doch ihre Worte werden nicht geglaubt. Lukas betont zugleich die Erscheinung vor Simon Petrus (Lk 24,34) als entscheidend für den Auferstehungsglauben. Offenbar gab es in der frühen Kirche einen Konflikt darüber, wer als erster Zeuge der Auferstehung galt: Maria Magdalena oder Petrus? Lukas hebt Petrus hervor und betont später in Apg 1,22, dass ein Apostel ein „Zeuge der Auferstehung" sein müsse. Die Frauen scheinen in der späteren kirchlichen Erinnerung bewusst zurückgedrängt worden zu sein – vermutlich, weil ihr Zeugnis rechtlich und gesellschaftlich nicht als gleichwertig anerkannt wurde.[19]

Im Johannesevangelium kommt Maria Magdalena auch allein zum Grab, entdeckt es leer und ruft Petrus und den „anderen Jünger" herbei (Joh 20,1–9). Danach erscheint Jesus ihr persönlich. Zunächst hält sie ihn für den Gärtner – doch als er sie mit Namen anspricht, erkennt sie ihn. Auch hier erhält sie den Auftrag zur Verkündigung:

> Maria! (…) Geh zu meinen Brüdern (ἀδελφούς) und sag ihnen: Ich gehe hinauf zu meinem Vater und zu eurem Vater, zu meinem Gott und zu eurem Gott. Maria von Magdala kommt und verkündet (ἀγγέλλουσα [angéllousa])

[19] vgl. Fander, *Die Stellung der Frau*, S. 292-294.

den Jüngern: Ich habe den Herrn gesehen und dass er dies zu ihr gesagt habe. (Joh 20,16–18)

Diese Szene macht deutlich: Maria Magdalena ist nicht nur Zeugin, sondern Verkünderin der Auferstehung – mit Autorität und Sendung. Hippolyt von Rom nennt sie daher bereits im 3. Jahrhundert *apostola apostolorum* – „Apostelin der Apostel". [20] Er betont, Christus sei den Frauen erschienen, „damit auch Frauen Christi Apostel werden".[21] Auch Gregor von Nyssa sieht darin eine bewusste Umkehrung der Heilsgeschichte: Wo Eva fiel, bezeugt Maria die Auferstehung.[22] Hieronymus schreibt im 4. Jahrhundert:

> Als Jesus auferstanden war, erschien er zuerst den Frauen. Jene wurden „Apostelinnen der Apostel". Und die Männer sollten schamrot werden, weil sie den nicht suchten, den das zartere Geschlecht schon gefunden hatte.[23]

---

[20] Julian R. Backes, „Apostola Apostolorum. Beobachtungen zum Magdalenenproprium des Breviarium Praemonstratense", in: *AnPraem 90* (2014), S. 287–290, hier S. 287 f.

[21] Hippolyt von Rom, „Kommentar zum Hohenlied XV", in: *Hippolytus Werke. Kommentar zum Buche Daniel und die Fragmente des Kommentars zum Hohen Liede*, GCS I, hrsg. von Georg Nathanael Bonwetsch, Leipzig: Hinrichs, 1897, S. 398, zitiert nach: Eisen, *Amtsträgerinnen*, S. 57.

[22] ebd., S. 355, zit. nach: Eisen, *Amtsträgerinnen*, S. 57.

[23] vgl. Maria Magdalena – Die verkannte Zeugin", *Deutschlandfunk*, abrufbar unter: https://www.deutschlandfunk.de/maria-magdalena-die-verkannte-zeugin-102.html#:~:text=Bis%20weit%20ins%2020.,–%20als%20„Apostola%20Apostolorum, letzter Zugriff am 12.01.2025.

Dieser Titel wurde auch von Hrabanus Maurus und Thomas von Aquin übernommen und bestätigt.[24] Zusammenfassend kann gesagt werden: Maria Magdalena gehörte zum inneren Kreis der Jüngerinnen Jesu. Sie unterstützte ihn mit ihren Fähigkeiten und begleitete ihn bis zum Kreuz. Nach seiner Auferstehung wurde sie zur ersten Zeugin und Verkünderin der Osterbotschaft – eine Rolle, die ihr von Jesus selbst übertragen wurde. Nach Lukas jedoch hielten die Jünger ihre Botschaft für λῆρος [léros] – „leeres Geschwätz" (Lk 24,11). Ob diese Abwertung mit dem Geschlecht der Überbringerinnen zusammenhing, bleibt offen. Doch Leonhard Swidler bringt es auf den Punkt: „Dieses bedeutendste Ereignis seiner Laufbahn von Frauen bezeugen zu lassen muss wohlüberlegte Absicht gewesen sein: Es war ein ungeheuer deutlicher Hinweis darauf, dass er mit der Mitte seiner Frohbotschaft, der Auferstehung, die untergeordnete Rolle der Frauen eindeutig zurückwies." [25]

In den *gnostischen Evangelien* und Schriften der ersten Jahrhunderte wird Maria Magdalena als zentrale Zeugin und Vertraute Jesu dargestellt. Auch Kirchenordnungen aus dem 3. und 4. Jahrhundert erwähnen die Existenz von Jüngerinnen. Diese Hinweise wurden allerdings durch einen Zusatz relativiert: Jesus habe die Frauen zwar

---

[24] Vgl.:"*apostolorum apostola*", abrufbar unter: https://www.vatican.va/roman_curia/congregations/ccdds/documents/articolo-roche-maddalena_ge.pdf, letzter Zugriff am 20.03.2025.

[25] Leonhard Swidler, „Jesu Begegnung mit Frauen. Ein Plädoyer für Gleichheit und Gleichberechtigung der Frau", in: *Diakonia* 3 (1972), S. 229–236.

gelehrt, aber nicht beauftragt, zu lehren – eine nachträgliche Anpassung im Sinne eines sich verfestigenden kirchlichen Lehrverbots für Frauen.[26]

Am 10. Juni 2016 würdigte Papst Franziskus die besondere Rolle Maria Magdalenas erneut: Er erhob ihren liturgischen Gedenktag am 22. Juli in der katholischen Kirche zu einem Fest[27] – und stellte ihn somit den Festen der übrigen Apostel gleich.[28] Damit ehrte er ihre Rolle als *apostola apostolorum* – Apostelin der Apostel –, die sie in Schrift und Tradition eindeutig innehat.

Persönliches Fazit

Mich berührt an Maria Magdalena besonders, dass sie trotz aller späteren Ausblendung nicht aus dem Zentrum des Ostergeschehens verdrängt werden konnte. Sie ist nicht nur Zeugin – sie wird zur ersten Verkünderin. Ihre Treue bis unter das Kreuz, ihre Suche am Grab, ihr Erkennen des Auferstandenen – all das ist kein Nebenschauplatz, sondern tiefes Evangelium. Es ist ein Zeichen dafür, dass Gott nicht auf gesellschaftliche Anerkennung schaut, sondern auf das Herz.

Dass Frauen als erste Zeuginnen eingesetzt wurden, war kein Versehen – es war eine bewusste Umkehrung der Erwartungen. Für mich bedeutet das, neu wahrzunehmen, wie konsequent Jesus Frauen geachtet

---

[26] vgl. ebd., S. 305.

[27] vgl. *Vatikan wertet Rolle der Maria Magdalena auf*, *religion.ORF.at*, 10. Juni 2016, abrufbar unter: https://religion.orf.at, letzter Zugriff am 30.05.2022.

[28] vgl. *Liturgie: Maria Magdalena wird den Aposteln gleichgestellt*, *Radio Vatikan*, 10. Juni 2016,abrufbar unter: https://www.vaticannews.va, letzter Zugriff am 14.01.2021, vgl. auch: Michael Theobald, „Apostolizität und Macht", in: Margit Eckholt (Hg.), *Frauen in kirchlichen Ämtern. Reformbewegungen in der Ökumene*, Ostfildern: Grünewald, 2018, S. 106.

und eingebunden hat – als Berufene, als Glaubende, als Handelnde auf Augenhöhe. Wenn Jesus ihnen diese Rolle anvertraut hat, darf die Kirche das heute nicht länger relativieren. Daran zu erinnern, ist für mich eine Frage der Treue zum Evangelium.

Johanna

Neben Maria Magdalena und Susanna nennt das Lukasevangelium auch eine Frau namens Johanna, die Jesus gemeinsam mit den Zwölf begleitete (Lk 8,1–3). Interessanterweise wird auch ihr Ehemann Chuzas erwähnt, ein hoher Beamter am Hof des Herodes. Dass Johanna ihre angesehene gesellschaftliche Stellung und ihren familiären Rahmen hinter sich ließ, um Jesus nachzufolgen, unterstreicht die Entschiedenheit ihres Glaubensweges. Auch sie begegnet uns später erneut – sowohl in der Passions- als auch in der Osterüberlieferung.[29]

Susanna

Auch Susanna wird in der Aufzählung der Frauen genannt, die Jesus und die Zwölf begleiteten (Lk 8,1–3). Über sie erfahren wir im Neuen Testament nichts weiter – ihr Name erscheint einzig an dieser Stelle. Und doch spricht ihre Nennung dafür, dass sie Teil des engeren Kreises war, der Jesu Weg aktiv mittrug.

---

[29] vgl. Bovon, *Das Evangelium nach Lukas I*, S. 400.

Die Schwiegermutter des Petrus

Im Markusevangelium wird die Schwiegermutter des Petrus erwähnt – und das in einem bemerkenswerten Zusammenhang:

> Und sofort, als sie aus der Synagoge herausgegangen waren, kamen sie in das Haus des Simon und Andreas, zusammen mit Jakobus und Johannes. Die Schwiegermutter Simons aber lag fiebernd da, und sogleich sagten sie ihm von ihr. Und er kam heran, während er ihre Hand ergriff und sie aufrichtete; und das Fieber verließ sie, und sie diente (διηκόνει) ihnen. (Mk 1,29–31)

Nach der Feststellung des Heilungswunders („das Fieber verließ sie“) heißt es im griechischen Text: καὶ διηκόνει αὐτοῖς [kai diēkónei autois] – „und sie diente ihnen“. Hier begegnet uns erneut das Verb διακονεῖν [diakonein], das – wie schon bei Maria Magdalena und den anderen Frauen – auf eine aktive und bewusste Teilhabe am Wirken Jesu hinweist. Dass gerade dieses Wort verwendet wird, legt nahe, dass ihre Rolle nicht einfach die einer dankbaren Hausfrau war, sondern die einer Frau, die nach ihrer Heilung in den Kreis der Jesusbewegung eintritt und sich in ihren Dienst stellt. Auch wenn der Text knapp ist, lässt er Raum für die Deutung, dass diese Frau mehr war als nur Gastgeberin – sie wird zur handelnden Person in der Nachfolge.[30]

---

[30] vgl. Fander, *Die Stellung der Frau im Markusevangelium. Unter besonderer Berücksichtigung kultur- und religionsgeschichtlicher Hintergründe*, Altenberge: Telos, 1990, S. 32 f.

Maria und Marta

Zwei Frauen, denen Jesus in besonderer Weise begegnet, sind die Schwestern Maria und Marta. Die Szene, in der sie auftreten, findet sich ausschließlich im Lukasevangelium (Lk 10,38–42). Dort heißt es, dass Marta Jesus in ihr Haus *aufnimmt* – ein Vorgang, der innerhalb des Judentums höchst ungewöhnlich war. In der damaligen jüdischen Gesellschaft galt es als undenkbar, dass eine Frau eigenständig ein Haus führt und einen männlichen Gast empfängt. Im griechischen Kulturraum hingegen hatten Frauen in dieser Hinsicht mehr gesellschaftliche Freiheiten. Lukas positioniert Marta in eine Rolle, die stark an Lydia erinnert, die nach der Apostelgeschichte Paulus in ihr Haus aufnimmt (Apg 16,15).

Das für Martas Handlung verwendete Verb ὑποδέχομαι [hypodéchomai] – „aufnehmen“ – steht für eine umfassende Gastfreundschaft, die in der antiken Welt hohe Bedeutung hatte.[31] Marta übernimmt damit nicht nur eine praktische, sondern auch eine repräsentative Aufgabe – sie ist Gastgeberin Jesu.

Während Marta „περὶ πολλὴν διακονίαν“ [perì pollḗn diakonían] – „mit viel Dienst“ – (Lk 10,40) beschäftigt ist, setzt sich ihre Schwester Maria zu Jesu Füßen und hört ihm zu. Diese Geste ist alles andere als selbstverständlich. Zwar war es im Judentum durchaus vorgesehen, dass Frauen glaubten und religiös gehorsam waren, doch dass

---

[31] vgl. François Bovon, *Das Evangelium nach Lukas II (Lk 9,51–14,35) (EKK III/2)*, Zürich/Neukirchen-Vluyn: Benziger/Neukirchener Verlag, 1996, S. 105.

sich eine Frau wie ein Schüler zu Füßen eines Lehrers – insbesondere eines rabbinischen Gesetzeslehrers – setzte, war eher unüblich. Lukas deutet hier an, dass Maria nicht nur zuhört, sondern sich dem Lernen, vielleicht sogar dem theologischen Studium widmet.[32]

In der Aufnahme von Frauen in den Jüngerkreis Jesu liegt eine provokante Botschaft. Einige Theologen leiten aus dieser Szene ab, dass Frauen grundsätzlich zur Ausbildung für kirchliche Aufgaben befähigt sind.[33] Auch wenn sich aus dieser Perikope nicht unmittelbar ein Amtsverständnis ableiten lässt, macht sie deutlich, dass Frauen entgegen der damaligen jüdischen Praxis das Recht haben, die Lehre Jesu zu hören – und sich ihr in vollem Umfang zu widmen. Ob dies auch die Weitergabe der Lehre umfasst, muss anhand anderer biblischer Zeugnisse diskutiert werden.

Marta hingegen ist – im wörtlichen wie im übertragenen Sinne – „ganz in Anspruch genommen". Das hierfür verwendete griechische Verb περισπᾶμαι [perispámai] ist selten und bedeutet so viel wie „nach allen Seiten gezerrt werden", „absorbiert sein", „in Anspruch genommen sein" oder „zerstreut sein".[34] Es bedeutet hier, sich einer Wirklichkeit zu entziehen und durch eine oder mehrere andere Wirklichkeiten völlig in Anspruch genommen zu sein.[35]

---

[32] Vgl. Boven, *Das Evangelium nach Lukas II*, S. 106.

[33] ebd., S. 112

[34] vgl. ebd.

[35] ebd.

Als Marta Jesus bittet, er möge Maria auffordern, ihr zu helfen, reagiert Jesus mit einem liebevollen, aber klaren Hinweis:

> Nur eines ist notwendig. Maria hat den guten Teil erwählt, der nicht von ihr genommen werden wird. (Lk 10,42)

Jesus kritisiert Marta nicht dafür, dass sie mit hauswirtschaftlichen Aufgaben beschäftigt ist – vielmehr tadelt er, dass sie sich darin verliert und auch Maria in diesen geschäftigen Aktivismus hineinziehen will.
Martas Sorge führt zu einer Zerstreuung, die sie daran hindert, sich auf das Wesentliche zu konzentrieren. Für Jesus ist entscheidend, dass der Mensch sich auf ihn ausrichtet – durch Hören, durch Beziehung, nicht allein durch Dienst.
Was Jesus hier betont, ist revolutionär: Er möchte nicht bedient, sondern gehört werden. Er begegnet Frauen nicht als Objekte der Fürsorge oder Helferinnen im Hintergrund, sondern als vollwertigen Gesprächspartnerinnen, als Hörerinnen und Glaubenden, auf Augenhöhe. In der Haltung Jesu wird eine Haltung sichtbar, die deutlich von der Gleichwürdigkeit aller Menschen ausgeht – unabhängig von ihrem Geschlecht.

Persönliches Fazit
Für mich steckt in dieser Szene eine klare Einladung an jede und jeden, die eigene Berufung zu leben – nicht aus Pflichtgefühl oder Aktivismus,

sondern aus der Liebe zu Christus heraus.[36] *Es geht nicht um Leistung, sondern um Beziehung.*
Was mich besonders bewegt: Jesus würdigt das Hören. Er nennt es den „guten Teil" – nicht, um den Dienst abzuwerten, sondern um daran zu erinnern, dass echtes Tun aus dem Zuhören erwächst. Gerade heute, in einer Kirche, die vom Funktionieren oft erschöpft wirkt, ist das eine heilsame Perspektive.
Die Erzählung macht mir deutlich, dass auch Frauen uneingeschränkt zur Jüngerschaft berufen sind – zum Hören, zum Glauben, zum Dienen, zum Leben in der Nähe Jesu. Marta und Maria zeigen zwei Seiten dieser Nachfolge: beide notwendig, beide bedeutsam. Entscheidend ist nicht die Form, sondern die Ausrichtung – und die beginnt für mich immer im Hinhören auf ihn.

Die beiden Schwestern begegnen uns ein weiteres Mal im Johannesevangelium (Joh 11,1–44), und zwar in einer der dramatischsten Szenen des vierten Evangeliums: dem *Tod und der Auferweckung ihres Bruders Lazarus.* Maria und Marta lassen Jesus holen, weil Lazarus schwer erkrankt ist. Doch Jesus lässt sich Zeit mit seiner Ankunft und sagt zunächst, dass diese Krankheit „nicht zum Tod führe, sondern zur Verherrlichung Gottes". (vgl. Joh 11,4) Die Evangelien betonen ausdrücklich, dass Jesus eine enge emotionale Beziehung zu dieser Familie hatte – er hatte die drei Geschwister „lieb" (Joh 11,5).
Als Jesus schließlich eintrifft, ist Lazarus bereits vier Tage tot. Marta geht ihm entgegen, während Maria zu Hause

[36] vgl. auch: Sebastian Schneider, „16. Sonntag im Jahreskreis (C): Lk 10,38–42", aufrufbar unter: http://www.perikopen.de/Lesejahr_C/16_iJ_C_Lk10_38-42_Schneider.pdf, letzter Zugriff am 18.01.2025.

bleibt. Ihre erste Reaktion ist eine Mischung aus Schmerz und Vorwurf:

> Herr, wenn du hier gewesen wärst, wäre mein Bruder nicht gestorben. (Joh 11,21)

Doch unmittelbar danach fügt sie einen Satz tiefen Vertrauens hinzu:

> Aber auch jetzt weiß ich: Alles, worum du Gott bittest, wird Gott dir geben. (Joh 11,22)

Diese Aussage ist Ausdruck eines unerschütterlichen Glaubens – wenn auch bislang nicht im vollen Verständnis der kommenden Auferweckung. Jesus spricht mit Marta über die Auferstehung und fragt sie offen:

> Glaubst du das? (Joh 11,26)

Marta bekennt ihren Glauben – allerdings ohne ihn schon unmittelbar mit der gegenwärtigen Situation und dem Tod ihres Bruders zu verbinden. Als Maria schließlich dazukommt, sagt auch sie:

> Herr, wenn du hier gewesen wärst, dann wäre mein Bruder nicht gestorben. (Joh 11,32)

Die Klage der Schwestern berührt Jesus zutiefst. Er zeigt Mitgefühl – nicht nur in Worten, sondern in einer Geste tiefer Menschlichkeit:

> Jesus weinte. (Joh 11,35)

Gemeinsam mit den Schwestern geht er zum Grab, lässt den Stein wegrollen und ruft Lazarus heraus – aus dem Grab, in dem er bereits vier Tage lag. Das Wunder geschieht: Der Tote kommt heraus. Diese Szene ist nicht nur ein Zeichen göttlicher Macht, sondern auch eine Bestärkung des Glaubens der Jünger und der beiden Schwestern. Jesus führt Maria und Marta auf sehr behutsame Weise Schritt für Schritt zu einem tieferen, tragfähigen Glauben – ohne sie zu überfordern oder herabzusetzen.

Auffällig ist dabei, wie respektvoll Jesus mit beiden Schwestern umgeht. Ihre Fragen, ihre Trauer, ihre Reaktionen nimmt er ernst – ohne danach zu fragen, ob sie Frauen sind. Er spricht mit ihnen auf Augenhöhe, stellt ihnen theologische Fragen, hört ihnen zu und begleitet sie in ihrem Glaubensprozess. Seine Haltung ihnen gegenüber unterscheidet sich in keiner Weise von der gegenüber männlichen Jüngern. Auch darin zeigt sich die radikale Gleichwertigkeit, mit der Jesus Frauen in sein Wirken einbezieht.

Marias Liebe zu Jesus wird besonders bei der *Salbung in Betanien* deutlich. Eine Woche vor seinem Tod ist Jesus erneut zu Gast im Haus der Geschwister Maria, Marta und Lazarus (Joh 12,1–8). Marta dient – wie schon bei früheren Begegnungen –, während Maria eine Geste voll tiefer Hingabe vollzieht: Sie salbt die Füße Jesu mit einem überaus kostbaren Öl.

Im antiken Judentum war es üblich, einem Gast beim Betreten des Hauses die Füße mit Wasser zu waschen –

eine Aufgabe, die meist den niedrigsten Dienern zukam. Zusätzlich wurde der Kopf des Gastes mit einem Tropfen Öl oder Parfüm gesalbt – ein Ausdruck der Wertschätzung. Maria hingegen weicht bewusst von diesem Brauch ab: Sie nimmt ein ganzes Pfund echten, kostbaren Nardenöls, um Jesu Füße zu salben. Damit betont sie: Für ihn ist das Beste gerade gut genug – sogar für den niedrigsten Teil seines Körpers.

Ihre Handlung ist nicht nur Ausdruck tiefster Liebe, sondern auch einer demütigen Unterordnung unter Jesus. Die Fußpflege war im damaligen Kontext Ausdruck niedrigster Dienstbereitschaft – sie war Sklavenarbeit. Maria übernimmt diesen Dienst freiwillig und aus freiem Herzen. Sie verwendet dafür ein Öl, das nach Judas Iskariot 300 Denare wert ist – was etwa dem Jahreslohn eines gewöhnlichen Arbeiters entsprach. Kein Wunder, dass Judas ihr Verhalten als Verschwendung kritisiert.

Maria aber lässt sich nicht beirren. Sie trocknet die gesalbten Füße Jesu sogar mit ihrem Haar und bricht damit wiederum eine gesellschaftliche Norm. Jüdische Frauen trugen ihr Haar in der Öffentlichkeit in der Regel bedeckt. Offenes Haar galt als unschicklich, ja sogar als moralisch fragwürdig. Doch Maria stellt ihre Liebe zu Jesus über gesellschaftliche Konventionen. Ihre Geste ist radikal – in ihrer Hingabe ebenso wie in ihrer öffentlichen Sichtbarkeit.[37] Auf den Einwand des Judas reagiert Jesus deutlich:

---

[37] vgl. Klaus Wengst, *Das Johannesevangelium II*, S. 49f.

> Lass sie; sie hat das für den Tag meines Begräbnisses getan. (Joh 12,7)

Damit deutet er die Handlung Marias als prophetisches Zeichen. Ihre Salbung verweist auf seinen bevorstehenden Tod. Sie salbt ihn nicht als Ehrengast, sondern als den, der sterben wird – sie nimmt, ohne es vollständig zu verstehen, das Begräbnisritual vorweg. Jesus erkennt in ihrer Handlung eine Tiefe, die den Jüngern in ihrer rationalen Sichtweise verborgen bleibt. Maria handelt intuitiv – aber getragen von Liebe und Glauben.

Auch in den synoptischen Evangelien wird von der Salbung Jesu berichtet, allerdings bleibt dort der Name der Frau unerwähnt. Markus schildert, dass Jesus „in Betanien im Haus Simons des Aussätzigen" (Mk 14,3) zu Gast war, als eine Frau mit einem Alabastergefäß kostbaren Nardenöls eintritt und ihm das Öl über das Haupt gießt. Die Handlung ist öffentlich, auffällig – und provozierend.
Wie im Johannesevangelium gibt es auch hier kritische Stimmen, die den Akt als Verschwendung betrachten. Doch erneut verteidigt Jesus das Handeln der Frau mit großer Deutlichkeit:

> Sie hat meinen Leib im Voraus für das Begräbnis gesalbt. (Mk 14,8)

Er erkennt in ihrer Geste ein prophetisches Zeichen, das weit über eine spontane Handlung hinausreicht. Und er fügt hinzu:

> Amen, ich sage euch: Überall auf der Welt, wo das Evangelium verkündet wird, wird man sich an sie erinnern und erzählen, was sie getan hat. (Mk 14,9)

Diese Aussage hat Gewicht. Jesus verleiht der Frau damit eine bleibende Bedeutung in der christlichen Verkündigung. Ihre Tat – eine Salbung mit Nardenöl – verweist auf zweierlei: auf den Begräbnisritus und zugleich auf eine messianische Salbung. Damit erhält ihr Tun eine doppelte prophetische Dimension. Das Zerbrechen des Salbgefäßes wird zum Symbol für Jesu Tod – seine Hingabe, seine Aufopferung, seine königliche Sendung.
Erneut ist es eine Frau, durch die zentrale christologische Aussagen zur Sprache kommen – und das unmittelbar vor dem Beginn der Passion. Ihre Handlung ist mehr als eine rituelle Geste: Sie übernimmt eine Rolle, die in der Tradition Männern vorbehalten war – die eines Salbenden, eines, der erkennt, wer Jesus wirklich ist. Dass sie genau in diesem Moment eine messianische Salbung vornimmt, ist hochsymbolisch – und in seiner Zeit zutiefst herausfordernd.
Die anwesenden Männer – darunter Judas – sehen in ihrem Tun lediglich Verschwendung. Sie erfassen die Tiefe der Handlung nicht.[38] Die Frau dagegen zeigt ein Gespür für Jesu Sendung, das den Jüngern trotz mehrfacher Leidensankündigungen fehlt. Monika Fander bringt es prägnant auf den Punkt:

[38] vgl. Fander, *Die Stellung der Frau*, S. 131f.

> Die Frau zeigt durch ihr Tun ein Verständnis der Sendung Jesu, das den Jüngern trotz der dreifachen Leidensankündigung fehlt.[39]

Der Evangelist Matthäus übernimmt diese Erzählung fast wortgleich (Mt 26,6b–13). Auch dort wird das Handeln der Frau gewürdigt – als prophetisch, visionär, zutiefst bedeutungsvoll. Ihre Geschichte wird damit zum festen Bestandteil des Evangeliums – obwohl ihr Name ungenannt bleibt.

Seit der Auslegung durch Gregor den Großen im 6. Jahrhundert wurde in der lateinischen Kirche die in den Evangelien salbende Frau mit der namenlosen Sünderin aus Lk 7,36–50 gleichgesetzt. Grundlage dieser Deutung war unter anderem die Bemerkung in Lk 8,2, dass aus Maria Magdalena „sieben Dämonen ausgefahren" seien – was man später als Hinweis auf eine besonders schwere Sünde deutete. Ein weiteres Argument war die Tatsache, dass in beiden Perikopen ein Simon als Gastgeber erwähnt wird – einmal Simon der Pharisäer, einmal Simon der Aussätzige.[40]
Diese Gleichsetzung führte dazu, dass Maria Magdalena in der westlichen Tradition lange Zeit als Büßerin und reuige Sünderin verstanden wurde. Dabei vermischten sich drei Frauenbilder: die namentlich nicht genannte „Sünderin" bei Lukas, Maria von Bethanien und Maria aus Magdala.

---

[39] Fander, *Die Stellung der Frau*, S. 347.
[40] Joachim Gnilka, *Das Evangelium nach Markus I (Mk 1,1–8,26) (EKK II/1)*, Zürich/Neukirchen-Vluyn: Benziger/Neukirchener Verlag, 1978, S. 398.

Die Ostkirche hingegen ging schon früh einen anderen Weg: In der griechischen Tradition wurden diese drei Frauen immer klar voneinander unterschieden – eine Differenzierung, die heute auch in der Exegese breite Zustimmung findet.

Lukas überliefert die Geschichte der Salbung durch eine Sünderin in besonders ausführlicher Form (Lk 7,36–50). Anders als bei Markus und Matthäus salbt die Frau hier nicht den Kopf Jesu, sondern seine Füße – mit Tränen, Haaren und Salböl. Von Anfang an wird sie als „eine Frau in der Stadt, die eine Sünderin war" bezeichnet – wahrscheinlich, aber nicht mit Sicherheit, eine Prostituierte.[41] Als sie erfährt, dass Jesus im Haus eines Pharisäers namens Simon eingeladen ist, bringt sie ein Gefäß mit Salböl, tritt von hinten an Jesus heran, weint über seine Füße, trocknet sie mit ihrem Haar, küsst sie immer wieder und salbt sie mit dem Öl. Indem Lukas aus der markinischen Hauptsalbung eine Fußsalbung macht und die Frau ausdrücklich als Sünderin bezeichnet, verschiebt sich der Deutungshorizont der Szene: Aus dem königlichen Zeichen wird ein zutiefst persönliches Zeichen der Vergebung.[42]
Diese Szene ist in mehrfacher Hinsicht außergewöhnlich. Schon allein die Tatsache, dass eine Frau – dazu noch mit zweifelhaftem Ruf – ohne Einladung eintritt und sich Jesus nähert, bricht sämtliche gesellschaftlichen Konventionen. Dass sie dabei ihr Haar offen trägt, unterstreicht den

---

[41] Bovon, *Das Evangelium nach Lukas I*, S. 390.
[42] vgl. Fander, *Die Stellung der Frau*, S. 133f.

Skandal. Ihre Sehnsucht nach Nähe zu Jesus ist größer als alle äußeren Schranken.

Die Frau nähert sich Jesus *von hinten* – ganz so, wie es für Diener üblich war. Zur Zeit Jesu saß man bei Tisch nicht auf Stühlen, sondern lag halbseitig auf Polstern, während die Füße nach hinten ausgestreckt waren. Die Dienenden standen in der Regel am Fußende, bereit, Anweisungen entgegenzunehmen oder ihre Aufgaben zu erfüllen. Auch diese Frau reiht sich bewusst unter die Dienenden ein – nicht, um bedient zu werden, sondern um Jesus zu dienen und zu ehren.

Doch in dem Moment, in dem sie Jesus dienen will, überwältigen sie ihre Emotionen. Sie bricht in Tränen aus – Tränen, die auf Jesu Füße fallen. Ein Tuch hat sie nicht dabei, also verwendet sie das, was ihr zur Verfügung steht: ihr eigenes Haar. Sie scheut sich nicht, damit die Füße Jesu abzutrocknen – ein Akt tiefer Demut und persönlicher Hingabe.

Hinzu kommt: Sie küsst Jesu Füße – nicht nur einmal, sondern unablässig. Ihre Gesten sind Ausdruck tiefster Anbetung[43] – sie sagt nichts mit Worten, aber alles mit ihrem Tun. Es ist eine stille, aber kraftvolle Predigt: aus Tränen, aus Berührung, aus Demut und Liebe.

In Israel wurden traditionell Könige, Priester und Propheten rituell mit Öl gesalbt – insbesondere am Haupt. Eine Kopfsalbung war zudem Bestandteil höfischer

---

[43] vgl. Universität-Bibel-Freundschaft Heidelberg e.V.: Predigt: Lukas 7,36–50 – Liebe & Sündenvergebung, abrufbar unter: https://ubfheidelberg.org/Wordpress/page/28/, letzter Zugriff am 18.03.2025.

Empfangsrituale und diente der Körperpflege.[44] Lukas hingegen schildert eine Fußsalbung – ein Akt, der im religiösen und gesellschaftlichen Kontext höchst ungewöhnlich war. Ihre Handlung bewegt sich im Grenzbereich zwischen intimer Zuwendung und gesellschaftlicher Tabuverletzung.[45]

Und doch: Jesus weist sie nicht zurück. Im Gegenteil – er nimmt die Geste an, deutet sie theologisch und verteidigt die Frau vor den kritischen Blicken der Umstehenden. Was andere als anstößig empfinden, wird von ihm als Ausdruck einer tiefen inneren Wahrheit erkannt: einer liebenden, glaubenden und heilenden Beziehung zu ihm.

Der Pharisäer Simon ist sichtlich irritiert über das Verhalten Jesu. Innerlich empört denkt er:

> Wenn dieser ein Prophet wäre, wüsste er, wer und was für eine Frau das ist, die ihn berührt, dass sie eine Sünderin ist. (Lk 7,39)

Simon zweifelt an der prophetischen Autorität Jesu – gerade wegen dessen Offenheit gegenüber dieser Frau. Für ihn steht fest: Ein wahrer Prophet würde eine solche Berührung nicht zulassen. Simon denkt in klaren Kategorien von rein/unrein, von gut/sündig. Und da Jesus diese Grenzen nicht zieht, zieht Simon den Schluss, dass er kein echter Prophet sein könne.

Jesus jedoch kennt die Gedanken seines Gastgebers – und antwortet nicht mit direkter Konfrontation, sondern mit

---

[44] Bovon, *Das Evangelium nach Lukas I*, S. 391.

[45] ebd. S. 391f.

einem Gleichnis: Er erzählt von zwei Schuldnern, von denen beiden erlassen wird – dem einen viel, dem anderen wenig. Die zentrale Frage lautet: Wer liebt mehr? Dann wendet sich Jesus Simon direkt zu und fragt:

> Siehst du diese Frau? (Lk 7,44)

Diese Frage ist mehr als eine rhetorische Einleitung. Wahrscheinlich hat Simon die Frau bislang überhaupt nicht wirklich angesehen – er hat in ihr nur „die Sünderin" gesehen, nicht den Menschen. Jesus zwingt ihn, genau hinzuschauen:

> Siehst du diese Frau? Ich bin in dein Haus gekommen – Wasser für meine Füße hast du mir nicht gegeben; sie aber hat meine Füße mit Tränen benetzt und mit ihrem Haar abgewischt. Einen Kuss hast du mir nicht gegeben; sie aber hat, seit ich hereingekommen bin, nicht aufgehört, meine Füße (intensiv) zu küssen. Mit (gewöhnlichem) Öl hast du mein Haupt nicht gesalbt; sie aber hat meine Füße mit (kostbarem) Salböl gesalbt. Deshalb sage ich dir: Ihre vielen Sünden sind vergeben worden – denn sie hat viel geliebt. Wem aber wenig vergeben wird, der liebt wenig. (Lk 7,44–47)

Mit diesen Worten stellt Jesus das Verhalten der Frau dem Verhalten Simons gegenüber. Die Frau hat all das getan, was Simon unterlassen hat – mit einer Zärtlichkeit, einer Großzügigkeit und einer Liebe, die aus ihrer tiefen Umkehr heraus erwächst. Anschließend spricht Jesus sie direkt an:

> Deine Sünden sind dir vergeben. (Lk 7,48)

Die Frau schweigt – und in diesem Schweigen liegt Würde, vielleicht Erleichterung, vielleicht auch Staunen. Jesu Verhalten ihr gegenüber ist konsequent gegen alle Konventionen gerichtet. Er lässt sich berühren, salben, küssen – und wertet diese Gesten nicht als unangemessen, sondern erkennt in ihnen die Tiefe ihrer Liebe. Was andere als skandalös empfinden, deutet er als Offenbarung des Herzens. Die Anwesenden sind irritiert:

> Wer ist dieser, der sogar Sünden vergibt? (Lk 7,49)

Denn im jüdischen Verständnis konnte nur Gott selbst Sünden vergeben. Dass Jesus diesen Schritt vollzieht, stellt seinen Anspruch in den Raum: Er handelt mit göttlicher Vollmacht – eine Provokation, die später zur Anklage der Gotteslästerung führen wird. Beate Kowalski beschreibt die Szene so:

> Der unangenehme Dialog Jesu mit Simon setzt sich fort. Jesus lenkt den Blick Simons auf die Frau und ihre Handlungen in dessen Haus. Allein das ist eine Provokation: den Blick auf eine Sünderin lenken und diese nicht zu ignorieren. Er stellt die Sünderin in den Mittelpunkt und verlangt von Simon eine neue Sehweise. Er soll genau hinsehen und die Frau – aber auch sich selbst – richtig wahrnehmen. Die Provokation wird aber noch schärfer, indem Jesus die Handlungen der Frau mit denen des Pharisäers vergleicht und dabei fortwährend das richtige Verhalten der Frau herausstellt. In drei Argumentationsgängen, die je aus dem Vorwurf („Du hast ...“: V 44: οὐκ

ἔδωκας; V 45: οὐκ ἔδωκας; V 46: οὐκ ἤλειψας) und der Darstellung der Gesten der Sünderin („sie aber"/ αὕτη δὲ: V 44.45.46) bestehen, hält Jesus seinem Gastgeber einen Spiegel vor Augen.[46]

Durch Simons vorherige Zustimmung zur Aussage im Gleichnis ist er nun in eine Lage gebracht, die ihn zwingt, seine eigene Haltung zu überdenken. Jesus entlarvt die verborgenen Motive seines Gastgebers – nicht um ihn bloßzustellen, sondern um ihn für die Heilsbedürftigkeit eines jeden Menschen zu sensibilisieren.[47] Zum Schluss sagt Jesus erneut zur Frau:

> Dein Glaube hat dich (endgültig) gerettet. Geh in Frieden. (Lk 7,50)

Diese Worte schließen den Erzählbogen. Die Reaktion Simons bleibt offen – ebenso die der übrigen Gäste. Doch der Blick Jesu auf die Frau ist eindeutig: Ihre Liebe zählt. Ihre Reue zählt. Ihre Würde zählt. Gegen jede gesellschaftliche Erwartung erlaubt Jesus diese Nähe – und macht sie fruchtbar zur Offenbarung einer göttlichen Wahrheit: Die Liebe ist stärker als jede Schuld. Sie vermag selbst das Unaussprechliche zu heilen.

---

46 Beate Kowalski, *11. Sonntag im Jahreskreis (C): Lk 7,36–8,3*, http://www.perikopen.de/Lesejahr_C/11_iJ_C_Lk7_36-8_3_Kowalski.pdf, letzter Zugriff am 18.01.2025, S. 5.

47 vgl. ebd., S. 5f.

Persönliches Fazit

Die Begegnung Jesu mit der salbenden Frau im Haus Simons ist für mich eine Schlüsselstelle im Neuen Testament – nicht nur, weil sie Jesu Umgang mit gesellschaftlichen Außenseiterinnen sichtbar macht, sondern weil sie beispielhaft zeigt, wie er mit Sünde, Umkehr und der Würde des Menschen umgeht. Es bewegt mich, wie er diese Frau sieht: nicht mit dem Blick auf ihre Vergangenheit, sondern auf ihre Liebe.

Jesus bricht mit sozialen Erwartungen, indem er Zärtlichkeit zulässt, Anklagen übergeht und Vergebung zuspricht – öffentlich, nicht versteckt. Die Frau wird nicht beschämt, sondern erhoben. Ihre Handlung wird nicht als Skandal, sondern als Zeichen gedeutet. Für mich wird diese Szene so zu einem theologischen Lehrstück: Vergebung geschieht dort, wo sich Liebe entfalten darf.

Zugleich sehe ich, wie Jesus die religiöse Selbstsicherheit des Pharisäers herausfordert – nicht durch schroffe Ablehnung, sondern durch die Einladung zur Selbstreflexion. In dieser doppelten Bewegung – der Zuwendung zur Sünderin und der Provokation des Gerechten – liegt für mich der Kern seiner Botschaft: Jesus eröffnet einen Raum, in dem Liebe, Reue und Gnade größer sind als jedes moralische Urteil.

Besonders nachdenklich machen mich die Überlieferungen der Evangelien, in denen Frauen Jesus salben. Diese Handlungen sind tiefgründig – nicht nur als persönliche Geste, sondern als theologisch aufgeladene Zeichen. Die Salbung hatte im alttestamentlichen Kontext einen hohen kultischen Rang: Sie bedeutete Beauftragung – von Königen, Priestern, Propheten. Dass in den Evangelien Frauen Jesus salben, lange bevor seine Jünger seine Sendung wirklich verstehen, ist für mich keine Nebensächlichkeit.

Es sind Frauen, die ihn als den Gesalbten – als Christus – deuten. Sie übernehmen symbolisch-kultische Akte, die sonst Männern vorbehalten waren, und werden von Jesus nicht korrigiert, sondern ausdrücklich anerkannt. Für mich zeigt das: Diese Salbungen sind keine emotionalen Gesten, sondern prophetische Handlungen.

Ich sehe darin ein starkes Gegengewicht zur späteren kirchlichen Argumentation, nur Männer könnten „in persona Christi" handeln. Denn in den Evangelien selbst sind es Frauen, die Jesu Sendung auf priesterliche Weise deuten – öffentlich, sichtbar und mit seiner Zustimmung. Diese Erzählungen werfen ein neues Licht auf die Frage nach Ämtern in der Kirche. Sie stellen nicht die Tradition infrage, sondern führen tiefer hinein in das, was von Anfang an war.

Die „blutflüssige" Frau

In allen drei synoptischen Evangelien findet sich die Geschichte einer Frau, die seit zwölf Jahren an Blutungen leidet und von Jesus geheilt wird – eingebettet in die Erzählung von der Auferweckung der Tochter des Jaïrus (Mk 5,25–34; Mt 9,20–22; Lk 8,43–48). Es ist eine dichte, vielschichtige Szene, die nicht nur von körperlicher Heilung berichtet, sondern auch eine tiefgreifende soziale und religiöse Dimension offenbart.

Die Frau leidet an einem chronischen Blutfluss – eine Erkrankung, die sie nach jüdischem Reinheitsgesetz dauerhaft als „unrein" kennzeichnete (vgl. Lev 15,25–27; Ez 36,17). Ihre Berührung – sei es von Menschen, Gegenständen oder gar eines Mannes – galt kultisch als verunreinigend. In diesem Zustand durch eine Menschenmenge zu drängen und bewusst einen Mann zu berühren, ist aus damaliger Sicht ein Tabubruch. Umso erstaunlicher ist ihr Mut – und der Glaube, aus dem heraus sie handelt. Sie sagt sich:

> Wenn ich auch nur seine Kleidung berühre, werde ich geheilt werden. (Mk 5,28)

Und tatsächlich – in dem Moment, in dem sie den Saum seines Gewandes berührt, spürt sie: Sie ist geheilt. Auch Jesus merkt, dass „eine Kraft von ihm ausgegangen“ ist. Er dreht sich um, hält inne und fragt:

> Wer hat meine Kleidung berührt? (Mk 5,30)

Die Frau tritt zitternd hervor, fällt vor ihm nieder und erzählt ihm – wie es heißt – „die ganze Wahrheit“ (Mk 5,33). Was sie ihm dabei sagt, bleibt offen. Lukas ergänzt lediglich, dass sie ihm berichtet habe, warum sie ihn berührt hatte und wie sie durch die Berührung sofort gesund geworden war (Lk 8,47).
Auch hier lässt Jesus die Nähe der Frau zu – obwohl sie nach den Reinheitsvorschriften des Gesetzes nicht einmal in seine Nähe hätte kommen dürfen. Er reagiert nicht mit Ablehnung oder Distanz, sondern mit Anerkennung und Lob:

> Meine Tochter, dein Glaube hat dich gerettet. Geh in Frieden und sei (dauerhaft) gesund von deinem Leiden. (Mk 5,34)

Diese Worte verdeutlichen erneut Jesu Haltung: Nicht rituelle Reinheit ist für ihn entscheidend, sondern der Glaube, der heilt, befreit und wiederherstellt. Er stellt die Frau öffentlich in ihre Würde zurück und nimmt sie als „Tochter“ an – ein Ausdruck zärtlicher Zugehörigkeit und familiärer Annahme.
Gleichzeitig wird durch diese Erzählung erkennbar, dass sich die Frühe Kirche zunehmend von den

alttestamentlichen Reinheitsvorschriften löste. Die Heilungsgeschichte dieser Frau ist ein frühes Zeugnis dafür, dass der Glaube an Christus über die Kategorien von rein und unrein hinausführt. Sie markiert damit nicht nur eine persönliche Befreiung, sondern auch einen theologischen Wendepunkt im Verständnis von Nähe zu Gott.

Die Perikope gewinnt zusätzliche Brisanz, wenn man sie mit kirchengeschichtlichen Entwicklungen in Beziehung setzt: Im Mittelalter wurde Frauen wegen ihrer Menstruation der Zugang zum Altarraum verwehrt – ein Ausschluss, der im klaren Widerspruch zur Haltung Jesu steht. Während er Nähe zulässt, Berührung akzeptiert und die Frau öffentlich aufrichtet, wurde im späteren kirchlichen Denken aus körperlicher Realität erneut ein Ausschlusskriterium.

Jesu Verhalten spricht eine andere Sprache: Für ihn zählt nicht kultische Trennung, sondern die Bereitschaft zur vertrauenden Berührung. Die Frau wird so zur Glaubenszeugin, die durch ihren Mut, durch ihre Ehrlichkeit und durch ihren tiefen Glauben Heil erfährt – für Leib, Seele und gesellschaftliche Stellung.

Persönliches Fazit:

Mich berührt diese Szene immer wieder neu – nicht nur wegen der Heilung, sondern wegen der Würde, die Jesus dieser Frau zuspricht. In einer Gesellschaft, in der sie nicht einmal hätte gesehen oder berührt werden dürfen, nennt er sie „Tochter“.

Er erkennt nicht nur ihre Not, sondern auch ihren Glauben. Und er macht beides öffentlich: ihren Mut und seine Annahme.

Für mich ist das ein starkes Bild für Kirche heute: Nähe zu Jesus war nie an kultische Reinheit oder äußere Voraussetzungen gebunden. Wenn er eine Frau in ihrer Verletzlichkeit annimmt, sie berühren lässt und sie öffentlich in ihre Würde zurückruft, dann darf auch die Kirche niemanden ausschließen – nicht wegen Körperlichkeit, nicht wegen Herkunft, nicht wegen Lebensgeschichte.
Die Frau mit dem Blutfluss steht für mich stellvertretend für all jene, die übersehen, ausgegrenzt oder beschämt wurden – und die bei Jesus einen Ort der Heilung und Anerkennung finden.

Die Tochter des Jaïrus

Unmittelbar verwoben mit der Heilung der blutflüssigen Frau ist die Erzählung von der Tochter des Jaïrus, die in allen drei synoptischen Evangelien überliefert wird (Mk 5,21–24.35–43; Mt 9,18–26; Lk 8,40–56). Während Jesus auf dem Weg zum Haus des Synagogenvorstehers ist, ereignet sich die Begegnung mit der blutflüssigen Frau – ein bewusst gesetzter erzählerischer Einschub, der die Dringlichkeit des Anliegens des Jaïrus unterbricht und so die Spannung der gesamten Szene erhöht.
Jaïrus, ein angesehener Synagogenvorsteher, tritt öffentlich vor Jesus und bittet ihn um Hilfe für seine sterbenskranke Tochter. Er fällt vor ihm nieder – eine ungewöhnliche Geste für einen Mann seines Ranges – und sagt:

> Mein Töchterchen liegt in den letzten Zügen („hat es ganz schlimm“). Komm doch und leg ihr die Hände auf, damit sie gerettet wird und (weiter)lebt. (Mk 5,23)

Jesus geht mit ihm. Doch auf dem Weg dorthin ereignet sich das Wunder an der blutflüssigen Frau – und während diese Begegnung Jesu Aufmerksamkeit beansprucht, trifft die Nachricht ein:

> Deine Tochter ist gestorben. Warum belästigst du den Lehrer noch weiter? (Mk 5,35)

Was folgt, ist ein entscheidender Moment. Jesus lässt sich nicht von der Nachricht des Todes erschüttern. Er wendet sich Jaïrus zu und spricht Worte, die über den Augenblick hinausgehen:

> Fürchte dich nicht, glaube nur! (Mk 5,36)

Mit dieser Ermutigung wird die Szene zu einer Erprobung des Glaubens – nicht nur für Jaïrus, sondern für alle Anwesenden. Jesus nimmt nur Petrus, Jakobus und Johannes mit ins Haus. Dort herrscht bereits Trauer: Weinen, Klagen, Klagegeschrei. Jesus jedoch sagt:

> Warum macht ihr Lärm und weint? Das Kind ist nicht gestorben, sondern es schläft. (Mk 5,39)

Die Umstehenden lachen ihn aus. Doch Jesus lässt sich nicht beirren. Er nimmt Vater und Mutter sowie seine drei Jünger mit sich in das Zimmer des Mädchens, ergreift die Hand des toten Kindes – wiederum ein Bruch mit Reinheitsvorschriften – und spricht:

> Ταλιθα κουμ [Talita kum]! (Mk 5,41)

Dies ist die griechische Umschrift eines aramäischen Begriffs. Die griechische Übersetzung fügt der Evangelist Markus dazu:

> Mädchen, ich sage dir, steh auf![48]

Und sofort steht sie auf und beginnt umherzugehen. Die Umstehenden sind fassungslos. Warum die Leute „außer sich vor Entsetzen“ (Mk 5,42) sind, bleibt offen. Es könnte bedeuten, dass das Ereignis als Gottesoffenbarung verstanden wurde.[49] Diese Reaktion fehlt bei Matthäus, dort heißt es nur, dass sich die Kunde davon verbreitete (Mt 9,25).

Jesus aber ermahnt sie, niemandem davon zu erzählen, und bittet darum, dem Mädchen etwas zu essen zu geben. Die Szene ist reich an theologischen Motiven: Jesus überwindet nicht nur Krankheit, sondern den Tod selbst. Seine Worte – „Fürchte dich nicht, glaube nur!“ – durchziehen die gesamte Erzählung wie ein roter Faden und bilden eine Verbindung zur blutflüssigen Frau, deren Glaube ihn ebenfalls berührt und Heilung bewirkt hat. Beide Geschichten stellen den Glauben über die religiöse Reinheit, über das gesellschaftlich Erwünschte und sogar über die biologische Endgültigkeit des Todes.

Dass Jesus die Hand des toten Mädchens berührt, ist bemerkenswert – denn nach dem Gesetz machte auch der

---

[48] Beate Kowalski, *11. Sonntag im Jahreskreis (C): Lk 7,36–8,3*, http://www.perikopen.de/Lesejahr_C/11_iJ_C_Lk7_36-8_3_Kowalski.pdf, letzter Zugriff am 18.01.2025, S. 5.

[49] Gnilka, *Das Evangelium nach Markus I*, S. 218.

Kontakt mit einem Toten unrein (vgl. Num 19,11). Doch Jesus setzt sich bewusst darüber hinweg. Was zählt, ist nicht das Einhalten kultischer Vorschriften, sondern das Handeln aus Liebe und Glauben.

Persönliches Fazit

Mich berührt besonders, wie eng die beiden Geschichten miteinander verwoben sind – die Heilung einer Frau, die seit Jahren am Rand der Gesellschaft lebt, und die Auferweckung eines Mädchens, das scheinbar schon verloren ist. Beide bleiben äußerlich still, sagen nichts, treten nicht aktiv in Erscheinung – und doch wird an ihnen Großes sichtbar: dass niemand für Jesus zu gering, zu unrein oder zu spät kommt.

Für mich ist das eine tiefe Zusage: dass Gottes Zuwendung nicht an Reinheit, Rolle oder Lebensleistung gebunden ist. Jesus berührt, wo andere ausweichen würden. Er hebt auf, wo andere abschreiben. Und er sagt Leben zu, wo alles schon verloren scheint. Das ist mehr als eine Erzählung – das ist Evangelium.

Die syrophönizische Frau

Eine besondere Begegnung Jesu ist die mit der sogenannten syrophönizischen Frau, wie sie uns das Markusevangelium überliefert (Mk 7,24–30). Die Szene beginnt damit, dass Jesus sich in das Gebiet von Tyrus begibt – ein Gebiet außerhalb des jüdischen Kulturraums, das von Nichtjuden bewohnt war. Allein dieser Schritt war bereits anstößig. Die Bewohner von Tyrus, Teil der phönizischen Kultur, galten als ausgesprochen judenfeindlich – umso überraschender ist es, dass Jesus genau dorthin geht.[50]

---

[50] Gnilka, *Das Evangelium nach Markus I*, S. 291.

Die Frau, die ihm begegnet, ist eine Heidin – ausdrücklich so bezeichnet. Sie hat offenbar von Jesus gehört, nähert sich ihm und fällt vor ihm nieder, ein Zeichen großer Demut und Unterordnung. Doch zunächst weist Jesus ihre Bitte um Heilung ihrer Tochter ab – mit einem Satz, der irritieren kann:

> Lass zuerst zu, dass die Kinder satt werden; denn es ist nicht gut, das Brot der Kinder zu nehmen und den Hündchen hinzuwerfen. (Mk 7,27)

Damit macht Jesus deutlich, dass seine Sendung zunächst dem Volk Israel gilt. Die Juden verstanden sich selbst als „Kinder Gottes“[51] – in Abgrenzung zu den „Heiden“, die man mit dem abwertenden Begriff „Hunde“ belegte. Zwar klingt Jesu Formulierung herablassend, doch wird sie durch das Diminutiv ‚Hündchen‘ etwas abgemildert. Besonders bemerkenswert ist die Reaktion der Frau. Sie akzeptiert Jesu Aussage, widerspricht nicht, sondern bekräftigt sie sogar, indem sie sich selbst in dieses Bild einfügt:

> Ja, Herr! Auch die Hündchen unter dem Tisch essen vom Überflüssigen der Kinder. (Mk 7,28)

Indem sie Jesus mit dem Titel κύριος [kýrios] – „Herr“ – anspricht, bekennt sie ihren Glauben an seine göttliche Macht. Sie ist die Erste im Markusevangelium, die Jesus so nennt – und sie ist eine Heidin. Ihre Antwort ist ein

---

[51] ebd., S. 292.

Glaubensbekenntnis – und es ist das *erste messianische Bekenntnis* im Markusevangelium überhaupt.[52] Sie macht sich selbst klein, erkennt aber gleichzeitig in Jesus denjenigen, der heilen und retten kann – auch über die Grenzen Israels hinaus. Diese Haltung beeindruckt Jesus zutiefst. Er antwortet:

> Wegen dieses Wortes (διὰ τοῦτον τὸν λόγον) geh! Der Dämon ist aus deiner Tochter (endgültig) ausgefahren. (Mk 7,29)

Als die Frau nach Hause kommt, findet sie ihre Tochter tatsächlich gesund vor. Jesus lässt sich hier von einer Nichtjüdin belehren – das ist einzigartig. Es ist die einzige überlieferte Geschichte, in der er seine Haltung ändert – ausdrücklich „wegen dieses Wortes" der Frau. Ihre Beharrlichkeit, ihr Vertrauen, ihre kluge und demütige Antwort bewegen Jesus zum Handeln.
Auch das Matthäusevangelium erzählt diese Begebenheit (Mt 15,21–28), ergänzt sie jedoch an entscheidender Stelle. Als die Frau Jesus bittet, ihre Tochter zu heilen, bitten die Jünger ihn, sie fortzuschicken:

> Sie schreit hinter uns her. (Mt 15,23)

Jesus antwortet hier ganz direkt und unmissverständlich:

> Ich bin ausschließlich zu den verlorenen Schafen des Hauses Israel gesandt. (Mt 15,24)

---

52 vgl. Fander, *Die Stellung der Frau*, S. 81.

Als die Frau sich dennoch nicht abweisen lässt und weiter bittet, spricht Jesus – wie bei Markus – vom Brot, das man nicht den Hunden vorwerfen dürfe. Wieder reagiert die Frau mit derselben demütigen, aber glaubensstarken Antwort. Daraufhin sagt Jesus:

> Oh Frau, groß ist dein Glaube. Es soll dir geschehen, wie du willst. (Mt 15,28)

Auch hier folgt unmittelbar die Feststellung der Heilung. Die Geschichte wirft eine theologische Frage auf: Prüft Jesus hier den Glauben der Frau? Oder erkennt er in diesem Moment selbst, dass seine Sendung nicht auf Israel beschränkt ist? Auf jeden Fall wird deutlich, wie offen und respektvoll Jesus der Frau begegnet. Obwohl sie keine Jüdin ist, hört er ihr zu, tritt in einen echten Dialog mit ihr – was im damaligen kulturellen Kontext keineswegs selbstverständlich war. Nach geltenden sozialen Regeln hätte er mit ihr nicht einmal sprechen dürfen.

Und dennoch – er spricht mit ihr über seine Sendung, hört ihr Argument und lobt am Ende ausdrücklich ihren Glauben. Damit stellt diese Frau eine Gegenfigur zu den Jüngern dar, die – trotz all ihrer Nähe zu Jesus – das Geschehen um ihn oft nicht verstehen. So heißt es nach der Brotvermehrung in Mk 6,52, dass sie „nicht zur Einsicht gekommen“ waren. Der Glaube der Heidin wird so dem Unverständnis der Jünger gegenübergestellt. Zwar spricht Petrus in Mk 8,29 das Messiasbekenntnis, doch wird sofort deutlich, dass er Jesus nicht als den leidenden Messias versteht.[53]

Die syrophönizische Frau dagegen erkennt Jesu Wesen – ohne spektakuläre Wunder, ohne Belehrung. Sie glaubt, bittet und beharrt – und wird zum Prototyp des glaubenden Heidenmenschen. Ihr Glaube wird nicht nur erhört, sondern zum Maßstab gemacht.

Persönliches Fazit

Was mich an dieser Begegnung besonders berührt, ist die Offenheit Jesu zu lernen. Er hört nicht nur zu, sondern lässt sich von der Frau in seiner eigenen Sendungserkenntnis herausfordern. Ihr Wort bewirkt ein Umdenken Jesu. In einer Welt, in der Frauen kaum Gehör fanden, wird ihre Stimme nicht übergangen, sondern zum Anlass für Heilung – und für eine Ausweitung des Heilsverständnisses.

Für mich ist das eine theologisch tiefgreifende Szene: Jesus bleibt nicht starr in seinem Auftrag, sondern geht den nächsten Schritt – über die Grenzen Israels hinaus, weil eine Frau ihn daran erinnert, dass Gottes Gnade größer ist.

Diese Haltung Jesu bewegt mich. Sie zeigt, dass es im Reich Gottes nicht um Macht, Zugehörigkeit oder Autorität geht, sondern um Beziehung, um Hören und um das Vertrauen, dass auch der andere mir etwas zu sagen hat. Dass eine Frau aus einem anderen Kulturkreis zum Auslöser dieser Öffnung wird, macht deutlich: Die Weite der Sendung Jesu beginnt mit dem Hören auf das Unerwartete.

Die Witwe

Eine weitere Frau, der Jesus zwar nicht persönlich begegnet, aber deren Handeln er bewusst beobachtet und hervorhebt, ist die namenlose Witwe, von der das

---

[53] vgl. Fander, *Die Stellung der Frau*, S. 345.

Lukasevangelium berichtet (Lk 21,1–4). Sie wird nicht angesprochen, nicht gefragt, nicht belehrt – und doch wird sie von Jesus ausdrücklich gewürdigt. In aller Stille wirft sie zwei λεπτὰ [leptá] – zwei der kleinsten Kupfermünzen ihrer Zeit – in den Opferkasten des Tempels.
Was zunächst unbedeutend erscheinen mag, wird von Jesus zur Lehrszene für seine Jünger gemacht. Er sagt:

> Diese arme Witwe hat mehr hineingelegt als alle anderen. Denn alle diese haben aus ihrem Überfluss eingelegt in die Gaben, sie aber hat aus ihrer Armut alles, wovon sie lebte, gegeben. (Lk 21,3–4)

Wörtlich heißt es hier: „Sie hat ihr ganzes Leben gegeben" – nicht nur im übertragenen Sinne, sondern als Ausdruck radikaler Hingabe. Ihre Gabe ist nicht spektakulär, aber sie ist existenziell.
Zur Zeit Jesu lebten Witwen oft am Rand der Gesellschaft. Sie waren rechtlich und wirtschaftlich benachteiligt, galten als schutzbedürftig, aber gleichzeitig auch als gesellschaftlich wenig angesehen. Sie trugen schwarze Kleidung, und durch den Tod ihres Mannes galten sie nicht als frei, sondern oft als sozial gebunden und abhängig. In bestimmten Fällen war ihnen eine sogenannte Leviratsehe möglich – also die Heirat mit einem jüngeren Bruder des Verstorbenen –, doch diese Option stand nicht immer offen. Überdies wurde ein früher Tod des Ehemannes nicht selten als Zeichen von Schuld oder göttlicher Strafe interpretiert – was das Stigma für die Witwe verstärkte.
Und dennoch: Jesus sieht diese Frau. Er macht sie zum Vorbild – nicht wegen des materiellen Wertes ihrer Gabe,

sondern wegen der Haltung, mit der sie gibt. In ihrer Unsichtbarkeit erkennt Jesus etwas Großes: eine Frau, die aus ihrer Armut heraus großzügig ist, aus ihrer Schwäche heraus vertrauensvoll und die aus ihrer sozialen Unsicherheit heraus bereit ist, sich ganz Gott anzuvertrauen.

Diese Beobachtung steht in starkem Kontrast zu den reichen Tempelbesuchern, die aus ihrem Überfluss spenden. Ihre Gaben mögen größer sein, aber nicht ihre Hingabe. Die Witwe dagegen bringt ihr Leben – und genau das macht sie zur stillen Prophetin der Ganzhingabe.

Im weiteren Verlauf dieses Buches, besonders im Kapitel über die Pastoralbriefe, wird auf die Rolle der Witwen noch ausführlicher eingegangen. Denn gerade in den frühen christlichen Gemeinden nahmen Witwen – trotz ihrer gesellschaftlich marginalisierten Stellung – eine wichtige Funktion ein, die weit über Almosenempfang hinausging.

Die Mutter des jungen Mannes von Naïn

Im Lukasevangelium wird eine weitere Frau erwähnt, deren Name nicht genannt wird – die Mutter des jungen Mannes von Naïn (Lk 7,11–17). Sie ist Witwe, und ihr einziger Sohn ist gestorben. Damit verliert sie nicht nur einen geliebten Menschen, sondern auch ihre letzte soziale und wirtschaftliche Absicherung.

Jesus begegnet dem Trauerzug vor der Stadt, sieht die Frau und wird von tiefem Mitgefühl ergriffen:

> Als der Herr sie sah, wurde er innerlich bewegt über sie und sagte zu ihr: Weine nicht! (Lk 7,13)

Er nähert sich der Bahre, berührt sie – erneut ein Bruch des Reinheitsgebots – und spricht:

> Junger Mann, ich sage dir: Steh auf! (Lk 7,14)

Der Tote richtet sich auf und beginnt zu sprechen – und Jesus gibt ihn seiner Mutter zurück.
Diese Szene zeigt eindrucksvoll, wie sehr Jesus das Leid von Frauen sieht – besonders dann, wenn es von der gesellschaftlichen Realität verstärkt wird. Seine Zuwendung zur Mutter von Naïn ist Akt der Barmherzigkeit, Zeichen messianischer Vollmacht und Ausdruck tiefster Solidarität mit den Schwächsten der Gesellschaft.

Die Frauen, die Jesus bei der Kreuzigung folgten

Der Evangelist Lukas berichtet, dass auf dem Weg zur Kreuzigung Jesu eine große Menschenmenge hinter ihm herging – „darunter auch Frauen, die klagten und weinten" (Lk 23,27–31). Diese Frauen werden von Jesus als „Töchter von Jerusalem" angesprochen – ein Ausdruck, der zwar konkret die Frauen der Stadt meint, aber im übertragenen Sinne das ganze Volk Israel symbolisiert.[54]
Es ist bemerkenswert: Während viele Männer schweigen oder fliehen, sind es Frauen, die sich am Weg zum Kreuz

---

[54] vgl. Bovon, *Das Evangelium nach Lukas III (Lk 19,28–24,53) (EKK III/4)*, Zürich/Neukirchen-Vluyn: Benziger/Neukirchener Verlag, 2009, S. 455.

auf die Seite Jesu stellen. Frauen sind ihm in den Evangelien nie feindlich gesinnt.[55] Jesus wendet sich ihnen zu und spricht:

> Weint nicht über mich, sondern weint über euch und eure Kinder! (Lk 23,28)

Er richtet ihren Blick weg von seinem Leiden hin zu einem kommenden Gericht über die Stadt.[56] Dieses Weinen, zu dem er auffordert, ist nicht Ausdruck von Mitleid, sondern eine Form der Einsicht – der Anfang von Weisheit.[57] Jesus nimmt die Frauen als mündige Adressatinnen seiner Botschaft ernst. Er tröstet sie nicht, sondern fordert zur Umkehr auf.
Während die Zwölf Apostel – wie die Evangelien berichten – vor der Kreuzigung fliehen (Mk 15,40; Mt 27,55; Lk 23,49; Joh 19,25), bleiben die Frauen bei Jesus. Markus beschreibt ihre Anwesenheit eindrucksvoll:

> Auch einige Frauen sahen von weitem zu, darunter Maria aus Magdala, Maria, [die Mutter/ Frau?] von Jakobus, dem Kleinen und [die Mutter/ Frau?] des Joses, sowie Salome; sie waren Jesus schon in Galiläa nachgefolgt (ἠκολούθουν) [ēkoloúthoun] und hatten ihm gedient (διηκόνουν αὐτῷ) [diēkónoun autó]. Noch viele andere Frauen waren dabei,

---

[55] vgl. Bovon, Das Evangelium nach Lukas III, S. 453.

[56] vgl. Streitenberger, *Das Lukasevangelium. Griechischer Text und Übersetzung mit Kommentar – Vers für Vers*, https://www.sermon-online.com/de/contents/35122, letzter Zugriff am 18.01.2025, S. 284.

[57] vgl. Bovon, *Das Evangelium nach Lukas III*, S. 454.

die mit ihm nach Jerusalem hinaufgegangen waren." (Mk 15,40f.)

Wahrscheinlich handelt es sich um vier Frauen, die auch bei der Grablegung und der Auferstehung wieder genannt werden (Mk 15,47; Mk 16,1).[58] Matthäus ersetzt Salome durch die Mutter der Söhne des Zebedäus und ersetzt damit unbekannte Namen durch bekannte. Lukas nennt die Namen gar nicht. Johannes hingegen nennt die Mutter Jesu, deren Schwester, Maria, die Frau (oder Mutter?) des Klopas, und Maria Magdalena.
Das Zuschauen aus der Ferne dürfte realistisch sein, denn Trauerbekundungen waren bei öffentlichen Hinrichtungen verboten. Dennoch bleiben die Frauen – sie halten Jesus die Treue, obwohl sie sich damit selbst in Gefahr bringen.[59] Das Verb ἀκολουθεῖν [akoloúthein] – „nachfolgen" – weist im Markusevangelium auf Jüngerschaft hin – Nachfolge, wie sie Jesus gefordert hatte (Mk 8,34). Für Markus ist „Nachfolge" bereits ein theologischer Begriff: nicht bloßes Mitgehen, sondern Teilhabe am Weg Jesu – bis unter das Kreuz.[60]
Man kann zwei Gruppen unter den Nachfolgenden unterscheiden: die Wanderprediger, die aktiv durch das Land zogen, und die Sympathisierenden in den Ortsgemeinden, die diese Gruppen aufnahmen, unterstützten und Multiplikatorinnen der Botschaft

---

[58] Fander, *Die Stellung der Frau*, S. 136f.
[59] vgl. ebd., S. 139f.
[60] vgl. ebd., S. 144f.

waren.[61] Frauen spielten in beiden Gruppen eine Rolle – nicht nur als Helferinnen, sondern als Trägerinnen der Verkündigung.
Auch das Verb διακονεῖν [diakoneín], das für die Frauen verwendet wird, bedeutet mehr als „Bedienung bei Tisch". Es meint authentisches Dienen im Sinne einer Jüngerschaft, die sich in aller Schlichtheit Jesus unterordnet – ein Dienen aus Liebe, nicht aus Pflicht.[62]
Markus konfrontiert das Versagen der Zwölf, die fliehen, bewusst mit dem treuen Ausharren der Frauen. So wird deutlich: Nicht Macht oder Nähe zur institutionellen Leitung machen Jüngerschaft aus, sondern das stille, beständige Dienen.[63]
Diese Frauen sind es auch, die nach dem Sabbat wohlriechende Öle kaufen, um Jesu Leichnam zu salben. Es ist ein Liebesdienst, den sie ihm über den Tod hinaus erweisen möchten. Doch als sie zum Grab kommen, ist der Stein weggewälzt. Sie begegnen einem jungen Mann in weißem Gewand, der ihnen verkündet:

> Erschreckt nicht! Ihr sucht Jesus, den Nazarener, den Gekreuzigten. Er ist auferweckt worden (ἠγέρθη) [ēgérthē]; er ist nicht hier. Seht die Stelle, wo sie ihn hingelegt haben. Aber geht, sagt seinen Jüngern und Petrus: Er geht euch voraus nach Galiläa; dort werdet ihr ihn sehen, wie er euch gesagt hat. (Mk 16,6f.)

---

[61] vgl. ebd., S. 309.
[62] vgl. ebd., S. 145.
[63] vgl. ebd., S. 145f.

Das Verb ἐγείρειν („auferwecken"), das im Neuen Testament 52-mal für die Auferstehung Jesu verwendet wird, taucht bei Markus ausschließlich in Erzählungen über Frauen auf – so bei der Heilung der Schwiegermutter des Petrus (Mk 1,30) und bei der Tochter des Jaïrus. Dadurch entsteht ein bewusster Zusammenhang zwischen den Heilungsgeschichten von Frauen und der Auferstehung – eine theologische Linie, die nicht übersehen werden darf.[64]
Die Frauen bekommen den Verkündigungsauftrag, doch ihre Reaktion ist Furcht und Entsetzen – typisch für eine Epiphanie (Gotteserscheinung). Am Ende heißt es:

> Sie sagten niemandem etwas davon, denn sie fürchteten sich. (Mk 16,8)

Der Schluss des Evangeliums bleibt offen. Der Verkündigungsauftrag scheint zunächst gescheitert. Vielleicht will der Evangelist auch zeigen, dass Frauen nicht *per se* die besseren Jüngerinnen sind – auch sie müssen ihre Berufung ernst nehmen. Und dennoch: Sie waren es, die blieben, als andere flohen.
Die Frauen sollten die Botschaft von der Auferstehung weitergeben – und damit wird ihnen eine Schlüsselrolle in der Urverkündigung anvertraut. Dennoch treten in der weiteren Überlieferung und kirchlichen Erinnerung vor allem Petrus und die männlichen Jünger als zentrale Auferstehungszeugen in den Vordergrund. Dass der junge Mann am Grab jedoch ausdrücklich sagt: „Dort werdet ihr

---

[64] vgl. ebd., S. 169f.

ihn sehen, wie er es euch gesagt hat" (Mk 16,7), impliziert, dass die Frauen selbst Teil dieser Erscheinung in Galiläa waren – auch wenn ihre Rolle später oft marginalisiert wurde.

Persönliches Fazit

Mich beeindruckt an dieser Szene, wie konsequent die Frauen bleiben. Während andere sich abwenden oder fliehen, gehen sie mit – still, aber standhaft. Sie folgen Jesus nicht, weil sie Einfluss hätten, sondern aus Liebe. Und sie bleiben nicht, weil sie sicher wären, sondern weil ihre Treue stärker ist als ihre Angst.

Dass Jesus gerade ihnen den ersten Verkündigungsauftrag anvertraut, hat für mich eine zentrale theologische Bedeutung. Nicht diejenigen, die Leitung beanspruchen, erhalten eine Sendung von ihm, sondern jene, die ihm in Liebe treu bleiben – bis unter das Kreuz, bis an die Grenze des Todes. Ihre Treue bleibt nicht unbeachtet. Aus ihr wächst der Beginn des Osterglaubens.

Die Samariterin am Brunnen

Das Johannesevangelium berichtet uns von der sehr bemerkenswerten Begegnung Jesu mit einer Frau in Samarien (Joh 4,1–42). Die Erzählung beginnt damit, dass Jesus aus einem nicht näher erläuterten Grund in das Gebiet der Nichtjuden gehen „musste" (Joh 4,4). Dieser Hinweis lässt aufhorchen – denn die Samariter galten für fromme Juden als unrein, da sie sich nach dem babylonischen Exil mit den Assyrern vermischt hatten und einen eigenen Tempel auf dem Berg Garizim errichteten.[65]

[65] Alicia Craig Faxon, *Frauen im Neuen Testament. Vom Umgang Jesu mit Frauen*, München: Pfeiffer, 1979, S. 54.

Die religiösen und kulturellen Spannungen zwischen Juden und Samaritern waren erheblich.
Jesus kommt zu einem für das Volk Israel geschichtsträchtigen Ort: dem sogenannten *Jakobsbrunnen.* Es ist Mittagszeit, die heißeste Stunde des Tages. Dort begegnet er einer samaritanischen Frau, die allein Wasser schöpfen will. Dass sie zu dieser ungewöhnlichen Stunde zum Brunnen kommt, lässt vermuten, dass sie bewusst Begegnungen mit anderen Menschen meiden wollte – vielleicht aus Scham oder Angst vor Ablehnung, wie sich später im Gespräch andeutet.
Jesus verhält sich nun völlig untypisch: Er spricht die Frau an – als jüdischer Mann, allein mit einer Frau, und noch dazu mit einer Nichtjüdin. Dieses Verhalten war zur damaligen Zeit höchst unangemessen. Noch bemerkenswerter ist, dass er sie um etwas bittet:

> Gib mir zu trinken. (Joh 4,7)

Damit macht Jesus sich abhängig von der Frau – er unterstellt sich ihrer Hilfe. Es wird betont, dass die Jünger nicht bei ihm sind, da sie in der Stadt Lebensmittel einkaufen. Die Frau reagiert irritiert:

> Wie kannst du, der du Jude bist, von mir etwas zu trinken erbitten, von mir, einer samaritischen Frau? (Joh 4,9)

Jesus antwortet ihr mit einer Einladung:

> Wenn die Gabe Gottes kennen würdest und wüsstest, wer es ist, der zu dir sagt: Gib mir zu trinken!, dann hättest du

> ihn gebeten, und er hätte dir lebendiges Wasser gegeben. (Joh 4,10)

So entwickelt sich ein längerer Dialog zwischen Jesus und der Frau, zunächst über das „lebendige Wasser", das ewiges Leben schenkt, dann über die Lebensgeschichte der Frau. Dass sie fünf Männer hatte und mit dem jetzigen Partner nicht verheiratet ist, wird von Jesus offen angesprochen – aber nicht verurteilt. Er führt sie behutsam und wertschätzend in ein Gespräch über die wahre Anbetung Gottes, die nicht mehr an einen Ort gebunden ist, sondern „im Geist und in der Wahrheit" geschehen soll.
Die Frau erkennt in Jesus einen Propheten, ja mehr: Sie sagt schließlich:

> Ich weiß, dass der Messias kommt, der Christus heißt. Wenn er kommt, wird er uns alles verkünden." Jesus sagt zu ihr: „Ich bin es, der mit dir spricht." (Joh 4,25f.)

Die Frau findet so zum Glauben an Jesus. Ihre innere Wandlung ist tiefgreifend – und sie verkündet diesen Glauben ihren Landsleuten.

> Kommt, seht einen Menschen, der mir alles gesagt hat, was ich getan habe: Könnte dieser vielleicht der Messias sein? (Joh 4,29)

Viele Samariter kommen auf ihr Wort hin zum Glauben. Jesus bleibt zwei Tage in der Stadt. Die Frau – ausgegrenzt, nichtjüdisch, allein – wird zur Ersten, die den Glauben an ein nichtjüdisches Volk weiterträgt.

Jesu Verhalten dieser Frau gegenüber war äußerst provokant: Er spricht als Jude öffentlich mit einer samaritanischen Frau, diskutiert mit ihr über Fragen des Glaubens und des Heils. Er drängt ihr nichts auf, sondern lässt sie durch das Gespräch und die Erkenntnis ihrer eigenen Geschichte selbst zur Einsicht kommen.

Vielleicht war es auch diese Begegnung – ebenso wie die mit der syrophönizischen Frau –, die Jesus selbst erkennen ließ, dass seine Sendung nicht auf das Haus Israel beschränkt, sondern allen Menschen gilt. [66] Origenes schreibt über diese Szene:

> Christus sendet die Frau als ἀπόστολος [apóstolos] zu den Bewohnern der Stadt (…). Hier verkündet (εὐαγγελίζεται) [euangelízetai] eine Frau den Samaritern Christus. Am Ende der Evangelien berichtet eine Frau sogar den Aposteln die Auferstehung des Retters, den sie als Erste geschaut hatte.[67]

Und auch Theophylakt von Ohrid nennt sie ἀπόστολος und beschreibt sie als „χειροτονηθεῖσα“ [cheirotonētheísa] – geweiht – sowie als „Lehrerin der ganzen Stadt“.[68]

Die samaritische Frau – nicht Apostolin im kirchlichen Amt, wohl aber in der Funktion – verkündet, was sie

---

[66] vgl. Faxon, Frauen im Neuen Testament, S. 57.

[67] Origenes, *Commentaire sur saint Jean*, Buch 4,26f. (SC 222, S. 136); 4,28 (SC 222, S. 132): „Οἱονεὶ δὲ καὶ ἀποστόλῳ πρὸς τοὺς ἐν τῇ γυναικὶ ταύτῃ“, zitiert nach: Eisen, *Amtsträgerinnen*, S. 56.

[68] Theophylakt von Bulgarien, *Enarratio in Evangelium Joannis*, in: *Patrologia Graeca* (PG), Bd. 123, Paris: Migne, 1864, Sp. 1127–1348.

erkannt hat. Sie steht damit in einer Linie mit den Frauen am leeren Grab: Sie sieht – und sie spricht.

Persönliches Fazit

Mich berührt an dieser Szene besonders, wie Jesus mit der samaritischen Frau spricht: zugewandt, ehrlich, ohne jede Spur von Herablassung. Er kennt ihre Geschichte – und hält sie ihr nicht vor. Stattdessen nimmt er sie ernst als Gesprächspartnerin, als Glaubende, als Fragende auf der Suche nach Wahrheit.

Dass sie als Frau, als Außenseiterin, als Nichtjüdin zur ersten Zeugin des Messias für ein fremdes Volk wird, ist für mich eine tiefe theologische Aussage. Jesus offenbart sich ihr in einer Klarheit, wie wir sie sonst kaum finden – nicht vor den Jüngern, nicht vor den Gelehrten. Ihr Glaube beginnt nicht mit einem Wunder, sondern mit einem Gespräch. Und aus diesem Gespräch wächst Sendung: Sie geht, sie spricht, sie teilt, was sie erkannt hat. Dass die kirchliche Tradition sie als „Apostelin der Samariter" bezeichnet, ist kein Zufall. Für mich ist sie ein Bild dafür, wie Glaube wächst – im Dialog, im Hinhören, in der Anerkennung. Und wie Berufung da entsteht, wo jemand gesehen und ernst genommen wird.

Die Ehebrecherin

Das Johannesevangelium berichtet von einer weiteren Begegnung Jesu mit einer Frau – der sogenannten Ehebrecherin (Joh 8,1–11). Diese Perikope ist textkritisch besonders interessant, da sie ursprünglich nicht Teil des Johannesevangeliums war, sondern wohl erst später eingefügt wurde. Dennoch gehört sie zu den eindrucksvollsten Szenen über Jesu Umgang mit Schuld, Recht und Barmherzigkeit – und sie spricht in besonderer Weise über seine Haltung gegenüber Frauen.

Die Szene beginnt mit einer Konfrontation: Die „Schriftgelehrten und Pharisäer“ bringen eine Frau zu Jesus, von der es heißt, sie sei „beim Ehebruch auf frischer Tat ertappt worden“ (Joh 8,3). Sie verweisen auf das mosaische Gesetz, das vorschreibt, Frauen, die beim Ehebruch ertappt wurden, zu steinigen. Der Evangelist kommentiert ausdrücklich, dass es den Anklägern nicht um das Gesetz, sondern um eine Falle für Jesus geht:

> Das sagte sie aber, um ihn auf die Probe zu stellen, damit sie etwas hätten, um ihn anzuklagen. (Joh 8,6)

Tatsächlich befand sich Jesus in einer Zwickmühle: Spräche er sich *für* die Steinigung aus, würde er gegen das römische Recht verstoßen, weil Juden nicht eigenmächtig Todesurteile vollstrecken durften.
Spräche er sich *dagegen* aus, würde man ihm Gesetzesbruch gegen die Tora vorwerfen. Doch Jesus antwortet zunächst gar nicht. Stattdessen bückt er sich und beginnt, mit dem Finger auf die Erde zu schreiben (Joh 8,6). Was er dort schreibt oder zeichnet, bleibt offen. Sein Schweigen lässt Raum für Deutung: Ist es Ausdruck innerer Nachdenklichkeit, bewusste Verweigerung der Auseinandersetzung – oder eine stille Einladung zur Selbstreflexion?
Als die Ankläger nicht locker lassen, richtet sich Jesus auf und sagt nur diesen einen Satz:

> Der Sündenlose unter euch werfe als Erster einen Stein auf sie. (Joh 8,7)

Dann beugt er sich erneut zum Boden und schreibt weiter. Diese Szene – voller Spannung, aber ohne jede Dramatik erzählt – bringt die Ankläger zum Schweigen. Einer nach dem anderen verlässt den Ort, beginnend mit den Älteren. Zurück bleiben Jesus und die Frau. Er richtet sich auf, sieht sie an und fragt:

> Frau, wo sind sie? Hat dich niemand verurteilt? (Joh 8,10)

Die Frau antwortet schlicht:

> Niemand, Herr (κύριε). (Joh 8,11)

Mit der Anrede „Herr" (κύριος) bekennt sie ihren Glauben an Jesus. Sie erkennt seine Autorität an – nicht nur als Richter, sondern als jemand, der durchschaut und dennoch nicht verdammt. Daraufhin sagt Jesus:

> Auch ich verurteile dich nicht. Geh, und sündige künftig nicht mehr. (Joh 8,11)

Ob und in welcher Form die Frau gesündigt hat, bleibt im Unklaren. Es gibt keine Details, keine Verteidigung, keine Geständnisse. Umso mehr rückt Jesu Haltung in den Mittelpunkt. Er verurteilt nicht, er vergibt. Und er zeigt damit, dass Gottes Gnade nicht an Bedingungen geknüpft ist, sondern aus der Begegnung mit dem Menschen selbst erwächst.

Dass Jesus der Frau nicht einfach recht gibt oder sie freispricht, sondern sie auffordert, ihr Leben zu verändern – „sündige von jetzt an nicht mehr" –, macht seine

Barmherzigkeit nicht beliebig. Sie ist ernst, aber nicht strafend. Sie ist heilend, nicht bloß schützend. In dieser Haltung offenbart sich Jesus als Messias, der nicht durch Macht, sondern durch Vergebung wirkt.
Neben dem partnerschaftlichen Umgang Jesu mit Frauen enthält auch seine Lehre selbst Aussagen, die für damalige Verhältnisse eine radikale Gleichstellung von Mann und Frau erkennen lassen. So betont er in der Frage nach Ehebruch:

> Wer seine Frau entlässt und eine andere heiratet, begeht ihr gegenüber Ehebruch. Und wenn sie ihren Mann entlässt und einen anderen heiratet, begeht sie Ehebruch. (Mk 10,11f.)

Während im jüdischen Recht ausschließlich der Mann das Recht zur Scheidung hatte, stellt Jesus hier beide Geschlechter auf eine Stufe. Noch deutlicher wird Jesu Haltung in der Bergpredigt:

> Jeder, der eine Frau ansieht, um sie zu begehren, hat in seinem Herzen schon Ehebruch mit ihr begangen. (Mt 5,27f.)

Hier wird die Verantwortung für sexuelles Fehlverhalten nicht der Frau, sondern dem Blick des Mannes zugeschrieben – eine ethische Neuausrichtung, die Frauen vor objektivierender Sichtweise schützt.
In der Auseinandersetzung mit den Pharisäern über die Scheidung verweist Jesus auf den Schöpfungswillen Gottes:

> Aber vom Anfang der Schöpfung an hat er sie als Mann und Frau geschaffen. [...] Was also Gott verbunden hat, das soll der Mensch nicht trennen. (Mk 10,6–9)

Auch dies zeigt: Jesus denkt Beziehung von gegenseitiger Zugehörigkeit und Achtung her – nicht von Macht und Verfügung.

Persönliches Fazit

Was mich an dieser Begegnung besonders bewegt, ist die Klarheit und gleichzeitig die Zärtlichkeit, mit der Jesus handelt. Er verurteilt nicht, obwohl er es könnte – und er beschwichtigt nicht, obwohl viele das vielleicht erwarten würden. Stattdessen schafft er Raum: für Würde, für Wandlung, für Wahrheit.

Dass er mit der Frau nicht über Schuld diskutiert, sondern ihr einfach erlaubt, neu zu beginnen, ist für mich eine tiefe Form von Barmherzigkeit. Sie ist nicht billig, nicht oberflächlich – sondern ernst und befreiend zugleich.

Und auch darüber hinaus zeigt Jesus in seinen Worten, dass Beziehung für ihn nicht von Macht oder Besitz her gedacht wird, sondern von Verantwortung und gegenseitiger Achtung. Seine ethischen Aussagen sind für mich keine harten Gebote, sondern ein Schutzraum für Würde – besonders für die, denen sie oft abgesprochen wurde.

Zusammenfassung: Jesu Umgang mit Frauen

Die Texte der Evangelien zeichnen insgesamt ein facettenreiches und beeindruckend lebendiges Bild der Rolle von Frauen in der Nachfolge Jesu. Frauen treten nicht nur als Zuhörerinnen oder Helferinnen auf, sondern als Jüngerinnen, Gastgeberinnen, Missionarinnen und Zeuginnen. Ihre Präsenz und Mitwirkung sind ein wesentlicher Bestandteil der urchristlichen Bewegung, die sich in einem stark patriarchal geprägten Umfeld formierte.

Eine herausragende Rolle kommt den Frauen in ihrer Funktion als *Zeuginnen* zu. Besonders Maria Magdalena ist hier hervorzuheben: Sie wird in allen vier Evangelien als erste Zeugin der Auferstehung genannt und in der Tradition als *apostola apostolorum* – „Apostelin der Apostel" (vgl. Joh 20,1–18) – bezeichnet. Ihr Beispiel steht exemplarisch für die zentrale Rolle, die Frauen in der Verkündigung des Evangeliums spielten. Dass Jesus ausgerechnet Frauen als erste Zeuginnen des Heils erwählt, obwohl ihr Zeugnis rechtlich kaum Gewicht hatte, verdeutlicht, dass er sie als gleichberechtigte Partnerinnen im Heilsplan Gottes verstand.

Neben Maria Magdalena begegnen uns weitere Frauen, die Jesus nahe standen und durch ihre Begegnung mit ihm zu Trägerinnen und Verkünderinnen des Glaubens wurden: Maria, die Mutter Jesu, Elisabeth, oder die Samariterin am Jakobsbrunnen, die als erste den Glauben an Jesus einem nichtjüdischen Volk bezeugte (Joh 4,1–42). Diese Frauen waren keine Randfiguren, sondern handelnde Personen, die zur Ausbreitung der christlichen Botschaft beitrugen.

Immer wieder begegnet Jesus Frauen auf Augenhöhe. Er heilt sie, spricht mit ihnen über theologische Fragen, lässt sich von ihnen belehren, wie bei der syrophönizischen Frau, und lädt sie in seine Nachfolge ein. Er hat keine Berührungsängste gegenüber kultisch „Unreinen", er anerkennt Frauen als fähige Gesprächspartnerinnen, und er wird von ihnen gastfreundlich aufgenommen – wie bei Marta und Maria oder in Bethanien.

Die Evangelien zeigen: Frauen gehörten zum engeren Kreis um Jesus, sie blieben bei ihm, als die Jünger flohen, standen unter dem Kreuz, bereiteten seine Bestattung vor und waren die ersten, die das leere Grab sahen. Sie waren die ersten Verkünderinnen der Osterbotschaft. Dass Jesus Frauen gerade in den entscheidenden Momenten seines Weges anvertraut, was von Anfang an geglaubt und bezeugt werden sollte, zeigt: Jesus wollte, dass ihre Stimme gehört wird – als erste und bleibende Zeuginnen des Glaubens.

Blicken wir auf den Umgang Jesu mit Frauen, wie ihn die Evangelien schildern, wird eines deutlich: Kein anderer Religionsstifter seiner Zeit ist Frauen mit vergleichbarer Wertschätzung begegnet. In einer Gesellschaft, die Frauen vielfach ausschloss und abwertete, nahm Jesus sie an – nicht als Randfiguren, sondern als vollwertige Personen mit eigener Stimme und Verantwortung. Er macht keinen Unterschied in seiner Nähe zu Frauen oder in der Zuwendung, die er ihnen schenkt. Er gibt keine gesonderten Verhaltensanweisungen für sie, er schließt sie nicht aus, weder von der Lehre noch von der Nachfolge. Im Gegenteil: Die Evangelien berichten von Frauen, die glauben, heilen, hören, dienen – und verkündigen.

Auffällig ist auch: Während Jesus Männer immer wieder deutlich zurechtweist – sei es wegen Machtansprüchen, mangelndem Verständnis oder Scheinheiligkeit –, fehlt eine vergleichbare pauschale Kritik an Frauen. Sie erscheinen in den Erzählungen nicht als Belehrungsobjekte, sondern als Handelnde, als Hörende, als Liebende. Jesus begegnet ihnen auf Augenhöhe. Er spricht

sie an, hört ihnen zu, lässt sich von ihnen anrühren – und beauftragt sie, wie Maria von Magdala, mit der ersten Botschaft seiner Auferstehung.
Und doch: Als Jesus die Zwölf beruft, um mit ihm zu gehen, zu verkünden und mit Vollmacht zu handeln (Mk 3,14f.), sind es nur Männer. Später wird dieser Umstand als Argument herangezogen, um Frauen von kirchlichen Ämtern, insbesondere vom Priestertum, auszuschließen. Doch die Evangelien selbst geben keinen Hinweis auf die Motivation dieser Auswahl. Jesus äußert sich nicht dazu. Die Zahl Zwölf deutet darauf hin, dass es eine bewusste Entscheidung im Rückgriff auf die Zwölf Stämme Israels war – also ein symbolischer Akt im Rahmen seines Wirkens innerhalb des jüdischen Volkes.
Die Frage ist jedoch, ob die kulturelle Realität seiner Zeit eine Rolle spielt, die eine öffentliche Beauftragung von Frauen kaum denkbar erscheinen ließ. Das Schweigen der Schrift zu dieser Frage macht deutlich: Es gibt keine dogmatische Festlegung durch Jesus selbst. Wenn aber das Verhalten Jesu gegenüber Frauen von Gleichwürdigkeit und Teilhabe geprägt ist, dann ist es fraglich, ob die Auswahl der Zwölf als normativer Ausschluss von Frauen verstanden werden kann.

Jesu Aussagen über Männer und Frauen

In der *Diskussion über die Ehescheidung* greift Jesus auf eine der ältesten und grundlegendsten biblischen Aussagen zur Beziehung zwischen Mann und Frau zurück:

> Darum wird der Mann seinen Vater und seine Mutter verlassen, und die zwei werden ein Fleisch sein. (Mk 10,7–8; vgl. Gen 2,24)

Damit wiederholt Jesus wörtlich einen Vers aus dem zweiten Schöpfungsbericht, aber er tut dies in einem Kontext, der die gesellschaftliche Norm seiner Zeit bewusst durchbricht.

Im antiken Judentum wie im Römischen Reich war die gesellschaftliche Ordnung klar: Die Frau verließ ihre Herkunftsfamilie, um Teil des Hauses des Mannes zu werden (patrilokale Ehe). Der Mann blieb im Haus seines Vaters, übernahm mit der Zeit die patriarchale Rolle und war sozial wie wirtschaftlich „verankert".

Die Vorstellung, dass der Mann Vater und Mutter verlässt, war nicht nur unüblich, sondern normabweichend. Sie stellte das bisherige Verhältnis von Herkunft, Macht und familiärer Kontinuität infrage. Wenn also Jesus betont, dass der Mann seine Eltern verlässt, dann hebt er nicht nur den bibeltheologischen Ursprung hervor, sondern auch eine neue, partnerschaftlich orientierte Ethik der Beziehung.

Jesu Rückgriff auf Gen 2,24 hat einen klaren Fokus: Er will deutlich machen, dass die Ehebeziehung nicht dem Besitzdenken und der Verfügung über die Frau unterliegt, sondern einer tieferen Bindung, die zwei Menschen zu einem neuen Ganzen vereint – „ein Fleisch". Diese Verbindung steht über dem Herkunftssystem. Sie ist kein Instrument familiärer Interessen, sondern Ausdruck gegenseitiger Hingabe.

Damit wird die Frau nicht dem Mann übergeben, sondern der Mann tritt heraus aus seiner Herkunft und bindet sich an sie. Das ist theologisch wie sozial ein revolutionärer Gedanke. Ulrich Luz schreibt:

> Die Ehe wird hier nicht durch Abstammung, sondern durch personale Beziehung begründet – das war in der damaligen Gesellschaft eine Umkehrung der Ordnung.[69]

Jesu Wiederaufnahme von Gen 2,24 ist also mehr als ein biblisches Zitat: Sie ist ein Bekenntnis zu einer egalitären, personalen Ordnung. Der Mann „verlässt" seine Familie, nicht die Frau. Diese Aussage steht damit im Widerspruch zu jeder theologischen Rechtfertigung einer hierarchischen Geschlechterordnung.
Nicht nur die Aussage, dass der Mann Vater und Mutter verlässt, stellt die patriarchale Ordnung infrage – auch Jesu Haltung zur Ehescheidung ist bemerkenswert. Im Markusevangelium wird seine Antwort auf die Frage der Pharisäer so überliefert:

> Wer seine Frau entlässt und eine andere heiratet, begeht ihr gegenüber Ehebruch. Und wenn sie ihren Mann entlässt und einen anderen heiratet, begeht sie Ehebruch. (Mk 10,11–12)

Diese Formulierung ist im jüdischen Kontext des 1. Jahrhunderts ungewöhnlich, fast schockierend. Nach jüdischem Recht konnte nur der Mann die Ehe auflösen (vgl. Dtn 24,1); die Frau war Objekt dieser Entscheidung.

---

[69] Ulrich Luz, *Das Evangelium nach Matthäus*, Mt 8–17 (EKK I/2), Neukirchen-Vluyn: Neukirchener Verlag, 1990, S. 440.

Doch Jesus spricht hier explizit auch von der Frau, die ihren Mann entlässt. Das ist nicht nur sprachlich, sondern rechtlich eine Gleichstellung, die ihre Zeit weit überragt. Jesus erkennt damit die Frau als Subjekt der Entscheidung und als moralisch gleichwertige Partnerin an.
In der römischen Gesellschaft war weibliche Scheidung zwar theoretisch möglich, praktisch aber mit enormem sozialem Druck verbunden. Indem Jesus hier beide gleichermaßen anspricht, begründet er eine Ethik der gegenseitigen Verantwortung und Treue – nicht einseitig, sondern symmetrisch.
Diese Aussagen zeigen: Jesu Ethik der Ehe ist keine Rückkehr zu traditionellen Geschlechterrollen, sondern eine radikale Neuausrichtung auf Beziehung, Verantwortung und Gleichwürdigkeit. Sie verweigert sich jeder Vorstellung, der Mann sei „mehr befugt", „mehr verantwortlich" oder gar „mehr Ebenbild Gottes".
Jesus sieht Mann und Frau als gleichermaßen bindungsfähig, verantwortlich und entscheidungsfähig – eine Grundlage für jede Theologie der Partnerschaft, die sich ernsthaft am Evangelium orientieren will.

Persönliches Fazit

Was mich an dieser Aussage Jesu besonders berührt, ist der Perspektivwechsel, den er in aller Selbstverständlichkeit vollzieht. Nicht die Frau wird dem Mann zugeführt, sondern der Mann verlässt Vater und Mutter – um sich zu binden. Beziehung beginnt nicht im Anspruch, sondern im Aufbruch.
Jesu Worte laden ein, Liebe nicht als Besitz zu verstehen, sondern als Bewegung aufeinander zu. Als wechselseitige Hinwendung, nicht als einseitige Verfügung. Darin liegt für mich eine große Freiheit: dass

Beziehung von Gott her gedacht wird – als Ort der gegenseitigen Achtung, nicht der Rollenverteilung.
Wer so spricht, traut beiden – Mann wie Frau – das Gleiche zu: sich zu lösen, sich zu entscheiden, sich zu binden. Für mich ist das nicht nur eine ethische, sondern eine geistliche Zumutung: dass wahre Nähe nur dort entsteht, wo Macht losgelassen wird.

2. Frauen in der Apostelgeschichte und in den Paulusbriefen

Nachdem die Evangelien einen eindrucksvollen Einblick in die vielfältige Rolle von Frauen im Umfeld Jesu geben, lohnt nun der Blick auf die frühen Gemeinden, wie sie in der Apostelgeschichte und den Briefen des Paulus sichtbar werden. Hier zeigt sich, dass Frauen nicht nur weiterhin präsent waren, sondern in vielen Fällen tragende Aufgaben übernahmen: als Gastgeberinnen, Gemeindeleiterinnen, Missionarinnen und Diakoninnen. Besonders bei Paulus finden sich eine ganze Reihe von Frauennamen, die in seinen Briefen erwähnt und gewürdigt werden – ein Zeichen dafür, dass Frauen in der frühen Kirche keineswegs an den Rand gedrängt waren.

Ein zentraler Begriff, der in diesem Zusammenhang eine Rolle spielt, ist der des „Diakons“ (διάκονος – diákonos). Ihn gilt es jetzt im Kontext der neutestamentlichen Texte genauer zu beleuchten.

Der Begriff des Diakons im Kontext des Neuen Testaments

Bevor ich einzelne Frauen aus der Apostelgeschichte und den Briefen des Paulus näher vorstelle, möchte ich zunächst den Begriff „Diakon" im Zusammenhang des Neuen Testaments erläutern – gerade deshalb, weil auch *Frauen* mit dieser Bezeichnung bedacht werden.

Das griechische Verb διακονέω (*diakonéo* – „dienen") und seine Ableitungen διάκονος (*diákonos* – „Diener") sowie διακονία (*diakonía* – „Dienst") gehören zum Wortfeld des Dienens. Sie erscheinen im Neuen Testament etwa 100-mal, sind jedoch stark kontextabhängig zu deuten.[70] Ihre Bedeutung reicht von allgemein helfender Tätigkeit bis hin zu konkreten Amtsbezeichnungen innerhalb der Gemeinde – immer abhängig vom jeweiligen Zusammenhang.

Zahlreiche Theologen leiten aus dieser Wortgruppe ab, dass jedes kirchliche Amt seinem Wesen nach ein selbstloser Dienst nach dem Vorbild Christi sein müsse.[71] Das apostolische Amt, auf das ich später noch ausführlich eingehen werde, wird bereits zur Zeit des Paulus als „Dienst am Wort" vorausgesetzt – als ein fundamentales Leitungsamt innerhalb der Kirche. Im Unterschied dazu wurde das Amt des *diákonos* häufig als für sozial-karitative Aufgaben zuständig angesehen. Daraus ergab sich historisch die Einschätzung, dass Diakoninnen und Diakone ein untergeordnetes, zweitrangiges Amt bekleideten. Bereits H. Lietzmann wies 1913 darauf hin, dass der Begriff *diákonos* in der außerbiblischen Literatur für ganz unterschiedliche Dienstleistungen verwendet wurde – jedoch nur selten als technische Berufsbezeichnung im Sinne eines festen Amtes.[72] Entscheidend ist dabei: Der Begriff ist nicht mit Unterordnung oder Abhängigkeit verbunden, wie es bei δοῦλος (doulos – „Sklave", „Knecht"), οἰκέτης (oikétēs – „Hausdiener") oder παῖς (pais – „Diener", „Knecht") der Fall ist. Ein *diákonos* war also keinesfalls ein Sklave, kein Hausdiener und auch kein reiner „Tischdiener".

Neuere Studien – unter anderem von Collins (1990) und Hentschel (2007) – bestätigen diese Differenzierung. Sie plädieren dafür, διάκονος im Neuen Testament am ehesten im Sinne einer offiziellen Beauftragung zu einer Dienstleistung zu verstehen.[73] Der Schwerpunkt liegt dabei häufig auf einer vermittelnden, beziehungsstiftenden Tätigkeit – weniger auf Hierarchie, sondern auf einer verantwortungsvollen, konkreten Funktion innerhalb der Gemeinde.

Im Griechischen war die Wortgruppe um διακονέω, διάκονος und διακονία zunächst nicht an ein festes Aufgabenprofil gebunden. Erst der jeweilige Kontext lässt erkennen, wer wem welche Aufgabe überträgt.

---

[70] vgl. Anni Hentschel, *Gemeinde, Ämter, Dienste. Perspektiven zur neutestamentlichen Ekklesiologie*, Neukirchen-Vluyn: Neukirchener Verlag, 2013, S. 48, S. 48.

[71] Hentschel, *Gemeinde*, S. 7, besonders Anm. 20.

[72] Hans Lietzmann, „Zur altchristlichen Verfassungsgeschichte", in: *Zeitschrift für wissenschaftliche Theologie* (ZWTh) 25 (1913), S. 97–153.

[73] vgl. Anni Hentschel, *Diakon – Diakonin. Zur Frage nach dem Diakonat der Frau*, Stuttgart: Katholisches Bibelwerk, 2011, S. 2.

Charakteristisch ist dabei: Eine Person wird für eine konkrete Aufgabe beauftragt, sie handelt im Namen des Auftraggebers, ist diesem gegenüber rechenschaftspflichtig – und die Aufgabe ist in der Regel zeitlich begrenzt. Der Status eines *diákonos* endet also mit der Erfüllung der übertragenen Aufgabe. Während der Ausführung wird von einem *diákonos* insbesondere Zuverlässigkeit und Schnelligkeit erwartet. In manchen Fällen entsteht eine *diakonía* auch aus einer inneren Verpflichtung heraus – durch eine Situation, die eine Reaktion verlangt.

In antiken Texten begegnet uns der Begriff *diákonos* in einem breiten Spektrum von Tätigkeitsbereichen: von Botendiensten über öffentliche und private Aufträge bis hin zu Aufgaben im Haushalt, etwa im Rahmen eines Tischdienstes. Interessant ist, dass der Begriff gerade dort verwendet wird, wo eine besondere Form der Dienstleistung stattfindet: etwa bei kultischen Feiern oder beim Empfang von Ehrengästen. In solchen Situationen übernahm nicht das gewöhnliche Hauspersonal den Tischdienst, sondern ausgewählte Personen – oft Kinder der Hausfamilie oder freie junge Männer. Der Begriff hebt also eher die Verantwortung und die Zuverlässigkeit des Handelns im Auftrag hervor als eine Hierarchie innerhalb des Hauses.

Auch in symbolischen Zusammenhängen taucht der Begriff auf. So beschreibt etwa Philo die Göttin Dike als *subdiákonos* Gottes – also als jene, die im Auftrag Gottes Strafen vollzieht. Die Vorsilbe „*sub*" hebt hier die

Dienststellung hervor, ohne den Rang der Göttin herabzusetzen.

In all diesen unterschiedlichen Kontexten ist bemerkenswert, dass der Begriff *diákonos* unabhängig vom sozialen Status verwendet wird. Ob Götter, Könige, Sklaven oder freie Menschen – sie alle können *diákonos* genannt werden. Anders als Begriffe wie δοῦλος („Sklave“), die klare gesellschaftliche Hierarchien abbilden, lässt *diákonos* keine Rückschlüsse auf Stand oder Rang zu. Auch das deutsche Wort „Diener“ greift hier zu kurz, da es oft mit Unterwürfigkeit oder gesellschaftlicher Minderstellung assoziiert wird – eine Konnotation, die dem griechischen Ursprung nicht entspricht.

Zudem ist διάκονος formal grammatisch maskulin, wird aber geschlechtsneutral verwendet: Frauen wie Männer können gleichermaßen *diákonos* sein.[74] Die antike Literatur belegt, dass der Begriff für beide Geschlechter in allen denkbaren Tätigkeitsfeldern Anwendung findet – ein wichtiges Detail, das im Blick auf die Ämterdiskussion nicht unterschätzt werden darf.

Unser heutiges Amtsverständnis – mit festgelegten Funktionen, formaler Beauftragung und dauerhafter Verankerung – lässt sich nicht ohne Weiteres auf die neutestamentlichen Texte übertragen. Und doch lassen sich dort Anfänge von Strukturentwicklungen

[74] Anni Hentschel, „Diakon / Diakonin (NT)“, abrufbar unter: *WiBiLex*, https://www.die-bibel.de/ressourcen/wibilex/neues-testament/diakon-diakonin-2, letzter Zugriff am 18.01.2025.

erkennen, die später zur Ausbildung fester kirchlicher Ämter führten.

Paulus etwa verwendet den Begriff *diákonos* ganz im Sinne des antiken Sprachgebrauchs: als beauftragten Dienst im Rahmen von Mission, Verkündigung und Gemeindeleitung. So nennt er sich selbst und Apollos *diákonoi* Gottes (1Kor 3,5f.): beide mit unterschiedlichen Aufgaben in der Gemeinde – Paulus als Gründer, Apollos als Weiterführender. Beide sind nicht Herren der Gemeinde, sondern Diener im Auftrag Gottes, ihm allein verantwortlich, und dennoch klar unterscheidbar in ihren Rollen.

Im *Zweiten Korintherbrief* spielt die Wortgruppe um *diákonos* eine zentrale Rolle, da Paulus hier seine apostolische Autorität gegenüber Kritikern verteidigen muss. In der älteren Forschung wurde der Begriff oft als Hinweis auf eine „niedrige", beinahe demütige Form von Dienst verstanden, die Paulus bewusst wählte, um sich von seinen Gegnern abzugrenzen. Diese Interpretation greift jedoch zu kurz. Denn unter Berücksichtigung des griechischen Sprachgebrauchs ist deutlich: *diákonos* beschreibt weniger ein demütiges Selbstverständnis als vielmehr eine Verantwortung im Auftrag eines Höheren – eine Beauftragung, die treu, pflichtgemäß und rechenschaftspflichtig ausgeführt wird.

Paulus beschreibt sich selbst und seine Mitarbeiter als *diákonoi* des neuen Bundes, von Gott dazu befähigt, den Menschen nicht Buchstaben, sondern den Geist, der lebendig macht, zu übermitteln (2Kor 3,6). In Analogie zu Mose, der als Vermittler zwischen Gott und dem Volk Israel agierte, versteht Paulus seinen eigenen Dienst als göttlichen Auftrag, der eine heilsgeschichtliche Funktion erfüllt. Seine Botschaft gründet nicht in menschlicher Autorität, sondern in göttlicher Berufung.

In 2Kor 4,1–6 unterstreicht Paulus diesen Anspruch, indem er betont, dass seine Verkündigung des Evangeliums im Sinne eines wahrhaftigen und offenen Dienstes geschieht – getragen von der Überzeugung, dass Gott selbst ihn dazu eingesetzt hat.

Deutlich polemisch wird Paulus dann in 2Kor 11,12–15: Dort nennt er seine Gegner ψευδαπόστολοι (pseúdapostoloi – „Scheinapostel“) und sogar *diákonoi* des Satans. Sie erscheinen zwar äußerlich als fromme Prediger, handeln jedoch aus eigennützigen Motiven. Ihre Auftraggeber und ihr Verhalten entlarvt Paulus als unecht. Diese Passage verdeutlicht zudem die semantische Nähe der Begriffe ἀπόστολος (apóstolos – „Gesandter“) und διάκονος (diákonos – „Beauftragter“), die beide eine Vermittlerrolle anzeigen. Paulus zieht jedoch bewusst *diákonos* vor, da dieser Begriff stärker die Verlässlichkeit, Verantwortlichkeit und die Treue gegenüber dem Auftraggeber betont. In 2Kor 11,23 stellt er sich selbst der Gemeinde als der wahre *diákonos* Christi gegenüber den „falschen Aposteln“ vor.

Auch *in anderen Briefen* nutzt Paulus die Wortgruppe mit Bedacht: In Gal 2,17 verwahrt er sich dagegen, Christus

zum „Diener der Sünde“ zu machen. In Röm 15,8 dagegen nennt er Jesus einen *diákonos* der Beschneidung – einen Beauftragten Gottes, der den Juden die Heilsgüter bringt. Der Begriff wird hier im Sinne einer vermittelnden Heilsmittlerschaft gebraucht.
Eine besonders typische Anwendung der Wortgruppe findet sich in den Passagen zur Kollekte für die Gemeinde in Jerusalem. Hier spricht Paulus in 2Kor 8,4, 9,1.12.13 und Röm 15,31 von einer διακονία [diakonía], also einer Dienstleistung zugunsten anderer – jedoch ohne die Kollektensammler selbst als *diákonoi* zu bezeichnen. Stattdessen nennt er sie in 2Kor 8,23 *apóstoloi*, was erneut den Botencharakter betont – jedoch in einem weiteren, missionarischen Sinne.
Von besonderer Bedeutung ist Röm 16,1, wo Paulus die Frau Phoebe ausdrücklich als *diákonos* der Gemeinde von Kenchreä empfiehlt. Zudem bezeichnet er sie als προστάτις („Vorsteherin“), also als eine Frau, die sich für viele einsetzt, womöglich auch finanziell unterstützt hat. Diese Formulierung ist ein starker Hinweis auf ihre leitende und repräsentative Funktion in ihrer Gemeinde.
Auch im Philipperbrief begegnet der Begriff in einem amtlichen Kontext: Paulus spricht dort die ἐπίσκοποι (*epískopoi*– „Aufseher“, später „Bischöfe“) und διάκονοι (*diákonoi*) der Gemeinde von Philippi an (Phil 1,1). Diese Doppelnennung legt nahe, dass es sich hier bereits um fest etablierte gemeindeleitende Funktionen handelt, die nicht mehr nur auf befristete Einzelbeauftragungen zurückgehen.

Ob die *epískopoi* als Auftraggeber der *diákonoi* zu verstehen sind, bleibt im Neuen Testament offen. Weder Paulus noch andere neutestamentliche Texte geben darüber eindeutige Auskunft. Auch die frühesten außerbiblischen Quellen zeigen keine klare hierarchische Struktur So nennt etwa die *Didache*, eine der ältesten Gemeindeordnungen aus dem späten 1. oder frühen 2. Jahrhundert, *epískopoi* und *diákonoi* gleichberechtigt nebeneinander, ohne sie in ein Über- und Unterordnungsverhältnis zu setzen.[75]

Erst bei Ignatius von Antiochien († 110–117) zeichnet sich ein hierarchisches Verständnis ab: Der *epískopos* soll nun explizit die Einheit der Kirche sichern. Doch auch bei Ignatius bleibt die Verwendung der Begriffe variabel. Die *diákonoi* werden weiterhin als Beauftragte Gottes beschrieben, mit geistlicher Autorität und Verantwortung innerhalb der Gemeinde.[76]

Bei *Paulus* liegt der Schwerpunkt der Wortverwendung eindeutig in den Bereichen Verkündigung und Gemeindeleitung. Besonders in Röm 16,1–7 zeigt sich, dass Paulus den Begriff *diákonos* uneingeschränkt auch für Frauen verwendet. Zugleich weitet er den Begriff auch auf den politischen Bereich aus: In Röm 13,4 bezeichnet er sogar staatliche Funktionsträger als *diákonoi* Gottes, womit deutlich wird, dass die

[75] Schöllgen, *Didache*, S. 82.

[76] Ignatius von Antiochia, „Brief an die Philadelphier“ 1,1, in: *Die Apostolischen Väter*. Griechisch-deutsche Parallelausgabe, Andreas Lindemann und Henning Paulsen (Hrsg.), Tübingen: Mohr Siebeck, 1992, S. 186.

Wortgruppe nicht exklusiv für den innerkirchlichen Raum reserviert ist.
Bemerkenswert ist zudem: Paulus verwendet den Begriff *diákonos* nie im Kontext eines Mahls oder des Abendmahls, auch wenn das Verb *diakoneín* etymologisch mit „Tischdienst" assoziiert wird. Der Neutestamentler Gerhard Barth (1927–2002) bringt es prägnant auf den Punkt:

> In der überwiegenden Mehrzahl der Stellen […] ist „Diakon" die Bezeichnung für einen Verkündiger, Prediger, Missionar.[77]

In der *Apostelgeschichte* wird der Begriff selbst zwar nicht verwendet, doch ein häufig als Ursprung des diakonischen Dienstes betrachteter Text findet sich in der Apostelgeschichte (Apg 6,1–6). Dort entsteht ein Konflikt, weil die hellenistischen Witwen bei der täglichen Versorgung übersehen werden. Die Zwölf Apostel berufen daraufhin sieben Männer, um diesen Dienst zu übernehmen, während sie sich dem Gebet und dem Wort widmen wollen. Die Gemeinde wählt daraufhin sieben Männer, darunter Stephanus und Philippus, denen durch Handauflegung das Amt übertragen wird.
Obwohl der Begriff *diákonos* in diesem Abschnitt gar nicht vorkommt, wurde die Episode wirkungsgeschichtlich als Entstehung des sozial-karitativen

[77] Gerhard Barth, Der *Brief an die Philipper (ZBK.NT 9)*, Zürich: Theologischer Verlag, 1979, S. 16.

Diakonats verstanden.[78] Doch bei genauerer Betrachtung zeigt sich: Die sieben Gewählten treten später als Missionare und Prediger auf – nicht nur als Tischdiener. Stephanus hält in Apg 7 eine ausführliche Predigt und wird als erster Märtyrer der Kirche verehrt. Philippus wird zum Evangelisten, der das Evangelium bis nach Samaria trägt (Apg 8,26–40). Die Wahl der Sieben sollte vermutlich auch eine institutionelle Balance sichern, um den Einfluss der hellenistisch geprägten Gemeindeglieder sichtbar zu machen – ohne dabei in Konkurrenz zu den Zwölfen zu treten. Denn Verkündigung und soziales Engagement gehörten für Paulus immer zusammen.[79]

Lukas, der Verfasser der Apostelgeschichte, ist mit der Schilderung der Wahl der „Sieben" der erste, der eine funktionale Trennung zwischen dem „Dienst am Wort" und dem „Dienst an den Tischen" vornimmt. Diese Aufteilung kann jedoch nicht durchgängig aufrechterhalten werden: Denn im weiteren Verlauf seines Evangeliums vermischt sich das Tätigkeitsfeld erneut. So leisten Apostel karitative Hilfe (z. B. Paulus und Barnabas bei der Kollekte für Jerusalem, Apg 11,27–30), während Mitglieder der „Siebenergruppe" predigen und taufen. Ferner wird bei Lukas auch Kritik an der Theologie der Hellenisten laut – etwa wegen der unvollständigen Geisttaufe (Apg 18,24–19,7). Während sich bei den Judenchristen das Amt des πρεσβύτερος

[78] ebd., S. 17.

[79] vgl. Hentschel, *Gemeinde*, S. 171f.

[presbýteros] herausbildet, etabliert sich bei den Heidenchristen zunehmend das Amt des ἐπίσκοπος [epískopos].
Zusammenfassend kann festgehalten werden: Zur Zeit des Paulus bezeichnet διάκονος ein Verkündigungs- und Leitungsamt, das in der Gemeinde ausgeübt wurde – unabhängig vom Geschlecht der Beauftragten. Es war kein niedriger Dienst im modernen Sinne eines Hilfsamtes, sondern eine verantwortungsvolle Aufgabe im Dienst der Gemeinde. Frauen wie Männer konnten diese Rolle übernehmen – wie die nächsten Abschnitte zeigen werden.

Phoebe als Diakonin der Gemeinde von Kenchreä

Phoebe wird in Röm 16,1f. von Paulus mit bemerkenswerter Wertschätzung vorgestellt:

> Ich empfehle euch aber unsere Schwester Phöbe, die Diakonin (διάκονος) der Gemeinde in Kenchreä ist, damit ihr sie im Herrn aufnehmt, wie es den Heiligen entspricht, und ihr beisteht in jeder Sache, in der sie euch braucht; denn auch sie selbst ist eine Förderin (πρόστατις) von vielen geworden – auch von mir selbst. (Röm 16,1f.)

Sie sei „unsere Schwester" (τὴν ἀδελφὴν ὑμῶν) und gleichzeitig „διάκονος τῆς ἐκκλησίας τῆς ἐν Κεγχρεαῖς" – also „Diakon der Gemeinde von Kenchreä". Der Begriff διάκονος [diákonos] ist hier von besonderem Interesse, denn er kann – wie bereits erläutert – sowohl eine allgemeine Dienstfunktion als auch ein spezifisches kirchliches Amt bezeichnen. Die Mehrzahl der Exegeten geht in diesem Fall davon aus, dass es sich um eine feste Amtsbezeichnung handelt. Dafür spricht auch, dass Paulus ausdrücklich die männliche Form des Wortes verwendet, obwohl es sich um eine Frau handelt – was in der griechischen Sprache üblich ist, da es keine weibliche Form dieses Amtsbegriffs gibt. Gegen dieses Argument wird jedoch, meiner Meinung nach zu Recht, eingewendet, dass es im Griechischen keine weibliche Form für eine „Dienerin" gab.[80]

---

[80] vgl. ebd.

Paulus bittet die Gemeinde in Rom, Phoebe in jeder Angelegenheit beizustehen und sie aufzunehmen, wie es Heiligen gebührt. Offensichtlich hatte sie in Rom ein konkretes Anliegen, bei dem sie auf lokale Unterstützung angewiesen war. Paulus begründet seine Bitte nicht nur mit ihrem Amt, sondern betont zugleich, dass Phoebe in Kenchreä vielen Christen beigestanden hat, auch ihm persönlich.[81] Er nennt sie eine πρόστατις [próstatis] – ein Begriff, der sich mit „Schutzherrin", „Beistand" oder auch „Leiterin" übersetzen lässt und eine aktive, leitende Rolle innerhalb der Gemeinde bezeichnet.[82]

Dass Phoebe tatsächlich ein kirchliches Amt ausübte, lässt sich auch durch ihre Funktion als Briefbotin des Römerbriefes plausibel machen. In der Antike hatte ein Briefbote nicht nur die Aufgabe, das Schreiben zu überbringen, sondern oft auch, es vorzutragen, zu erklären und Rückfragen zu beantworten. In diesem Fall überbringt Phoebe nicht irgendeinen Brief, sondern das umfangreichste und theologisch gewichtigste Schreiben des Apostels Paulus. Sie wird somit zur Vermittlerin paulinischer Theologie, was ihre Autorität zusätzlich unterstreicht. Die Neutestamentlerin Anni Hentschel hält in diesem Zusammenhang fest:

---

81 vgl. Ulrich Wilckens, *Der Brief an die Römer* (Röm 12–16) (EKK VI/3), Zürich/Einsiedeln/Köln: Benziger/Neukirchener Verlag, 1982, S. 131 f.

82 „Phoebe und Junia", abrufbar unter: *Theologie und Kirche*: http://theologie-und-kirche.de/phoebe-und-iunia.pdf, letzter Zugriff am 18.01.2025.

> Eine Trennung von „Wortämtern“ und „Dienstämtern“ ist durch die neutestamentlichen Texte nicht belegt. […] Damit wird auch eine geschlechterspezifische Interpretation in Verkündigungsämter der Männer und Dienstämter der Frauen fraglich. Phoebe ist als *diákonos* von Kenchreä nicht einfach eine sozial-karitativ engagierte Gemeindehelferin, sondern eine auch für die Lehre verantwortliche Gemeindeleiterin.“[83]

Das Beispiel Phoebes zeigt eindrücklich, dass Frauen in der frühen Kirche nicht nur in karitativen Bereichen, sondern auch in theologischen und gemeindeleitenden Funktionen tätig waren. Ihre Wirkungsgeschichte reicht bis in die patristische Zeit: Der Kirchenvater Origenes († 253) schreibt in seinem Kommentar zum Römerbrief:

> Diese Stelle zeigt mit apostolischer Autorität, dass auch Frauen in den kirchlichen Dienst eingesetzt wurden. Das Amt, in das Phoebe für die Gemeinde in Kenchreä gestellt ist, erwähnt Paulus mit großem Lob und Empfehlung.[84]

In der Folgezeit wird Phoebe als Vorbild für weibliche Diakone verehrt. Weitere Quellen bestätigen, dass Diakoninnen in der frühen Kirche unter anderem Frauen vor der Taufe unterwiesen, Kranke und Bedürftige unterstützten und auch an liturgischen Handlungen mitwirkten. Ihre Rolle war integraler Bestandteil des

---

[83] Hentschel, *Gemeinde*, S. 229.

[84] Origenes, *Commentariorum in Evangelium Ioannis*, PG 14, Paris: Migne, Sp. 1278.

Gemeindelebens und zeigt, dass Leitungsaufgaben nicht an das Geschlecht gebunden waren.
Gegner dieser Interpretation argumentieren, dass der Begriff *diákonos* auch für einfache Hilfsdienste verwendet wurde – etwa für die Diener bei der Hochzeit von Kana (Joh 2,5).[85] Zudem fehlt ein expliziter Bezug zu Bischofs- oder Presbyterämtern, was ihrer Meinung nach Voraussetzung für die Rede von einem „apostolischen Amt" sei.[86] Ein weiteres Gegenargument lautet, dass es in den Texten der nachapostolischen Zeit keinerlei Hinweise auf weibliche Diakone gibt.[87]
Doch wie die nachfolgenden Kapitel zeigen werden, ist diese Behauptung historisch nicht haltbar. Zahlreiche Quellen belegen, dass Diakoninnen im Osten und Westen der Kirche über Jahrhunderte hinweg eine anerkannte Rolle einnahmen – in liturgischen, katechetischen und karitativen Diensten. Die Rehabilitierung und Würdigung von Phoebe ist deshalb nicht nur eine Frage historischer Genauigkeit, sondern auch ein bedeutendes Argument für die Debatte um die Zulassung von Frauen zu kirchlichen Ämtern heute.

---

85 vgl. Gerhard Ludwig Müller, *Der Empfänger des Weihesakraments. Quellen zur Lehre und Praxis der Kirche, nur Männern das Weihesakrament zu spenden*, Würzburg: Echter, 1999, S. 325. 333.

86 Gerhard Ludwig Müller, „Die entscheidende Frage nicht geklärt. Zu der Studie Dorothea Reinigers über den Diakonat der Frau", in: *Tagespost* 45/133 (6.11.1999), S. 13.

87 Manfred Hauke, „Überlegungen zum Weihediakonat der Frau", in: *ThGl* 77 (1987), S. 115.

Persönliches Fazit

Mich erstaunt immer wieder, wie unterschiedlich dasselbe Wort gewertet wird – je nachdem, ob es auf einen Mann oder auf eine Frau angewandt wird. Der Begriff diákonos kann bei Männern eine Amtsbezeichnung sein, bei Frauen aber scheinbar nur eine Beschreibung praktischer Hilfe.

Gerade bei Phoebe wird jedoch deutlich, wie fragwürdig diese Unterscheidung ist. Sie wird von Paulus ausdrücklich empfohlen, sie trägt ein offizielles Anliegen, sie bringt den Römerbrief – und damit das theologisch tiefste Schreiben des Paulus – nach Rom.

Ich frage mich, warum wir bei Männern so selbstverständlich von Leitungsfunktion sprechen, bei Frauen aber oft nach Belegen für eine „eigentliche" Beauftragung suchen.

Das Beispiel Phoebes zeigt mir: Die frühen Gemeinden kannten keine solche Unterscheidung. Entscheidend war nicht, ob jemand Mann oder Frau war, sondern ob jemand bereit war zu dienen, zu lehren und Verantwortung zu übernehmen.

Der Begriff des Apostels im NT

Bevor ich auf Maria Magdalena und Junia als mögliche Apostelinnen eingehe, möchte ich zunächst den Begriff ἀπόστολος [apóstolos] im Neuen Testament näher beleuchten, da er in der Frage nach der Rolle von Frauen in der Verkündigung und Leitung der frühen Kirche eine zentrale Bedeutung hat.

Der Begriff ἀπόστολος bedeutet wörtlich „der Gesandte" und ist im Neuen Testament in sehr unterschiedlicher Weise verwendet worden. Das zugrunde liegende Verb ἀποστέλλω [apostéllo] heißt „senden", während das Verbalsubstantiv *apóstolos* außerhalb des Neuen Testaments unter anderem als „Flottenexpedition", „Begleitbrief", „Befehlshaber einer Expedition", gelegentlich aber auch als „Bote", „Gesandter" oder „Bevollmächtigter" übersetzt wird. Offensichtlich war der Begriff bereits vor dem Wirken des Apostels Paulus gebräuchlich für Menschen, die im Auftrag einer Gemeinde oder Gemeinschaft das Evangelium verkündigten. Wie dieser Begriff jedoch genau verstanden wurde, ist nicht eindeutig überliefert.[88]

Die neutestamentliche Forschung unterscheidet zwischen mehreren Formen des Apostolats: dem Christusapostolat für jene, die vom auferstandenen Christus persönlich ausgesandt wurden; dem Erscheinungsapostolat für diejenigen, die selbst Zeugen der Auferstehung waren oder eine Christusvision erlebt hatten; und gelegentlich auch einem charismatischen Apostolat, das sich auf eine Berufung durch den

Heiligen Geist gründet. Paulus selbst differenziert diese Typen jedoch nicht klar voneinander, sondern beansprucht seine eigene Sendung unmittelbar aus seiner Christusvision heraus.[89]

In den Evangelien bezeichnet der Begriff zunächst die Gruppe der Zwölf, die Jesus in seine engere Nachfolge berief. Vor allem das Lukasevangelium betont ihre Bedeutung besonders stark, auch gegenüber Paulus. So kommt es, dass Lukas keine Frauen mit einem offiziellen Verkündigungsauftrag versieht. Zwar berichten die Frauen im leeren Grab von der Auferstehung, doch ihnen wird dort ausdrücklich nicht geglaubt. In den anderen Evangelien dagegen sind Frauen in der Verkündigung präsenter und selbstverständlicher beteiligt.[90]

Der Apostelbegriff bleibt jedoch nicht auf die Zwölf beschränkt. Paulus selbst nennt sich mit großem Nachdruck *apóstolos*, ebenso wie Barnabas und Matthias. Letzterer wird in der Apostelgeschichte im Kreis von 120 Jüngern gewählt (Apg 1,15), um den Platz des Judas einzunehmen. Auch die Aussendung der 72 Jünger im Lukasevangelium (Lk 10,1ff.) zeigt, dass sich der Kreis der Gesandten erheblich erweitert hatte. Sie werden dort zwar nicht explizit *apóstoloi* genannt, aber Jesus „sendet sie aus“: Die Form ἀπέστειλεν leitet sich ab vom Verb ἀποστέλλειν [apostéllein] – „aussenden“. In

[88] vgl. 1 Kor 15,7; Gal 1,17; Röm 16,7; Hentschel, *Gemeinde*, S. 65f.

[89] Hentschel, *Gemeinde*, S. 67.

[90] vgl. ebd., S. 215.

Röm 16,7 bezeichnet Paulus das Ehepaar Andronikus und Junia als *apóstoloi*. Im Galaterbrief nennt er Jakobus, den Bruder des Herrn, Apostel (Gal 1,19). In 1Thess 2,6 bezeichnen sich Silvanus und Timotheus ebenfalls als Apostel, und in Hebr 3,1 wird Jesus selbst als *apóstolos* bezeichnet. Es ist offensichtlich, dass der Begriff sowohl für Männer als auch für Frauen verwendet werden konnte und eine Mitwirkung von Frauen in dieser Funktion nicht ausgeschlossen ist – im Gegenteil: Sie war offenbar Realität.[91]

Die Aufgaben der zwölf ursprünglich Erwählten werden in Apg 1,17.25 als διακονία (diakonía – Beauftragung), ἐπισκοπή (episkopé – Aufsichtsamt) und ἀποστολή (apostolē – Sendung) beschrieben.[92] Dies zeigt die enge inhaltliche Verwandtschaft der Begriffe *apóstolos* und *diákonos*, die sich beide auf eine mit Autorität und Verantwortung ausgestattete Beauftragung beziehen.

Eine berechtigte Frage bleibt, warum Jesus selbst keine Frau in die Gruppe der „Zwölf" berief, obwohl er sich Frauen gegenüber konsequent partnerschaftlich und wertschätzend verhielt. Möglicherweise liegt dies an zwei kulturellen Faktoren: Zum einen war es Frauen nach rabbinischer Lehre untersagt, die Tora zu studieren. Zum anderen dürfte vor allem die symbolische Verbindung der Zwölf mit den zwölf Stämmen Israels ein entscheidender Grund gewesen

91 vgl. v.a. Röm 16,7; Joh 20,17; Hentschel, *Gemeinde*, S. 69.

92 Hentschel, *Gemeinde*, S. 168.

sein. Diese Wahl hatte vor allem heilsgeschichtliche Bedeutung – weniger eine geschlechterpolitische. Sicher ist das jedoch nicht. Diese Frage ist höchst umstritten und entscheidend für die Frage der Zulassung von Frauen in kirchliche Ämter.

In der späteren kirchlichen Tradition wurden auch Heilige mit dem Titel „Apostel" ausgezeichnet, etwa Bonifatius, der als „Apostel der Deutschen" bezeichnet wurde. Dies zeigt, dass der Begriff *apóstolos* im Lauf der Geschichte weiterhin flexibel verwendet wurde – nicht als exklusiver Amtsbegriff, sondern als Titel für eine autoritative Sendung.

Sowohl der Begriff *diákonos* als auch der des *apóstolos* bezeichnen im Neuen Testament Menschen, die im Auftrag Jesu Christi mit Autorität und Verantwortung seine Botschaft weitergeben. Nicht nur Paulus, sondern auch andere frühchristliche Missionare verwenden beide Begriffe teilweise synonym. In der antiken Vorstellung repräsentierte ein Gesandter stets seinen Auftraggeber, mit dem er gleichgesetzt wurde. Dies wird deutlich im Johannesevangelium an der Stelle, an der Jesus sagt: „Wer einen aufnimmt, den ich sende, nimmt mich auf" (Joh 13,20a). Auch die *Didache*, die älteste Kirchenordnung aus dem 1. Jahrhundert, bringt diese Vorstellung auf den Punkt: „Jeder Apostel, der zu euch kommt, soll aufgenommen werden wie der Herr."[93]

[93] *Didache* 11,4; vgl. auch *Didache* 4,1; 12,1; vgl. Hentschel, *Gemeinde*, S. 76.

Diese Beobachtungen machen deutlich: Der Begriff des *apóstolos* war im Neuen Testament kein exklusiv männlich konnotierter Titel, sondern eine Funktionsbeschreibung für Beauftragte des Evangeliums – unabhängig vom Geschlecht.

Persönliches Fazit

Mich erstaunt, wie weit der Begriff apóstolos im Neuen Testament gefasst ist – und wie selbstverständlich Frauen darin ihren Platz haben. Er bezeichnet eine Sendung, eine Verantwortung, eine Vollmacht, die nicht an Geschlecht gebunden ist.

Es beschäftigt mich, dass sich die Bedeutung dieses Begriffs im Lauf der Jahrhunderte immer stärker auf männliche Amtsträger konzentriert hat – obwohl das Neue Testament eine deutlich offenere Praxis erkennen lässt.

Dabei zeigt der Blick in die frühen Schriften: Gesandt zu sein, heißt nicht, Macht zu erhalten, sondern Christus zu vertreten – durch Wort, Leben und Dienst. Diese Aufgabe wurde Frauen wie Männern gleichermaßen zugetraut.

Für mich ist das mehr als eine historische Beobachtung. Es erinnert daran, dass sich das Amtsverständnis der Kirche erst im Laufe der Geschichte geformt hat und es nicht einfach auf eine unmittelbare Einsetzung durch Jesus zurückgeführt werden kann. Umso wichtiger ist es, den ursprünglichen Spielraum wieder ernst zu nehmen.

Junia

Im Römerbrief (Röm 16,7) erwähnt Paulus Andronikus und Junia und bezeichnet sie als „angesehene Apostel", die schon vor ihm zu Christus gehörten:

Grüßt Andronikus und Junia, meine Verwandten (oder Volksgenossen, d.h. Juden) und Mitgefangenen; sie sind

> hervorragend angesehen unter den Aposteln und sind sogar vor mir in Christus gewesen. (Röm 16,7)

Lange Zeit wurde der Name Junia in vielen Bibelübersetzungen als männlicher Name „Junias" interpretiert, da eine Frau unmöglich ein Apostel sein konnte. Neue textkritische Forschungen und philologische Studien haben jedoch eindeutig gezeigt, dass Junia ein weiblicher Name ist. Elisabeth Schüssler-Fiorenza schrieb bereits 1976:

> Eine unvoreingenommene Lesung von Römer 16,7 liefert uns ein Beispiel im Neuen Testament, wo eine Frau Apostel genannt wird. Es gibt keinen Grund, Junia als Kurzform des männlichen Namens Junianus zu verstehen, wenn Junia zu jener Zeit ein bekannter Frauenname war (…) Andronikus und Junia waren ein missionarisches Paar wie Aquila und Prisca.[94]

Während ein Männername „Junias" in antiken Texten nicht belegt ist, war der Frauenname Junia weitverbreitet; allein in Rom ist er auf mehr als 250 griechischen und lateinischen Inschriften zu finden. Daher ist es

---

[94] „An unbiased reading of Rom. 16.7 provides us with one instance of the New Testament where a woman is called apostle. There is no reason to understand Junia as a short form of the male name Junianus when Junia was a well-known name for women at the time (…) Andronicus and Junia were a missionary couple like Aquila and Prisca (…)": Elisabeth Schüssler-Fiorenza, „Women Apostles: The Testament of Scripture", in: *Women and Catholic Priesthood: An Expanded Vision. Proceedings of the Detroit Ordination Conference*, hrsg. von Anne Marie Gardiner, New York/ Paramus/ Toronto: Paulist Press, 1976, S. 94–102.

unzweifelhaft, dass hier ein Ehepaar gemeint ist, nämlich Andronikus und Junia. Ebenso werden einige Verse vorher Aquila und Priska genannt (Röm 16,3f.). Paare spielten für die Mission der frühen Kirche eine wichtige Rolle; denken wir nur an Petrus und seine Frau, deren Namen wir leider nicht kennen (1Kor 9,5; vgl. Mk 1,30).

Die wichtigsten Bibelhandschriften und Bibelübersetzungen lesen alle (im Akkusativ) den Frauennamen 'Ιουνίαν bzw. Juniam oder Juliam. Erst die textkritische Ausgabe des Neuen Testaments von Erwin Nestle verwendete 1927 die maskuline Form 'Ιουνιᾶν, die sich dann durchsetzte.

Die Erkenntnis, dass es sich hier eindeutig um einen weiblichen Namen handelt, wird durch zahlreiche Inschriften und antike Quellen untermauert, die den Namen Junia eindeutig als weiblich belegen.[95] So verwenden auch die griechischen und lateinischen Römerbriefkommentare von Johannes Chrysostomus (347-407) bis Petrus Abaelardus (1079-1142) und die liturgischen Traditionen der alten Kirche und des frühen Mittelalters den Frauennamen Junia oder Julia. Erst Aegidius von Rom (1245-1316) hielt den Namen für männlich.[96] Johannes Chrysostomos erwähnt die Apostelin und schreibt dazu in seinem Kommentar zu Römer 16,7:

---

[95] „'Ιουνιᾶν“ statt „'Ιουνιαν“, vgl. Ulrich Wilckens, Der Brief an die Römer, S. 135.

[96] vgl. Eisen, Amtsträgerinnen, S. 50f.

> Es ist schon etwas Großes, ein Apostel zu sein; aber erst unter den Aposteln hervorragend zu sein, bedenke, was für ein Lob das ist! Hervorragend waren sie aufgrund ihrer Arbeit und ihrer rechtschaffenen Taten. Wie groß muss doch die Weisheit (φιλοσοφία [philosophía]) dieser Frau gewesen sein, dass sie sogar für würdig gehalten wurde, den Aposteltitel zu tragen!"[97]

Im Messbuch der byzantinischen Kirche wird Junia auch heute noch als Apostelin verehrt, neben 56 anderen Aposteln.

Diese Erkenntnis hat weitreichende Konsequenzen für das Verständnis der Rolle von Frauen im apostolischen Dienst. Sie zeigt, dass Frauen nicht nur Anhängerinnen Jesu waren, sondern auch in der Leitung und Verkündigung eine Rolle spielten. Die Tatsache, dass Junia als „angesehene Apostelin" beschrieben wird, deutet darauf hin, dass sie in den frühen christlichen Gemeinschaften eine herausragende Stellung einnahm.

Die Diskussion über die Rolle von Frauen im apostolischen Dienst wird durch die unterschiedliche Verwendung des Begriffs „Apostel" im Neuen Testament und in der frühchristlichen Literatur beeinflusst. Paulus unterscheidet beispielsweise zwischen der Gruppe der „Apostel", denen der auferstandene Christus erschienen ist, und den „Zwölfen", die von Jesus ausgewählt wurden.

---

[97] Johannes Chrysostomus, Kommentar zum Briefe des hl. Paulus an die Römer (In epistula ad Romanos *commentarius)*, 32. Homilie, Kap. XVI, V. 5–16, in: *BKV*, München: Kösel, zit. nach: Wilhelm Schneemelcher: Neutestamentliche Apokryphen. In deutscher Übersetzung. Mohr Siebeck, Tübingen 1999, Band 2, S. 10.

Diese Unterscheidung zeigt, dass der Begriff „Apostel" nicht einheitlich verwendet wurde.
Kardinal Kasper argumentiert gegen die Auffassung, dass Junia als Apostelin verstanden wurde, indem er betont, dass sie möglicherweise als Abgesandte der Gemeinde, aber nicht als Apostel im eigentlichen Sinne des Wortes betrachtet werden sollte.[98] Dennoch beschreibt Paulus in seinen Briefen Personen als Apostel, die eine direkte Berufung durch Christus erfahren haben oder als „Gesandte" im Dienst der Verkündigung standen.
Ulrich Wilckens hebt in seinem Kommentar zum Römerbrief hervor, dass Paulus Andronikus und Junia nicht nur als „Blutsverwandte" bezeichnet, sondern auch betont, dass sie mit ihm zusammen gefangen waren und als „hervorragend unter den Aposteln" galten. Dies deutet darauf hin, dass sie zu den Christen der ältesten Anfangszeit gehörten und als Apostelpaar in der Mission tätig waren, bereits vor Paulus (vgl. Gal 1,17), jedoch offenbar dann im Zusammenhang der paulinischen Heidenmission, so dass sie auch mit ihm in Gefangenschaft geraten sind (vgl. 1Kor 4,9ff; 2Kor 6,4ff; 11,23ff.). Das heißt, sie gehören zu dem zahlenmäßig begrenzten Kreis derjenigen führenden Missionare, denen als „Aposteln" eine außerordentliche Autorität zukam und

[98] Michael Theobald, „Die biblischen Frauen Junia und Phoebe. Ohne Heimatrecht in der römisch-katholischen Kirche?", in: *Das Katholische Sonntagsblatt*, Nr. 13, 25.03.2012.

zu denen Paulus erst nachträglich (als ἔκτρωμα [éktrōma] – „Missgeburt“: 1Kor 15,8) hinzugekommen ist.[99]
Paulus hebt in 1Kor 9,5 sogar das Recht der Apostel hervor, eine „Schwester als Frau“ auf dem Missionsweg mitzunehmen, wenn er sagt:

> Haben wir nicht das Recht, eine gläubige Frau (wörtlich „Schwester als Frau“) mitzunehmen, wie die übrigen Apostel und die Brüder des Herrn und wie Kephas? (1Kor 9,5).

Die Debatte um Junia illustriert, wie kulturelle und theologische Vorannahmen die Interpretation biblischer Texte beeinflussen können. Bis ins Mittelalter wurde Junia als Frau anerkannt, erst im 13. Jahrhundert wurde sie erstmals durch Aegidius von Rom (1245-1316) durch eine männliche Deutung verdrängt. Bernadette Brooten konnte das in ihrer Dissertation schlüssig beweisen.[100] Diese Entwicklung zeigt, wie die patriarchalen Strukturen der Kirche die Rezeption und das Verständnis von Frauenrollen geprägt haben.
Ebenso wird deutlich, dass die frühe Kirche Frauen nicht per se von leitenden Positionen ausschloss. Andronikus

---

[99] Vgl. Rudolf Schnackenburg, „Apostles before and during Paul's Time“, in: *Apostolic History and the Gospel. Festschrift for F. F. Bruce*, W. Ward Gasque und Ralph P. Martin (Hrsg.), Exeter: Paternoster Press, 1970, S. 287–303.

[100] Bernadette Brooten, „Junia […] hervorragend unter den Aposteln (Röm 16,7)“, in: Elisabeth Moltmann-Wendel (Hg.), *Frauenbefreiung. Biblische und theologische Argumente*, München: Kaiser, 1982, S. 148–151; vgl. auch: Elisabeth Schüssler-Fiorenza, „Die Rolle der Frau in der urchristlichen Bewegung“, in: *Concilium (D)* 12 (1976), S. 3–9.

und Junia, die als Paar in Röm 16,7 genannt werden, stehen in einer Linie mit anderen missionarischen Paaren wie Priska und Aquila. Dies belegt, dass Frauen in der frühen Kirche nicht nur als Helferinnen, sondern als gleichberechtigte Partnerinnen in der Verkündigung und Mission gesehen wurden.

Die Wiederentdeckung von Junia als Apostelin hat in der modernen Theologie eine Bewegung ausgelöst, die nach einer erneuten Würdigung der Rolle von Frauen in der frühchristlichen Kirche strebt. Diese Diskussion betrifft nicht nur exegetische Fragen, sondern auch die gegenwärtige Praxis der Kirche. Der Apostelkreis, in dem Junia eine herausragende Stellung einnahm, spiegelt ein inklusives Modell wider, das die aktive Mitwirkung von Frauen in Leitungsfunktionen ermöglichte. Die Bedeutung von Junia als Apostelin wirft daher auch zentrale Fragen für die heutige kirchliche Struktur auf.

Neben Junia wurden auch andere Frauen der frühen Kirche als Apostelinnen betrachtet, wie die Samariterin am Jakobsbrunnen, Maria Magdalena, die Frauen am Grab, Thekla und Nino.[101] Diese Beispiele unterstreichen die bedeutende Rolle, die Frauen in der Verkündigung und Mission der frühen Kirche spielten.

Persönliches Fazit

Mich hat die Geschichte um Junia lange beschäftigt – nicht nur wegen der Frage, ob sie wirklich Apostelin war, sondern wegen der Art, wie sie in der Geschichte der Auslegung übersehen, umgedeutet und verdrängt wurde.

---

[101] vgl. Eisen, *Amtsträgerinnen*, S. 55-64.

Es erstaunt mich, wie eindeutig die Quellen sind – und wie viel Kraft es dennoch braucht, diese Eindeutigkeit wieder sichtbar zu machen. Dass ein weiblicher Name über Jahrhunderte zu einem männlichen gemacht wurde, nicht weil es philologisch notwendig war, sondern weil das Bild einer Frau als Apostelin nicht in die Vorstellung passte, ist für mich mehr als eine textkritische Episode. Es ist ein Beispiel dafür, wie tief verwurzelt bestimmte Denkmuster sind – und wie lange sie nachwirken.

Junia war nicht nur eine Frau, die mitverkündete. Sie war Apostelin, in der Nähe Jesu, in Gefangenschaft mit Paulus, in einer Leitungsrolle anerkannt – nicht als Ausnahme, sondern als Teil der Vielfalt der frühen Kirche. Ihre Wiederentdeckung ist für mich ein Zeichen der Hoffnung: dass Theologie nicht stehen bleiben muss, sondern wachsen kann – zurück zu den Quellen, weiter in die Zukunft.

Priska

Priska (oder auch in der Diminutivform „Priszilla“) und ihr Ehemann Aquila waren ein judenchristliches Ehepaar, das infolge des Claudius-Edikts Rom verlassen musste. Paulus nennt sie in Röm 16,3 „meine Mitarbeiter“ (συνεργούς μου). Ihre Namen erscheinen mehrfach im Neuen Testament (Apg 18,2.18.26; Röm 16,3; 1 Kor 16,19; 2 Tim 4,19).[102] Auffällig ist, dass Priska häufig an erster Stelle genannt wird – ein Hinweis darauf, dass sie möglicherweise die führende Rolle in der gemeinsamen Missionsarbeit innehatte (Röm 16,3; Apg 18,18–19).[103]

---

[102] vgl. Rudolf Pesch, *Die Apostelgeschichte (Apg 13–28)* (EKK V/2), Zürich/Einsiedeln/Köln: Benziger/Neukirchener Verlag, 1986, S. 147, und: Ivoni Richter Reimer, *Frauen in der Apostelgeschichte des Lukas. Eine feministisch-theologische Exegese*, Gütersloh: Gütersloher Verlagshaus, 1992, S. 224.

[103] vgl. Wilckens, *Der Brief an die Römer*, S. 134

Wie Paulus waren Priska und Aquila Zeltmacher von Beruf und missionarisch tätig. Gemeinsam mit ihm zogen sie von Korinth nach Ephesus (Apg 18,18f.), wo sie weiterhin als Missionare wirkten (Apg 18,26). In Ephesus besaßen sie ein Haus, in dem sich eine Hausgemeinde bildete (1 Kor 16,19).[104] Später müssen sie bereits nach Rom zurückgekehrt sein, wie Röm 16,3ff. erkennen lässt. Diese Rückkehr lässt sich anhand von Apg 18,18f. erschließen: Wenn sie Paulus schon beim Wechsel von Korinth nach Ephesus begleitet hatten, sind sie ihm offenbar nun auch nach Rom vorausgereist, da die politische Lage inzwischen eine Rückkehr zuließ. Wie schon in Ephesus, leiteten sie auch in Rom eine Gemeinde. Paulus drückt der Gemeinde in Rom seine Dankbarkeit aus, denn Priska und Aquila hätten unter Einsatz ihres Lebens das seine gerettet.[105]

Besonders hervorgehoben wird die missionarische und theologische Kompetenz von Priska in der Apostelgeschichte durch ihre Rolle in der Unterweisung des Apollos (Apg 18,26). Der gebildete Judenchrist Apollos ließ sich von ihr, einer missionierenden Handwerkerin, belehren. Solche Erwähnungen machen deutlich, dass Frauen wie Priska aktiv in die theologisch-geistliche Arbeit eingebunden waren und entscheidend am Aufbau der ersten christlichen Gemeinden mitwirkten. In Apg 18,26 wird geschildert, wie das Ehepaar Apollos in Ephesus bei sich aufnahm und „sie legten ihm den Weg

---

[104] vgl. auch 2Tim 4,19

[105] vgl. Wilckens, *Der Brief an die Römer*, S. 134.

Gottes noch genauer aus" – auch Paulus ließ sich also von ihnen belehren.
Überdies lässt sich die Bedeutung von Frauen in der Gemeindeleitung und Verkündigung auch anhand ihrer konkreten Aufgaben und Funktionen nachvollziehen. So heben biblische und antike Quellen über frühe Diakoninnen die Vielfalt ihrer Dienste hervor, die sich von karitativer Tätigkeit bis hin zur Unterweisung von Täuflingen erstreckten. [106] Diese Einsichten machen deutlich, wie vielseitig und einflussreich Frauen im frühen Christentum wirkten – und fordern dazu heraus, tradierte Rollenzuschreibungen neu zu bedenken.

Persönliches Fazit

Mich fasziniert an Priska, mit welcher Selbstverständlichkeit sie im Neuen Testament als theologisch gebildete, lehrende und leitende Frau dargestellt wird – und wie unaufgeregt diese Rollenbeschreibung eingebettet ist.
Dass sie vor Aquila genannt wird, Apollos unterweist, Hausgemeinden leitet und Paulus unterstützt, ist für mich mehr als nur ein historisches Detail. Es zeigt, wie vielfältig und selbstverständlich Frauen im Aufbau der ersten Gemeinden mitgewirkt haben.
Umso mehr frage ich mich, wie es geschehen konnte, dass diese Selbstverständlichkeit in der Geschichte der Kirche weitgehend verloren ging. Priska erinnert mich daran, dass Berufung nicht vom Geschlecht abhängt – sondern von dem, was Gott einem Menschen zutraut.

[106] vgl. ebd.

Weitere Frauen in den Paulusbriefen und in der Apostelgeschichte

In den Briefen des Apostels Paulus werden mehrere Frauen erwähnt, die eine bedeutende Rolle in den frühen christlichen Gemeinden spielten. Paulus nennt etwa in Philipper 4,2–3 Evodia und Syntyche, die mit ihm „für das Evangelium gekämpft" haben und als seine „Mitarbeiterinnen" bezeichnet werden.

In Römer 16,6 erwähnt Paulus eine Maria, die sich „für euch viel geplagt hat". Exegeten sind sich einig, dass es sich dabei um Missionsarbeit handelte.[107]

Chloë leitete eine Gemeinde in Korinth, wie in 1Kor 1,11 erwähnt wird.[108] Diese Hinweise zeigen, dass Paulus Frauen als gleichberechtigte Mitarbeiterinnen in der Verkündigung des Evangeliums ansah. Dies fasst er in Gal 3,28 zusammen: „Es gibt weder Jude noch Grieche, weder Sklaven noch Freie, weder männlich noch weiblich; ihr alle seid einer in Christus."

Die Apostelgeschichte erwähnt zudem die vier Töchter des Philippus, die prophetisch tätig waren (Apg 21,9).

Paulus setzt im 1. Korintherbrief voraus, dass Frauen in der Gemeinde prophetisch reden, wenn er schreibt: „Eine Frau aber entehrt ihr Haupt, wenn sie betet oder prophetisch redet und dabei ihr Haupt nicht bedeckt" (1 Kor 11,5). In der Apostelgeschichte zitiert Paulus die Worte Gottes: „Eure Söhne und Töchter werden prophetisch reden" (Apg 2,17).

---

107 Wilckens, *Der Brief an die Römer*, S. 135.

108 Faxon, *Frauen im Neuen Testament*, S. 87.

Paulus arbeitet in der Verkündigung des Evangeliums selbstverständlich mit Frauen zusammen und erkennt sie als Prophetinnen an, formuliert jedoch für ihr Auftreten in der Gemeinde bestimmte Verhaltensregeln. Dazu gehört die Anweisung, dass Frauen ihr Haupt beim Beten oder prophetischen Reden bedecken sollen.

Die Gründe für diese Aufforderung sind vielfältig und nicht immer eindeutig.[109] Paulus selbst begründet das Verhüllen des Kopfes unter anderem so:

> Ich will aber, dass ihr erkennt: das Haupt (ἡ κεφαλή) jedes Mannes ist Christus, das Haupt der Frau aber ist der Mann, das Haupt des Christus aber ist Gott. Jeder Mann, der betet oder prophetisch redet und dabei etwas auf dem Haupt hat, entehrt sein Haupt. Jede Frau aber, die mit unverhülltem Haupt betet oder prophetisch redet, entehrt ihr Haupt – denn sie ist ein und dasselbe wie die, die geschoren ist. Denn wenn sich eine Frau nicht verhüllt, soll sie sich auch das Haar abschneiden; wenn es aber für eine Frau eine Schande ist, das Haar abzuschneiden oder sich zu scheren, soll sie sich verhüllen. Denn ein Mann darf sein Haupt nicht verhüllen, da er Bild und Herrlichkeit Gottes ist; die Frau aber ist die Herrlichkeit des Mannes. Denn der Mann ist nicht aus der Frau, sondern die Frau aus dem Mann; denn der Mann wurde nicht wegen der Frau geschaffen, sondern die Frau wegen des Mannes. Deshalb soll die Frau Vollmacht auf dem Haupt haben – um der Engel willen. Doch im Herrn ist

[109] Klaus Berger zählt weitere Gründe auf, die alle keinen diskriminatorischen Grund haben: Klaus Berger, *Priesterweihe auch für Frauen?*, Münster: Aschendorff, 2012, S. 63–66.

> weder die Frau ohne den Mann noch der Mann ohne die Frau. Denn wie die Frau aus dem Mann ist, so ist auch der Mann durch die Frau – alles aber ist aus Gott.

Um die Bedeutung des Abschnitts deutlicher zu machen, möchte ich zunächst auf die Verwendung des Begriffs κεφαλή [kephalḗ] (Kopf/ Haupt) eingehen. Die viel zitierte Stelle, die besagt, dass der Mann *das Haupt* der Frau ist, wurde über Jahrhunderte als Begründung für eine angeblich gottgewollte Unterordnung der Frau unter den Mann herangezogen. Doch der entscheidende Begriff in diesem Satz, das griechische κεφαλή [kephalé], bedeutet im damaligen Sprachgebrauch nicht in erster Linie „Vorgesetzter" oder „Autorität über", sondern meist „Quelle" oder „Ursprung". Ein Blick in die Septuaginta, die griechische Übersetzung des Alten Testaments, zeigt: Das hebräische Wort ראשׁ (ro'sh, „Haupt") wird nur dann mit *kephalé* übersetzt, wenn es den Körperteil meint – nicht in der Bedeutung „Führer" oder „Oberhaupt". In über 171 von 180 Fällen verwendeten die Übersetzer andere griechische Wörter für „Anführer", etwa ἄρχων [árchōn] (Herrscher), ἡγούμενος [hēgoúmenos] (Führer) oder ἀρχηγός [archēgós] (Urheber, Führer).[110]
Auch im medizinisch-philosophischen Weltbild der Antike galt der Kopf als Ursprungsort des Lebens – weil man glaubte, der männliche Same werde im Gehirn

---

[110] vgl. Gordon D. Fee, The First Epistle to the Corinthians, NICNT, Grand Rapids 1987, S. 502–505; vgl. auch Anthony C. Thiselton, The First Epistle to the Corinthians, Grand Rapids 2000, S. 822 ff.

gebildet. Das Bild des „Hauptes“ wurde somit eher mit Ursprung als mit Hierarchie assoziiert.[111]
Diese Lesart passt genau zum weiteren Verlauf des Textes, denn Paulus spricht in den folgenden Versen nicht von Unterordnung, sondern von Herkunft:

> Der Mann ist nicht aus der Frau, sondern die Frau aus dem Mann. (1Kor 11,8)

und:

> Doch wie die Frau vom Mann, so auch der Mann durch die Frau – alles aber von Gott. (1Kor 11,12)

Paulus beschließt seine Argumentation ausdrücklich nicht mit einem Herrschaftsmodell, sondern mit einem Hinweis auf gegenseitige Bezogenheit:

> Im Herrn ist weder die Frau ohne den Mann noch der Mann ohne die Frau. (1Kor 11,11)

Mit „dem Mann“ ist hier Adam gemeint, aus dem Eva entstanden ist. Schon Cyrill von Alexandrien interpretierte die Stelle im 5. Jahrhundert ebenso, wenn er schrieb:

> Der Ursprung des Menschen ist der Gott, der ihn geschaffen hat; deshalb sagen wir, dass das Haupt (κεφαλή) eines jeden Mannes Christus ist, weil der Mensch durch ihn gemacht und ins Dasein gebracht wurde. Das Haupt der Frau ist der Mann, weil sie aus seinem Fleisch genommen wurde und ihn

[111] vgl. David Hamilton, „The question of headship“, in: Loren Cunningham, Why Not Women?, S. 162–167.

> als ihren Ursprung hat. Ebenso ist das Haupt Christi Gott, weil er gemäß der Natur von ihm ist; denn das Wort ist vom Gott-Vater gezeugt worden.[112]

Das einzige Mal, wo Paulus im Abschnitt das Wort „Autorität“ (ἐξουσία) verwendet (1Kor 11,10), spricht er nicht von der Autorität des Mannes über die Frau, sondern davon, dass die Frau Macht über ihren eigenen Kopf habe – was für damalige Verhältnisse bemerkenswert selbstbestimmt klingt.[113]
1Kor 11,3 ist also kein Lehrsatz über geschlechtliche Hierarchie. Paulus entfaltet eine Bildsprache, die Herkunft, gegenseitige Bezogenheit und göttliche Ursprungsordnung beschreibt. Eine wörtlich-hierarchische Deutung des Begriffs „Haupt“ widerspricht dem Kontext des gesamten Abschnitts.
Das „Hauptsein“ Christi ist kein Argument für männliche Leitungsgewalt, sondern Ausdruck göttlicher Beziehung und Ursprung. Paulus betont außerdem, dass Mann und Frau aufeinander angewiesen sind und beide ihren Ursprung in Gott haben.

---

[112] „Ἡ ἀρχὴ τοῦ ἀνθρώπου ὁ ποιήσας αὐτὸν Θεός· διὸ καὶ λέγομεν, ὅτι κεφαλὴ παντὸς ἀνδρὸς ὁ Χριστός, ἐπειδὴ δι’ αὐτοῦ πεποίκηται καὶ παρήχθη πρὸς γένεσιν· κεφαλὴ δὲ γυναικὸς ὁ ἀνήρ, ὅτι ἐξ αὐτοῦ τῆς σαρκὸς ἐλήφθη, καὶ ἔχει τοῦτον ὡς ἀρχήν· ὁμοίως δὲ κεφαλὴ τοῦ Χριστοῦ ὁ Θεός, ἐπειδὴ ἐξ αὐτοῦ ἐστὶ κατὰ φύσιν· ὁ Λόγος γὰρ ἐκ Θεοῦ Πατρὸς γεγέννηται.“ Cyrill von Alexandrien, De Recte Fide ad Arcadiam et Marinam, In: Edward Schwartz (Hg.): Acta Conciliorum Oecumenicorum. Bd. I, Teil 1, Abschnitt 5. Berlin: Walter de Gruyter 1927, S. 76.

[113] vgl. David Hamilton, „The question of headship“, in: Loren Cunningham, Why Not Women?, S. 162–167.

Schauen wir uns diesen Satz seiner Ausführungen genauer an:

> Ein Mann soll den Kopf nicht bedecken, da er Abbild und Herrlichkeit Gottes ist; die Frau (aber) ist die Herrlichkeit des Mannes. (1Kor 11,7)

Was hat Paulus gemeint, wenn er sagt, der Mann sei „das Abbild und die Herrlichkeit Gottes", die Frau aber sei „die Herrlichkeit des Mannes"? Man muss an dieser Stelle erwähnen, dass das griechische Wort δε, das hier mit „aber" wiedergegeben wird, keinen Gegensatz bezeichnet, sondern eher eine Ergänzung. Der Mann ist Ebenbild Gottes *und* die Frau ist die Ehre des Mannes. Wenn man den Satz so liest, soll betont werden, dass Frauen eine Bedeutung haben.[114]

Eine besonders schwierige Passage ist der Einschub „wegen der Engel" und die Formulierung „Zeichen der Vollmacht":

> Deshalb soll die Frau Vollmacht auf dem Haupt haben – wegen der Engel. (1Kor 11,10)

Klaus Berger hat vorgeschlagen, dass Frauen nach Paulus' Vorstellung durch die Kopfbedeckung vor (bösen?) Engeln geschützt werden sollen – möglicherweise, weil ihnen im Verhältnis zum Mann weniger Vollmacht zukomme.[115] Diese Interpretation ist jedoch nicht

---

[114] Vgl. David Hamilton, „The question of headship", in: Loren Cunningham, *Why Not Women?*, S. 182.

[115] vgl. Berger, *Priesterweihe auch für Frauen*, S 64f.

vollkommen überzeugend und bleibt spekulativ. Wenn man jedoch den Kontext betrachtet, ergeben sich nach David Hamilton zwei schlüssige Interpretationsmöglichkeiten:
Als Jesus von den Sadduzäern nach der Auferstehung gefragt wird, sagt er, die Menschen werden nach der Auferstehung nicht mehr heiraten, sondern „sein wie die Engel im Himmel“ (Mk 12,25). Vielleicht spielt Paulus an diese Stelle an und möchte sagen, dass Geschlechterunterschiede im Himmel keine Bedeutung mehr haben. Eine andere Möglichkeit ist, dass Paulus sich hier auf seine Aussage im 6. Kapitel bezieht, wo er sagt: „Wisst ihr nicht, dass wir über Engel richten werden?“ (1Kor 6,3), denn ein paar Verse hinter 11,10 schreibt er, sie sollen selbst urteilen (1Kor 11,13). Vielleicht wollte er sagen, wenn die Gemeindemitglieder einst über Engel urteilen werden, werden sie sicher jetzt auch selbst beurteilen können, was sie auf dem Kopf tragen.[116]

Paulus setzt seine Argumentation folgendermaßen fort:

> Beurteilt selbst bei euch: Ist es angemessen, dass eine Frau mit unbedecktem Haupt zu Gott betet? Lehrt euch nicht schon die Natur, dass es für einen Mann eine Unehre ist, wenn er lange Haare trägt, aber für eine Frau Ehre, wenn sie lange Haare trägt? Denn das Haar ist ihr anstelle einer Bedeckung gegeben. Wenn aber jemand streitsüchtig sein

---

[116] vgl. David Hamilton, „The question of headship“, in: Loren Cunningham, *Why Not Women?*, S. 173f.

> will: Wir haben eine solche Gewohnheit nicht, noch die Gemeinden Gottes. (1Kor 11,13-16)

Die Anweisung zum Verhüllen des Hauptes ist offensichtlich kulturell begründet. In der römischen Gesellschaft galt es als unschicklich und anstößig, wenn Frauen öffentlich mit unbedecktem Haupt auftraten. Paulus wollte offenbar vermeiden, dass christliche Frauen Anstoß erregen und in einen schlechten Ruf geraten. Die Aufforderung zur Kopfbedeckung lässt sich somit als Form der Inkulturation verstehen – ein Versuch, die christliche Praxis in die geltenden gesellschaftlichen Konventionen einzubetten.
Zunächst muss betont werden, dass Paulus hier von Frauen und Männern spricht, die „prophetisch reden", also in der Öffentlichkeit für die Gemeinde tätig sind. Paulus möchte in der Gemeinde in Korinth offenbar eine Ordnung wiederherstellen. Wir wissen nicht, was da los war. Es geht sicher nicht nur um modische Fragen, wenn er von der Kopfbedeckung spricht.

Auch an einer weiteren Stelle formuliert Paulus eine viel diskutierte Anweisung zur Rolle der Frau in der Gemeindeversammlung:

> Denn Gott ist nicht ein Gott der Unordnung, sondern des Friedens, wie in allen Gemeinden der Heiligen. Die Frauen sollen in der Versammlung (ἐκκλησία) [ekklēsía] schweigen; es ist ihnen nicht gestattet zu reden. Sie sollen sich unterordnen, wie auch das Gesetz sagt. Wenn sie etwas lernen wollen, sollen sie zu Hause ihre Männer fragen; denn

> es ist unanständig für eine Frau, in der Gemeinde zu reden. Oder ist etwa von euch das Wort Gottes ausgegangen? Oder ist es etwa allein zu euch gekommen?" (1Kor 14,33–36)

Diese Verse stehen im Kontext der paulinischen Ausführungen zur Ordnung im Gottesdienst. Als Begründung nennt Paulus eine Praxis, die offenbar auf kulturelle Konventionen zurückgeht, wie sie in bestimmten jüdischen Milieus und in römischen Oberschichtkreisen verbreitet waren. Ziel war es, Unruhe und Missverständnisse in der Versammlung zu vermeiden. Bemerkenswert ist: Bereits wenige Kapitel zuvor (1Kor 11,5) lässt Paulus Frauen in der Gemeinde beten und prophetisch reden – vorausgesetzt, sie bedecken ihr Haupt. Dies widerspricht einem pauschalen Redeverbot in Kapitel 14. Daher liegt nahe, dass Paulus hier keine generelle Schweigevorschrift erlässt, sondern sich gegen eine bestimmte Art des Auftretens richtet – etwa belehrende Zwischenfragen oder störende Beiträge während des Gottesdienstes.
Diese Auslegung wird gestützt durch die Analyse des gesamten Abschnitts: Paulus verwendet das Verb σιγάν [sigán] – „schweigen" – dreimal – und zwar nicht nur für Frauen:

- Wenn jemand in Zungen redet und niemand da ist, der auslegt – σιγάτω – er soll schweigen.
- Wenn mehrere Prophetien aufkommen, soll der zweite Prophet schweigen und zuhören (σιγάτω).

- Und schließlich: Frauen in der Gemeindeversammlung – σιγάτωσαν – auch sie sollen schweigen.

In allen drei Fällen geht es um geordnetes, respektvolles Verhalten im Gottesdienst. Das Schweigen betrifft nicht eine bestimmte Gruppe prinzipiell, sondern ist situationsbezogen. Paulus beschreibt eine allgemeine Regel zur Wahrung der Ordnung – keine dauerhafte Unterdrückung weiblicher Stimme.
Zudem hatte Paulus stets auch das öffentliche Ansehen der jungen Gemeinden im Blick. Im römischen Umfeld kursierten verschiedene Gerüchte über Christen – etwa über ihre Versammlungen oder die Rolle der Frau. Die Kopfbedeckung und Zurückhaltung im Reden waren daher vermutlich Strategien kultureller Anpassung, um das Zeugnis der Gemeinde nicht zu gefährden.[117]
Nicht zuletzt stammt Paulus aus einem streng jüdisch-pharisäischen Umfeld. Er kannte Jesus nicht persönlich und war kein Augenzeuge seines partnerschaftlichen Umgangs mit Frauen. Dennoch erlaubt er Frauen an anderer Stelle ausdrücklich das Gebet und prophetische Reden in der Gemeinde. Es ist daher plausibel, dass die Anweisung in 1Kor 14 keine grundsätzliche Einschränkung weiblicher Verkündigung meint, sondern eine disziplinarische Maßnahme angesichts konkreter Spannungen in Korinth.
Dass Paulus schreibt, Frauen sollten „zu Hause ihre Männer fragen", deutet eher auf störende Zwischenfragen

---

[117] Vgl. David Hamilton, Should Women Keep Silent?, in: Loren Cunningham, *Why Not Women?*, S. 195-197.

hin als auf öffentliche Lehrtätigkeit. Auch der Aufbau des Kapitels spricht dafür: Es geht um Ordnung und Struktur im Gottesdienst – nicht primär um die Rolle der Frau. David Hamilton hat dies überzeugend gezeigt und auf die symmetrische Struktur des Kapitels hingewiesen.[118] Indem Paulus hier die Frauen auffordert, ihre Männer zu fragen, ermutigt er sie, sich weiterzubilden. Das widersprach den gesellschaftlichen Konventionen.
Es kann auch sein, dass Paulus in Vers 34f. eine Meinung aus der Gemeinde zitiert, der er dann in Vers 36 widerspricht. Einige Exegeten halten die Verse daher für eine spätere Interpolation, da hier ein thematischer und stilistischer Bruch zu erkennen sei.[119]

Die sogenannten „Haustafeln“ im Epheserbrief, besonders Eph 5,21–22, wurden jahrhundertelang als Begründung für eine hierarchische Geschlechterordnung in Ehe und Kirche herangezogen. Dabei beginnt die ganze Passage mit einem Satz, der oft überlesen oder abgetrennt wird:

> Ordnet euch einander unter in der Ehrfurcht vor Christus. (Eph 5,21)

---

[118] Vgl. David Hamilton, Should Women Keep Silent?, in: Loren Cunningham, *Why Not Women?*, S. 185-193.

[119] Vgl. Gordon D. Fee, The First Epistle to the Corinthians (NICNT), Grand Rapids: Eerdmans 1987, S. 699–708, vgl. auch: Philip B. Payne, Man and Woman, One in Christ, Grand Rapids: Zondervan 2009, S. 217–267.

Was darauf folgt – insbesondere die Unterordnung der Frau unter den Mann (Eph 5,22) – ist keine neue Anweisung, sondern eine Anwendung dieses Grundsatzes. Der griechische Text macht das eindeutig: Das Verb „sich unterordnen" (ὑποτάσσεσθε) steht nur in Vers 21. In Vers 22 wird es grammatisch mitgedacht. Die ganze Passage gehört zu einem längeren Abschnitt, der mit der Aufforderung beginnt:

> Lasst euch vom Geist erfüllen … (Eph 5,18b)

Daraus folgen fünf Partizipien als Merkmale geisterfüllten Lebens:

- reden in Psalmen und Hymnen,
- singen und musizieren im Herzen,
- danken in allem,
- sich einander unterordnen (Eph 5,21),
- anwenden im familiären und sozialen Kontext.

Die Unterordnung ist also nicht Ausdruck von Ordnung oder Natur, sondern eine Form geistlicher Haltung.
Dass Paulus ausgerechnet das Wort ἀλλήλοις [allēlois] – „einander" – verwendet, bezeugt seine Intention: gegenseitige Unterordnung – nicht einseitige Hierarchie. Es geht um eine Haltung, wie Christus sie lebt: nicht herrschen, sondern dienen (vgl. Phil 2,6–11).
Der Epheserbrief beschreibt eine Ehe, die auf gegenseitiger Hingabe und Christusnachfolge gründet – nicht auf Dominanz. Die Frau wird nicht zum Objekt gemacht, sondern in ein Beziehungsgeschehen hinein-

genommen, das wechselseitiges Sich-zurücknehmen meint. Der Mann wird sogar aufgefordert, seine Frau zu lieben, wie Christus die Kirche geliebt hat – also mit der Bereitschaft, sich hinzugeben (Eph 5,25).

Die paulinische Ethik ist damit nicht patriarchale Absicherung, sondern ein radikaler Umbau römischer Familienverhältnisse auf Basis der Christusbeziehung.

Oft wird behauptet, Paulus fordere von Frauen Gehorsam gegenüber ihren Ehemännern. Doch eine genaue Betrachtung des griechischen Textes zeigt: Paulus fordert keine Unterwerfung im Sinne von Gehorsam, sondern spricht von einem wechselseitigen Sich-Einfügen in Christus. In Epheser 5,22 heißt es:

> Die Frauen [seien] ihren Männern untergeordnet wie dem Herrn.[120]

Das zentrale Verb ὑποτάσσομαι [hypotássomai] – „sich unterordnen" – bezeichnet eine freiwillige Einfügung in eine Beziehung. Es steht nicht im Passiv, sondern im Medium – die Frau ist nicht Objekt eines Befehls, sondern handelndes Subjekt. Das Wort bedeutet ursprünglich „sich in eine Ordnung hineinstellen". Für „gehorchen" hätte Paulus das Wort ὑπακούειν [hypakoúein] verwendet – doch das tut er nicht. Tatsächlich gebraucht er ὑπακούειν in Epheser 6 – dort, wo es um Kinder und Sklaven geht:

[120] Eigene Übersetzung von: „αἱ γυναῖκες τοῖς ἰδίοις ἀνδράσιν ὡς τῷ Κυρίῳ" (Eph 5,22)

> Ihr Kinder, gehorcht euren Eltern im Herrn. (Eph 6,1)

> Ihr Sklaven, gehorcht euren irdischen Herren. (Eph 6,5)

Diese sprachliche Unterscheidung ist entscheidend: Die Frau ist nicht in einem Gehorsamsverhältnis, sondern in einer Beziehung, die durch Christus geprägt ist. Der Mann wird nicht als Herr angesprochen, sondern als einer, der seine Frau „liebt wie seinen eigenen Leib“ (Eph 5,28).
Dass die Frauen sich einordnen sollen, begründet Paulus folgendermaßen:

> „Denn der Mann ist die κεφαλή [kephalḗ] der Frau, wie auch Christus die *kephalḗ* der Kirche ist, er selbst (ist) Retter des Leibes. Wie aber die Kirche Christus untergeordnet (ὑποτάσσεται) ist, so sollen auch die Frauen den Männern – in allem.“ (Eph 5,23f.)

Wie in der bereits besprochenen Stelle 1Kor 11, 1-16, so ist es auch hier sinnvoller, den Begriff *kephalé* mit „Ursprung“ zu übersetzen anstatt mit „Haupt“.
Diese Beobachtung macht deutlich: Die paulinische Ethik der Ehe ist keine Hierarchie, sondern eine Beziehung in Christus. Unterordnung meint keine Einbahnstraße von oben nach unten, sondern eine Bewegung, die dem Vorbild Jesu folgt – und deshalb auch den Mann in die Pflicht nimmt, nicht in die Macht. Wer Epheser 5 für eine patriarchale Ordnung heranzieht, liest gegen den Text. Paulus spricht nicht von Gehorsam, sondern von gegenseitiger Christusbindung. Beide Geschlechter

brauchen einander, so wie bereits Adam in der Schöpfung eine ebenbürtige Partnerin brauchte.

Persönliches Fazit

Mich beschäftigt die Spannung, die in diesen paulinischen Texten sichtbar wird – zwischen einer echten Öffnung für die Mitwirkung von Frauen in der Gemeinde und gleichzeitigen Anweisungen, die aus heutiger Sicht als zeitbedingt oder widersprüchlich erscheinen.
Auf der einen Seite steht eine klare Wertschätzung: Paulus spricht von Frauen, die mit ihm für das Evangelium kämpfen, die prophetisch reden, die Gemeinden leiten, die unterrichten, beten, tragen, prägen. Er erwähnt sie namentlich, beschreibt sie als Mitarbeiterinnen, Prophetinnen, Gastgeberinnen – als unverzichtbaren Teil des entstehenden Christentums.
Auf der anderen Seite stehen Vorschriften zur Kopfbedeckung, Anweisungen zum Schweigen, zur Unterordnung. Diese Passagen irritieren – besonders, wenn man zuvor von derselben Autorität eine Bestätigung weiblicher Verkündigung gehört hat.
Diese Spannung regt mich zum Nachdenken an. Sie macht mir bewusst, wie sehr auch die neutestamentlichen Texte in ihrer Zeit verankert sind – und wie wichtig es ist, sorgfältig zwischen kultureller Form und geistlichem Kern zu unterscheiden.
Es wäre zu einfach, Paulus entweder als frauenfeindlich oder als jemanden zu sehen, der sich vollständig von allen gesellschaftlichen Rollenvorstellungen gelöst hatte. Beides wird ihm nicht gerecht.
Was ich aber deutlich sehe: Paulus hat Frauen als Teil der neuen Schöpfung in Christus verstanden – als Glaubende, Berufene, Mitverantwortliche. Dort, wo er sich an gesellschaftliche Konventionen anpasst, tut er das offenbar aus seelsorglicher Sorge, nicht aus theologischer Notwendigkeit.
Umso erstaunlicher finde ich es, dass in der kirchlichen Tradition – und bis heute – gerade die restriktiven Passagen immer wieder

herausgegriffen werden, um Frauen von Verantwortung und Leitung auszuschließen. Dabei übersieht man, mit welcher Selbstverständlichkeit Paulus mit Frauen auf Augenhöhe zusammengearbeitet hat.

Für mich ist das eine wichtige Erkenntnis: Der paulinische Text ist kein statischer Gesetzestext, sondern Ausdruck eines Ringens – um Ordnung, um Glaubwürdigkeit, um Freiheit. Und wer sich heute auf ihn beruft, sollte nicht bei einzelnen Vorschriften stehen bleiben, sondern in seinem Geist weiterdenken.

Paulus ruft zu einem Miteinander auf, das in Christus gegründet ist – nicht in der gesellschaftlichen Vorrangstellung eines Geschlechts. Und so lese ich ihn auch: als jemand, der Frauen nicht aus dem Evangelium ausschließt, sondern sie – manchmal vielleicht trotz eigener kultureller Prägung – in die Verkündigung mit hineinnimmt.

Thekla

Ein interessanter Aspekt zur Rolle der Frau findet sich zudem in einer apokryphen Schrift aus dem zweiten Jahrhundert, den sogenannten „Theklaakten". Diese berichten von einer Frau namens Thekla, die Paulus auf seinen Missionsreisen begleitete. In der Erzählung wird Thekla verfolgt und zur Hinrichtung verurteilt, indem man sie in ein Wasserbecken mit wilden Seehunden wirft. In dieser extremen Situation taucht sie sich selbst unter und spricht sinngemäß: „Im Namen Jesu Christi taufe ich mich selbst zum letzten Mal." Viele haben diese Szene als Hinweis gedeutet, dass Frauen zumindest in bestimmten frühen christlichen Gemeinschaften eine aktive Rolle in liturgischen Handlungen übernehmen konnten – sogar in der Taufe.

Im 5. Jahrhundert wurde Thekla mit dem Ehrentitel „Apostelin“ versehen und zur Symbolfigur für christliche Asketinnen. Ihr Kult verbreitete sich weit in der antiken Welt.[121] Da die Theklaakten allerdings zu den apokryphen Schriften zählen und eine theologische Ausrichtung vertreten, die deutlich von den paulinischen Briefen und den Pastoralbriefen abweicht, wird auf eine eingehendere Analyse dieser Schrift in diesem Zusammenhang verzichtet.[122]

Nino

Eine weitere Frau, die in der kirchlichen Tradition mit dem Apósteltitel geehrt wurde, ist Nino. Das georgische „Sammelwerk von Satberti“ aus dem 10. Jahrhundert – dessen Ursprünge sich bis ins 7. Jahrhundert zurückverfolgen lassen – beschreibt Ninos Wirken in Georgien explizit als Apostolat. Der Überlieferung zufolge wurde sie vom Patriarchen Juvenal in Jerusalem geweiht. In ihrer Sendung trat sie als verkündigende und taufende Apostelin auf und spielte damit eine zentrale Rolle in der Christianisierung Georgiens. Nino gilt bis heute als Nationalheilige und „Apostelin Georgiens“.[123]

---

[121] vgl. Eisen, *Amtsträgerinnen*, S. 59.

[122] vgl. hierzu: Elisabeth Esch-Wermeling, *Thekla – Paulusschülerin wider Willen? Strategien der Leserlenkung in den Theklaakten*, Münster: Aschendorff, 2008.

[123] vgl. Eisen, *Amtsträgerinnen*, S. 59-63.

Das Evangelium der Maria

In feministisch-theologischen Kreisen wird daneben häufig auf das „Evangelium der Maria" verwiesen – eine Schrift, die Maria Magdalena eine besondere Stellung im Jüngerkreis Jesu zuschreibt. Ihr wird darin eine besonders enge Beziehung zu Jesus zugeschrieben, durch die sie Zugang zu einem geheimen Wissen erhalten habe. Das „Evangelium der Maria" hebt sie als Lehrende hervor, die sogar den anderen Jüngern gegenübertritt. Da der Text jedoch erst im 3. Jahrhundert entstanden und stark gnostisch geprägt ist, soll an dieser Stelle nicht näher auf ihn eingegangen werden.[124] Dennoch zeigt seine Existenz, wie groß die Bedeutung weiblicher Gestalten in bestimmten frühchristlichen Strömungen gewesen sein muss.

---

[124] Vgl. dazu: Hans-Josef Klauck, *Apokryphe Evangelien. Eine Einführung*, Stuttgart: Katholisches Bibelwerk, 2002, S. 207–218, Und: Christoph Markschies und Jens Schröter (Hg.), *Antike christliche Apokryphen in deutscher Übersetzung*, Bd. I: *Evangelien und Verwandtes*, Teilband 2, 7. Aufl., Tübingen: Mohr Siebeck, 2012, S. 1208–1216.

3. Frauen in den Pastoralbriefen

Bereits im 1. Jahrhundert nach dem Tod Jesu wandelte sich das Selbstverständnis der jungen Kirche. Sie verstand sich zunehmend als οἶκος [oíkos], als „Haus Gottes" – ein Bild, das mit männlichen Hausherren als Autoritätsfiguren verbunden war. Mit dieser Veränderung ging eine Rückkehr zu patriarchalen Strukturen einher, in denen Frauen nicht mehr gleichberechtigt mitwirkten. Parallel dazu wuchs das Bedürfnis, sich von gnostischen Gruppen abzugrenzen, in denen Frauen oftmals eine führende Rolle spielten. Weibliche Leitungsfiguren gerieten daher rasch in den Verdacht der Häresie.

Dieser Trend der Ausgrenzung setzte sich fort und lässt sich bereits in den Briefen des Neuen Testaments beobachten – insbesondere in jenen Texten, die den Beginn der Pastoraltradition markieren.

Die deuteropaulinischen Schriften knüpfen in ihrer Verwendung des Begriffs διάκονος [diákonos] an die paulinische Tradition an und bestätigen wesentliche Beobachtungen, die bereits in den authentischen Paulusbriefen gemacht wurden. Paulus selbst wird weiterhin als *diákonos* Christi bezeichnet, primär in seiner Rolle als Missionar und Verkündiger des Evangeliums (vgl. Kol 1,23; Eph 3,7). Neu ist jedoch die Aussage in Kol 1,25, dass der Autor – der sich mit Paulus identifiziert – nicht nur im unmittelbaren Auftrag Christi handelt, sondern auch im Auftrag der Kirche als *diákonos* auftritt. Damit

rückt der Aspekt des kirchlich-institutionellen Handelns stärker in den Vordergrund.
Das Evangelium, dessen Verkündigung Christus dem Apostel Paulus gemäß 1Tim 1,12 anvertraut hat, wird nach 1Tim 1,18 an Timotheus weitergegeben. Timotheus soll sich als guter *diákonos* Christi erweisen, indem er an der überlieferten Lehre festhält und sie treu bewahrt (1Tim 4,6). Bemerkenswert ist, dass Timotheus nicht allein durch seine Berufung, sondern auch durch einen formalen Akt in sein Amt eingeführt wird: Die Gemeinde beauftragt ihn, und durch die Handauflegung der Ältesten wird er in seine Aufgabe eingesetzt (1Tim 4,14). Der institutionelle Charakter des Amtes tritt damit deutlich hervor.
Vor diesem Hintergrund ist der sogenannte Episkopen- und Diakonenspiegel in 1Tim 3,1–13 zu lesen. Der Text beschreibt Qualifikationen für das Amt des *epískopos* und des *diákonos*, liefert jedoch keine klare Abgrenzung der Aufgabenbereiche beider Gruppen. Auch eine eindeutige hierarchische Unterordnung der *diákonoi* unter die *epískopoi* wird nicht erkennbar. Vielmehr entsteht das Bild zweier eigenständiger, verantwortungsvoller Dienste innerhalb der Gemeinde – eine Beobachtung, die für das Verständnis späterer Ämterstrukturen ebenso aufschlussreich wie herausfordernd ist.

Der Begriff des *epískopos* und des *presbýteros* in den Pastoralbriefen

Der Begriff ἐπίσκοπος [epískopos] – wörtlich mit „Aufseher", „Hüter" oder „Schützer" zu übersetzen[125] – wurde im Profangriechischen sehr breit verwendet. Er konnte einen königlichen Statthalter ebenso bezeichnen wie einen Beamten der Stadtverwaltung, einen Aufseher über Bau- oder Münzwesen oder den Funktionsträger eines Vereins.[126] Gemeint war damit stets eine Form der Verwaltung oder Aufsicht.

In der frühen christlichen Gemeinde wird der Begriff erstmals bei Paulus im Philipperbrief genannt: „An die ἐπίσκοποι [epískopoi] und διάκονοι [diákonoi]" (Phil 1,1). Dies ist zugleich die einzige Erwähnung des *epískopos* in den authentischen Paulusbriefen. Der Brief selbst gibt keine Auskunft über die Aufgaben der *epískopoi* oder darüber, in welchem Verhältnis sie zu den *diákonoi* standen. Der Neutestamentler Jürgen Roloff nimmt an, dass diese frühen *epískopoi* als Kollegium fungierten und sowohl administrative Aufgaben als auch die Leitung der liturgischen Mahlversammlung und die Aufrechterhaltung der gemeindlichen Ordnung übernahmen.[127] In Korinth etwa stellte Stefanas sein Haus für die Gemeinde zur Verfügung und leitete das Herrenmahl, solange kein Apostel anwesend war – in einem solchen Fall übernahmen Apostel die Feier.

Nach der *Didache*, der ältesten überlieferten Gemeindeordnung aus dem späten 1. oder frühen 2. Jahrhundert, übernahmen *epískopoi* und *diákonoi* gemeinsam

Aufgaben, die vorher Propheten und Lehrer innehatten. Sie trugen Verantwortung für Lehre und Leitung und wurden durch Handauflegung in ihr Amt eingesetzt.[128] Mit dem Wachstum der Gemeinden entstanden mehrere Hauskirchen innerhalb einer Stadt, von denen jede von einem *epískopos* geleitet wurde. Diese verstanden sich nicht als Hierarchen über einer zentralen Gemeinde, sondern als eigenständige Verantwortungsträger.[129] Paulus scheint sich eine geordnete Gemeindestruktur vorzustellen, in der ein *epískopos* jeweils mehrere *diákonoi* koordiniert.
Gleichzeitig verbreitete sich die Verfassung der πρεσβύτεροι [presbýteroi] („die Ältesten"), die wohl auf jüdische Gemeindemodelle zurückgeht[130] und in den frühen Christengemeinden übernommen wurde. So bestanden in den Pastoralbriefen beide Modelle nebeneinander: das der *epískopoi* und *diákonoi* auf der einen und das der *presbýteroi* auf der anderen Seite. Später sollte sich daraus das dreigliedrige Amt der Kirche entwickeln: Diakon – Presbyter – Bischof.

---

125 Wilhelm Gemoll, Griechisch-deutsches Schul- und Handwörterbuch, Wien/Leipzig: Freytag, 1908, S. 325, s. v. ἐπίσκοπος und ἐπισκοπέω.

126 Alfons Weiser, s. v. „Bischof I. Neutestamentlich", in: Walter Kasper (Hg.), LThK, Bd. 2, Freiburg im Breisgau: Herder, 31994.

127 Jürgen Roloff, Neues Testament (Neukirchener Arbeitsbücher), Neukirchen-Vluyn: Neukirchener Verlag, 61995, S. 71.

128 Hentschel, Gemeinde, S. 152

129 vgl. Jürgen Roloff, Der erste Brief an Timotheus (EKK XV), Zürich: Benziger, 1988, S. 173

130 vgl. ebd., S.171

Die Apostelgeschichte vermittelt eine Verschmelzung beider Begriffe: Paulus ruft die *presbýteroi* von Ephesos zu sich nach Milet, nennt sie dort jedoch *epískopoi*, denen ein Hirtenamt für die ganze Gemeinde übertragen sei (Apg 20,28).[131]

Der Theologe Jürgen Roloff sieht hierin den Versuch, die paulinische *epískopos*-Struktur mit der aus Palästina stammenden Ältestenverfassung zu verbinden. [132] Alistair C. Stewart deutet diese Struktur anders: In den paulinischen Hausgemeinden fungierte jeweils ein *epískopos* als Leiter; wenn diese Hausgemeinden in der Stadt zusammenkamen, bildeten ihre Leiter ein Kollegium von *presbýteroi*. Dieselbe Person konnte also in zwei verschiedenen Kontexten beide Titel führen.[133]

In der westlichen Kirche setzte sich schließlich die Deutung des Kirchenvaters Hieronymus durch, der *presbýteroi* und *epískopoi* als gleichrangig ansah.[134] Der einzige Unterschied bestand für ihn darin, dass der *epískopos* ordinieren durfte.

Wer dem eucharistischen Mahl vorstand, wird in den Pastoralbriefen nicht thematisiert. Vermutlich war es für die damalige Gemeinde selbstverständlich, dass dies

131 Pesch, *Die Apostelgeschichte*, S. 207 f.

132 vgl. Roloff, *Neues Testament*, S. 71.

133 vgl. Michael F. Bird, Nijay K. Gupta, *Philippians* (*New Cambridge Bible Commentary*), Cambridge: Cambridge University Press, 2020, S. 37.

134 Vgl. Hieronymus, *Epistulae* 146, in: *Monumenta*, https://www.monumenta.ch/latein/text.php?tabelle=Hieronymus&rumpfid=Hieronymus,%20Epistulae,%205,%20146&level=4&domain=&lang=0&id=&hilite_id=&links=&inframe=1, letzter Zugriff am 12.01.2025.

Aufgabe des *epískopos* war[135], es kann aber ebenso der jeweilige Gastgeber oder die jeweilige Gastgeberin gewesen sein. Die neutestamentlichen Schriften belegen jedenfalls weder eine Hierarchie zwischen *presbýteroi* und *epískopoi* noch eine Unterordnung der *diákonoi* unter einen der beiden. Auch ist kein namentlich bekannter Mann oder eine Frau belegt, die den Titel *epískopos* trägt. Um die Frage zu beantworten, ob auch Frauen als *epískopoi* fungierten, müssen ihre konkreten Aufgaben betrachtet werden.

In der hellenistisch-römischen Welt war das Amt des *epískopos* vor allem eine Verwaltungsaufgabe. In den ersten christlichen Hausgemeinden nahmen Männer wie Frauen diese Leitungsrolle wahr. Diese Hausgemeinden gelten als Vorläufer der späteren *epískopoi.* Erst im Übergang zum 2. Jahrhundert wird im Rahmen der sogenannten Oikos-Theologie (οἶκος [oíkos]: „Haus") der *epískopos* als „Hausverwalter Gottes" (Tit 1,7) verstanden. Die neutestamentlichen Briefe – wie auch die Ignatiusbriefe des 2. Jahrhunderts – bezeugen jedoch weiterhin Frauen als Leiterinnen von Hauskirchen.[136] Das zeigt: Die frühen Gemeindeämter waren nicht von vornherein exklusiv männlich besetzt.

[135] Roloff, *Der erste Brief an Timotheus*, S. 179.
[136] vgl. Eisen, *Amtsträgerinnen*, S. 203f.

Bereits am Beginn des ersten Timotheusbriefs beschreibt sich der Verfasser – in der Tradition des Paulus – als *diákonos*, dem die Verkündigung des Evangeliums anvertraut ist (vgl. 1Tim 1,12.18; 4,6). Daraus lässt sich ableiten, dass auch jene *diákonoi*, die in 1Tim 3,8–13 genannt werden, Aufgaben in der Verkündigung sowie in der Gemeindeleitung übernommen haben. Diese Vermutung wird durch 1Tim 3,9 gestützt, wo es heißt, dass ihnen das „Geheimnis des Glaubens“ anvertraut ist – ein Ausdruck, der ebenfalls in 1Tim 3,16 wiederkehrt.

Der sogenannte Diakonenspiegel in 1Tim 3,8–13 formuliert klare Anforderungen für die Träger dieses Amtes:

> Ebenso Diakone: ehrbar, nicht doppelzüngig, nicht dem vielen Wein ergeben, nicht auf schändlichen Gewinn aus, während sie das Geheimnis des Glaubens mit reinem Gewissen bewahren. Auch diese sollen zuerst geprüft werden; dann sollen sie dienen, wenn sie untadelig sind. Ebenso Frauen: ehrbar, nicht verleumderisch, nüchtern, treu in allem. Diakone sollen Männer einer einzigen Frau sein, gute Leiter ihrer Kinder und ihres eigenen Hauses. Denn die, die gut gedient haben, erwerben sich selbst eine gute Stufe und viel Freimut im Glauben in Christus Jesus. (1Tim 3,8–13)

Besondere Aufmerksamkeit verdient Vers 11: „Ebenso Frauen: ehrbar …“ Die entscheidende Frage lautet: Wer sind diese „Frauen“? Lange Zeit wurde diese Stelle auf die Ehefrauen der Diakone bezogen. Heute aber herrscht unter den meisten Exegeten Einigkeit, dass es sich hierbei um weibliche Diakone handelt – also Diakoninnen, die in eigenem kirchlichen Auftrag tätig waren.[137]

Mehrere Argumente sprechen für diese Auslegung. Zunächst ist es das Wort ὡσαύτως („gleichermaßen"), das darauf hindeutet, dass Frauen ebenso, also im gleichen Amt, aufgefordert werden wie die Männer.[138] Auch der Parallelismus beider Sätze spricht dafür, dass bei den Frauen Diakoninnen gemeint sind. Jürgen Roloff verweist auf sprachliche Details, die eine Unterscheidung nahelegen. Die Anforderungen an die „Frauen" sind fast wortgleich mit denen an die Diakone – was auf eine eigenständige Dienstverpflichtung schließen lässt. Zudem folgen in Vers 12 explizit die Anforderungen an das Familienleben der männlichen Diakone: „Diakone sollen Männer einer einzigen Frau sein …" Wäre es in Vers 11 tatsächlich um deren Ehefrauen gegangen, hätte sich eine entsprechende Regel an dieser Stelle erwartbar eingefügt.

Ein weiteres Argument ergibt sich aus dem Vergleich mit den *epískopoi*: Für deren Ehefrauen werden im gesamten Abschnitt keine Verhaltensmaßstäbe genannt. Das würde verwundern, wenn man auf die Frauen der Diakone ausführlich eingeht – es sei denn, es sind eigenständig beauftragte Frauen gemeint.

Dass es weibliche Diakone in paulinischen Gemeinden gab, wurde bereits in den früheren Kapiteln dieses Buches ausführlich belegt – insbesondere mit Verweis auf Phoebe

137 vgl. auch: Reininger, *Gemeinde*, S. 67-71

138 Vgl. David Hamilton, „Women leaders too", in: Loren Cunningham, *Why Not Women?*, S. 215f.

(Röm 16,1), die ausdrücklich als *diákonos* der Gemeinde von Kenchreä bezeichnet wird. [139] Die Pastoralbriefe setzen dieses Amtsverständnis fort und legen nahe, dass Frauen in der frühen Kirche als Diakoninnen mit klar definierten Anforderungen und vermutlich auch mit eigenem Verkündigungsauftrag tätig waren.

Die Annahme, dass es sich bei den in 1Tim 3,11 erwähnten Frauen um eigenständige Amtsträgerinnen handelt, also um Diakoninnen, findet nicht nur in der modernen Exegese breite Zustimmung, sondern wird auch von bedeutenden Kirchenvätern gestützt. So schreibt Johannes Chrysostomus, der ansonsten der Lehrtätigkeit von Frauen kritisch gegenüberstand:

> Einige behaupten, hier sei einfach von Frauen die Rede, das ist aber nicht der Fall. Denn warum sollte er zwischen das Gesagte [über die Amtsträger] etwas über Frauen einschieben? Er spricht vielmehr von jenen, die die Würde des Diakonats innehatten.[140]

Damit grenzt Chrysostomus deutlich ab: Es geht nicht um Ehefrauen von Diakonen, sondern um Frauen, die selbst mit einem geistlichen Amt betraut waren. Eine ähnliche Deutung findet sich bei Theodoret von Kyros und bei Pseudo-Hieronymus [141] , die beide ebenfalls davon ausgehen, dass Frauen hier als Trägerinnen des Diakonats angesprochen werden. Der französische Theologe Jean

---

139 Roloff, *Der erste Brief an Timotheus*, S. 164f.

140 Johannes Chrysostomus, *In epistulam I ad Tim III, Homiliae XI*: PG 62, S. 553, zit. nach: Reininger, *Gemeinde*, S. 69.

141 ebd.

Daniélou kommt in seiner Analyse ebenfalls zu einem klaren Ergebnis:

> Das Wort „Diakon“ wird hier in seinem eigentlichen Sinn verwendet. Die erwähnten Frauen werden von den Ehefrauen der Diakone klar unterschieden, während ihre nähere Beschreibung parallel zu jener der Diakone verläuft. Daraus folgt, dass diese Frauen als Diakoninnen zu verstehen sind. Das Wort weist hin auf einen Dienst, welcher zum geistlichen Weiheamt gehört.[142]

Diese Sichtweise wird in der neueren Forschung unter anderem durch die Arbeit von Jennifer H. Stiefel bekräftigt. In ihrer Studie legt sie ein besonderes Augenmerk auf die sprachlichen und strukturellen Parallelen zwischen Vers 11 und den vorausgehenden Versen über die *epískopoi* (V. 2) und die *diákonoi* (V. 8).[143] Sie schreibt:

> Diese beiden Elemente – der Inhalt und die Struktur der Passage – stützen die Deutung, die ich vorschlage: dass es

---

[142] Jean Daniélou, The Ministry of Women in the Early Church, Leighton Buzzard: Faith Press, 1974, S. 14: „It seems clear that by ‘the women’ in question, who are clearly distinguished from the wives of the deacons while the description of them is parallel to that of the deacons, we must understand deaconesses. Here the word has a technical sense. It indicates a ministry which forms part of the ordained ministry itself.”

[143] Jennifer H. Stiefel, „Women Deacons in 1 Timothy: A Linguistic and Literary Look at ‚Women Likewise ...‘ (1 Tim 3,11)“, in: *NTS 41* (1995), S. 442–457.

> sich bei den γυναῖκες [gynaíkes] um Frauen handelt, die gemeinsam mit den Männern als Diakone dienen."[144]

Tatsächlich spiegeln die Anforderungen an die Frauen in Vers 11 weitgehend jene wider, die an die männlichen Diakone gestellt werden. Die einzige zusätzliche Auflage besteht darin, dass sie „nicht verleumderisch" sein und „in allem zuverlässig" handeln sollen – Eigenschaften, die eher allgemeiner Art sind und die Haltung und Glaubwürdigkeit im Dienst betreffen. Inhaltlich unterscheiden sie sich also nicht grundsätzlich von den Anforderungen an ihre männlichen Kollegen.
Auffällig ist zudem, dass der Text keinerlei Hinweise auf ein rein karitativ-soziales Aufgabenprofil der Diakoninnen enthält. Vielmehr wird sowohl von männlichen als auch weiblichen *diákonoi* ein untadeliger Lebenswandel gefordert – sowie ein „Festhalten am Geheimnis des Glaubens mit reinem Gewissen" (1Tim 3,9). Auch das Erfordernis, mit Geld verantwortungsvoll umzugehen – ein Punkt, der sowohl für den *epískopos* (V. 3) als auch für die *diákonoi* (V. 8) gilt – deutet auf ein hohes Maß an geistlicher, nicht nur organisatorischer Verantwortung hin. Die Diakoninnen, von denen hier die Rede ist, waren also nicht bloß gemeindliche Helferinnen, sondern in einen Dienst gestellt, der geistliches Gewicht besaß – und in enger Parallele zum Amt der männlichen Diakone gedacht war.

---

[144] ebd., S. 445f.

Persönliches Fazit

Mich überrascht, mit welcher Deutlichkeit hier von Frauen im geistlichen Dienst gesprochen wird – und wie wenig Raum dieser Vers über Jahrhunderte in der kirchlichen Debatte bekommen hat. Die sprachlichen Strukturen sind klar, die Parallelen zu den Anforderungen an männliche Diakone auffällig, und auch die frühen Kirchenväter scheinen keinen Zweifel daran gehabt zu haben, dass hier Diakoninnen gemeint sind.

Umso mehr frage ich mich, warum dieser Text so lange als Hinweis auf die Ehefrauen der Diakone gelesen wurde. Vielleicht, weil man nicht sehen wollte, was eigentlich deutlich dasteht: dass Frauen nicht nur als Helferinnen, sondern als Amtsträgerinnen gedacht waren – mit Verantwortung für Lehre, Gemeindeleben und geistliche Ordnung.

Für mich zeigt sich hier einmal mehr: Die frühe Kirche war in mancher Hinsicht offener, als es spätere Strukturen vermuten lassen. Die Anerkennung weiblicher Diakoninnen ist keine moderne Forderung – sie hat ihre Wurzeln im Neuen Testament selbst. Und wer heute über kirchliche Ämter spricht, sollte diesen Vers nicht übergehen.

Lydia

Dass Frauen in den frühchristlichen Gemeinden leitende Funktionen innehatten, zeigt sich auch in weiteren neutestamentlichen Texten. In 1Tim 5,17 taucht der Begriff πρεσβύτεροι [presbýteroi] im Plural auf – gemeint ist eine Gruppe von Gemeindeleitern. Auch wenn keine Frau namentlich in dieser Stelle genannt wird, lässt sich aus anderen Quellen schließen, dass Frauen wie Lydia oder Nympha als Leiterinnen von Hausgemeinden durchaus Teil dieser Leitungsgremien gewesen sein könnten.

Lydia, die in Apg 16,14f. beschrieben wird, ist ein besonders eindrucksvolles Beispiel für weibliche

Gemeindeleitung und missionarisches Engagement. Ihre wirtschaftliche Selbstständigkeit – sie wird als Purpurhändlerin aus der Stadt Thyatira vorgestellt – verweist auf eine eigenständige Rolle in ökonomischen Netzwerken, die weit über das Private hinausgingen. Solche Rollen waren Frauen in der Antike nicht grundsätzlich fremd, wie es bereits vorher dargestellt wurde.[145]

Der Bericht in der Apostelgeschichte stellt Lydia als erste Christin auf europäischem Boden vor:

> Am Sabbattag gingen wir hinaus vor das Stadttor an einen Fluss, wo wir vermuteten, dass sich eine Gebetsstätte befand. Wir setzten uns und sprachen zu den Frauen, die sich versammelt hatten. Eine Frau namens Lydia, eine Purpurhändlerin aus der Stadt Thyatira, hörte zu; sie war eine Gottesfürchtige und der Herr öffnete ihr das Herz, um auf das zu achten, was von Paulus gesagt wurde. Als sie und ihr Haus getauft waren, bat sie, indem sie sagte: Wenn ihr meint, dass ich gläubig im Herrn bin, kommt in mein Haus und bleibt. Und sie nötigte uns. (Apg 16,13-15)

Mehrere Details dieser Passage verdienen Beachtung: Zunächst ist bemerkenswert, dass sich die Jünger zu einer Frauengruppe gesellen, die sich am Sabbat am Fluss „versammelt“ hat – eine Szene, die in der Apostelgeschichte einzigartig ist. Das verwendete Verb συνέρχεσθαι [synérchesthai] wird sonst für religiöse oder

---

[145] vgl. Eisen, *Amtsträgerinnen*, S. 34-38

öffentliche Versammlungen gebraucht und deutet auf eine feste, religiöse Praxis dieser Frauen hin.
Paulus und seine Begleiter „setzen sich" (καθίζειν) und „sprechen" (λαλεῖν) zu den Frauen – zwei Verben, die im lukanischen Doppelwerk (Evangelium und Apostelgeschichte) üblicherweise für das Lehren und Auslegen des Wortes Gottes verwendet werden.[146] Lydia wird als „Gottesfürchtige" beschrieben, ein Begriff, der im Neuen Testament für Heiden verwendet wird, die sich dem jüdischen Glauben annähern, ohne voll zum Judentum übergetreten zu sein.[147] Das bedeutet, dass Lydia sich bereits intensiv mit der Gottesfrage beschäftigte und offen war für die Botschaft des Evangeliums.
Als Purpurhändlerin war sie vermutlich wohlhabend und geschäftlich gut vernetzt – Purpur war ein Luxusgut. Die Herstellung und der Handel damit galten als anspruchsvolle, aber für Frauen zugängliche Tätigkeiten.[148] Die Stadt Thyatira, aus der Lydia stammt, war für ihre Textilindustrie bekannt. Dass sie sich, zusammen mit ihrem ganzen Haus, taufen lässt, zeigt ihren Einfluss innerhalb ihres Haushalts – sie handelt im Namen aller, was impliziert, dass sie das Oberhaupt war. Ihr Haus wird zur ersten christlichen Gemeinde in Philippi – und damit zur Keimzelle des Christentums in Europa.
Lydias Rolle als Hausherrin, Gastgeberin und Gemeindegründerin steht exemplarisch für die Bedeutung weiblicher Führungspersönlichkeiten in der frühen

[146] Richter Reimer, *Frauen in der Apostelgeschichte des Lukas*, S. 96.
[147] ebd. S. 115.
[148] ebd. S. 124f.

Kirche. Sie nimmt eine doppelte Rolle ein: als Gastgeberin einer Hausgemeinde und als erste Christin in einer neuen Region. Ihre Geschichte ist damit ein Schlüsseltext für das Verständnis weiblicher Leitungsfunktionen im frühen Christentum.

Nympha

In Kol 4,15 wird Nympha erwähnt, die eine Gemeinde in ihrem Haus hat:

> Grüßt die Brüder in Laodizea und Nymphe und die Gemeinde (ἐκκλησία) in ihrem Haus. (Kol 4,15)[149]

Hier ist zwar unklar, ob Nympha diese Gemeinde selbst geleitet hat, aber wenn sie namentlich mit der Gemeinde in einem Atemzug genannt wird, ist das sehr wahrscheinlich. Interessant ist, dass einige Textzeugen an dieser Stelle den Namen (ähnlich wie bei Junia) zu einem männlichen Namen verändert haben.[150]

Witwen in den Pastoralbriefen

Ein besonders ausführlicher Abschnitt über die Rolle von Witwen findet sich im ersten Timotheusbrief. Dort heißt es:

> Eine Witwe soll nur dann in das Verzeichnis aufgenommen werden, wenn sie nicht weniger als sechzig Jahre alt ist, Frau

---

149 „Ἀσπάσασθε τοὺς ἐν Λαοδικείᾳ ἀδελφοὺς καὶ Νύμφαν καὶ τὴν κατ᾽ οἶκον αὐτῆς ἐκκλησίαν“: Kol 4,15, zit. nach: Nestle-Aland, Novum Testamentum, S. 530.

150 ebd. (Textkritischer Apparat zu Vers 15)

eines einzigen Mannes gewesen ist, und ein gutes Zeugnis hat durch gute Werke: wenn sie Kinder aufgezogen hat, Gastfreundschaft geübt hat, Heiligen die Füße gewaschen hat, Bedrängten geholfen hat, jedem guten Werk nachgegangen ist. (1Tim 5,9f.).

Die Eintragung in ein Register unter bestimmten Voraussetzungen lässt darauf schließen, dass nicht alle verwitweten Frauen automatisch in diese besondere Gruppe aufgenommen wurden. Vielmehr bildete sich innerhalb der Gemeinde ein eigener „Stand der Witwen", der gewisse Ähnlichkeiten mit einem geistlichen Amt aufweist. Diese Frauen waren offenbar nicht nur Empfängerinnen von Unterstützung, sondern übernahmen auch Aufgaben im Dienst der Gemeinde.
In der frühen Kirche wurden Witwen häufig als geistliche Vorbilder angesehen. In manchen Gemeinden wirkten sie auch in lehrenden oder karitativen Funktionen. Überliefert ist, dass sie sich insbesondere dem Gebet, der Fürbitte, der theologischen Unterweisung, der Salbung der Täuflinge sowie der Krankenfürsorge widmeten.[151] Ihre spirituelle Aufgabe wurde durch den Lebensunterhalt der Gemeinde gesichert – eine frühe Form gegenseitiger Verantwortung und geistlicher Berufung.[152]
Auch außerbiblische Quellen des 2. Jahrhunderts belegen diesen besonderen Stand. Da in dieser Zeit Diakoninnen kaum noch erwähnt werden, gehen viele Forschende davon aus, dass beide Gruppen ursprünglich identisch

151 Eisen, *Amtsträgerinnen*, S. 33.
152 vgl. Roloff, *Der erste Brief an Timotheus*, S. 286f.

waren oder funktional stark überlappten. Erst mit der *Didaskalia*, einer Kirchenordnung aus dem 3. Jahrhundert, wurde eine strikte Trennung zwischen Diakoninnen und Witwen vollzogen.[153]

Tertullian, einer der Kirchenväter der frühen Kirche, berichtet im beginnenden 3. Jahrhundert ausdrücklich von einem „Amt der Witwe", das dem Klerus zugeordnet war und als priesterlicher Dienst verstanden wurde.[154] Neben diesen Witwen gab es auch den Stand der *virgines* (Jungfrauen), der jedoch – anders als die Witwen – nicht als klerikales Amt galt. Tertullian selbst plädierte dafür, auch für diese jungfräulichen Frauen ein eigenes geistliches Amt zu schaffen.

Mit der Zeit allerdings verschwinden die Witwen aus den offiziellen Verzeichnissen kirchlicher Ämter. In späteren kirchlichen Aufzählungen ist ihr Dienst nicht mehr erwähnt.[155] Gerhard Ludwig Müller merkt dazu an, dass es sich bei der Zugehörigkeit dieser Frauen zum Klerus wohl „nur um eine Frage der Terminologie" gehandelt habe.[156] – ein Hinweis darauf, dass Funktionen und Wirkungen über formale Amtsbezeichnungen hinaus gingen.

---

153 vgl. Reininger, *Gemeinde*, S. 79.

154 Zscharnack, *Der Dienst der Frau*, S. 109.

155 vgl. ebd., S. 110f.

156 vgl. Gerhard Ludwig Müller: „Kann nur der getaufte Mann gültig das Weihesakrament empfangen?. Zur Lehrentscheidung in Ordinatio sacerdotalis", in: Müller, *Frauen in der Kirche*, S. 334, Anm. 56.

Persönliches Fazit

Was mich an diesen Zeugnissen beeindruckt, ist die Vielfalt der Formen, in denen Frauen in der frühen Kirche Verantwortung trugen – sei es als Gastgeberinnen von Hausgemeinden, als Lehrerinnen wie Priska, als Diakoninnen oder als geistlich tätige Witwen.

Gerade Lydia steht für mich exemplarisch für eine Frau, die wirtschaftlich unabhängig, theologisch offen und geistlich engagiert war – und die aus dieser Haltung heraus eine Gemeinde gründete. Auch Nympha und die erwähnten Witwen zeigen: Die frühe Kirche lebte aus einer Praxis, in der Berufung, Gastfreundschaft und Leitungsverantwortung eng miteinander verbunden waren.

Diese Verbindung ist für mich ein Vorbild – auch für die Kirche von heute.

Vom Zeichen der Beschneidung zum Sakrament der Taufe

Kaum ein Übergang ist so folgenreich wie jener von der alttestamentlichen Beschneidung zur christlichen Taufe. In einem zentralen Abschnitt des Kolosserbriefs beschreibt Paulus diesen Wandel als mehr als nur einen symbolischen Akt: Es ist eine neue Form der Zugehörigkeit zu Gott, die nicht mehr an Geschlecht, Abstammung oder äußere Merkmale gebunden ist:

> In ihm [Christus] seid auch ihr beschnitten worden, mit einer Beschneidung, die nicht mit Händen gemacht ist, durch das Ablegen des Leibes des Fleisches, in der Beschneidung des Christus. Mit ihm seid ihr mitbegraben worden in der Taufe, in der ihr auch mitauferweckt worden seid, durch den Glauben an das Wirken Gottes, der ihn aus den Toten auferweckt hat. (Kol 2,11f.)

Diese Worte markieren eine theologische Zäsur: Das exklusive Bundeszeichen der Beschneidung, das nur Männer am eigenen Leib trugen, wird durch das Sakrament der Taufe ersetzt – ein Zeichen, das allen offensteht.

Im Alten Bund war die Beschneidung das äußere Zeichen der Bundeszugehörigkeit, wie Gen 17,10–14 belegt. Jeder männliche Nachkomme Abrahams sollte am achten Tag beschnitten werden. Frauen galten zwar als Teil des Volkes, hatten aber keinen eigenen Zugang zum Bundeszeichen – ihre Zugehörigkeit war relational vermittelt, durch Vater oder Ehemann. Die Zugehörigkeit zu Gottes Volk war also im Zeichen der Beschneidung körperlich männlich codiert.

Mit der Taufe ändert sich das: Sie wird zum neuen Zeichen des Heils, das nicht mehr an Geschlecht, Herkunft oder soziale Stellung gebunden ist. In Gal 3,27–28 bringt Paulus dies mit größter Klarheit auf den Punkt:

> Denn ihr alle, die ihr auf Christus getauft seid, habt Christus (als Kleidung) angezogen. Da ist nicht mehr Jude noch Grieche, da ist nicht mehr Sklave noch Freier, da ist nicht mehr männlich und weiblich; denn ihr alle seid einer in Christus Jesus. (Gal 3,27f.)

Diese Worte sind kein bloßes Gleichnis, sondern Ausdruck einer konkreten Neuausrichtung des Heilsverständnisses: Die entscheidende Christuszugehörigkeit ist nicht biologisch, sondern sakramental begründet. Die Taufe steht allen offen – unabhängig von Geschlecht, Stand oder Herkunft.

Die Taufe entpatriarchalisiert die Bundeszugehörigkeit. Sie öffnet das Gottesvolk für alle, die glauben – nicht nur für Männer, die körperlich beschnitten sind. Die universale Sakramentalität der Taufe relativiert jede theologische Exklusivität, die an das männliche Geschlecht gebunden ist.

Persönliches Fazit

Die Taufe setzt ein klares Zeichen: Zugehörigkeit zu Christus ist nicht mehr über Herkunft, Geschlecht oder Körper definiert. Was früher Männern vorbehalten war, steht nun allen offen – ohne Vermittlung, ohne Rangordnung.

Mich beeindruckt, mit welcher Klarheit Paulus diese Veränderung benennt. In Christus zählt nicht mehr, woher jemand kommt oder ob jemand beschnitten ist – sondern allein, ob er glaubt.

Für mich liegt darin eine befreiende Wahrheit: Gottes Nähe wird nicht verteilt nach Körper, Rolle oder Tradition. Sie ist Geschenk – und sie gilt allen, die sich rufen lassen.

Aussagen über Frauen im 1. Timotheusbrief

Die Pastoralbriefe – insbesondere 1Tim 2,11–15 – bilden eine zentrale Grundlage für spätere Einschränkungen der Rolle von Frauen in der Kirche. Werfen wir einen Blick auf den gesamten Abschnitt:

> Ich will jetzt, dass die Männer an jedem Ort beten, heilige Hände erhebend, ohne Zorn und Streit. Ebenso [auch], dass Frauen sich in anständiger Kleidung mit Zurückhaltung und Bescheidenheit schmücken, nicht mit Flechtfrisuren und Gold oder Perlen oder kostbarer Kleidung, sondern – wie es sich für Frauen gehört, die Gottesfurcht bekennen – mit guten Werken. Eine Frau lerne in Stille, in aller

> Unterordnung. Zu lehren aber erlaube ich einer Frau nicht, auch nicht, über den Mann zu herrschen, sondern still zu sein. Denn Adam wurde zuerst geformt, danach Eva; und Adam wurde nicht verführt, die Frau aber wurde verführt und geriet in Übertretung. Sie wird jedoch gerettet werden durch das Kindergebären – wenn sie bleiben in Glauben und Liebe und Heiligung mit Besonnenheit.“ (1Tim 2,8–15)

In diesem Abschnitt wird es Frauen untersagt, zu lehren oder über Männer zu herrschen. Für ein besseres Verständnis lohnt es sich jedoch, den Kontext näher zu betrachten:

Der Autor des Briefes gibt Verhaltensanweisungen für das Gemeindeleben. Auffällig ist, dass er zunächst die Männer direkt anspricht und sie ermahnt, beim Gebet „heilige Hände zu erheben – frei von Zorn und Zweifel“ (1Tim 2,8). Dies deutet auf innere Spannungen und möglicherweise Streit um Autorität und Lehre innerhalb der Gemeinde hin.

Im Anschluss wendet sich der Text den Frauen zu und ermahnt sie, sich *ebenso* anständig und bescheiden zu kleiden. Das Wort ὡσαύτως („ebenso“) zeigt, dass auch die Frauen – wie die Männer – in die Ordnung der Gemeinde eingebunden sind und zur aktiven Teilnahme am Gottesdienst aufgerufen werden. Der Begriff ἐπαγγέλλεσθαι [epangellésthai] – „bekennen“ / „bezeugen“ – zeigt zudem, dass Frauen ausdrücklich zur öffentlichen Bekundung ihres Glaubens aufgefordert sind. Die Hinweise auf das auffällige Äußere der Frauen deuten darauf hin, dass es in der Gemeinde Frauen gab, die durch ihre Erscheinung Aufmerksamkeit erregten – ebenso wie es Männer gab, die ihrem Zorn und ihren Zweifeln ungebremst Ausdruck verliehen. Im folgenden Abschnitt spricht der Autor des Briefes plötzlich von einer einzelnen Frau:

> *Eine* Frau soll sich still und in voller Unterordnung belehren lassen … (1Tim 2,11)

Der Wechsel vom Plural „Frauen“ zum Singular „eine Frau“ legt nahe, dass der Verfasser hier möglicherweise eine konkrete Frau im Blick hat. Auch an anderer Stelle ermahnt er einzelne Gemeindemitglieder, ohne sie namentlich zu nennen.[157]

Diese Passage scheint auf den ersten Blick der Tatsache zu widersprechen, dass Frauen eine entscheidende Rolle bei der Ausbreitung des Evangeliums spielten. Wie wir bereits gesehen haben, haben Frauen in den frühchristlichen Gemeinden durchaus in der Gemeindeleitung mitgewirkt. Die Interpretation von 1Tim 2,11–15 ist daher bis heute hochumstritten und muss im historischen und kulturellen Kontext verstanden werden. Wörtlich könnte man 1Tim 2,11 auch so übersetzen:

> Eine Frau soll/muss in der Stille lernen, in völliger Unterordnung (ὑποταγῇ). (1Tim 2,11)

Bemerkenswert ist, dass dies der einzige Imperativ im gesamten Abschnitt ist: Frauen sollen/ müssen lernen. Diese Aufforderung war zur damaligen Zeit keineswegs

[157] Vgl. David Hamilton, „Do not permit a woman to teach“, in: Loren Cunningham, *Why Not Women?*, S. 215f.

selbstverständlich und lässt sich sogar als fortschrittlich bewerten. In der griechisch-römischen Bildungstradition wurde von Schülern erwartet, dass sie in Stille und Unterordnung lernten – ein Ideal, das hier auch für Frauen beansprucht wird.

Gleichzeitig jedoch wird der Frau das Lehren und das „Herrschen über den Mann" untersagt. Der verwendete griechische Begriff αὐθεντεῖν (authenteín), der hier meist mit „herrschen" übersetzt wird, hat eine starke Bedeutung. Er kann auch „autoritäre Gewalt ausüben", „dominieren" oder sogar „sich gewaltsam durchsetzen" bedeuten. Dass hier der Singular verwendet wird („einer Frau erlaube ich nicht"), spricht dafür, dass möglicherweise eine bestimmte Frau in der Gemeinde von Ephesus – an die sich der Brief richtet – durch dominantes Auftreten oder eine übermäßige Lehrbefugnis auffiel. Möglicherweise vertrat sie sogar irrige Lehren und sollte deshalb vom öffentlichen Lehren ausgeschlossen werden.

Entscheidend ist: Die Frau wird nicht zum Schweigen gebracht, weil sie eine Frau ist, sondern weil sie mit ihrem Verhalten oder ihren Lehren die Ordnung in der Gemeinde gefährdete. Dass in Ephesus – laut 1Tim 1,3–7 – verschiedene Irrlehren kursierten, ist ein wichtiger Hintergrund zur Einordnung dieser Passage. [158]

Der Brief schließt Frauen also nicht grundsätzlich vom Lehren aus. Viele dieser Frauen wirkten in Hauskirchen – in einem halböffentlichen, aber zentralen Raum des

---

[158] Vgl. David Hamilton, „Do not permit a woman to teach", in: Loren Cunningham, *Why Not Women?*, S. 215f.

Gemeindelebens. Der 1. Timotheusbrief scheint sich also auf eine konkrete, möglicherweise konflikthafte Gemeindesituation zu beziehen, in der das Verhalten einzelner Frauen als problematisch empfunden wurde – nicht auf ein allgemeines, dauerhaftes Redeverbot.

Die Begründung durch die Schöpfungsgeschichte – „Adam wurde zuerst erschaffen, Eva wurde verführt" – gehört zu den umstrittensten Passagen des Abschnitts. Einige Ausleger verstehen dies als theologische Grundlage für eine dauerhafte Hierarchie zwischen Mann und Frau. Andere betonen, dass es sich eher um ein pädagogisches Argument handelt, das auf die konkrete Gemeindesituation bezogen ist.

Möglicherweise geht es auch um den Inhalt der falschen Lehre, die die betreffende Frau verbreitete. Denkbar ist, dass sich in Ephesus – dem Empfängerkreis des Briefes – Einflüsse aus dem Kult der Göttin Artemis (Diana) bemerkbar machten. In solchen Strömungen wurde die Frau nicht als von Adam abgeleitet, sondern als ursprüngliche Quelle des Lebens verehrt. In Auseinandersetzung mit solchen Lehren könnte der Autor des Briefes auf die biblische Schöpfungsordnung verweisen, um die theologische Grundlage der Gemeinde zu schützen.

Auch der Hinweis, dass Eva verführt wurde, könnte sich auf die Art der Überlieferung des göttlichen Gebots beziehen: Gott hatte Adam das Verbot gegeben, bevor Eva erschaffen wurde. Eva kannte also Gottes Wort nur indirekt – durch Adam. Der Autor könnte damit betonen wollen, wie wichtig fundiertes Lernen ist, um nicht verführt zu werden.[159]

Besonders rätselhaft ist die Aussage in Vers 15:

> Sie wird aber gerettet werden durch das Kindergebären – wenn sie bleiben in Glaube, in Liebe und in der Heiligung mit Besonnenheit. (1Tim 2,15)

Dieser Vers hat zu vielfältigen Auslegungen geführt: Traditionell wird er so verstanden, dass Frauen in ihrer Rolle als Mütter einen besonderen Segen oder eine heilsame Berufung erfahren.

Die Aussage kann jedoch auch christologisch als Hinweis auf die Geburt Christi gedeutet werden: Durch die Menschwerdung Gottes – vermittelt durch eine Frau – sei der Weg zur Erlösung eröffnet worden.

Gemeindegeschichtlich deuten andere die Stelle als Reaktion auf asketische Bewegungen in Ephesus, die Ehe und Kinderlosigkeit propagierten (vgl. 1Tim 4,3). Der Briefautor könnte sich gegen diese Lehren wenden und das Kindergebären als positiv und sinnstiftend herausstellen.

Auffällig ist, dass das griechische Wort τεκνογονία [teknogonía] – „Kindergebären“ – nur hier im gesamten Neuen Testament vorkommt. Als Substantiv ist es vieldeutiger als ein Verb und könnte auch theologisch-symbolisch verstanden werden: Die Frau, die zuvor eine falsche Lehre verbreitete, wird durch die „Geburt“ – vielleicht im Sinne der Christusgeburt – gerettet. In dieser

---

159 vgl. ebd.

Deutung geht es also nicht um biologische Fortpflanzung, sondern um Erlösung.
Am Ende des Abschnitts wechselt der Autor wieder zum Plural:

> … wenn sie im Glauben, in der Liebe und in der Heiligung mit Besonnenheit *bleiben.* (1Tim 2,15)

Dieser Wechsel legt nahe, dass der letzte Vers über das konkrete Beispiel hinausgeht und eine allgemeine Aussage über die Frauen der Gemeinde trifft. Die Erlösung wird dabei nicht an das Kindergebären allein gebunden, sondern an einen Lebensstil des Glaubens, der Liebe, der Heiligung und der Besonnenheit – Eigenschaften, die für alle Christen gelten, nicht nur für Frauen.[160]

Persönliches Fazit

Mich fordert dieser Text heraus – nicht nur wegen seines Inhalts, sondern wegen seiner Wirkungsgeschichte. Kaum ein Abschnitt wurde so häufig herangezogen, um Frauen dauerhaft von der Lehre und Leitung in der Kirche auszuschließen. Und doch ist der Text selbst viel komplexer, vielschichtiger, kontextabhängiger, als es solche Verwendungen vermuten lassen.
Was mich dabei besonders beschäftigt, ist die Erkenntnis, dass sich der Text wohl auf eine konkrete Konfliktsituation bezieht – er spricht nicht über Frauen im Allgemeinen, sondern möglicherweise über eine bestimmte Frau in einer bestimmten Gemeinde.
Gerade deshalb braucht dieser Text sorgfältige Auslegung: nicht pauschal, sondern historisch bewusst. Er fordert uns auf, zwischen

---

160 Vgl. David Hamilton, „Do not permit a woman to teach", in: Loren Cunningham, *Why Not Women?*, S. 222ff.

kulturell begründeten Anweisungen und geistlicher Grundhaltung zu unterscheiden.

Das Evangelium der Maria Magdalena (um 160)

Im Rahmen meiner Recherchen zur Stellung der Frau in der frühen Kirche bin ich wiederholt auf eine bemerkenswerte Passage aus dem sogenannten *Evangelium der Maria* gestoßen, das etwa um das Jahr 160 entstanden ist. Dieses apokryphe Evangelium ist zwar nicht Teil des neutestamentlichen Kanons, gewährt jedoch einen aufschlussreichen Einblick in innerkirchliche Auseinandersetzungen jener Zeit:

> Als Maria das gesagt hatte, schwieg sie. Bis dahin hatte der Erlöser mit ihr gesprochen. Andreas sagte zu den Brüdern: „Sagt, was ihr zu Marias Worten denkt. Ich glaube wenigstens nicht, dass der Erlöser das gesagt hat. Denn dies sind doch fremde Lehren." Petrus äußerte sich dazu und fragte dann die Jünger, ob dem Erlöser so etwas zuzutrauen sei: „Sollte der Erlöser heimlich mit einer Frau gesprochen haben, sie bevorzugt haben vor uns und (das alles nicht) offen? Was sollen wir denn jetzt tun? Sollen wir umdenken und auf sie hören? Hat der Erlöser sie uns gegenüber bevorzugt?" Da weinte Maria Magdalena und sagte zu Petrus: „Mein Bruder Petrus, was glaubst du denn? Glaubst du, ich hätte mir das in meinem Herzen selbst ausgedacht, oder ich lüge über den Erlöser?" Levi beruhigte sie und sagte zu Petrus: „Petrus, du bist schon immer ein Hitzkopf gewesen. Und nun kanzelst du eine Frau ab, als wäre sie der Teufel persönlich. Doch wenn der Erlöser sie für ihre Aufgabe befähigt hat, wer bist du denn, dass du sie einfach für unglaubwürdig erklärst? Sicher kennt der Erlöser sie ganz

genau. Deshalb hat er sie mehr als uns geliebt. Wir sollten uns viel mehr schämen und den vollkommenen Menschen wie ein Gewand anziehen. Dann sollen wir Abschied nehmen, wie er es uns geboten hat, und das Evangelium verkünden.“[161]

Diese eindrucksvolle Szene macht deutlich: Bereits im zweiten Jahrhundert scheint es Spannungen zwischen prophetisch begabten Frauen und der sich etablierenden männlichen Gemeindehierarchie gegeben zu haben. Der Text zeigt nicht nur eine Konfliktlinie zwischen Maria Magdalena und den Aposteln Petrus und Andreas auf, sondern thematisiert auch die Frage nach der Legitimität weiblicher Verkündigung und Lehrautorität – ein Thema, das bis heute nachwirkt.

Der Vorwurf gegenüber Maria, sie habe sich ihre Worte „ausgedacht“, wird von ihr entschieden zurückgewiesen. Levi – eine biblische Figur, die hier als Stimme der Vermittlung auftritt – stellt sich ausdrücklich hinter Maria und verteidigt ihre Berufung mit der Begründung, der Erlöser selbst habe sie „mehr als uns geliebt“. Dies ist eine bemerkenswerte Formulierung, die ihre spirituelle Autorität hervorhebt und zugleich die Frage nach der Bevorzugung Marias gegenüber den männlichen Jüngern thematisiert.

Obwohl es sich hierbei um einen apokryphen Text handelt, belegt er zumindest, dass bereits im 2. Jahrhundert eine intensive Auseinandersetzung darüber

---

161 Das Evangelium der Maria 8-9, zit. nach: Berger, *Priesterweihe auch für Frauen*, S. 49f.

geführt wurde, ob Frauen gleichberechtigt am apostolischen Auftrag teilhaben konnten – und dass diese Frage nicht ohne innere Konflikte blieb.

Ergänzend ist eine weitere bemerkenswerte Textstelle zu erwähnen, die sich in einer Handschrift des später entstandenen *Martyrium Matthaei* findet.[162] Dort heißt es, der Apostel Matthäus habe eine ganze königliche Familie durch Handauflegung in kirchliche Ämter eingesetzt: den König als Ältesten (*presbýteros*), seinen Sohn als Diakon, seine Frau als Presbyterin und seine Schwiegertochter als Diakonin. Interessanterweise bleibt das eucharistische Amt dennoch dem Bischof vorbehalten.[163]

Diese Überlieferung – wenngleich aus einer späten und nicht-kanonischen Quelle – legt nahe, dass es in bestimmten christlichen Kreisen zumindest die Vorstellung gab, Frauen könnten durch Handauflegung in geistliche Ämter eingesetzt werden – und zwar in Ämter, die mehr waren als karitative Dienste.

Persönliches Fazit

Das Evangelium der Maria ist ein faszinierender Text – aber kein einfacher. Es wurde erst im späten 2. Jahrhundert verfasst und stammt aus einem gnostisch geprägten Umfeld, das eine ganz andere theologische Sicht auf Christus und Erlösung vermittelt als die Schriften des Neuen Testaments.

Was mich beschäftigt, ist nicht der Text selbst, sondern die Art, wie er heute manchmal gelesen oder verwendet wird. Ich habe den Eindruck, dass er in manchen feministischen Debatten dazu benutzt wird, um mit

---

162 Martyrium Matthaei Kap 28, zit. nach: Berger, *Priesterweihe auch für Frauen*, S 58.

163 vgl. Berger, *Priesterweihe auch für Frauen*, S. 58.

ihm nachträglich eine Autorität Marias gegenüber Petrus zu „beweisen" – als wäre das der Schlüssel zur Gleichstellung von Frauen in der Kirche.

Doch so ein Zugriff lässt außer Acht, wie spät und theologisch anders dieser Text einzuordnen ist. Er kann wertvolle Hinweise auf innerkirchliche Auseinandersetzungen des 2. Jahrhunderts geben – aber er ist aus meiner Sicht keine verlässliche Quelle, wenn es darum geht, etwas über den historischen Jesus oder über die Rolle von Frauen im engeren Kreis der Jünger zu erfahren.

Ich halte es für wichtig, zwischen symbolischer Bedeutung und historischer Aussagekraft zu unterscheiden. Das Evangelium der Maria erzählt von einem Ringen um Autorität – aber nicht davon, wie Jesus mit Frauen umging.

4. Frauen im Neuen Testament – Zusammenfassung

Bereits im Jahr 1902 formulierte der renommierte Kirchenhistoriker Adolf von Harnack in seinem Werk „Die Mission und Ausbreitung des Christentums in den ersten drei Jahrhunderten" einen bemerkenswerten Befund:

> Wer das Neue Testament und die nächstfolgenden Schriften aufmerksam liest, muss bemerken, dass die Frauen im apostolischen und nachapostolischen Zeitalter eine bedeutende Rolle in der Propaganda des Christentums und in den Gemeinden gespielt haben. Ferner wirkten sie als Missionarinnen, Gemeindeleiterinnen, Gastgeberinnen und Diakoninnen. Namen wie Priska, Lydia, Phoebe oder Junia bezeugen eine weibliche Präsenz, die kraftvoll gegen das später etablierte Bild von einer „reinen Männerkirche" steht. Ihre Geschichten – so fragmentarisch sie manchmal überliefert sind – zeigen, dass Frauen in der frühen Kirche keineswegs bloße Begleitfiguren, sondern Akteurinnen waren, die das Evangelium mitgetragen und weiterverbreitet haben.[164]

Adolf von Harnack identifizierte auf Basis frühchristlicher Texte des 2. Jahrhunderts eine Vielzahl weiblicher Ämter und Charismen.

---

[164] Adolf von Harnack, *Die Mission und Ausbreitung des Christentums in den ersten drei Jahrhunderten*, 4. Aufl., Leipzig: Hinrichs, 1924, S. 589, zitiert nach: Eisen, *Amtsträgerinnen*, S. 27f.

Mit der Abgrenzung gegenüber Gruppierungen wie der marcionitischen Kirche, dem Gnostizismus und dem Montanismus setzte ein Wandlungsprozess ein: Um sich von diesen als häretisch eingestuften Bewegungen zu distanzieren, beschränkte die sich institutionalisierende Kirche die öffentliche Wirksamkeit von Frauen zunehmend auf geschlechtsspezifische Bereiche – insbesondere im Dienst an anderen Frauen. Der allgemeine Ausschluss von Frauen aus den offiziellen kirchlichen Ämtern war somit keine ursprüngliche christliche Praxis, sondern eine theologisch-politische Reaktion auf innerkirchliche Auseinandersetzungen und externe Abgrenzungsbedürfnisse.[165]

Durch die fortschreitende kirchliche Hierarchisierung wurden Frauen zunehmend aus leitenden Positionen verdrängt. Viele Frauen, die in den ersten Jahrhunderten zentrale Funktionen innehatten, gerieten in Vergessenheit oder wurden als Randfiguren oder sogar als Ketzerinnen aus der offiziellen kirchlichen Erinnerung verdrängt.

Etwa zur gleichen Zeit – gegen Ende des 2. Jahrhunderts – begann die Ausbildung bestimmter Frauenämter. Besonders das Amt der Diakonin tritt in den Blick. In der Forschung wurde lange diskutiert, ob die biblisch bezeugten „Witwen“ und „Diakoninnen“ ein und dasselbe Amt bezeichneten. Der Theologe Leopold Zscharnack entwickelte bereits 1902 die sogenannte *Zwei-Ämter-Hypothese*, die von einer klaren Trennung zwischen diesen beiden Rollen ausgeht. Diese Sichtweise hat sich

[165] vgl. ebd., S. 602f.

weitgehend durchgesetzt und bildet heute einen wichtigen Bezugspunkt in der historischen Amtstheologie.[166]

Ein methodisches Problem bei der Rekonstruktion weiblicher Geschichte liegt in der Sprache selbst: Die griechischen und lateinischen Texte, in denen zentrale kirchliche Dokumente verfasst wurden, nutzen grammatikalisch maskuline Formen. Wenn beispielsweise vom Kreis der ἀπόστολοι [apóstoloi] die Rede ist, bleibt unklar, ob mit diesen Aposteln ausschließlich Männer oder auch Frauen gemeint sind. Dieses sprachliche Problem setzt sich bis in moderne Bibelübersetzungen und kirchliche Rechtstexte fort und erschwert eine eindeutige Identifikation weiblicher Amtsträgerinnen.

All diese Aspekte zeigen, wie entscheidend eine kritische, quellennahe und hermeneutisch sensible Auseinandersetzung mit der Bibel und der frühen kirchlichen Überlieferung ist. Denn eines wird bei der Betrachtung deutlich: Die frühchristliche Realität war vielfältiger und dynamischer, als es die später kanonisierten Strukturen vermuten lassen. Die Gemeinde in Jerusalem unterschied sich wesentlich von derjenigen in Rom, Korinth oder Philippi – sowohl hinsichtlich der Theologie als auch der Rollenverteilung. Eine einheitliche, verbindliche Kirchenverfassung existierte in den ersten Jahrhunderten schlicht nicht. Gerade in dieser Vielfalt eröffnet sich Raum für neue Deutungen – und für das Wiederentdecken

---

166 Leopold Zscharnack, *Der Dienst der Frau in den ersten Jahrhunderten der christlichen Kirche*, Götttingen: Vandenhoeck & Ruprecht, 1902, S. 124f.

weiblicher Stimmen im Ursprung des christlichen Glaubens.[167]

Festzuhalten bleibt: Die neutestamentlichen Texte und die frühe kirchliche Praxis belegen eindeutig, dass Frauen in verantwortlichen geistlichen und gemeindeleitenden Rollen tätig waren. Die heutigen kirchlichen Ämterstrukturen sind hingegen nicht unmittelbar aus der Frühzeit des Christentums ableitbar. Schon gar nicht kann von einer unmittelbaren Einsetzung durch Jesus Christus gesprochen werden – vielmehr entwickelten sich diese Strukturen schrittweise im Laufe der Kirchengeschichte. Wie diese Entwicklungen weitergingen und was sie für das Verständnis kirchlicher Ämter bedeuten, ist das Thema des nächsten Kapitels.

[167] vgl. Eisen, *Amtsträgerinnen*, S. 18f.

II. Frauen in der Kirchengeschichte

In der Entwicklung der kirchlichen Strukturen während der ersten Jahrhunderte zeigt sich ein spannungsgeladener und ambivalenter Prozess: Einerseits lassen sich bedeutende weibliche Mitwirkungsformen belegen, andererseits vollzog sich mit der fortschreitenden Institutionalisierung der Kirche zunehmend eine Integration in die patriarchalen Muster der Gesellschaft. Diese Entwicklung führte schrittweise zu einer Marginalisierung weiblicher Leitungsfunktionen – ein Prozess, der nicht nur historisch, sondern auch theologisch bedeutsam ist.

Gerade in den ersten Jahrhunderten wirkten Frauen in bestimmten christlichen Gemeinschaften in hervorgehobenen Rollen: als Diakoninnen, Prophetinnen, Gemeindeleiterinnen oder Patroninnen. Ihre Namen und Funktionen finden sich nicht nur in biblischen Texten, sondern auch in kirchlichen Ordnungen und Konzilsakten wieder – etwa in den *Constitutiones Apostolorum* oder in den Beschlüssen des Konzils von Chalzedon. Diese Überlieferungen werfen ein helles Licht auf eine Realität weiblicher Mitverantwortung, die später oftmals verdunkelt oder bewusst ausgeblendet wurde. Zugleich tragen diese Zeugnisse bis heute ein nicht zu unterschätzendes theologisches und ekklesiologisches

Potenzial in sich – oder, wie man auch sagen könnte: Sprengkraft.
Besonders markant sind dabei die Unterschiede in der Entwicklung zwischen der West- und der Ostkirche. Während in der westlichen Kirche weibliche Ämter mit der Zeit stark zurückgedrängt und schließlich nahezu vollständig abgeschafft wurden, lässt sich in der nicht abgespaltenen Ostkirche ein anderer Weg erkennen. Hier bestand das Amt der Diakonin über Jahrhunderte hinweg weiter – zwar in wechselnden Ausgestaltungen, aber mit deutlicher institutioneller Verankerung.
Gerade dieser Sachverhalt verdient eine eingehende Betrachtung: Was verstand man in den jeweiligen Jahrhunderten unter dem Amt der Diakonin? Welche Aufgaben wurden diesen Frauen übertragen? Welche liturgischen, seelsorgerlichen oder sozialen Funktionen nahmen sie wahr? Und wie gestaltete sich ihre Stellung innerhalb der kirchlichen Hierarchie – sowohl formal als auch faktisch?
Diese Fragen sind nicht nur für das Verständnis der historischen Entwicklung relevant. Sie betreffen auch die gegenwärtige Diskussion um kirchliche Ämter und die Teilhabe von Frauen an Leitungsfunktionen. Denn in der Erinnerung an die Rolle weiblicher Diakoninnen liegt nicht nur ein historisches Zeugnis, sondern auch ein möglicher Schlüssel für die theologische Neubesinnung der Kirche heute.

1. Frauen in der Frühen Kirche

Die ersten drei Jahrhunderte des Christentums waren eine Zeit dynamischer Entwicklungen – sowohl theologisch als auch strukturell. Inmitten wachsender Gemeinden, sich ausdifferenzierender Ämter und vielfältiger geistlicher Bewegungen wirkten Frauen nicht nur als stille Mittragende, sondern auch als aktive Gestalterinnen. Sie waren Gastgeberinnen von Hausgemeinden, Diakoninnen, Prophetinnen und Märtyrerinnen – Frauen, deren Engagement das frühe Christentum entscheidend mitprägte.

In diesem Kapitel soll untersucht werden, wie Frauen in den entstehenden kirchlichen Strukturen agierten, welche Aufgaben sie übernahmen und welche Rollen ihnen in der theologischen wie praktischen Gestaltung des Gemeindelebens zukamen. Besondere Aufmerksamkeit gilt dabei den Quellen, die ihre Funktionen bezeugen: frühchristliche Briefe, Gemeindeordnungen, liturgische Texte sowie Berichte von Konzilien und Synoden. Auch wenn die Überlieferung oft fragmentarisch bleibt, lassen sich aus ihr doch klare Spuren weiblicher Präsenz und Mitverantwortung ablesen – Spuren, die für das Selbstverständnis der frühen Kirche ebenso bedeutend waren wie für die heutigen Debatten um kirchliche Teilhabe.

In der frühen Kirche entwickelte sich das Amt des Diakons schrittweise und in enger Wechselwirkung mit den unterschiedlichen Gemeindeformen und theologischen Strömungen jener Zeit. Anfangs wurde das Amt vielfach als Ausdruck gemeindlicher Leitung verstanden, doch unter dem Einfluss verschiedener Traditionslinien bildeten sich bald differenzierte Funktionen heraus. Innerhalb der judenchristlichen Gemeinden entstand das Amt des πρεσβύτερος [presbýteros], des „Ältesten", während sich in den heidenchristlichen Kreisen zunehmend das Amt des ἐπίσκοπος [epískopos], des „Aufsehers"/ „Bischofs", durchsetzte.

Der Evangelist Lukas greift in der Apostelgeschichte diese Entwicklungen auf und setzt in seiner Erzählung über die Wahl der „Sieben" (Apg 6) eine ordnende Struktur. Die διάκονοι [diákonoi], „Diener"/ „Diakone", werden dabei den *presbýteroi* und *epískopoi* untergeordnet. Lukas verfolgt offenbar das Ziel, eine funktionale Trennung zwischen dem „Amt des Wortes" und dem „Amt an den Tischen" vorzunehmen – zumindest auf konzeptioneller Ebene.

Erst Ignatius von Antiochien gelingt es im zweiten Jahrhundert, zwischen den verschiedenen Strömungen – Judenchristen, Heidenchristen und Hellenisten – eine verbindende Struktur zu schaffen. Er gliedert die hellenistischen *diákonoi* ausdrücklich den judenchristlichen *presbýteroi* und den heidenchristlichen *epískopoi* unter. Damit legt er den Grundstein für ein dreigliedriges Amtsmodell,

das ein Jahrhundert später in der gesamten Kirche weite Verbreitung findet.
Dieses dreistufige Modell – Bischof, Presbyter und Diakon – erinnert in seiner Struktur deutlich an die alttestamentliche Tempelhierarchie mit Hohepriestern, Priestern und Leviten.[168] Die frühe Kirche scheint sich bewusst auf dieses alte Muster bezogen zu haben, um ihre eigenen Ämter theologisch zu verankern und institutionell abzusichern.
Einen wichtigen Einschnitt in der Entwicklung des Diakonats markiert die Synode von Arles im Jahr 314. Dort wird den Diakonen explizit untersagt, die Eucharistie zu feiern – ein Hinweis darauf, dass dies in vielen Gemeinden bis dahin durchaus üblich war. Der entsprechende Synodentext lautet:

> Dass die Diakone nicht opfern (*offerant*). Über die Diakone, von denen wir wissen, dass sie an vielen Orten die Eucharistie darbringen (*offere*), hat es gefallen, dass dies keinesfalls geschehen darf.[169]

Besonders bemerkenswert ist in diesem Zusammenhang, dass die Gemeinde von Vienne bei dieser Synode noch durch einen Diakon – nicht durch einen Bischof – vertreten wurde. Dies unterstreicht, dass die Ämterhierarchie in dieser Zeit regional nicht einheitlich war.

---

168 vgl. Hofrichter, Peter: „Diakonat und Frauen im kirchlichen Amt“, in: Heiliger Dienst 50 (1996), 3, S. 147.

169 Munier, Charles (Hrsg.): *Concilia Galliae A. 314–A. 506*, CCSL 148, Brepols, Turnhout 1963, S. 17.

Noch klarer formuliert das Konzil von Nizäa im Jahr 325 die Begrenzung der liturgischen Vollmachten der Diakone. Auch hier zeigt sich, dass ihnen bestimmte Aufgaben offenbar noch bis dahin erlaubt waren – insbesondere die Feier der Eucharistie.[170] In den Konzilstexten heißt es:

> Es ist sorgfältig geprüft worden und festgestellt, dass es den Diakonen nicht erlaubt ist, die Eucharistie darzubringen oder den Presbytern den Leib Christi zu reichen, noch etwas anderes dergleichen zu tun, was ihre eigene Ordnung übersteigt; da sie keine Vollmacht haben, die Eucharistie darzubringen oder den Presbytern den Leib Christi zu reichen, sondern gemäß der Regel sollen sie sie vom Bischof oder Presbyter empfangen und nicht darbringen.[171]

Diese Bestimmungen legen nicht nur die liturgische Unterordnung der Diakone unter die Priester fest, sondern manifestieren sich auch in äußeren Zeichen: So dürfen Diakone während der Liturgie fortan nicht mehr bei den Presbytern Platz nehmen.[172]

Damit kann festgehalten werden: Der Weg vom charismatischen Dienst am Tisch zu einem klar geregelten Amt war lang – und keineswegs geradlinig. Vielmehr war er geprägt von Aushandlungen zwischen verschiedenen theologischen Traditionen, liturgischen Praktiken und

---

[170] *Konzil von Nizäa*, Can. 18, in: Alberigo, Giuseppe (Hrsg.), *COD*, Bologna: EDB, 2006. Verfügbar unter: https://archive.org/details/conciliorumoecum0000bolo/page/n41/mode/2up, letzter Zugriff am 19.03.2025

[171] ebd.

[172] vgl. ebd., vgl. auch: Hofrichter, Peter: „Diakonat und Frauen im kirchlichen Amt“, in: *Heiliger Dienst* 50 (1996), 3, S. 147f.

regionalen Gemeindestrukturen. Dass Frauen als *diákonoi* ebenfalls Teil dieses Weges waren, wirft für die weitere Untersuchung eine zentrale Frage auf: Welche Rolle spielten Diakoninnen in dieser sich herausbildenden Amtsstruktur – und welche theologischen Implikationen lassen sich daraus für heute ableiten?

Der Begriff der Diakonin in der Frühen Kirche

In der gegenwärtigen Diskussion um den Diakonat der Frau begegnen uns unterschiedliche Begriffe, die oft unscharf oder synonym verwendet werden: „Diakonin" und „Diakonisse". Eine präzise Begriffsklärung ist jedoch unerlässlich, um historische Entwicklungen differenziert zu verstehen und theologisch sauber zu analysieren.

Die biblischen Zeugnisse kennen – wie bereits oben dargestellt – ausschließlich den Begriff διάκονος [diákonos], der geschlechtsneutral verwendet wird und sowohl Männer als auch Frauen bezeichnen kann. So nennt Paulus in Römer 16,1 die Frau Phoebe *diákonos* – in gleicher Weise, wie er es bei männlichen Amtskollegen tut. Diese Verwendung legt nahe, dass in den frühesten Gemeinden kein terminologischer oder theologischer Unterschied zwischen männlichen und weiblichen Diakonen gemacht wurde.

Erst im Verlauf der kirchlichen Entwicklung, insbesondere ab dem 4. Jahrhundert, setzt sich eine sprachliche Differenzierung durch. Beim Konzil von Nizäa wird erstmals die spezifisch weibliche Form διακονίσσα [diakoníssa] verwendet.[173] Diese feminisierte Form verweist auf eine beginnende institutionelle und möglicherweise auch funktionale Unterscheidung zwischen männlichem und weiblichem Diakonat.

In den evangelischen Kirchen bezeichnet der Begriff „Diakonisse" bis heute Frauen, die – ähnlich wie Ordensfrauen – in einer geistlichen Gemeinschaft leben und vor allem sozial-karitativ tätig sind, häufig in der Pflege und im Bildungswesen. Diese Form des Dienstes ist jedoch klar vom sakramentalen Amt abgegrenzt.

Demgegenüber meint der Begriff „Diakonin" im engeren Sinne eine Frau, die durch eine sakramentale Weihe in ein klerikales Amt der Kirche aufgenommen wurde. Diese Unterscheidung ist für die vorliegende Untersuchung zentral. Da es im Folgenden um das Diakonat als amtlich übertragenen kirchlichen Dienst geht – also um eine Form geistlicher Leitungsverantwortung, die durch Weihe vermittelt wird –, werde ich die entsprechenden Frauen durchgängig als „Diakoninnen" oder als *diákonoi* bezeichnen. Nur in jenen Fällen, in denen die Originalquellen ausdrücklich die Form διακονίσσα [diakoníssa], oder den Plural διακονίσσαι [diakoníssai] verwenden, wird diese spezifische Bezeichnung übernommen.

Diese begriffliche Präzisierung ermöglicht eine historisch und theologisch saubere Darstellung der Entwicklung des weiblichen Diakonats – und schafft die Voraussetzung

[173] vgl. K. Algermissen, *s. v.* „Diakonissen", in: *LThK 3*, Freiburg im Breisgau: Herder, [3]2017, S. 327.

dafür, die Rolle und Bedeutung der Diakoninnen in der frühen Kirche angemessen zu würdigen.

Diakoninnen im 1. Jahrhundert

Ein besonders frühes Zeugnis für Diakoninnen stammt von *Plinius dem Jüngeren* (61/62–113/115 n. Chr.), dem römischen Statthalter von Bithynien. In einem seiner Briefe an Kaiser Trajan beschreibt er, wie er versuchte, die Struktur und das Wesen der christlichen Gemeinden zu ergründen. Dabei berichtet er:

> Umso mehr hielt ich es für notwendig, von zwei Mägden, die Diakoninnen genannt wurden (*ex duabus ancillis, quae ministrae dicebantur*), durch Folter herauszufinden, was wahr war. Ich habe nur schlimmen und unangemessenen Aberglauben gefunden.[174]

Der Relativsatz „quae ministrae dicebantur" („die Diakoninnen genannt wurden") weist deutlich darauf hin, dass diese Frauen eine bestimmte kirchliche Funktion innehatten – und nicht bloß gewöhnliche Mägde oder Sklavinnen waren. Dass Plinius die Bezeichnung eigens hervorhebt, lässt erkennen, dass es sich um eine formale Amtsbezeichnung handeln muss. Die Verwendung des lateinischen Begriffs *ministra* zur Übersetzung des griechischen διάκονος [diákonos] wird unter anderem

---

[174] „Quo magis necessarium credidi ex duabus ancillis, quae ministrae dicebantur, quid esset veri, et per tormenta quaerere. Nihil aliud inveni quam superstitionem pravam et immodicam.": Plinius der Jüngere, Epistulae X, 96, in: Loeb Classical Library, Briefe II, Cambridge, MA/London: Harvard University Press, 1969, S. 404.

durch den Römerbriefkommentar des sogenannten Ambrosiaster gestützt.

Auch *Justin der Märtyrer* († 165) liefert in seinen Schriften Hinweise auf Diakoninnen. Laut Ute E. Eisen berichtet Justin, dass Diakoninnen im Gottesdienst sowohl den anwesenden als auch den abwesenden Gläubigen die Eucharistie reichten – ein Dienst, der nicht nur praktische, sondern auch liturgisch-theologische Bedeutung hatte.[175] Die Beteiligung von Frauen an der Eucharistieausteilung verweist auf eine offiziell anerkannte Rolle innerhalb der frühchristlichen Liturgie. Justin beschreibt in seiner ersten Apologie zwar, dass die *diákonoi* die Eucharistie den Anwesenden und Abwesenden austeilen, aufgrund der geschlechtsneutralen Amtsbezeichnung wird dort aber nicht klar, ob darunter auch Frauen gewesen sind.[176]

Die *Ostkirche* bietet ein facettenreiches Bild vom Wirken weiblicher Diakone in Liturgie und Gemeindepraxis. Bereits in den frühesten Jahrhunderten des Christentums begegnen uns Frauen, die als Diakoninnen dienten und vielfältige Aufgaben innerhalb ihrer Gemeinden übernahmen. Ihre Rolle wurde sowohl in theologischer Hinsicht als auch in der praktischen Ausgestaltung auf

---

[175] vgl. Eisen, *Amtsträgerinnen*, S. 176. Ich habe das Textzeugnis des Justin jedoch leider nicht verifizieren können.

[176] vgl. Justin der Märtyrer, Erste Apologie 67: „Nachdem der Vorsteher das Gebet und die Danksagung vollendet hat, stimmt das ganze Volk mit Amen ein. Sodann teilen die, welche bei uns Diakone heißen, jedem der Anwesenden von dem Brot und Wein und Wasser etwas aus und bringen davon auch den Abwesenden.“ (Übersetzung nach Karl Baus, in: Die Religion in Geschichte und Gegenwart, 3. Aufl., Bd. 3, Tübingen 1959, Sp. 1082.

unterschiedliche Weise interpretiert und entwickelt. Im Laufe der folgenden Jahrhunderte wurde das Amt der Diakonin weiter institutionalisiert und fest in das kirchliche Leben eingebunden. Es nahm zunehmend Gestalt an als eigenständiges Amt mit klar umrissenen Aufgaben und liturgischer Funktion. Diese Entwicklungen, auf die ich noch näher eingehen werde, lassen erkennen, dass das Diakonat der Frau keine marginale Erscheinung, sondern ein integraler Bestandteil der entstehenden kirchlichen Struktur war.

Hinweise auf Bischöfinnen im 2. Jahrhundert

Ein besonders aufschlussreiches, wenn auch kontrovers diskutiertes Zeugnis für weibliche Leitungsämter im 2. Jahrhundert liefert *Epiphanius von Salamis*. In seinen Schriften (aus dem 5. Jahrhundert) berichtet er über die sogenannten Montanisten – eine frühchristliche Bewegung, die sich durch prophetisches Charisma, strenge Askese und eine stark apokalyptische Erwartung auszeichnete. Innerhalb dieser Bewegung, so Epiphanius, seien auch Frauen zu Bischöfinnen geweiht worden.

Die Erwähnung weiblicher ἐπίσκοποι [epískopoi] – Bischöfe – innerhalb einer als häretisch eingestuften Gruppe wirft ein komplexes Licht auf die Rolle von Frauen in frühchristlichen Leitungsfunktionen. Auch wenn die Kirche des Epiphanius diese Praxis ablehnte, bezeugt sein Bericht doch, dass die Vorstellung weiblicher Bischöfe im 2. Jahrhundert nicht völlig außerhalb des damaligen kirchlichen Vorstellungsraums lag – zumindest in bestimmten Bewegungen.

Unabhängig von der Montanistischen Bewegung zeigen auch andere Quellen, dass Frauen an der Leitung von Gemeinden beteiligt waren. In der römischen Gemeinde etwa lag die Gemeindeleitung zur damaligen Zeit hauptsächlich in den Händen von πρεσβύτεροι [presbýteroi] – Ältesten, aus deren Kreis sich ἐπίσκοποι [epískopoi] für bestimmte Verwaltungsaufgaben herausbildeten. Auch wenn es keine direkten Belege für geweihte Bischöfinnen in Rom gibt, lässt sich doch nachweisen, dass Frauen sich an zentralen Entscheidungsprozessen beteiligten und eine aktive Rolle im Gemeindeleben übernahmen.[177]

Diese Hinweise verdeutlichen, dass es im frühen Christentum – insbesondere im 2. Jahrhundert – noch keine einheitliche Amtsstruktur gab. Vielmehr bestand eine Vielfalt an Gemeindeformen und theologischen Interpretationen, in deren Kontext auch Frauen in herausgehobene Leitungspositionen gelangen konnten. Die Aussage von Epiphanius, so kritisch sie auch zu bewerten ist, lässt zumindest die Möglichkeit offen, dass weibliche Leitungsämter im Frühchristentum nicht nur eine Randerscheinung, sondern Teil der kirchlichen Realität waren – wenn auch nicht unumstritten.

Persönliches Fazit

Die Hinweise auf Bischöfinnen im Umfeld der montanistischen Bewegung fordern mich heraus. Einerseits ist mir wichtig zu betonen: Es handelt sich hier nicht um das Bischofsamt im sakramentalen Sinn, wie es sich später im dreistufigen Amt von Bischof, Priester und

---

177 Vgl. Eisen, *Amtsträgerinnen*, S. 207f.

Diakon herausgebildet hat – ein Amt, das auf die Nachfolge der Zwölf Apostel zurückgeführt wird.
Und dennoch irritiert es mich, dass gerade in als „häretisch" geltenden Gruppen Frauen offenbar mehr Leitungsverantwortung übernehmen konnten als in der entstehenden Großkirche. Ich bin mir unsicher, wie ich das bewerten soll. Es war sicher nicht alles theologisch stimmig, was in diesen Bewegungen geschah. Aber die Tatsache, dass Frauen dort selbstverständlicher in geistliche Leitung eingebunden waren, zeigt mir: Es war möglich.
Vielleicht lag die spätere Zurückweisung weiblicher Autorität auch an einem Abgrenzungsbedürfnis gegenüber diesen Gruppen – nicht nur aus theologischen, sondern auch aus institutionellen Gründen. Das macht die Frage nach der Rolle der Frau in der Kirche nicht einfacher, aber ehrlicher.
Was bleibt, ist die Spannung: Diese Zeugnisse zeigen, dass Leitungsverantwortung von Frauen in der frühen Kirche zumindest denkbar und praktiziert war – und dass ihre Zurückdrängung auch mit machtpolitischen und konfessionellen Prozessen zusammenhing. Ob sich daraus eine theologische Verpflichtung ableiten lässt, heute Frauen zu den sakramentalen Ämtern zuzulassen, bleibt eine offene Frage. Die historischen Befunde geben Denkanstöße, aber kein fertiges Urteil.

2. Die ersten Kirchenordnungen

Mit dem Wachstum der christlichen Gemeinden und der zunehmenden Herausbildung kirchlicher Strukturen entwickelte sich ein Bedürfnis nach verbindlichen Regelungen für das Gemeindeleben. Frühchristliche Kirchenordnungen entstanden, um Lehre, Liturgie und das Miteinander in der Gemeinschaft zu ordnen – oft im Spannungsfeld zwischen charismatischer Freiheit und institutioneller Festigung.

Diese Texte geben wertvolle Einblicke in die Praxis der frühen Kirche, insbesondere auch in die Rolle von Frauen und deren mögliche liturgische Funktionen. Dabei offenbart sich ein bemerkenswerter Spielraum in Bezug auf die Durchführung sakramentaler Handlungen, der Rückschlüsse auf eine breitere Partizipation am Gemeindeleben zulässt – auch durch Nicht-Kleriker und möglicherweise auch durch Frauen.

Die Didache – 1. Jahrhundert

Die *Didache*, auch als „Lehre der zwölf Apostel" bekannt, zählt zu den frühesten christlichen Schriften überhaupt. Entstanden vermutlich noch im 1. Jahrhundert, vermittelt sie einen einzigartigen Einblick in das Gemeindeleben jener Zeit – insbesondere in Fragen der Liturgie und der Sakramente.

In Kapitel 7 finden sich konkrete Anweisungen zur Durchführung der Taufe:

> Was die Taufe betrifft, so tauft auf folgende Weise: Nachdem ihr all diese Dinge (die Lehre) vorher gesagt habt, tauft im Namen des Vaters und des Sohnes und des Heiligen Geistes in lebendigem (fließendem) Wasser. Wenn du aber kein fließendes Wasser hast, dann taufe in anderem Wasser. Und wenn du kein kaltes hast, nimm warmes. Hast du weder das eine noch das andere, dann gieße dreimal Wasser über den Kopf – im Namen des Vaters, des Sohnes und des Heiligen Geistes.[178]

Bemerkenswert ist, dass in diesem Abschnitt nicht festgelegt wird, *wer* die Taufe vornehmen soll. Daraus lässt sich schließen, dass die Spendung der Taufe in dieser frühen Phase nicht allein geweihten Amtsträgern vorbehalten war. Vielmehr scheint es üblich gewesen zu sein, dass auch Laien – möglicherweise auch Frauen – taufen konnten, sofern sie Teil der Gemeinschaft und in der Lehre unterwiesen waren.
Auch für die Feier der Eucharistie finden sich in der *Didache* keine expliziten Angaben darüber, wer ihr vorstehen soll. Stattdessen werden liturgische Elemente wie das Brotbrechen und Dankgebete beschrieben:

[178] *Didache*, Kap. 7, S. 119, eigene Übersetzung von: „Περὶ δὲ τοῦ βαπτίσματος, οὕτω βαπτίσατε· ταῦτα πάντα προειπόντες, βαπτίσατε εἰς τὸ ὄνομα τοῦ πατρὸς καὶ τοῦ υἱοῦ καὶ τοῦ ἁγίου πνεύματος ἐν ὕδατι ζῶντι. Ἐὰν δὲ μὴ ἔχῃς ὕδωρ ζῶν, εἰς ἄλλο ὕδωρ βάπτισον· εἰ δὲ οὐ δύνασαι ἐν ψυχρῷ, ἐν θερμῷ. Ἐὰν δὲ ἀμφότερα μὴ ἔχῃς, ἔκχεον ἐπὶ τὴν κεφαλὴν τρὶς ὕδωρ εἰς τὸ ὄνομα πατρὸς καὶ υἱοῦ καὶ ἁγίου πνεύματος."

> An jedem „Tag des Herrn“ kommt zusammen, brecht das Brot und sprecht Dank, nachdem ihr zuvor eure Verfehlungen bekannt habt, damit euer Opfer rein sei.[179]

Diese Formulierung verweist auf eine gemeinschaftlich geprägte Liturgie, bei der Buße, Dank und Mahlfeier eng miteinander verbunden sind. Die Beschreibung legt den Akzent weniger auf einen kultisch-exklusiven Akt durch eine amtliche Person, sondern vielmehr auf die spirituelle Haltung der Teilnehmenden. Wer das Brot bricht oder den Dank spricht, bleibt offen – ein weiteres Indiz dafür, dass in der frühen Kirche der Vollzug der Eucharistie nicht an eine klar abgegrenzte klerikale Hierarchie gebunden war. Selbst im Kapitel über die *epískopoi* (Bischöfe) wird nicht ausgeführt, ob diese für die Feier der Eucharistie verantwortlich waren oder welche liturgischen Aufgaben ihnen überhaupt zufielen. Auch dies zeigt, wie variabel und offen die Amtsverhältnisse in der frühesten Kirche noch waren.

Die Traditio Apostolica – 3. Jahrhundert

Die *Traditio Apostolica*, die dem römischen Theologen Hippolyt († 235) zugeschrieben wird, gilt als die zweitälteste überlieferte Kirchenordnung und entstand vermutlich im frühen 3. Jahrhundert. Sie stellt einen markanten Entwicklungsschritt gegenüber der *Didache* dar,

---

[179] eigene Übersetzung von: „Κατὰ κυριακὴν δὲ κυρίου συναχθέντες κλάσατε ἄρτον καὶ εὐχαριστήσατε, προεξομολογησάμενοι τὰ παραπτώματα ὑμῶν, ὅπως καθαρὰ ἡ θυσία ὑμῶν ᾖ“: *Didache* 14, S. 132.

indem sie eine bereits deutlich stärker ausgeformte liturgische Struktur sowie eine klarere Amtsordnung erkennen lässt.
Im Gegensatz zur *Didache* sind in der *Traditio Apostolica* sowohl die Feier der Taufe als auch die Eucharistiefeier fest an das Bischofsamt gebunden. Der Bischof nimmt dabei eine zentrale liturgische Rolle ein: Er soll – so heißt es – „mit dem gesamten Presbyterium" das Hochgebet sprechen.[180] Diese Formulierung belegt, dass sich zu diesem Zeitpunkt bereits eine differenzierte Rollenverteilung innerhalb der Liturgie etabliert hatte, bei der dem Bischof die Leitung und den Vollzug der zentralen liturgischen Handlungen zukommt.
Auch der Diakon erscheint in diesem Kontext nicht mehr nur als dienende Assistenzfigur, sondern als fest integrierter liturgischer Akteur. Ihm werden spezifische Aufgaben innerhalb des Gottesdienstes zugewiesen, wobei er dem Bischof zugeordnet bleibt und dessen Anweisungen untersteht.
Besonders hervorgehoben wird in der *Traditio Apostolica* die Weihevollmacht des Bischofs. Es wird ausdrücklich festgelegt, dass nur der Bischof die Autorität besitzt, *presbyteri* (Presbyter) und *diaconi* (Diakone) zu weihen.[181] Diese Bestimmung verdeutlicht das hierarchische Amtsverständnis, das sich im römischen Kontext des 3. Jahrhunderts zunehmend durchsetzte.

---

[180] Traditio Apostolica 4, in: *Didache*, S. 222: „Ille autem imponens manum suam super oblationem (προσφορά) cum presbyteris dicat gratias agens (εὐχαριστεῖν) "

[181] Traditio Apostolica 8, in: *Didache*, S. 234.

Von Diakoninnen ist in der *Traditio Apostolica* interessanterweise keine Rede. Stattdessen wird auf andere weibliche Lebensformen Bezug genommen – insbesondere auf Witwen (*viduae*) und Jungfrauen (*virgines*). Diese werden zwar namentlich erwähnt, jedoch nicht in ein geweihtes Amt aufgenommen. Über die Witwen heißt es, sie sollen zwar „namentlich erwählt" werden, aber nicht durch Handauflegung geweiht werden.[182] Und auch für die Jungfrauen gilt: „Ihr Entschluss allein macht sie zur Jungfrau."[183]

Diese Aussagen zeigen deutlich, dass zwar bestimmte Frauengestalten und ihre Lebensformen kirchlich anerkannt wurden, ihnen jedoch (zumindest in dieser Ordnung) keine sakramentale Amtseinsetzung zukam. Ihre Stellung war geistlich bedeutsam, aber nicht institutionell gleichgestellt mit dem männlichen Diakonat oder Presbyterat.

Damit liefert die *Traditio Apostolica* ein aufschlussreiches Zeugnis für den Übergang von charismatischer Gemeindepraxis zu klar strukturierten Amtsmodellen – und zugleich für die beginnende Ausgrenzung weiblicher Dienste aus der liturgischen Leitungsstruktur der Kirche.

Persönliches Fazit

Die Traditio Apostolica ist ein faszinierendes Dokument – gerade weil sie so früh bezeugt, wie sich innerhalb der Kirche eine feste liturgische

---

182 Traditio Apostolica 9, in: *Didache*, S. 240: „eligitur ex nomine":

183 Traditio Apostolica 12, in: *Didache*, S. 242: „propositum (προαίρεσις) tantum facit eam virginem (παρθένος)."

Ordnung und eine institutionell gebundene Amtsstruktur herausbildeten.
Was mich dabei nachdenklich macht, ist die klare Ausgrenzung von Frauen. Seit hier die liturgische Leitung an ein kirchlich verliehenes Amt gebunden wird, sind Frauen darin nicht mehr vorgesehen – obwohl sie zuvor in den Gemeinden Verantwortung getragen hatten.
Genau dieser frühe Ausschluss wird heute oft als Argument verwendet: Frauen seien nie Teil des geordneten kirchlichen Amtes gewesen. Und in gewissem Sinn stimmt das – denn seit die Leitungsfunktionen eindeutig an das Amt gebunden wurden, blieben Frauen außen vor.
Gerade in der katholischen Kirche spielt dabei das Argument der Tradition eine zentrale Rolle: Neben der Heiligen Schrift ist sie eine maßgebliche Quelle der Glaubenslehre. Umso wichtiger ist es, genau hinzuschauen, was diese Tradition tatsächlich bezeugt – und was sich im Lauf der Geschichte als kirchliche Praxis etabliert hat, ohne dass es notwendig theologisch begründet war.
Die Traditio Apostolica zeigt: Das kirchliche Amt ist gewachsen. Und damit ist auch der Ausschluss von Frauen nicht einfach ursprünglich, sondern Teil einer historisch gewordenen Struktur.
Das vereinfacht die historische Lage nicht – aber es hilft, genauer zu fragen: Was war theologisch notwendig? Und was war kulturell naheliegend?

Die Didaskalia Apostolorum – 3. Jahrhundert

Erstmals wird das Amt der Diakonin mit klarer Eindeutigkeit in der *Didaskalia Apostolorum* bezeugt – einer syrischen Kirchenordnung, die um das Jahr 205 n. Chr. entstand.[184] Dieses Werk markiert einen entscheidenden

184 „Es ist am östlichen Limes des römischen Reiches, dass Diakonissen auftauchen: Das erste Dokument, das sie erwähnt und in gewisser Weise ihre Geburtsurkunde ist, ist die Didascalia Apostolorum [...], die wir erst seit der Veröffentlichung des

Wendepunkt in der Entwicklung der frühkirchlichen Gemeindeordnung und stellt zugleich die älteste erhaltene Quelle dar, in der das Amt der Diakonin nicht nur erwähnt, sondern strukturell eingebettet und theologisch begründet wird.

Die *Didaskalia* ist von zentraler Bedeutung für das Verständnis des Umbruchs in der kirchlichen Organisation dieser Zeit. Sie dokumentiert den Übergang von einer charismatisch geprägten Gemeindestruktur hin zu einer stärker hierarchisch ausgerichteten Ordnung, in der Aufgaben zunehmend institutionalisiert und dem Klerus vorbehalten wurden. Die Schrift steht für eine Phase tiefgreifender Transformationen, in der sich das Verhältnis zwischen Amtsträgern und Laien grundlegend veränderte.

Ein auffälliges Merkmal dieser Entwicklung ist die Einführung eines Unterhaltsanspruchs für den Bischof. Damit entfällt die zuvor bestehende Verpflichtung des Bischofs, unentgeltlich für die Gemeinde zu wirken.[185] Diese Neuregelung führte dazu, dass andere Dienste – darunter auch weiblich besetzte Ämter – an Bedeutung verloren oder verstärkt unter die Kontrolle des Bischofs gerieten.

---

syrischen Textes i. J. 1854 kennen [...]“: A. G. Martimort, Les diaconesses. Essai historique, Rom: Edizioni Liturgiche, 1982, S. 31. Laut Dorothea Reininger ist die Didaskalia um 230 n. Chr. entstanden: Reininger, Gemeinde, S. 83.

[185] Georg Schöllgen, *Die Anfänge der Professionalisierung des Klerus und das kirchliche Amt in der syrischen Didaskalie*, in: *Jahrbuch für Antike und Christentum*, Ergänzungsband 26, Münster: Aschendorff, 1998, S. 3 f.

Die *Didaskalia* beschreibt das kirchliche Gefüge detailliert und legt Normen und Aufgabenbereiche für eine Vielzahl von Rollen fest: für Bischöfe, Diakone, Diakoninnen, Presbyter, Witwen und Waisen. Dabei wird das Bild der Gemeinde metaphorisch als οἶκος [oíkos] – „Haus" – gezeichnet, mit dem Bischof als zentralem οἰκονόμος [oikonómos] – „Verwalter/Haushalter", der die höchste Verantwortung trägt. Der Bischof wird als Abbild Gottes verstanden und zugleich sowohl als Vater als auch als Mutter (!) der Gemeinde bezeichnet – eine bemerkenswerte doppelte Rollenmetaphorik, die auf seine umfassende Fürsorgepflicht verweist.[186]

Die *Didaskalia Apostolorum* entfaltet ein dichtes Bild frühkirchlicher Gemeindestrukturen, das zugleich von theologischer Symbolik und sozialer Realität geprägt ist. Neben Bischöfen und Diakonen werden auch Presbyter, Witwen, Waisen und – in auffälliger Weise – Diakoninnen beschrieben. Dabei werden bestimmte Ämter mit biblischen oder spirituellen Bildern verknüpft: So gelten die Presbyter als Abbild der Apostel, während Witwen und Waisen als Abbilder des Altars erscheinen – sie stehen stellvertretend für die Bedürftigen, für deren Unterhalt die Gemeinde Verantwortung trägt.

Die Diakone erscheinen in dieser Ordnung als Gehilfen des Bischofs, die an seiner Stelle und in seinem Auftrag handeln sollen – und zwar ausdrücklich als Abbilder Christi. Dabei ist interessant, dass der Bischof selbst nicht als Repräsentant Christi dargestellt wird, sondern Christus

[186] ebd., S. 129f.

lediglich als Vorbild für sein Handeln dient. Diese Differenzierung betont die demütige Nachfolge Christi, die das Bischofsamt prägen soll.
Besonders theologisch aufgeladen ist die Beschreibung der *Diakonin*: Sie wird in der *Didaskalia* als Abbild des Heiligen Geistes innerhalb der Gemeinde bezeichnet. Diese Formulierung gewinnt zusätzliches Gewicht durch die sprachliche Eigenheit des Syrischen – wie auch des Hebräischen –, in dem das Wort für „Heiliger Geist“ grammatikalisch weiblich ist.[187] Dadurch entsteht eine theologisch-symbolische Verbindung zwischen der Diakonin und der weiblich verstandenen Pneumatologie des frühen Ostens. In dieser Zuordnung schwingt nicht nur eine hohe Wertschätzung mit, sondern auch eine subtile theologische Aufwertung weiblicher Präsenz im liturgischen und geistlichen Raum der Gemeinde.

> [Der] Levit aber und Hohepriester ist der Bischof; dieser ist der Diener des Wortes und Mittler, (…) ja er sollte von euch wie Gott geehrt werden. (…) Der Diakon aber steht an der Stelle Christi, und ihr sollt ihn lieben; die Diakonin aber soll nach dem Vorbild des Heiligen Geistes von euch geehrt werden.[188]

Bemerkenswert ist, dass in der Aufzählung der Ämter die Diakoninnen vor den Presbytern genannt werden – ein Indiz dafür, dass ihnen zumindest funktional ein gewichtiger Platz innerhalb der Gemeinde zugestanden

---

[187] ebd., S. 126

[188] Hans Achelis und Johannes Flemming, *Die syrische Didaskalia. Übersetzt und erklärt*, Leipzig: J.C. Hinrichs, 1904, S. 45.

wurde. Gleichzeitig betont die *Didaskalia* jedoch wiederholt, dass die weiblichen Stände den männlichen untergeordnet seien.[189] In dieser Spannung zwischen symbolischer Aufwertung und struktureller Unterordnung spiegeln sich innerkirchliche Aushandlungsprozesse wider, wie sie bereits in den neutestamentlichen Pastoralbriefen angedeutet werden. Zwei unterschiedliche Verfassungsmodelle werden hier erkennbar: einerseits das Episkopen-Diakonen-Modell , andererseits das Presbyter-Modell.

Diese Ambivalenz zeigt sich auch in der expliziten Ablehnung weiblicher Lehrtätigkeit. In einem längeren Abschnitt wird es Frauen – insbesondere Witwen – untersagt, über Christus oder das Heilsgeschehen zu lehren. Begründet wird dies mit dem Verweis auf das Handeln Jesu selbst:

> Es gebührt sich daher nicht und ist auch nicht notwendig, dass Frauen lehren, vornehmlich über den Namen Christi und über die Erlösung seines Leidens. Denn nicht dazu seid ihr bestellt, o Frauen, besonders die Witwen, sondern um zu beten und Gott, den Herrn, zu bitten. Denn der Herr Gott Jesus Christus, unser Meister, hat uns Zwölf gesandt, um das Volk und die Völker zu lehren; denn mit uns waren die Jüngerinnen Maria Magdalena und Maria, die Tochter des Jakobus, sowie eine andere Maria, aber er hat sie nicht gesandt, um das Volk zu lehren. Wenn es notwendig

[189] Didascalia II, 26, 4-8: Achelis, *Didaskalia* , S. 122f.

> gewesen wäre, dass Frauen lehren, hätte unser Meister diese Frauen selbst beauftragt, mit uns zu lehren.[190]

Diese Passage lässt aufhorchen – nicht zuletzt deshalb, weil sie offenbar auf eine lebendige Tradition verweist, in der Maria Magdalena als Verkünderin des Auferstandenen gewürdigt wurde. Die Notwendigkeit, diese Rolle explizit abzuwehren, deutet auf ihre Relevanz hin. Im 4. Jahrhundert war diese Überlieferung offenbar so stark, dass die *Didaskalia* sogar einen konstruierten Dialog zwischen Nachfolgern und Nachfolgerinnen Jesu einführte. In diesem Zusammenhang wird die Frage gestellt, ob Frauen die Eucharistie feiern dürften. Maria Magdalena wird am Ende des Dialogs mit der Aussage zitiert, Frauen dürften dies nicht, da „die Schwachen durch die Starken gerettet werden müssten".[191] Diese Aussage reflektiert weniger eine echte Lehrtradition als vielmehr den Versuch, bestehende Geschlechterrollen theologisch zu festigen.

---

[190] eigene Übersetzung von: „Non decet ergo neque necessarium est, ut mulieres doceant, et praesertim de nomine Christi et de redemptione passionis eius. Nam non ad hoc estis constitutae, ut doceatis, o mulieres ac maxime viduae, sed ut oretis ac rogetis Dominum Deum, quia Dominus Deus Iesus Christus magister noster nos duodecim misit, ut doceamus populum et gentes; erant enim nobiscum discipulae Maria Magdalene et Maria filia Iacobi et altera Maria, neque emisit, ut nobiscum populum doceant. Si enim necesse fuisset, ut mulieres docerent, magister noster has ipsas iussisset nobiscum docere.": Didaskalia III, 6, 1f.

[191] vgl. Fander, *Die Stellung der Frau*, S. 305, vgl. auch: Elisabeth Schüssler Fiorenza, *In Memory of Her. A Feminist Theological Reconstruction of Christian Origins*, New York: Crossroad, 1983, S. 306.

Auch die Taufe wird Frauen ausdrücklich untersagt – wiederum mit einem argumentativen Rückgriff auf das Beispiel Jesu:

> Wir billigen es nicht, dass eine Frau tauft oder von einer Frau getauft wird, denn das ist unrechtmäßig und stellt ein großes Risiko dar für diejenige, die tauft, und für denjenigen, der getauft wird. Wenn es erlaubt wäre, von einer Frau getauft zu werden, dann hätte unser Herr und Meister sicher von seiner Mutter Maria getauft werden müssen; aber er wurde von Johannes getauft, wie auch die anderen aus dem Volk.[192]

Diese Begründung verkennt jedoch den theologischen Sinn der Taufe Jesu, die nicht Ausdruck sakramentaler Notwendigkeit war, sondern ein Akt der Solidarität mit der sündigen Menschheit. Der Hinweis auf Maria als Nicht-Taufende ist deshalb weniger dogmatisch tragfähig als rhetorisch wirksam – dennoch wurde dieses Argument in der Kirchengeschichte immer wieder rezipiert und als Rechtfertigung gegen die Taufberechtigung von Frauen herangezogen.
In Kapitel 12 (bzw. 16) der *Didaskalia* werden Diakone und Diakoninnen parallel behandelt und in etwa gleichem Umfang erwähnt. Die Diakoninnen werden sowohl als ἡ διάκονος [hē diákonos] – die Diakonin – als auch als γυνή διάκονος [gynḗ diákonos] – Frau als Diakonin –

[192] Eigene Übersetzung von: „Mulierem aut baptizare vel a muliere baptizari non approbamus, quia hoc illegitimum est et magnum periculum ei, quae baptizat, et ei, qui baptizatur. Si enim liceret a muliere baptizari, profecto Dominus ac magister noster a Maria matre sua baptizatus fuisset; baptizatus est autem a Ioanne, sicut et alii e populo.“: *Didaskalia* III, 9, 2.

bezeichnet. Beide – männlicher Diakon und weibliche Diakonin – teilen sich ein gemeinsames *ministerium diaconiae*, also den Dienst der Diakonie. Besonders deutlich wird dies in folgendem Abschnitt:

> Deshalb sollst du, Bischof, dir Arbeiter der Gerechtigkeit aufstellen, die deinem Volk helfen, das Leben zu fördern. Wähle aus dem ganzen Volk diejenigen, die dir gefallen, und setze Diakone ein, einen Mann, der sich um viele notwendige Dinge kümmert, und eine Frau für den Dienst an den Frauen. Denn es gibt Häuser, in die du wegen der Heiden keinen Diakon zu den Frauen schicken kannst, aber du wirst Diakoninnen (dorthin) schicken. Denn auch in vielen anderen Dingen ist der Platz der Diakonin notwendig.[193]

Diese Passage zeigt: Diakoninnen werden nicht als bloße Hilfskräfte verstanden, sondern als funktional notwendige Amtsträgerinnen mit klar definierten Aufgaben – insbesondere im Dienst an Frauen, in seelsorgerlichen und wohl auch liturgischen Kontexten. Ihre Existenz ist nicht Ausnahme, sondern integraler Bestandteil der frühkirchlichen Gemeindeordnung.

Einen besonderen Stellenwert innerhalb der *Didaskalia Apostolorum* nimmt die Darstellung der Weihe der

---

[193] eigene Übersetzung von: „Propterea, episcope, constituas tibi operarios iustitiae, adiutores populum tuum ad vitam adiuvantes. Qui tibi placent ex populo universo, eos eligas ac diaconos constituas, virum, ut curet res multas necessarias, mulierem ad ministerium feminarum. Sunt enim domus, in quas diaconum ad mulieres non potes mittere propter gentiles, mittes autem diaconissas. Nam et in multis alis rebus necessarius est locus mulieris diaconissae.“: *Didaskalia* III, 16, 1–2.

Diakonin ein. Deutlich wird, dass es sich hierbei nicht lediglich um eine Berufung in einen Dienst, sondern um eine formale, sakramentale Einsetzung in ein kirchliches Amt handelt. Der entsprechende Abschnitt ist überschrieben mit Ἐπίκλησις ἐπὶ χειροτονίας [Epiklēsis epí cheirotonías], was wörtlich „Herabrufung (des Heiligen Geistes) bei der Handauflegung" bedeutet – eine klassische Bezeichnung für die Epiklese im Kontext einer sakramentalen Weihehandlung. Der verwendete Begriff χειροτονία [cheirotonía] – „Handauflegung" – wurde im altkirchlichen Sprachgebrauch ausschließlich für Weihen in den Klerus verwendet. Die Weihehandlung wird detailliert beschrieben:

> Bischof, du wirst ihr die Hände auflegen, während das Presbyterium zusammen mit den Diakonen und Diakonissen anwesend ist, und du wirst sagen: „Ewiger Gott, Vater unseres Herrn Jesus Christus, Schöpfer von Mann und Frau, der du Maria, Debora, Anna und Hulda mit dem Geist erfüllt hast, der du nicht geschmäht hast, aus einer Frau deinen eingeborenen Sohn zu gebären, der in der Stiftshütte und im Tempel Frauen zu Hüterinnen der heiligen Türen eingesetzt hast; Sieh jetzt auch auf diese deine Magd, die zum Dienst erwählt wurde, und gib ihr den Heiligen Geist und reinige sie von aller Unreinheit des Leibes und des Geistes, damit sie das ihr anvertraute Werk würdig vollenden kann zur Ehre und Lobpreis deines

> Christus, mit dem dir Ruhm und Anbetung und dem Heiligen Geist in alle Ewigkeiten gebührt. Amen."[194]

Diese Weiheformel ist theologisch reich und bemerkenswert inklusiv: Sie erinnert an bedeutende biblische Frauengestalten, verweist auf die Inkarnation durch Maria und auf weibliche Tempeldienste im Alten Testament. Die Bitte um den Heiligen Geist und um Reinigung macht deutlich, dass hier ein heiliger, geweihter Dienst übertragen wird – nicht bloß eine funktionale Hilfstätigkeit.

Die liturgische Aufgabe der Diakonin wird insbesondere im Kontext der Taufe beschrieben:

> Die Diakonin soll die Frauen, die die Taufe empfangen, salben, und der Presbyter soll bei der Handauflegung nur den Kopf salben und die göttlichen Anrufungen rezitieren; und wenn diejenige, die die Taufe empfängt, aus dem Wasser aufgestiegen ist, soll sie von der Diakonin empfangen

[194] eigene Übersetzung von: „Episcope, impones ei manus adstante presbyterio una cum diaconis ac diaconissis et dices: Deus aeterne, pater Domini nostri Iesu Christi, creator viri ac mulieris, qui spiritu implevisti Mariam, Debboram, Annam et Holdam, qui non dedignatus es ex muliere nasci unigenitum filium tuum, qui in tabernaculo testimonii et in templo feminas custodes sanctarum ianuarum tuarum instituisti ; ipse nunc quoque respice in famulam tuam hanc, electam ad ministerium, et da ei spiritum sanctum, et munda eam ab ommi inquinamento carnis et spiritus, ut opus sibi commissum perficiat condigne in gloriam tuam et laudem Christi tui, cum quo tibi gloria atque adoratio et sancto spiritui in saecula, amen." *Didascalia* XIX, 1f.

> werden, und von ihr soll sie in Keuschheit und Heiligkeit unterrichtet werden.[195]

Die Salbung des weiblichen Körpers durch eine Diakonin diente nicht nur der Wahrung der Schicklichkeit, sondern unterstreicht ihre liturgische Funktion. Sie tritt dort an die Stelle des männlichen Klerus, wo dies aus sittlichen oder praktischen Gründen geboten ist – zugleich wird ihr auch eine nachsakramentale Lehrverantwortung zugewiesen, nämlich die Begleitung und Unterweisung der Neugetauften in einem Leben der Heiligkeit.
Neben der Diakonin beschreibt die *Didaskalia* auch das Amt der Witwen – eine kirchlich anerkannte Lebensform mit seelsorgerlichen Aufgaben, die jedoch im Zuge der neuen kirchlichen Struktur zurückgedrängt wird.[196] Über die Witwen heißt es:

> Es ist also erforderlich, dass die Witwen aufrichtig sind, den Bischöfen und Diakonen untergeordnet, ehrfurchtsvoll, zitternd und den Bischof für Gott haltend, ohne in irgendeiner Weise Macht zu haben und nichts ohne die Anordnung des Bischofs zu tun, und ohne Rat oder Befehl des Bischofs nicht zu einem anderen zu gehen, um mit ihm zu essen oder zu trinken oder mit jemandem zu fasten oder von jemandem irgendetwas anzunehmen oder jemandem die

---

[195] eigene Übersetzung von: „Diaconissa feminas baptismum suscipientes ungat, et presbyter ad impositionem manus caput tantummodo ungat et divinas invocationes recitet; cumque suscipiens baptismum ex aqua ascenderit, a diaconissa suscipiatur, atque ab eadem pudicitiam et sanctitatem doceatur.“: *Didaskalia* III, 16, 2f., S. 12.

[196] Eisen, *Amtsträgerinnen*, S. 33f.

Hände aufzulegen und zu beten, wie wir zuvor gesagt haben, ohne den Rat des Bischofs oder Diakons.[197]

Diese Bestimmungen zeigen klar die Unterordnung der Witwen unter die kirchliche Hierarchie. Zugleich ist vom Handauflegen der Witwen die Rede, was eine gewisse liturgische Autorität implizieren könnte – auch wenn die konkrete Ausübung und Bedeutung nicht weiter erläutert werden.
Die Zurückdrängung weiblicher Ämter wird mit einem häufig wiederkehrenden Argument begründet: mangelnde theologische Bildung und die Gefahr der Verbreitung von Irrlehren. So heißt es:

> Indem sie nämlich ohne Kenntnis der Lehre reden, bringen sie Verleumdung über das Wort.[198]

Diese Aussage verweist auf ein wiederkehrendes Motiv der frühen Kirchenordnung: Die Angst vor nicht-kontrollierbarer, charismatischer Verkündigung durch theologisch nicht ausgebildete Frauen – eine Angst, die letztlich zu einer stärkeren Zentralisierung und Männlichkeitsbindung kirchlicher Autorität führte.

---

[197] Eigene Übersetzung von: „Sinceras ergo oportet esse viduas, subditas episcopis et diaconis et reverentes et trementes et metuentes episcopum sicut Deum, non habentes potestatem in aliquo nec absque dispositione aliquid facientes et citra consilium aut imperium episcopi, et ne velint ad aliquem pergere ad manducandum aut bibendum aut ieiunare cum aliquo aut accipere ab aliquo quicquam aut manus alicui imponere et orare, ut superius diximus, absque consilio episcopi vel diaconi.“ *Didaskalia* III, 8, 1-3.

[198] Eisen, *Amtsträgerinnen*, S. 76

Insgesamt ist die *Didaskalia Apostolorum* das früheste erhaltene Zeugnis, das die Diakonin als kirchlich geweihtes Amt klar beschreibt. Die Tatsache, dass den Witwen die Taufe explizit untersagt wird, lässt darauf schließen, dass sie zuvor durchaus in der Praxis Taufkandidatinnen unterrichtet und getauft haben könnten. Diese Aufgaben wurden nun auf die Diakoninnen übertragen – allerdings eingeschränkt auf die Salbung und Begleitung weiblicher Täuflinge, nicht auf die eigentliche Taufhandlung selbst.
Die Diakonin übernimmt also eine vermittelnde Rolle: Sie ersetzt den männlichen Klerus in bestimmten Bereichen aus Gründen der Sittlichkeit, wird aber in ihrer Vollmacht begrenzt. Gleichzeitig wird ihr eine pädagogische und spirituelle Verantwortung zugeschrieben – ein Zeichen dafür, dass ihr Amt theologisch ernst genommen wurde, auch wenn es institutionell eingeschränkt war.[199]

Persönliches Fazit

Die Didaskalia Apostolorum beeindruckt mich durch die Sorgfalt, mit der sie das kirchliche Leben ordnet – und durch die Würde, mit der sie die Diakonin beschreibt. Dass Frauen in der frühen Kirche ein eigenes Amt hatten, mit Handauflegung, Weiheformel und liturgischen Aufgaben, zeigt: Ihr Dienst wurde nicht nur geduldet, sondern geistlich ernst genommen.
Und doch war dieser Dienst begrenzt – in der Zuständigkeit, in der liturgischen Vollmacht, in der Lehre. Diese Begrenzung war nicht zufällig, sondern Ausdruck eines Verständnisses von Kirche, in dem Frauen in besonderer Weise für andere Frauen Sorge trugen – aus Gründen des Anstands, der Klarheit und der Ordnung. Dass Frauen

[199] ebd., S. 168f.

das Evangelium verkörpern, indem sie dienen, begleiten, salben und unterweisen, ist keine geringe Aufgabe.
Mich bewegt die Spannung, die in diesem Text spürbar wird: zwischen geistlicher Berufung und institutioneller Zurückhaltung, zwischen theologischer Würde und gelebter Begrenzung. Ich nehme diese Spannung ernst – nicht als Widerspruch, sondern als Ausdruck eines Ringens um das rechte Maß von Dienst, Autorität und Verantwortung.
Gerade weil die Kirche sich in dieser Zeit strukturierte, wurde auch die Frage gestellt, wem was anvertraut wird. Die Didaskalia gibt darauf Antworten, die aus ihrer Zeit heraus verständlich sind – und zugleich bezeugen, dass Frauen kirchlich beauftragt und in ihr Amt eingeführt wurden – mit Gebet, Handauflegung und einer klaren liturgischen Sendung.
Für die Kirche von heute heißt das für mich: Wenn das Amt der Diakonin in der frühen Kirche eine gelebte Wirklichkeit war, dann sollte es heute – in einer neuen Form – wieder überdacht werden dürfen. Nicht im Widerspruch zur Tradition, sondern im Licht ihrer Anfänge.

Gnosis und weibliche Autorität

Neben der institutionellen Entwicklung innerhalb der entstehenden Großkirche existierten in den ersten Jahrhunderten nach Christus auch alternative christliche Bewegungen, die sich durch ihre Offenheit für andere geistliche Strukturen und Rollenverteilungen auszeichneten. Besonders auffällig ist dies im Zusammenhang mit der Gnosis – einem vielgestaltigen religiösen Phänomen, das sich im 2. und 3. Jahrhundert in verschiedenen christlichen und jüdisch-hellenistischen Kontexten entfaltete.[200]

Die Gnosis war eine religiös-philosophische Bewegung in den ersten nachchristlichen Jahrhunderten, die lehrte, dass die materielle Welt durch einen niederen Schöpfergott entstanden sei und nur durch geheimes Wissen (γνῶσις) über das wahre göttliche Wesen Erlösung möglich sei. Sie verband Elemente aus Christentum, Platonismus und orientalischen Religionen und wurde von der frühen Kirche als häretisch verurteilt, übte aber zugleich Einfluss auf deren Theologie aus.

In gnostischen Texten und Gemeinschaften begegnen uns Frauen nicht nur als symbolische Gestalten, etwa in der Figur der Sophia, sondern auch als tatsächliche geistliche Akteurinnen: als Lehrerinnen, Prophetinnen, Apostelinnen. Schriften wie das *Evangelium der Maria*, das

200 Hans Jonas, Die Gnosis und der spätantike Geist, Bd. 1, Göttingen: Vandenhoeck & Ruprecht, 1954, S. 239–254.

Evangelium der Wahrheit oder die *Pistis Sophia* lassen erkennen, dass Frauen innerhalb gnostischer Gruppen häufig eine herausragende Rolle spielten. Maria Magdalena erscheint darin als bevorzugte Gesprächspartnerin des auferstandenen Christus, als Verkünderin und als Trägerin geheimer Offenbarungen.[201] In vielen gnostischen Gruppierungen war es üblich, dass Frauen lehren, predigen, taufen oder spirituelle Leitung übernehmen durften – in manchen Fällen sogar gleichrangig mit Männern. Diese Offenheit stand in einem deutlichen Spannungsverhältnis zur sich zunehmend formierenden Großkirche, die um theologische Eindeutigkeit und liturgische Einheit bemüht war. Die kirchliche Reaktion auf die Gnosis war entsprechend kritisch. Kirchenväter wie Irenäus von Lyon warnten ausdrücklich vor gnostischen Frauen, die sich lehrend und sakramental betätigten. In seiner Schrift *Adversus Haereses* beschreibt er sie als gefährlich, verführerisch und unrechtmäßig autorisiert – und bezieht sich auf ihre Funktion, um die Differenz zwischen orthodoxer und häretischer Lehre mit einer geschlechtlichen Komponente zu versehen. So wurde weibliche religiöse Autorität, zumindest dort, wo sie außerhalb der kirchlich anerkannten Strukturen auftrat, zunehmend mit Häresie gleichgesetzt. Die Abgrenzung von gnostischen Lehren und Praktiken diente nicht nur der dogmatischen Selbstvergewisserung, sondern auch

[201] Karen L. King, Das Evangelium der Maria. Eine frühchristliche Schrift neu entdeckt, Stuttgart: Kreuz Verlag, 2006.

der Stabilisierung einer männlich geprägten Amtsstruktur. Im Kontext der frühen Kirche zeigt sich hier ein wiederkehrendes Muster: Immer dann, wenn Frauen sichtbar, lehrend oder sakramental handelnd auftreten, wird dies – gerade in konkurrierenden Bewegungen – zum Anlass für kirchliche Abwehr und institutionelle Grenzziehung. Die Gnosis steht damit exemplarisch für eine alternative christliche Ausdrucksform, in der Frauen als Trägerinnen göttlicher Offenbarung anerkannt waren – und deren Zurückweisung durch die Großkirche nicht nur theologisch, sondern auch geschlechterpolitisch motiviert war.

3. Die Kirchenväter der ersten drei Jahrhunderte

Die Schriften der Kirchenväter bieten wertvolle Einblicke in das Selbstverständnis der frühen Kirche – sowohl in dogmatischer als auch in ekklesiologischer Hinsicht. Zugleich spiegeln sie jedoch auch die gesellschaftlichen und kulturellen Prägungen ihrer Zeit wider. In Bezug auf die Rolle der Frau offenbaren sich dabei durchaus ambivalente Haltungen: Einerseits finden sich Passagen, in denen Frauen als Glaubenszeuginnen, Märtyrerinnen oder sogar als prophetisch begabte Persönlichkeiten gewürdigt werden. Andererseits verfestigen sich zunehmend Vorstellungen, die Frauen vom kirchlichen Lehr- und Leitungsamt ausschließen und sie auf dienende oder häusliche Funktionen beschränken wollen.

Die theologischen Aussagen der Kirchenväter aus dem 2. und 3. Jahrhundert sind daher nicht nur Ausdruck kirchlicher Lehre, sondern auch Reaktion auf gesellschaftliche Entwicklungen, innerkirchliche Auseinandersetzungen und den wachsenden Bedarf an institutioneller Ordnung. Ihre Positionen sind keineswegs homogen – sie reichen von differenzierter Wertschätzung weiblicher Frömmigkeit bis hin zu scharfer Ablehnung weiblicher Verkündigung.

In den folgenden Abschnitten sollen zentrale Stimmen dieser frühen kirchlichen Lehrer untersucht werden, um zu zeigen, wie Frauen im Denken der Väter verortet wurden – und welche Konsequenzen dies für ihre Stellung in der entstehenden Kirche hatte.

Leib und Seele – das antike Erbe im frühen Christentum

In der frühen Theologie begegnen uns Frauenbilder, die stark von der griechischen Philosophie geprägt sind – insbesondere vom platonischen Denken. Während das Evangelium Frauen in zentralen Rollen zeigt – als erste Zeuginnen der Auferstehung, als Jüngerinnen und Gesprächspartnerinnen Jesu – prägten die Theologen der frühen Kirche ihre Vorstellungen häufig nicht nur auf Grundlage der Schrift, sondern auch unter dem Einfluss antiker Philosophie.

Eine der wirkmächtigsten Ideen stammte von Platon: der sogenannte *Leib-Seele-Dualismus.* Platon verstand den Leib als ein „Gefängnis der Seele". Der Körper galt als vergänglich, triebhaft, störend – während die Seele das Göttliche, Ewige und Wahre verkörperte. Diese Sichtweise übernahmen viele Kirchenväter nahezu unkritisch. Körperlichkeit, hauptsächlich Sexualität, wurde zur Gefahr für das Seelenheil.

In diesem Denken wurde die Frau leicht zur Projektionsfläche des „Leiblichen". Als gebärendes, sinnliches, sichtbares Wesen stand sie scheinbar näher am Körper – und damit näher an der Sünde. Tertullian (ca. 160–220 n. Chr.) brachte das besonders drastisch zum Ausdruck: In seiner Schrift *De cultu feminarum* nennt er die Frau ein „Tor des Teufels" und verweist auf Eva als Ursprung des Sündenfalls, der Tod Christi sei letztlich „ihr Werk". Auch Hieronymus, der große Bibelübersetzer, idealisierte die Jungfräulichkeit und kritisierte Ehe und Mutterschaft. Origenes und

Augustinus entwickelten ebenfalls eine stark asketisch geprägte Theologie, die sich gegen das Körperliche wandte – mit entsprechenden Folgen für die Sicht auf die Frau.

Mit dem Aufkommen des Mönchtums wurde dieses Denken weiter institutionalisiert: Die Frau galt als Hüterin oder Gefahr der Keuschheit – entweder als Idealgestalt der Jungfrau (wie Maria), oder als Verführerin (wie Eva oder die „weltliche Frau“). Diese Gegenüberstellung bestimmte lange Zeit das kirchliche Denken und Handeln.

Zwar finden sich auch andere Stimmen – etwa das biblische Lob der Ehe oder die Anerkennung weiblicher Autorität in den Gemeinden –, doch der platonisch geprägte Dualismus hatte ein langes Nachwirken. Erst mit der Rezeption anderer Denkrichtungen im Hochmittelalter und der späteren Reformation kam es punktuell zu Korrekturen. Das tief verwurzelte Denkmuster, das die Frau mit dem Leib und den Leib mit Minderwertigkeit gleichsetzte, hielt sich in der kirchlichen Tradition über Jahrhunderte hinweg.

Diese Zusammenhänge sind wichtig, um die Aussagen der Kirchenväter im historischen und geistigen Kontext ihrer Zeit einordnen zu können.

Tertullian (ca. 150–220)

Tertullian, einer der frühesten und einflussreichsten lateinischen Kirchenväter, nimmt in seinen Schriften eine doppelte Haltung zur Rolle von Laien und insbesondere Frauen ein. Einerseits ist er der erste Theologe, der die später so zentrale Lehre vom „allgemeinen Priestertum aller Gläubigen“ formuliert – ein Gedanke, den das Zweite Vatikanische Konzil im 20. Jahrhundert wieder aufgreifen sollte:

> Es steht geschrieben: „Er hat uns zu einem Königreich und zu Priestern gemacht für Gott und seinen Vater.“ Der Unterschied zwischen dem geweihten Stand und dem Volk besteht nur durch die Autorität der Kirche und die Ehre, die durch die Weihe verliehen wird. Wo es jedoch keine offizielle kirchliche Weihe gibt, kann auch ein Laie opfern und taufen – dann ist er für sich selbst ein Priester. Wo aber drei versammelt sind, da ist die Kirche, auch wenn es sich um Laien handelt.[202]

Gleichzeitig lehnt Tertullian entschieden jede Form geistlicher Vollmacht für Frauen ab. Seine Argumentation stützt sich auf drei zentrale Linien:

---

[202] eigene Übersetzung von: „Scriptum est: Regnum quoque nos et sacerdotes deo et patri suo fecit. Differentiam inter ordinem et plebem constituit ecclesiae auctoritas et honor per ordinis consessum sanctificatus. Adeo ubi ecclesiastici ordinis non est consessus, et offers et tinguis et sacerdos es tibi solus. Sed ubi tres, ecclesia est, licet laici.“: Tertullian, *De exhortatione castitatis*, veröffentlicht in: https://bkv.unifr.ch/de/works/cpl-20/versions/de-exhortatione-castitatis/divisions/8, letzter Zugriff am 23.02.2025.

1. *Die Frau ist kein wahres Abbild Gottes*: Tertullian sieht in der Frau keine theologische Ebenbildlichkeit mit Gott – ein Argument, das direkt mit der Unfähigkeit zur priesterlichen Repräsentation Christi verknüpft wird:

> Die Frau muss ihr Haupt verschleiern, weil sie nicht Gottes Ebenbild ist.[203]

> Frauen sind nicht das Abbild Gottes, sie sind nicht fähig zum Priestertum.“[204]

> Gott gab zuerst seinen Geist dem Menschen, das heißt, weil er sein Abbild in ihm hat, und wollte, dass er ihm ähnlich wird. Wenn er also in seinem Bilde ist, dann ist der Mann wahrhaftig, aber nicht die Frau; denn der Priester und Christus sind eins.[205]

2. *Die Frau ist die Ursache der Sünde.* In scharfer Sprache beschreibt Tertullian die Frau als Ursprung des Sündenfalls:

> Du bist die Tür des Teufels; du bist diejenige, die den Zugang zu diesem Baum geöffnet hat; du bist die Erste, die das göttliche Gesetz verlassen hat; du bist diejenige, die den

---

[203] Tertullian, *De Corona* 4,7, in: *CCSL*, Bd. 1, hrsg. von E. Dekkers, Turnhout: Brepols, 1958, S. 109 f.

[204] Tertullian, *Adversus Marcionem*, Buch 2, Kap. 8, in: *CCSL*, Bd. 1, hrsg. von Eugène M. A. D. de Ghellinck, Turnhout: Brepols, 1958, S. 164.

[205] Tertullian, De Exhortatione Castitatis 7, in: Bibliothek der Kirchenväter, Bd. 7, Kempten 1913, abrufbar unter: www.tertullian.org/articles/kempten_bkv/bkv07_23_de_exhortatione_castitatis.html, letzter Zugriff am 23.03.2025.

verführt hat, den der Teufel nicht angreifen konnte; du hast das Ebenbild Gottes, den Menschen, so leicht [aus dem Paradies] vertrieben; wegen deines Verdienstes – das ist der Tod –, musste sogar der Sohn Gottes sterben.[206]

3. *Die Frau ist schwach gegenüber der Wahrheit*: Tertullian spricht Frauen die geistige Stärke zur Wahrheitsaufnahme ab:

> Was in den Frauen schwach ist, hat, auch wenn es wahr ist, nicht die Wahrheit.[207]

Diese drei Argumentationsstränge führen ihn zur grundsätzlichen Ablehnung weiblicher Teilnahme an sakramentalen oder lehrhaften Handlungen:

> Es ist der Frau nicht gestattet, in der Kirche zu sprechen, noch zu lehren, noch zu taufen, noch zu opfern, noch sich irgendein männliches Amt anzumaßen, geschweige denn das Amt des Priesters für sich zu beanspruchen.[208]

---

[206] eigene Übersetzung von: „Tu es diaboli ianua; tu es arboris illius resignatrix; tu es diuinae legis prima desertrix; tu es quae eum suasisti, quem diabolus aggredi non ualuit; tu imaginem Dei, hominem, tam facile elisisti; propter tuum meritum, id est mortem, etiam filius Dei mori habuit": Tertullian, *De cultu feminarum* I, 1, 2, in: *CCSL*, Bd. 1, hrsg. von E. Dekkers, Turnhout: Brepols, 1958-

[207] Tertullian, *De Exhortatione Castitatis*, Kap. 5, in: *CCSL*, Bd. 1, hrsg. von Eugène Dekkers, Turnhout: Brepols, 1958, S. 95.

[208] eigene Übersetzung von: „Non permittitur mulieri in ecclesia loqui, sed nec docere nec tinguere nec offerre nec ullius virilis muneris, nedum sacerdotalis officii sortem sibi vindicarent.":Tertullian, *De Virginibus Velandis*, Kap. 9, Abs. 1, in: *CCSL*, Bd. 1, hrsg. von Eugène Dekkers, Turnhout: Brepols, 1958,

Zur Spendung der Taufe äußert sich Tertullian differenziert. Er erkennt an, dass auch Laien grundsätzlich zur Taufe berechtigt seien, jedoch keine Frauen:

> Das höchste Recht, die Taufe zu spenden, hat der höchste Priester, das heißt der Bischof; danach folgen die Presbyter und die Diakone – jedoch nicht ohne die Autorität des Bischofs (…). Denn was in gleicher Weise empfangen wird, kann auch in gleicher Weise weitergegeben werden (…). Doch was die Anmaßung einer Frau betrifft, die sich das Recht herausnimmt zu lehren, wird sie sich dann nicht auch das Recht anmaßen, zu taufen?[209]

Dabei geht er auch auf ein bekanntes Gegenargument ein – das Beispiel der Thekla aus den *Acta Pauli et Theclae*, einer apokryphen frühchristlichen Schrift, in der eine Frau lehrt und tauft:

> Falls jedoch einige sich auf die „Acta Pauli" berufen (…) so sollen sie wissen, dass in Asien ein Presbyter, der diese Schrift verfasst und ihr eigenmächtig den Namen des Paulus hinzugefügt hatte, überführt wurde. Er gestand, dass er dies aus Liebe zu Paulus getan habe, und trat daraufhin von

---

https://www.tertullian.org/latin/de_virginibus_velandis.htm?utm_source=chatgpt.com#92, letzter Zugriff am 22.02.2025.

[209] Tertullian, *De baptismo* 17, in: Bibliothek der Kirchenväter, Bd. 7, Kempten 1913, abrufbar unter: www.tertullian.org/articles/kempten_bkv/bkv07_21_de_baptismo.htm, letzter Zugriff am 23.03.2025.

> seinem Amt zurück. (…) „Sie sollen schweigen", sagt er, und daheim ihre Männer fragen.' (1Kor 14,34–35).[210]

Tertullian macht eine auffällige Unterscheidung: Während männliche Laien in Notfällen zur Taufe befugt sein könnten, lehnt er diese Möglichkeit für Frauen kategorisch ab.

Diese Haltung geht einher mit einer polemischen Abgrenzung gegenüber häretischen Bewegungen, in denen Frauen durchaus liturgisch aktiv waren:

> Diese häretischen Frauen – wie unverschämt sie sind! Sie wagen es zu lehren, zu diskutieren, Exorzismen durchzuführen, Heilungen zu versprechen und vielleicht sogar zu taufen.[211]

Tertullians abwertende Sicht auf die Frau wurzelt tief im platonischen Dualismus, der den Körper als minderwertig

---

[210] eigene Übersetzung von: „quod si quae Acta Pauli, quae perperam scripta sunt, exemplum Theclae ad licentiam mulierum docendi tinguendique defendant, sciant in Asia presbyterum qui eam scripturam construxit, quasi titulo Pauli de suo cumulans, convictum atque confessum id se amore Pauli fecisse loco decessisse. quam enim fidei proximum videtur ut is docendi et tinguendi daret feminae potestatem qui ne discere quidem constanter mulieri permisit? Taceant, inquit, et domi viros suos consulant.". Tertullian, *De Baptismo*, Kap. XVII, in: *CCSL*, Bd. 1, hrsg. von Eugène Dekkers, Turnhout: Brepols, 1958, https://bkv.unifr.ch/de/works/cpl-8/versions/de-baptismo/divisions/18, letzter Zugriff am 23.02.2025.

[211] eigene Übersetzung von: „Ipsae mulieres haereticae, quam procaces! quae audeant docere, contendere, exorcismos agere, curationes repromittere, fortasse an et tingere.": Tertullian, *De Praescriptione Haereticorum*, Kap. XLI, 5, in: *CCSL*, Bd. 1, hrsg. von Eugène Dekkers, Turnhout: Brepols, 1958.

gegenüber dem Geist betrachtet – und die Frau, als dem Leib näherstehend, als potenzielle Gefahr für das Seelenheil des Mannes erscheinen lässt.
Die theologischen Positionen Tertullians zur Frau prägten nachhaltig die spätere kirchliche Lehre. Seine Verbindung von anthropologischer Abwertung, dogmatischer Argumentation und sozialer Rollenverteilung wurde von vielen nachfolgenden Kirchenvätern übernommen. Seine Ablehnung weiblicher Sakramente und Lehrvollmachten diente nicht nur der theologischen Festigung des Priestertums, sondern auch der Abgrenzung von als häretisch eingestuften Strömungen – und sollte sich tief in das kirchliche Selbstverständnis einschreiben.

Persönliches Fazit

Tertullians Aussagen über die Frau lassen sich heute kaum lesen, ohne innerlich zu stocken. Sie sind scharf, radikal und zugleich theologisch konsequent. Ich nehme ernst, dass er aus einer Zeit sprach, in der der kirchliche Glaube sich gegen viele äußere und innere Herausforderungen behaupten musste. Seine klare Abgrenzung war sicherlich notwendig – auch, um das entstehende Amt zu schützen und sich von konkurrierenden Bewegungen abzugrenzen.
Und doch: Sein Frauenbild wurzelt in einem Menschenbild, das die Frau auf Leiblichkeit, Schwäche und Verführung reduziert. Diese Sichtweise wirkt bis heute nach – nicht nur in der Lehre, sondern auch im kirchlichen Denken über Berufung und Würde.
Mir zeigt das: Es genügt nicht, die Autorität eines Kirchenvaters zu betonen. Man muss auch fragen dürfen, worauf sie sich gründet. In Tertullians Fall wird deutlich, wie sehr theologische Tradition und kulturelle Vorstellung miteinander verwoben sein können – und wie wichtig es ist, sie geistlich zu unterscheiden.

Clemens von Alexandrien († 215)

Auch Clemens von Alexandrien bezeugt das Wirken von Frauen in kirchlichen Diensten und nennt ausdrücklich Gehilfinnen der Bischöfe. In seinem Werk *Stromateis* verwendet er den Begriff συνδιάκονοι [syndiákonoi] – „Mit-Diakoninnen" –, um jene Frauen zu beschreiben, die gemeinsam mit Bischöfen im Verkündigungsdienst tätig waren[212], insbesondere im Kontakt mit anderen Frauen.

In einem bemerkenswerten Abschnitt beschreibt Clemens die Praxis der Apostel, bei ihrer missionarischen Tätigkeit Frauen mitzunehmen:

> „Aber diese [Apostel] richteten, ihrem Dienst entsprechend, ihre Gedanken nur auf die Predigt, ohne sich ablenken zu lassen, und führten ihre Frauen nicht als Ehegattinnen, sondern als Schwestern mit sich, damit sie mit ihnen gemeinsam ihren Dienst ausübten (*ministraturae*) bei den Frauen, die sich um die Häuser kümmerten; durch sie konnte die Lehre des Herrn auch in das Frauengemach eindringen, ohne einen schlechten Ruf oder eine Verdächtigung."[213]

---

212 Clemens von Alexandrien, *Stromata* 3,6,44; 3,12,92; 4,1,12, in: *Patrologia Graeca* (PG), Bd. 8, hrsg. von J.-P. Migne, Paris: Garnier, 1906, vgl. Reininger, *Gemeinde*, S. 85.

213 „Sed hi quidem, ut erat consentaneum, ministerio, quod divelli non poterat, praedicationi scilicet, attendentes, non ut uxores , sed ut sorores circumducebant mulieres, quae una ministraturae essent apud mulieres quae domos custodiebant: per quas etiam in gynaeceum, absque ulla reprehensione malave suspicione, ingredi posset doctrina Domini.": Clemens von Alexandrien, Stromata Book 3, chap.6, 53, 3:, und: "But the latter [the apostles], in accordance with their ministry [διακονία], devoted themselves to preaching without any distraction, and took women with them, not

Diese Aussage verdeutlicht ein zentrales Anliegen der frühkirchlichen Praxis: die Bewahrung der sittlichen Integrität bei gleichzeitigem pastoralen Zugang zu Frauen. Die mitreisenden Frauen, als *Schwestern* bezeichnet, dienten nicht in einer privaten, sondern in einer missionarisch-geistlichen Funktion – als „Gehilfinnen", die das Evangelium auch dorthin brachten, wo männliche Apostel kulturell oder moralisch bedingt keinen Zugang hatten.

Der Hinweis auf *syndiákonoi* lässt sich als Bestätigung für eine frühe Form des weiblichen Diakonats deuten – zumindest als unterstützenden Verkündigungsdienst an Frauen, in enger Verbindung mit der offiziellen Lehrverkündigung der Kirche. Gleichzeitig spiegelt sich in Clemens' Darstellung auch eine tiefe Verankerung geschlechtsspezifischer Zuständigkeitsbereiche: Frauen evangelisieren Frauen – jedoch nicht als eigenständige Verkünderinnen, sondern als Gehilfinnen der apostolischen Sendung.

Ob diese *syndiákonoi* bereits ein geweihtes Amt bekleideten, bleibt bei Clemens offen. Doch ihre Erwähnung zeigt, dass das Wirken von Frauen im Dienst der Kirche bereits im 3. Jahrhundert verbreitet und theologisch reflektiert war –

as wives, but as sisters, that they might be their co-ministers [συνδιακονους] in dealing with women in their homes. It was through them that the Lord's teaching penetrated also the women's quarters without any scandal being aroused. We also know the instructions about women deacons [διακονών γυναικών] which are given by the noble Paul in his other letter, the one to Timothy": Clemens von Alexandrien, *Stromata*, Book 3, chap.6, 54, 3-4: https://bkv.unifr.ch/de/works/cpg-1377/versions/teppiche-bkv/divisions/67, letzter Zugriff am 18.03.2025.

und dass ihre Rolle als Mittlerinnen des Evangeliums auch von bedeutenden Kirchenvätern anerkannt wurde.

Origenes (ca. 185–254)

Auch Origenes, einer der bedeutendsten Theologen der frühen Kirche, erwähnt in seinen Schriften Diakoninnen. Seine Hinweise auf Amtsträgerinnen stützen die Annahme, dass Frauen in bestimmten Regionen und Kontexten kirchliche Aufgaben übernahmen – zumindest im diakonischen Bereich.

Allerdings lässt sich aus Origenes' Texten keine klare Aussage über die Existenz von Diakoninnen im ägyptischen Kontext ableiten, in dem er selbst wirkte. Seine Kenntnisse könnten ebenso gut aus syrischen oder palästinensischen Quellen stammen, in denen die Existenz und Funktion weiblicher Diakoninnen bereits bezeugt ist. [214] So bleibt offen, ob seine Erwähnung der Diakoninnen auf eigene Beobachtung oder auf überregionale kirchliche Informationen zurückgeht.

Trotz dieser Unsicherheit ist die Bezugnahme selbst bedeutsam: Sie zeigt, dass das Amt der Diakonin im 3. Jahrhundert so weitverbreitet war, dass es auch in den theologischen Reflexionen eines universal denkenden Kirchenvaters wie Origenes seinen Platz fand – als fester Bestandteil des Dienstes in der frühen Kirche.

[214] Vgl. Reininger, *Gemeinde.*, S. 85f.

Cyprian von Karthago († 258)

Cyprian, Bischof von Karthago und einer der führenden Theologen Nordafrikas im 3. Jahrhundert, überliefert eine bemerkenswerte Episode, in der eine Frau sowohl die Eucharistie feierte als auch Taufen spendete – und sich dabei selbst als Prophetin ausgab. Der Bericht gibt nicht nur Einblick in charismatische Strömungen innerhalb des frühen Christentums, sondern dokumentiert auch die kontroverse Reaktion auf weibliches liturgisches Handeln:

> Als nun die Gläubigen in dieser Verwirrung aus Furcht vor der Verfolgung hierhin und dorthin flüchteten und ihre Heimat verließen, um in andere Landesteile sich zu begeben (das war nämlich möglich, weil jene Verfolgung nicht in der ganzen Welt tobte, sondern örtlich beschränkt war), da tauchte hier auf einmal ein Weib auf, das in Verzückung geriet und sich als Prophetin ausgab und sich gebärdete, als wäre sie des Heiligen Geistes voll. (…) Nun hat aber jenes Weib (…) sich auch häufig erdreistet, Folgendes zu tun: Unter keineswegs verächtlicher Anrufung stellte sie sich, als ob sie Brot heilige und das Abendmahl feiere, und brachte dem Herrn ein Opfer dar, ohne das Geheimnis der sonst dabei üblichen feierlichen Worte; auch nahm sie viele Taufen vor unter Benutzung der gewöhnlichen und rechtmäßigen Frageformel, so dass sie von der kirchlichen Regel gar nicht abzuweichen schien.[215]

---

[215] Cyprian von Karthago, *Epistula* 75, §10 f., in: *Corpus Christianorum, Series Latina* (CCSL), Bd. 3, hrsg. von G. F. Diercks, Turnhout: Brepols, 1972, abrufbar unter: https://bkv.unifr.ch/de/works/cpl-50/versions/briefe-bkv-8/divisions/450, letzter Zugriff am 23.02.2025.

Cyprian nutzt diese Geschichte, um seine theologische Überzeugung zu unterstreichen: Die Gültigkeit eines Sakraments hängt davon ab, ob der Spender den Heiligen Geist besitzt. Die Frau, um die es hier geht, wird von ihm nicht einfach als irrende Christin dargestellt, sondern als eine von einem Dämon besessene Person, deren vermeintlich sakramentales Handeln in Wirklichkeit profaniert ist.

Der Neutestamentler Klaus Berger hat diese Passage dahingehend interpretiert, Cyprians Kritik richte sich nicht gegen die Tatsache, dass die Frau taufe oder die Eucharistie feiere, sondern gegen das Fehlen der Einsetzungsworte. Diese Praxis sei, so Berger, zu jener Zeit bislang nicht überall fest etabliert gewesen – insbesondere in östlichen Kirchen, wo das liturgische Schwergewicht auf der Epiklese lag und liegt.[216] Eine solche Deutung ist jedoch problematisch. Der Text Cyprians stellt eindeutig die Taufhandlung in den Mittelpunkt der Kritik – und nicht primär die Eucharistie. Zudem wird die Frau nicht lediglich wegen liturgischer Unregelmäßigkeiten gerügt, sondern grundsätzlich als ungeeignet für den sakramentalen Dienst verurteilt.

Die Episode lässt erkennen, dass Frauen durchaus seelsorglich und spirituell wirkten – insbesondere im Dienst an anderen Frauen. Diese Praxis war auch kirchlich anerkannt, solange sie sich innerhalb der kulturellen und liturgischen Grenzen bewegte. Doch sobald Frauen als liturgisch handelnde Subjekte außerhalb des autorisierten

[216] vgl. ebd.

Rahmens auftraten, wie in diesem Fall, stieß dies auf massive Ablehnung.
Diese Haltung war auch von der Rezeption griechischer Philosophie geprägt, in der die Frau als dem Mann ontologisch unterlegen galt – ein Menschenbild, das auch bei zahlreichen Kirchenvätern nachhallte. Frauen galten als notwendig für die Seelsorge, speziell unter Frauen, aber ihre geistliche Autorität wurde strukturell begrenzt – vor allem im Blick auf Lehre und Sakramente.

Schlussbetrachtung: Frauen in der Kirche der ersten Jahrhunderte

Die ersten drei Jahrhunderte des Christentums waren geprägt von Vielfalt und Bewegung – auch in Bezug auf die Rollen, die Frauen innerhalb der Gemeinden übernahmen. In den Quellen der frühen Kirche begegnen uns Frauen als Diakoninnen, Prophetinnen, Märtyrerinnen, Lehrerinnen und Seelsorgerinnen. Ihre Funktionen waren oft kontextgebunden, kulturell bedingt und nicht selten liturgisch eingebunden – etwa im Tauf- und Segensdienst oder in der Begleitung von Frauen.
Gleichzeitig lassen sich bereits in dieser frühen Phase die Konturen einer zunehmenden Einschränkung weiblicher Handlungsspielräume erkennen. Theologische Argumente über Schöpfungsordnung, Sünde und Repräsentationsfähigkeit wurden herangezogen, um Frauen systematisch aus Lehr- und Leitungsämtern auszuschließen – ein Prozess, der sich in den späteren Jahrhunderten weiter verfestigen sollte.

Die Kirchenordnungen jener Zeit zeigen die Spannung zwischen charismatischer Teilhabe und institutioneller Kontrolle. Und die Stimmen der Kirchenväter spiegeln ein Ringen zwischen Anerkennung weiblicher Spiritualität und der Festigung patriarchaler Strukturen wider. Die Geschichte der Frauen in der frühen Kirche ist daher nicht nur eine Geschichte der Ausgrenzung, sondern auch eine des verborgenen Einflusses, der Widerständigkeit und der bleibenden Präsenz.

Persönliches Fazit

Die Auseinandersetzung mit den Stimmen der ersten drei Jahrhunderte hat mich zugleich bereichert und nachdenklich gemacht. Ich sehe, wie viel Raum Frauen in der frühen Kirche an unterschiedlichen Stellen hatten – als Diakoninnen, Prophetinnen, Begleiterinnen der Apostel, Gastgeberinnen und Seelsorgerinnen. Ihre Nähe zum Evangelium war spürbar. Und doch begegnet mir auch ein wachsendes Bedürfnis nach Abgrenzung, Ordnung und Kontrolle.

Bei Tertullian erschreckt mich die Härte seiner Sprache – und zugleich verstehe ich, dass er die sich formende kirchliche Lehre vor innerer Auflösung bewahren wollte. Clemens von Alexandrien wirkt wie ein Gegenbild: nüchterner, aber auch offener für die Vorstellung, dass Frauen als „Mitarbeiterinnen des Evangeliums" einen festen Platz im kirchlichen Leben haben. Cyprian schließlich zeigt, wie früh Fragen nach Liturgie, Amt und geistlicher Autorität mit der Sorge um kirchliche Ordnung verknüpft wurden – auch um den Preis, dass Frauen ausgeschlossen wurden.

Was mich in all dem beschäftigt: Es gibt keine einheitliche Linie, aber es gibt ein deutliches Muster. Je stärker sich das kirchliche Amt institutionalisiert, desto weniger sind Frauen an der Verantwortung der Kirche beteiligt. Und je mehr Theologie zur Abgrenzung gebraucht wird, desto deutlicher gerät die Frage nach der Berufung aus dem Blick.

Ich nehme diese Entwicklung ernst – auch in ihrer geistlichen Tiefe. Sie war nicht nur Ausdruck von Machtanspruch, sondern auch von Sorge um Einheit, Wahrheit und Heiligkeit. Aber gerade deshalb ist es wichtig, die Ursprünge nicht zu vergessen: dass Frauen in der Kirche der ersten Jahrhunderte Verantwortung trugen, berufen waren, gesandt wurden – und das Evangelium oft genau dort lebten, wo institutionelle Strukturen noch gar nicht greifen konnten.

Vielleicht braucht es heute eine neue geistliche Offenheit, die sich an diesen Anfängen orientiert – nicht, um das Alte zu wiederholen, sondern um im Licht des Evangeliums neu zu hören, was Berufung bedeuten kann.

4. Frauen in der Spätantike und im Mittelalter

Mit der sogenannten konstantinischen Wende beginnt ein neuer Abschnitt in der Geschichte der Kirche – ein Abschnitt, der auch für die Rolle der Frauen tiefgreifende Folgen hatte. Die Verbindungen zwischen kirchlicher und staatlicher Ordnung, die zunehmende Institutionalisierung und das wachsende Bedürfnis nach theologischer Eindeutigkeit prägten nicht nur das kirchliche Selbstverständnis, sondern auch die Vorstellung davon, wem innerhalb der Kirche welche Aufgaben und Vollmachten zukamen.

Dieses Kapitel widmet sich der Frage, wie sich das Bild von Frauen in der Kirche zwischen dem 4. Jahrhundert und dem späten Mittelalter wandelte. Es verfolgt die Spuren, die Frauen in dieser Zeit trotz wachsender Einschränkungen hinterlassen haben – in kirchlichen Ordnungen, in Konzilsbeschlüssen, in den Stimmen der Kirchenväter. Es zeigt, wie zunächst anerkannte Aufgabenbereiche – etwa im Taufdienst, in der Seelsorge oder in karitativen Tätigkeiten – zunehmend eingeengt oder an männliche Amtsträger gebunden wurden.

Dabei geht es nicht nur um kirchenrechtliche Bestimmungen oder dogmatische Argumente. Es geht auch um die dahinterliegenden Vorstellungen von Körper, Geist und Geschlecht, um die Verbindungen zwischen Theologie und sozialer Ordnung, zwischen spiritueller Berufung und institutioneller Macht.

Wer sich auf diesen Weg durch die Quellen und Entwicklungen einlässt, wird entdecken, wie ambivalent, widersprüchlich – und oft überraschend offen – die kirchliche Wirklichkeit in dieser Zeit war. Nicht selten zeigen sich zwischen offiziellen Verboten und gelebter Praxis Brüche, Spannungen und Spielräume, die die Geschichte der Frauen in der Kirche auch in dieser Epoche lebendig halten.

Die Auseinandersetzung mit dem Montanismus

Der Montanismus – auch als „phrygische Häresie" bezeichnet – war eine christliche prophetische Bewegung, die um das Jahr 160 n. Chr. in Kleinasien entstand. Ihre Anhänger verstanden sich als vom Heiligen Geist erfüllt und glaubten an fortdauernde Offenbarungen Gottes, die ihrem Gründer Montanus im Blick auf das unmittelbar bevorstehende Weltende zuteilgeworden seien. Die Bewegung zeichnete sich durch eine strenge asketische Ethik aus: Das Martyrium wurde als Ideal betrachtet, Fasten und Buße wurden intensiv praktiziert, Ehen teils abgelehnt oder als minderwertige Lebensform angesehen. Ihr Ziel war es, das kirchliche Leben zu erneuern und zu vollenden – in Erwartung des kommenden Reiches Gottes.

Besonders auffällig war im Montanismus die zentrale Rolle, die Frauen innerhalb der Bewegung spielten. Neben Montanus selbst wirkten zwei Prophetinnen, Priska und Maximilla, als führende Gestalten. Sie galten als Trägerinnen göttlicher Offenbarung, sprachen in Ekstase und beeinflussten maßgeblich die theologische und moralische Ausrichtung der Bewegung. Diese aktive geistliche Rolle von Frauen war für viele Vertreter der Großkirche zutiefst irritierend – und wurde zunehmend zum Anlass für deren Ablehnung.

Mit der Zeit wurde der Montanismus offiziell als Häresie verurteilt. Diese Verurteilung hatte weitreichende Folgen – nicht nur für die Bewegung selbst, sondern auch für das Frauenbild der sich institutionalisierenden Kirche. Der Zusammenhang zwischen weiblicher prophetischer Autorität und abweichender Lehre wurde zunehmend verallgemeinert: Wo Frauen in theologischer oder liturgischer Leitung auftraten, entstand der Verdacht auf Unordnung, Schwärmerei oder gar Irrlehre. Die Reaktion bestand in einem systematischen Ausschluss von Frauen aus kirchlich verantwortlichen Ämtern – eine Entwicklung, die sich auch in disziplinarischen Entscheidungen des Westens abzeichnet.

Ein Beispiel dafür findet sich im 4. Jahrhundert in Gallien. Dort gestatteten zwei Presbyter den Frauen, die sie als *conhospitae* (Mitgenossinnen) bezeichneten, nach montanistischem Vorbild die Darbringung des Kelches beim Abendmahl. Der Protest ließ nicht lange auf sich warten: Drei Bischöfe verurteilten dieses Vorgehen scharf und verfügten, „dass solche Weibspersonen nicht in unerlaubter Darbringung die göttlichen Sakramente besudeln“.[217]

Diese Formulierung lässt erkennen, wie stark das Bedürfnis nach Abgrenzung war – nicht nur gegenüber

---

[217] zit. nach: Zscharnack, *Der Dienst der Frau*, S. 98.

einer bestimmten Häresie, sondern gegenüber jeglicher Form weiblicher sakramentaler Handlung. Die kirchliche Identität wurde zunehmend über den Ausschluss weiblicher Amtsausübung definiert – eine Strategie, die weit über den Montanismus hinaus Wirkung entfaltete.

Im Streit mit den Montanisten, einer Bewegung, die Frauen auch liturgische Aufgaben übertrug, wurden Frauen insbesondere in der westlichen Kirche aus dem Klerus verdrängt. [218] Ob dies aus theologischer Überzeugung geschah oder im Abgrenzungsbedürfnis gegenüber dieser als häretisch angesehenen Bewegung wurzelte, bleibt letztlich eine Frage der Interpretation.[219]

Das Konzil von Nizäa (325)

Das erste ökumenische Konzil der Kirchengeschichte – abgehalten im Jahr 325 in Nizäa – markiert einen Wendepunkt in der Institutionalisierung kirchlicher Strukturen und Dogmen. Neben der berühmten Formulierung des nizänischen Glaubensbekenntnisses und der Festlegung des Osterdatums beschäftigte sich das Konzil auch mit konkreten disziplinarischen Fragen – darunter mit der Integration sogenannter Paulianisten in die „katholische" Kirche. In diesem Zusammenhang wird auch erstmals offiziell das Amt der Diakonin kirchenrechtlich thematisiert.

Der relevante Abschnitt im Kanon 19 lautet:

---

[218] vgl. ebd., S. 188ff.

[219] Müller, *Kann nur der getaufte Mann gültig das Weihesakrament empfangen?*, S. 334, Anm. 56.

Bezüglich der Paulianisten, die sich der katholischen Kirche anschließen, ist beschlossen worden, dass sie in jedem Fall neu getauft werden müssen. Wenn jedoch einige unter ihnen im Klerus gewesen sind und sie sich als untadelig und ohne Schuld erweisen, dann soll der Bischof der katholischen Kirche sie nach der Taufe erneut ordinieren. Falls jedoch ihre Ordination nicht als notwendig erachtet wird, ist offensichtlich, dass sie nicht in den Klerus der katholischen Kirche aufgenommen werden. Ebenso soll mit Diakoninnen und allen, die als Kleriker betrachtet werden, verfahren werden. Diakoninnen jedoch, die in derselben Weise unter den Paulianisten ordiniert wurden, scheinen keinerlei Weihe empfangen zu haben und sind ohne Handauflegung eingesetzt worden. Daher sollen sie eindeutig als Laien betrachtet werden.[220]

Die Paulianisten – benannt nach Paul von Samosata – hatten eine nicht-trinitarische Christologie vertreten und die göttliche Präexistenz Christi abgelehnt. Ihre Taufen wurden als ungültig betrachtet, so dass bei einem Übertritt zur katholischen Kirche eine erneute Taufe erforderlich

---

[220] eigene Übersetzung von: „Περὶ τῶν Παυλιανιστῶν, τῶν προσιόντων τῇ καθολικῇ ἐκκλησίᾳ, ἐδογμάτισται παντάπασι βαπτίζεσθαι αὐτούς. Εἰ δὲ εἰσίν τινες ἐν αὐτοῖς τοῦ κλήρου, εἰ μὲν ἄμεμπτοι φαίνονται καὶ ἄμωμοι, βαπτισθέντες χειροτονησάτωσαν αὐτούς ὁ τῆς καθολικῆς ἐκκλησίας ἐπίσκοπος· εἰ δὲ μὴ, δῆλον ὅτι τοιούτοι οὐκ ἔσονται ἐν τῷ κλήρῳ τῆς καθολικῆς ἐκκλησίας. Ὡσαύτως δὲ περὶ τῶν διακονισσῶν καὶ πάντων πάντως τῶν ἐν τῷ κλήρῳ τοῦτον τὸν τρόπον φυλάττεσθαι. Τὰς δὲ λεγομένας ἐν αὐτοῖς διακονίσσας, ἐπεὶ οὐδὲν ἔχουσιν ἐκ χειροθεσίας, δῆλον ὅτι ἐν τοῖς λαϊκοῖς νομιστέον.“: Karl Josef von Hefele, *Conciliengeschichte*, Bd. 1, Freiburg im Breisgau: Herder, 1855, S. 389.

war. Auch ihre Kleriker mussten neu geordnet und beurteilt werden – darunter eben auch Diakoninnen.

Besonders bemerkenswert ist die Feststellung des Konzils, dass die Diakoninnen der Paulianisten keine formale χειροτονία [cheirotonía] – „Handauflegung" – empfangen hatten und daher nicht als ordinierte Geistliche gelten konnten. Dies bedeutet jedoch keineswegs, dass das Konzil Diakoninnen grundsätzlich dem Laienstand zuordnete – im Gegenteil: Durch den Verweis auf das Fehlen der Handauflegung wird indirekt bestätigt, dass andernorts Diakoninnen durch Handauflegung geweiht wurden und somit zum Klerus zählten. Die Regelung betrifft also explizit Diakoninnen, die der paulianistischen Gemeinschaft in Antiochien angehörten. Da sie dort ohne Handauflegung in ihr Amt eingeführt worden waren, erkannte das Konzil ihre Weihe nicht an – ein Prinzip, das analog auch für männliche Kleriker dieser Gruppe galt. Es handelt sich hier also um eine lokale und situationsbezogene Entscheidung, die nicht auf das gesamte Amt der Diakonin in der Kirche übertragen werden kann.[221]

Trotzdem wurde dieser Kanon später vielfach anders ausgelegt. So argumentiert etwa Gerhard Ludwig Müller, dass Diakoninnen hier als prinzipiell laienhaft eingestuft

---

[221] vgl. Manfred Hauke, „Die Geschichte der Diakonissen – Nachwort und Literaturnachtrag zum Standardwerk von Aimé-Georges Martimort über die Diakonissen", in: Manfred Hauke und Helmut Hoping (Hgg.), *Der Diakonat. Geschichte & Theologie*, Regensburg: Friedrich Pustet, 2019, S. 376.

würden.[222] Diese Deutung verkennt jedoch den eigentlichen Aussagegehalt des Textes. Der Kanon spricht nicht gegen die Möglichkeit weiblicher Weihe, sondern stellt lediglich fest, dass die Diakoninnen der Paulianisten aufgrund der fehlenden liturgischen Form (nämlich der Handauflegung) nicht als geweihte Amtsträgerinnen anzusehen sind.

Im Umkehrschluss lässt sich daher schlussfolgern, dass Diakoninnen, die – wie in vielen anderen christlichen Gemeinden üblich – durch Handauflegung eingesetzt wurden, sehr wohl als Teil des Klerus galten. Der Kanon von Nizäa ist somit nicht Ausdruck eines Ausschlusses, sondern eines differenzierten Verständnisses liturgischer Legitimität – und ein indirektes Zeugnis für die kirchliche Anerkennung weiblicher Diakone dort, wo die Weihe in der anerkannten Form vollzogen wurde.

Die Constitutiones Apostolorum (Ende 4. Jh.)

Die *Constitutiones Apostolorum*, gegen Ende des 4. Jahrhunderts in Syrien entstanden, vereinen Elemente älterer Kirchenordnungen wie der *Didache*, der *Traditio Apostolica* und der *Didaskalia Apostolorum*. Insbesondere in den Ostkirchen erlangte die Schrift große Bedeutung, da sie die Struktur der Kirche und die liturgischen Ämter maßgeblich beeinflusste. Ihre Aussagen über das Diakoninnenamt sind ambivalent, spiegeln jedoch zugleich eine Entwicklung innerhalb dieser aus

[222] Müller, *Der Empfänger des Weihesakraments*, S. 80.

verschiedenen Gemeindeordnungen zusammengesetzten Sammlung wider.
Zusammen mit der *Didaskalia* gehören die *Constitutiones Apostolorum* zu den wichtigsten frühkirchlichen Zeugnissen über das Diakonat der Frau. Ob die darin enthaltenen Regelungen allerdings tatsächlich gelebter kirchlicher Praxis entsprachen, wird von einigen Theologen bezweifelt.
Der Begriff „Klerus" wird in den *Constitutiones* auf alle angewendet, die liturgische Dienste ausüben. Diakone und Diakoninnen werden damit ausdrücklich dem Klerus zugeordnet.
Wie bereits in der *Didaskalia*, wird auch in den *Constitutiones Apostolorum* eine trinitarische Typologie übernommen, die jeder Amtsgruppe innerhalb der Kirche eine Rolle innerhalb des göttlichen Wirkens zuweist: Der Bischof repräsentiert Gott den Vater, der Diakon Christus, und die Diakonin wird an der Stelle des Heiligen Geistes geehrt.
Die Diakonin, die – wie bereits in der *Didaskalia* – als *diaconissa* bezeichnet wird, erhält ein klar definiertes und fest institutionalisiertes Amt, das durch ein eigenes Weihegebet und durch die Handauflegung des Bischofs übertragen wird.
Bischof und Presbyter werden dabei mit den Hohepriestern und Priestern des Alten Bundes verglichen, während die übrigen kirchlichen Ämter – darunter auch Diakone und Diakoninnen – den Leviten entsprechen. Zugleich wird die hierarchische Struktur klar benannt: Der Diakon ist dem Bischof und den Presbytern unterstellt und hat deren Weisungen auszuführen. Er darf das

Evangelium verkünden und das Gebet leiten, das Predigen bleibt jedoch den Bischöfen und Presbytern vorbehalten. In den *Constitutiones* heißt es dazu:

> Der Diakon aber stehe diesem bei wie Christus dem Vater und diene ihm in allem untadelig, wie Christus, der von sich aus nichts tut, sondern stets das tut, was dem Vater gefällt. Die Diakonin aber sei von euch als Abbild des Heiligen Geistes geehrt, indem sie nichts ohne den Diakon tut oder spricht; so wie auch der Paraklet [der Heilige Geist] nichts von sich aus tut oder spricht, sondern, indem er Christus verherrlicht, auf dessen Willen wartet. Und wie es unmöglich ist, an Christus zu glauben ohne die Unterweisung des Geistes, so soll auch keine Frau ohne die Diakonin zum Diakon oder zum Bischof hinzutreten.[223]

Diese Passage verdeutlicht, dass die Diakonin zwar als geistlich bedeutsames Abbild des Heiligen Geistes verstanden wird, jedoch dem Diakon strukturell untergeordnet ist. Diese Unterordnung zeigt sich auch in den praktischen Aufgabenbereichen beider Ämter:

---

[223] eigene Übersetzung von: „ὁ δὲ διάκονος τούτῳ παριστάσθω ὡς ὁ Χριστὸς τῷ πατρί, καὶ λειτουργείτω αὐτῷ ἐν πᾶσιν ἄμεμπτος, ὡς ὁ Χριστός, ἀφ᾽ ἑαυτοῦ ποιῶν οὐδέν, τὰ ἀρεστὰ ποιεῖ τῷ πατρὶ πάντοτε. ἡ δὲ διάκονος εἰς τύπον τοῦ ἁγίου πνεύματος τετιμήσθω ὑμῖν, μηδὲν ἄνευ τοῦ διακόνου πράττουσα ἢ φθεγγομένη· ὡς οὐδὲ ὁ παράκλητος ἀφ᾽ ἑαυτοῦ τι ποιεῖ ἢ λαλεῖ, ἀλλὰ δοξάζων τὸν Χριστὸν περιμένει τὸ ἐκείνου θέλημα· καὶ ὡς οὐκ ἔστιν εἰς τὸν Χριστὸν πιστεῦσαι ἄνευ τῆς τοῦ πνεύματος διδασκαλίας, οὕτως ἄνευ τῆς διακόνου μηδεμία προσίτω γυνὴ τῷ διακόνῳ ἢ τῷ ἐπισκόπῳ.“: Franz Xaver Funk (Hg.), *Didascalia et Constitutiones Apostolorum* (Paderborn: Ferdinand Schöningh, 1905), Buch II, Kap. 26.

Während der Diakon liturgische Handlungen ausführt – wenngleich ohne Segensvollmacht oder Taufautorität –, übernimmt die Diakonin keine liturgischen Funktionen. Ihre Aufgabe besteht vielmehr darin, die Kirchentüren zu bewachen und den Priestern bei der Taufe von Frauen beizustehen, um die Schamgrenzen und die Sittsamkeit zu wahren.

Während in der Spätantike vielerorts die Vorstellung verbreitet war, Frauen dürften während ihrer Menstruation den Altarraum nicht betreten, da sie durch den Blutfluss als rituell unrein galten, widersprechen die *Constitutiones Apostolorum* dieser Auffassung mit bemerkenswerter theologischer Klarheit. In einer Passage heißt es:

> Denn wenn du, o Frau, meinst, während deiner siebentägigen Menstruation frei vom Heiligen Geist zu sein, dann würdest du, falls du plötzlich sterben solltest, ohne Geist und ohne freimütige Hoffnung auf Gott scheiden. Doch du besitzt den Geist in jeder Hinsicht untrennbar, da er nicht an einen Ort gebunden ist; aber du brauchst das Gebet, den Dank und die Erleuchtung durch den Heiligen Geist, damit du darin nichts Unrechtes tust. Denn weder gesetzlicher Beischlaf noch Worte, noch der Fluss von Blut, noch bloße nächtliche Regungen können die Natur des Menschen oder den Heiligen Geist von ihm trennen, sondern nur Gottlosigkeit und ungesetzliches Handeln.

> Denn der Heilige Geist bleibt immer bei denen, die ihn besitzen, solange sie seiner würdig sind.[224]

Diese theologische Deutung, dass der Heilige Geist nicht durch körperliche Vorgänge wie Blutfluss oder Geschlechtsverkehr beeinträchtigt wird, stellt einen bemerkenswerten Gegenentwurf zu verbreiteten Reinheitsvorstellungen dar – und zeigt eine gewisse geistliche Kontinuität, die unabhängig von biologischen Zuständen gedacht wird.
Gleichzeitig jedoch bekräftigen die *Constitutiones Apostolorum* eine klare patriarchale Anthropologie und lehnen ausdrücklich die Möglichkeit weiblicher Priesterschaft ab, und zwar unter Berufung auf die göttliche Ordnung. Die Erwählung von Frauen zu priesterlichen Funktionen wird als heidnischer Irrtum bezeichnet.[225] In der Schrift heißt es:

> Die Frau aber soll sich ihrem Mann unterordnen, weil der Mann das Haupt der Frau ist; das Haupt des Mannes, der in

---

[224] eigene Übersetzung von: „εἰ γὰρ νομίζεις, ὦ γύναι, ἑπτὰ ἡμέρας ἐν ἀφέδρῳ οὖσα τοῦ ἁγίου πνεύματος κενὴ τυγχάνειν, ἄρα τελευτήσασα ἐξαίφνης κενὴ πνεύματος καὶ ἀπαρρησίαστος τῆς πρὸς θεὸν ἐλπίδος ἀπελεύσῃ. ἢ τὸ μὲν πνεῦμα ἔχεις πάντως ἀχώριστον ἅτε μὴ ἐν τόπῳ ὄν, δεῖ δέ σοι προσευχῆς καὶ εὐχαριστίας καὶ τῆς τοῦ ἁγίου πνεύματος ἐπιφοτησεως, ὡς οὐδὲν ἐν τούτῳ παρανομουσα. οὔτε γὰρ νόμιμος μῖξις οὔτε λόγος οὔτε αἵματος φορα, οὐχ ὀνείρωξις μόνη δύναται ἀνθρώπου φύσιν ἢ τὸ ἅγιον πνεῦμα χωρίσαι, ἢ μόνη ἀσέβεια καὶ παράνομος πρᾶξις. τὸ γὰρ ἅγιον πνεῦμα τοῖς κεκτημένοις αὐτὸ ἀεὶ παραμονόν ἐστιν, ἕως ἂν ὦσιν ἄξιοι.“: *Constitutiones Apostolorum* VI, 27.

[225] Reininger, *Gemeinde*, S. 90.

Gerechtigkeit wandelt, ist Christus, und das Haupt Christi ist Gott, sein Vater.[226]

In einem weiteren Abschnitt werden die liturgischen Befugnisse strikt an das männliche Geschlecht gebunden:

> Denn so wie wir den Frauen nicht erlauben, in der Kirche zu lehren, so auch nicht zu taufen, noch Opfer darzubringen, noch priesterliche Aufgaben der Männer zu übernehmen, noch sonst irgendeine der männlichen liturgischen Funktionen auszuüben. Denn was der Herr den Männern aufgetragen hat, das ist nicht von Frauen auszuführen. Denn im Männlichen liegt das Priestertum und die Autorität; denn der Mann ist das Abbild Gottes und sein Stellvertreter, die Frau aber ist das Abbild des Mannes; da auch Eva aus Adam stammt und nicht Adam aus Eva. Daher soll der Mann seine eigene Frau lieben wie sich selbst, die Frau aber soll ihren eigenen Mann fürchten wie einen König, und Herrscher, und Herrn.[227]

---

[226] „ἡ δὲ γυνὴ ὑποτασσέσθω τῷ ἀνδρὶ αὐτῆς, ὅτι κεφαλὴ τῆς γυναικός ἐστιν ὁ ἀνήρ· κεφαλὴ δὲ τοῦ ἀνδρὸς ὁ πορευόμενος ἐν δικαιοσύνῃ Χριστός, κεφαλὴ δὲ τοῦ Χριστοῦ ὁ Θεὸς καὶ Πατὴρ αὐτοῦ.“: *Constitutiones Apostolorum* I, 8.

[227] eigene Übersetzung von: „Ὥσπερ γὰρ οὐκ ἐπιτρέπομεν ταῖς γυναιξὶν ἐν τῇ ἐκκλησίᾳ διδάσκειν, οὕτως οὐδὲ βαπτίζειν, οὐδὲ προσφέρειν, οὐδὲ ἱερατεύειν ἀνδρῶν, οὐδὲ ἄλλο τι ποιεῖν τῶν ἀνδρῶν λειτουργιῶν. Ὅσα γὰρ τοῖς ἄνδράσιν ἐνετείλατο ὁ Κύριος, ταῦτα οὐκ ἐστὶ γυναιξὶν ἐπιτελεῖν. Ἐν γὰρ τῷ ἀρσενικῷ ἡ ἱερωσύνη καὶ ἡ ἀρχή· ὁ ἀνὴρ γάρ ἐστιν ὁ εἰκὼν τοῦ Θεοῦ καὶ ἀντιπρόσωπος, ἡ δὲ γυνὴ εἰκὼν τοῦ ἀνδρός· ἐπεὶ καὶ ἡ Εὔα ἐκ τοῦ Ἀδὰμ καὶ οὐχ ὁ Ἀδὰμ ἐκ τῆς Εὔας. Διὰ τοῦτο ὀφείλει ὁ ἀνὴρ τὴν ἰδίαν γυναῖκα ἠγάσθαι ὡς ἑαυτόν, ἡ δὲ γυνὴ τὸν ἴδιον ἄνδρα φοβεῖσθαι ὡς βασιλέα, καὶ ἄρχοντα, καὶ κύριον.“*Constitutiones Apostolorum* III, 9.

Solche Formulierungen lassen erkennen, dass es offenbar Frauen gegeben haben muss, die liturgisch handelten – insbesondere in der Eucharistie –, denn sonst wäre ein so explizites Verbot kaum nötig gewesen. Die Textzeugen scheinen auf bestehende Praktiken zu reagieren, die aus Sicht der Verfasser unterbunden werden sollten.
Daher verbieten die *Constitutiones* auch das Lehren von Frauen ausdrücklich:

> Denn wir gestatten nicht, dass Frauen in der Kirche lehren, sondern nur beten und den Lehrern zuhören. Denn der Herr und Meister Jesus Christus hat uns Zwölf gesandt, das Volk und die Nationen zu lehren, nicht aber Frauen; es gab jedoch auch weibliche Jünger des Herrn, Maria Magdalena, Maria, die Mutter des Jakobus, und die Mutter des Herrn und seine Schwestern; sie wurden jedoch nicht gesandt, zusammen mit uns zu predigen. Wenn es nämlich erforderlich gewesen wäre, dass Frauen lehren, hätte er ihnen befohlen, zusammen mit uns zu predigen. Aber dies wurde nicht bestimmt, weil der Mann das Haupt der Frau ist, und es ist nicht angemessen, dass der Körper über dem Kopf steht.[228]

[228] eigene Übersetzung von : „Οὐ γὰρ ἐπιτρέπομεν ταῖς γυναιξὶν διδάσκειν ἐν τῇ ἐκκλησίᾳ, ἀλλὰ προσεύχεσθαι καὶ ἀκούειν τῶν διδασκάλων. Ὁ γὰρ δεσπότης καὶ κύριος Ἰησοῦς Χριστὸς ἀπέστειλεν ἡμᾶς τοὺς δώδεκα διδάξαι τὸν λαὸν καὶ τὰ ἔθνη, οὐ γυναῖκας· ἦσαν δὲ καὶ γυναῖκες μαθηταὶ τοῦ Κυρίου, Μαρία ἡ Μαγδαληνὴ, Μαρία ἡ τοῦ Ἰακώβου, καὶ ἡ μήτηρ τοῦ κυρίου καὶ αἱ ἀδελφαὶ αὐτοῦ· οὐ μέντοι ἀπεστάλησαν κηρύσσειν σὺν ἡμῖν. Εἰ γὰρ ἦν χρῆναι γυναῖκας διδάσκειν, ἐκεῖνος ἂν προσέταξεν αὐταῖς κηρύσσειν σὺν ἡμῖν. Ἀλλ᾽ οὐχ ὡρίσθη τοῦτο, ὅτι ὁ ἄνδρας ἐστὶν ἡ κεφαλὴ τῆς γυναικός, καὶ οὐκ ἔστι πρέπον τὸ σῶμα τὴν κεφαλὴν ὑπερέχειν.“: *Constitutiones Apostolorum* III, 6.

Diese Argumentation greift auf biblische Narrative, eine hierarchische Anthropologie und theologische Konstruktionen von Autorität zurück, um die liturgische und lehrhafte Vollmacht auf Männer zu begrenzen. Das Amt der Diakonin wird zwar in seiner Existenz bestätigt und in den kirchlichen Dienst eingebunden – jedoch strikt innerhalb geschlechtsspezifischer Grenzen, die durch diese Argumentationen theologisch abgesichert werden.

Die Aufgaben und Funktionen der Diakoninnen

Die überlieferten Aufgaben der Diakoninnen verdeutlichen, dass es sich bei ihrem Amt um ein spezifisches „Amt von Frauen für Frauen" handelte – mit eigenen liturgischen, seelsorglichen und karitativen Zuständigkeiten. Ihre Aufgabenbereiche erstreckten sich über mehrere zentrale Felder kirchlichen Lebens und zeugen von einer institutionell anerkannten Form weiblicher Teilhabe am kirchlichen Dienst – wenngleich innerhalb geschlechtlich klar abgegrenzter Grenzen.

1. Mithilfe bei der Taufe von Frauen

Die bedeutendste und am häufigsten bezeugte Aufgabe der Diakoninnen war ihre Mitwirkung bei der Taufe von Frauen. Da das Taufritual ein vollständiges Untertauchen des nackten Körpers umfasste, war aus Gründen der Sittsamkeit die Anwesenheit weiblicher Amtsträgerinnen erforderlich. In den *Constitutiones Apostolorum* heißt es dazu:

> Die Diakoninnen sind notwendig für die Taufe der Frauen, damit die Frauen nicht den Männern gezeigt werden, sondern nur im Frauenbereich nackt sind. Denn der Diakon

salbt nur das Haupt; die Diakoninnen aber salben die übrigen sichtbaren Teile des Körpers.[229]

Die Diakoninnen übernahmen somit vor allem die Ent- und Bekleidung der Taufbewerberinnen sowie die Salbung des Körpers, während der Bischof oder Priester lediglich das Haupt salbte.[230] Diese Aufgabe zeigt, dass das Amt der Diakonin funktional eng mit der sakramentalen Praxis verknüpft war – wenn auch nicht im Sinne der Spendung des Sakraments, so doch in seiner Durchführung.

2. Krankenkommunion und Salbung von Frauen

Eine weitere zentrale Aufgabe war die seelsorgliche Begleitung kranker Frauen – einschließlich der Spendung

---

[229] eigene Übersetzung von : „Αἱ δὲ διάκονοι ἀναγκαῖαι πρὸς τὸ βάπτισμα τῶν γυναικῶν, διὰ τὸ μὴ ἐπιδεικνύσθαι τὰς γυναῖκας τοῖς ἄνδράσιν, ἀλλ' ἐν τῷ γυναικωνίτῃ μόνῳ γυμνὰς γίνεσθαι. Ὁ γὰρ διάκονος χρίει τὴν κεφαλὴν μόνον· αἱ δὲ διάκονοι χρίουσι τὰς λοιπὰς τοῦ σώματος ἐπιφάνειας.“: *Constitutiones Apostolorum* VIII, 13.

[230] vgl. Evangelos Theodorou, „Frauenordination in der Orthodoxen Kirche? Anmerkungen zum Diakonat der Frau“, in: Dietmar W. Winkler (Hg.), *Diakonat der Frau. Befunde aus biblischer, patristischer, ostkirchlicher, liturgischer und systematisch-theologischer Perspektive*, Wien: Lit, 2010, S. 51. Die umfangreichste Sammlung aller Zeugnisse zu diesem kirchlichen Dienst, versehen mit einem theologischen Kommentar, ist das Werk von J. Plinius, *De diaconissarum ordinatione*, in: *Acta Sanctorum*, Sept. I, Anvers: Société des Bollandistes, 1746, S. I–XXVI. Der grösste Teil der von Plinius angeführten griechischen und lateinischen Dokumente sind wieder abgedruckt bei: Cornelia B. Mayer, *Monumenta de viduis diaconissis virginibusque tractantia*, Bonn: Verlag Peter Hanstein, 1938.

der Krankenkommunion und der Krankensalbung.[231]: In den *Constitutiones Apostolorum* heißt es:

> Die Diakoninnen sollen den Frauen dienen, die Kranken besuchen oder die, die niedergeschlagen sind, ihnen dienen, ihnen die Eucharistie bringen, die Kranken salben und alles andere tun, was nötig ist; denn es ist nicht notwendig, dass die männlichen Diakone zu den Frauen gehen, damit die Kirche Gottes nicht verunglimpft wird.[232]

Hier wird deutlich, dass Diakoninnen nicht nur als Kommunionhelferinnen fungierten, sondern auch die Krankensalbung vornahmen – ein Ritus, der heute ausschließlich Priestern vorbehalten ist. [233] Die Begründung liegt in der Wahrung der Ehre der Frauen und dem Ansehen der Kirche. Das Amt der Diakonin ermöglichte also eine seelsorglich angemessene und schickliche Versorgung von Frauen in Grenzsituationen des Lebens.

Im *Testamentum Domini* (5. Jahrhundert) ist ebenfalls dokumentiert, dass Diakoninnen die Osterkommunion zu kranken Frauen bringen und die Kommunion austeilen

---

[231] vgl. Reininger, *Diakonat der Frau*, S. 92, und: Evangelos Theodorou, „Das Amt der Diakoninnen in der kirchlichen Tradition. Ein orthodoxer Beitrag zum Problem der Frauenordination", in: *Una Sancta*, 33. Jg. (1978), S. 171

[232] eigene Übersetzung von: „Αἱ δὲ διάκονοι ὑπηρετείτωσαν ταῖς γυναιξίν, καὶ ἐπισκέπτεσθαι τὰς κατὰ νόσον ἢ κατὰ ἀθυμίαν, καὶ διακονεῖν αὐταῖς, καὶ τὴν εὐχαριστίαν φέρειν, καὶ χρίειν τὰς ἀσθενούσας, καὶ ὅσα ἄλλα ἐὰν δέῃ· ὅτι οὐκ ἔστιν ἀνάγκη τοὺς διακόνους τοὺς ἄνδρας ἐπὶ τὰς γυναῖκας ἐλθεῖν, ἀλλ᾽ ἵνα μὴ ὑβρισθῇ ἡ ἐκκλησία τοῦ Θεοῦ.": *Constitutiones Apostolorum* VIII, 15.

[233] Vgl. Daniélou, The Ministry of Women in the Early Church, S. 29.

durften – allerdings mit einer klaren Einschränkung: Sie sollten diese nicht direkt vom Altar, sondern aus einer speziellen Pyxis (*theca*) entnehmen. Es heißt:

> Die Diakoninnen sind jedoch notwendig, damit sie den kranken Frauen die Kommunion bringen, und zwar aus der Pyxis und nicht vom Altartisch, falls kein Priester anwesend ist.[234]

3. Begleitung bei Beerdigungen

Diakoninnen waren zudem bei der Bestattung verstorbener Frauen tätig. Ihre Aufgabe bestand darin, die Verstorbenen würdig zu bekleiden, sie für die Beisetzung vorzubereiten und den Priester bei der Durchführung der Zeremonie zu unterstützen.[235] Ihre Präsenz garantierte auch hier Sittsamkeit und Ordnung im Umgang mit dem weiblichen Körper.

Auch innerhalb des Gottesdienstes übernahmen Diakoninnen eine verantwortliche Rolle für den Frauenbereich der Gemeinde:

---

234 *Testamentum Domini Nostri Jesu Christi*, Buch II, Kap. 20, in: Franz Xaver Funk (Hrsg.), *Didascalia et Constitutiones Apostolorum*, Paderborn: Schöningh, 1905, S. 124: „Diaconissae autem necessariae sunt, ut afferant communionem mulieribus infirmis, et hoc ex theca, non ex mensa altaris, si presbyter defuerit."

235 vgl. Evangelos Theodorou, „Die Weihe oder Segnung der Diakonissen", in: Anne Jensen und Grigorios Larentzakis (Hrsg.), *Diakonat und Diakonie in frühchristlicher und ostkirchlicher Tradition*, Graz: Print&Art, 2008, S. 122.

> Die Diakonin aber soll über die Frauen wachen und ihre Ordnung bewahren, damit in der Kirche keine Unruhe entsteht.[236]

5. Weitere liturgische Aufgaben

In manchen Überlieferungen ist auch davon die Rede, dass Diakoninnen Weihrauch auflegen durften – allerdings ohne Segensformel (*benedictio*) – sowie Epistel und Evangelium vortragen konnten. Auch wenn diese Aufgaben liturgisch begrenzt waren, zeigen sie doch eine gewisse Präsenz der Diakonin innerhalb des gottesdienstlichen Rahmens – insbesondere im Bereich der Frauen.

6. Erzieherische und katechetische Funktion

Diakoninnen spielten auch eine wesentliche Rolle in der katechetischen und erzieherischen Arbeit der Kirche. Sie betreuten Frauen, die sich auf die Taufe vorbereiteten, und unterrichteten sie in der christlichen Lehre. Ebenso waren sie auch verantwortlich für die religiöse Erziehung von Mädchen, Jungen, Jungfrauen und Waisen. In den *Constitutiones* heißt es dazu:

> Diakoninnen sind notwendig für den Dienst an den Frauen, damit sie die Frauen in ihren Häusern unterrichten und

---

[236] eigene Übersetzung von: „Ἡ δὲ διάκονος γυναιξὶν ἐπιστατείτω καὶ τὴν τάξιν αὐτῶν φυλασσέτω, ἵνα ἐν ἀκαταστασίᾳ μὴ γίνηται ἡ ἐκκλησία.“: *Constitutiones Apostolorum* II, 26.

> Katechese betreiben, und damit sie, wenn einige sich auf die Taufe vorbereiten, diese betreuen.[237]

Auch wenn Diakoninnen nicht öffentlich lehren durften, so waren sie doch in der individuellen Unterweisung fest eingebunden.[238] Ältere Diakoninnen leiteten jüngere Kolleginnen an und trugen damit zur Stabilität und Weitergabe kirchlicher Lehre bei. Ihre Tätigkeit war ein wesentlicher Bestandteil der Missions- und Bildungsarbeit der frühchristlichen Gemeinden.[239]

7. Seelsorge

Ein weiteres zentrales Tätigkeitsfeld der Diakoninnen war die Seelsorge für Frauen – insbesondere dort, wo männliche Kleriker aus Gründen der Sittsamkeit keinen direkten Zugang hatten.[240] Diakoninnen fungierten als Mittlerinnen zwischen Bischöfen oder Priestern und weiblichen Gemeindemitgliedern. Wer als Frau ein Anliegen an den Bischof herantragen wollte, wandte sich zunächst an eine Diakonin:

---

[237] eigene Übersetzung von: „Διακόνισσαι δὲ ἀναγκαῖαι εἰς τὴν διακονίαν τῶν γυναικῶν, ἵνα ἐκπαιδεύωσι καὶ κατηχῶσι τὰς γυναῖκας τὰς ἐν τῷ οἴκῳ αὐτῶν, καὶ ὅταν παρασκευάζωνταί τινες εἰς τὸ βάπτισμα, ἵνα ἐπισκοπῶσιν αὐτάς.“: *Constitutiones Apostolorum* II, 25.

[238] vgl. Reininger, *Diakonat der Frau*, 92.

[239] vgl. Theodorou, *Die Weihe oder Segnung der Diakonissen*, 122.

[240] vgl. Theodorou, *Frauenordination*, S. 51.

> Diakoninnen sind notwendig für den Dienst an den Frauen, damit, wenn eine der Frauen den Bischof sehen möchte, der Weg durch sie (die Diakoninnen) führt.[241]

In dieser vermittelnden Rolle überbrachten Diakoninnen auch Nachrichten – vergleichbar mit dem Dienst der männlichen Diakone – und stärkten so die Kommunikation innerhalb der Gemeinden und zwischen Gemeinden.[242]

8. Karitative Tätigkeiten

Diakoninnen waren ebenso in der Diakonie tätig. Sie kümmerten sich um Kinder, Arme, Kranke und alle, die Hilfe benötigten. Auch wenn ihr Amt primär auf Frauen bezogen war, schlossen sie Männer nicht grundsätzlich von ihrer Fürsorge aus. Ihre Arbeit in der Gemeinde war breit gefächert und umfasste viele Formen praktischer Nächstenliebe.[243]

Obwohl die Diakoninnen viele Aufgaben mit den männlichen Diakonen teilten, blieben ihnen liturgische Handlungen im engeren Sinn verwehrt. Sie durften weder am Altar dienen noch Segenshandlungen oder eucharistische Funktionen übernehmen. In den *Constitutiones Apostolorum* wird dies eindeutig formuliert:

---

241 eigene Übersetzung von: „Διακόνισσαι δὲ ἀναγκαῖαι εἰς τὴν διακονίαν τῶν γυναικῶν, ἵνα, ἐὰν βούληταί τις τῶν γυναικῶν ἰδεῖν τὸν ἐπίσκοπον, δι᾽ αὐτῶν ἡ ὁδὸς ᾖ.“: *Constitutiones Apostolorum* II, 25.

242 vgl. Reininger, *Diakonat der Frau*, S. 92-93.

243 vgl. Theodorou, *Frauenordination*, S. 50.

> Der Diakon spricht und segnet nicht; den Segen aber empfängt er vom Bischof und vom Priester. Er tauft nicht, er opfert nicht; wenn aber der Bischof oder der Priester opfert, reicht er die Kommunion, jedoch nicht als Priester, sondern als Diener des Priesters. Keinem anderen der Kleriker ist es erlaubt, den Dienst des Diakons auszuüben. Die Diakonin segnet nicht und tut auch nichts von dem, was der Priester oder der Diakon tut; sondern sie ist die Hüterin der Türen und dient den Priestern bei der Taufe der Frauen aus Gründen der Schicklichkeit.[244]

Die Frage, ob die Salbung bei der Taufe, die von Diakoninnen vorgenommen wurde, als sakramentaler Akt galt, bleibt umstritten. Klar ist jedoch: Die Diakonin hatte keine priesterliche Vollmacht und keinen Dienst am Altar.[245] Auch wenn die Diakonin nicht das tat, was ein Diakon tat, wird durch diese Abgrenzung zugleich deutlich, dass ihr Amt nicht etwa eine bloße Hilfsfunktion war, sondern eigene, spezifisch weibliche Aufgaben umfasste, die innerhalb der Logik der damaligen Kirchenordnung als notwendig anerkannt wurden.

---

[244] eigene Übersetzung von: „Ὁ μὲν οὖν διάκονος λέγει, καὶ οὐκ εὐλογεῖ· εὐλογίαν δὲ λαμβάνει παρὰ τοῦ ἐπισκόπου καὶ τοῦ πρεσβυτέρου· οὐ βαπτίζει, οὐ προσφέρει· ὅταν δὲ προσφέρῃ ὁ ἐπίσκοπος ἢ ὁ πρεσβύτερος, μεταδίδωσιν, οὐχ ὡς ἱερεύς, ἀλλ’ ὡς τοῦ ἱερέως ὑπηρέτης. Οὐδενὶ δὲ ἄλλῳ τῶν κληρικῶν ἐξὸν ἐστὶ τὴν τοῦ διακόνου λειτουργίαν ἐπιτελεῖν. Ἡ δὲ διάκονος οὐκ εὐλογεῖ, οὐδὲ ποιεῖ τι τῶν τοῦ πρεσβυτέρου ἢ τοῦ διακόνου· ἀλλ’ ἡ τῶν θυρῶν φύλαξ ἐστὶ καὶ διακονεῖ τοῖς πρεσβυτέροις εἰς τὸ βάπτισμα τῶν γυναικῶν διὰ τὴν εὐσχημοσύνην.“: Constitutiones Apostolorum II, 26.

[245] vgl. Reininger, *Diakonat der Frau*, S. 94.

Im Verlauf der byzantinischen Ära entwickelte die Kirche eine deutliche Unterscheidung zwischen der einfachen Segnung, der χειροθεσία [cheirothesía], des niederen Klerus – wie Psalmisten, Subdiakonen und Lektoren – und der eigentlichen Ordination, der χειροτονία [cheirotonía], des höheren Klerus, zu dem Diakone, Presbyter und Bischöfe gehörten. Die Ordination war Teil einer umfassenden liturgischen Zeremonie und wurde als Übertragung des Heiligen Geistes verstanden.

Ab diesem Zeitpunkt erhielten auch Diakoninnen, ähnlich wie ihre männlichen Kollegen, nicht lediglich eine Segnung, sondern eine *cheirotonía* – also eine Weihe mit Handauflegung, durch die ihnen offiziell der Heilige Geist übertragen wurde. Damit wurden sie klar als Mitglieder des Klerus anerkannt. Witwen und Jungfrauen hingegen, die keine Handauflegung empfingen, gehörten nicht zum Klerus. Der Begriff κλῆρος [klḗros] umfasste nun alle liturgischen Amtsträger, die ihren Lebensunterhalt durch die Kirche bestritten und mit bürgerlichen Privilegien ausgestattet waren.

Die Struktur der Weihegebete macht den Unterschied zwischen Diakonen und Diakoninnen deutlich. Für Diakone heißt es:

> Wenn du aber einen Diakon ordinierst, Bischof, lege ihm die Hand auf, in Anwesenheit des Presbyteriums und der Diakone, und sprich: …“[246]

Für Diakoninnen liest man:

> Es soll auch eine Diakonin ordiniert werden, rein und keusch, und der Bischof lege ihr die Hände auf, in Anwesenheit der Presbyter, Diakone und Diakoninnen, und bete über sie, indem er spricht: …[247]

Obwohl beide Weiheformeln eine Handauflegung vorsehen, fehlt im Gebet für die Diakonin die explizite Erwähnung eines „höheren Weihegrades“, der beim männlichen Diakon die Möglichkeit zur Weiterberufung in höhere Ämter wie das Presbyterat oder Episkopat andeutet. Bei Diakoninnen hingegen wird eine solche Perspektive nicht eröffnet – ein Hinweis auf die hierarchische Differenzierung der Ämter.
Beim Vergleich der Weiherituale fiel auf, dass bei der Diakonin nicht ausdrücklich von *cheirotonía* gesprochen wird.[248] Im Gegensatz zur klaren Terminologie bei Diakonen, Subdiakonen oder Lektoren heißt es bei der

---

[246] eigene Übersetzung von: „Εἰ δὲ χειροτονῇς διάκονον, ἐπίσκοπε, ἐπιθέμενος αὐτῷ τὴν χεῖρα, παρόντος καὶ τοῦ πρεσβυτερίου καὶ τῶν διακόνων, εἰπόν·…“: *Constitutiones Apostolorum* II, 23.

[247] eigene Übersetzung von: „Χειροτονείσθω δὲ καὶ διάκονος γυνή, καθαρὰ καὶ ἁγνὴ, καὶ ἐπιθέτω αὐτῇ ὁ ἐπίσκοπος τὰς χεῖρας, παρόντων μόνον τῶν πρεσβυτέρων καὶ τῶν διακόνων καὶ τῶν διακονισσῶν, καὶ εὐχέσθω ἐπ’ αὐτὴν λέγων·…“: *Constitutiones Apostolorum* II, 24.

[248] Achelis, *Didaskalia*, S. 522.

Diakonin lediglich περὶ δὲ διακονίσσης („bezüglich der Diakoninnen").[249] Dies könnte zunächst nahelegen, dass keine formale Weihe im engeren Sinn vorlag. Doch beim weiteren Studium zeigt sich, dass in späteren Abschnitten, etwa bei der Segnung von Bekennern, Jungfrauen, Witwen oder Exorzisten, ausdrücklich betont wird, dass *keine cheirotonía* erfolgt. Daraus kann geschlossen werden, dass die vorher genannten Ämter – einschließlich der Diakonin – durchaus als Weiheämter verstanden wurden.

Ein lateinischer Kommentar zur *Didaskalia* verweist auf diese Unterscheidung: Diakoninnen gehören demnach zu den *ordines sacri* (heiligen Weiheämtern), Witwen hingegen nur zu den *ordines ecclesiastici* (kirchlichen Funktionen). Mehrere Kirchenväter bestätigten die hohe Wertschätzung der Diakoninnen in dieser theologischen Systematik.[250]

Die äußere Form der Weihe unterstreicht diese Einordnung: Während einfache Segnungen außerhalb des Altarraums stattfanden und lediglich durch ein Gebet des Bischofs begleitet waren, wurden Diakoninnen – wie auch Diakone, Priester und Bischöfe – während der Eucharistiefeier im Altarraum geweiht. Nach der Gabenbereitung wurden sie zum Altar geführt und dort unter Handauflegung ordiniert. Der Ritus enthält eine liturgisch zentrale Geste:

249 Achelis, *Didaskalia*, S. 524.

250 Achelis, *Didaskalia*, S. 183.

> Die Diakonin aber, wenn sie zum Altar kommt und der Priester ihr die Hände auflegt, nach der Darbringung.[251]

Ein wesentlicher Unterschied zu den Segnungen des niederen Klerus bestand in der Verwendung einer bestimmten byzantinischen Weiheformel, die ebenfalls bei Bischöfen, Priestern, Diakonen und Diakoninnen Anwendung fand. Die *Apostolischen Konstitutionen* überliefern diese eindrucksvoll:

> O Bischof, du wirst deine Hände auf sie legen, indem du umgeben bist vom Presbyterium, den Diakonen und Diakoninnen, und du wirst sagen: Der ewige Gott, der Vater unseres Herrn Jesus Christus, der Schöpfer von Mann und Frau, der du mit Geist erfüllt hast Mariam, Debborah, Anna und Olda, der du es nicht für unwürdig gehalten hast, deinen einziggeborenen Sohn aus einer Frau geboren werden zu lassen, der du in der Stiftshütte und im Tempel die Wächter deiner heiligen Tore geweiht hast, sieh auch jetzt herab auf deine Dienerin N.N., die zum Dienst geweiht wird, und gib ihr den Heiligen Geist, mach sie frei von jedem Makel des Fleisches und des Geistes zum würdigen Vollzug des ihr anvertrauten Werkes, zu deiner Ehre und zum Lobe deines Sohnes Jesus Christus, mit dem dir und dem Heiligen Geiste Lobpreis und Anbetung in der Ewigkeit zukommt. Amen.[252]

---

[251] eigene Übersetzung von: „Ἡ δὲ διάκονος, ὅταν προσέλθῃ τῷ θυσιαστηρίῳ, καὶ ἐπιθῇ αὐτῇ ὁ ἱερεὺς τὰς χεῖρας, μετὰ τὴν προσφοράν.“: *Constitutiones Apostolorum* VIII, 19.

[252] eigene Übersetzung von: „Ἐπίσκοπε, ἐπιθήσεις τὰς χεῖράς σου ἐπ᾽ αὐτήν, περικυκλωμένος ὑπὸ τοῦ πρεσβυτερίου καὶ τῶν διακόνων καὶ διακονισσῶν, καὶ ἐρεῖς· Ὁ Θεὸς ὁ αἰώνιος, ὁ Πατὴρ τοῦ Κυρίου ἡμῶν Ἰησοῦ Χριστοῦ, ὁ κτίστης ἀνδρὸς καὶ

Diese Formel bezeugt nicht nur eine liturgisch vollgültige Weihe, sondern auch die Einbindung der Diakonin in die geistliche Kontinuität alttestamentlicher Prophetinnen und biblischer Frauenfiguren.
Zusammenfassend kann gesagt werden: Die *Constitutiones Apostolorum* stellen eine zentrale Quelle zur Einordnung des Diakoninnenamtes in der frühen Kirche dar. Sie zeigen, dass Diakoninnen durch Handauflegung geweiht wurden, offiziell zum Klerus zählten und eine Vielzahl pastoraler, katechetischer und seelsorglicher Aufgaben übernahmen – insbesondere im Dienst an Frauen. Auch wenn ihnen liturgische Altardienste verwehrt blieben, zeigt die Weiheform, dass sie nicht zu den niederen Diensten zählten, sondern eine sakramentale Weihe empfingen.
Gleichzeitig betonen die *Constitutiones* die hierarchische Unterordnung der Diakonin gegenüber männlichen Klerikern – sichtbar etwa im Fehlen von Weihebezügen zu höheren Ämtern. Der theologische Vergleich, in dem der Bischof Gott, der Diakon Christus und die Diakonin den Heiligen Geist repräsentiert, unterstreicht die geistliche Bedeutung des Amtes, verweist aber auch auf eine

---

γυναικὸς, ὁ πληρώσας πνεύματος Μαριάμ, Δεββώραν, Ἄνναν καὶ Ὄλδαν, ὁ μὴ ἀπαξιώσας τὸν μονογενῆ σου Υἱὸν ἐκ γυναικός τεχθῆναι, ὁ ἐν τῇ σκηνῇ καὶ ἐν τῷ ναῷ τοὺς φύλακας τῶν ἱερῶν πυλῶν ἁγιάσας, ἐπίβλεψον καὶ νῦν ἐπὶ τὴν δούλην σου τὴν προκειμένην εἰς διακονίαν, καὶ δὸς αὐτῇ τὸ Ἅγιον Πνεῦμα, καθάρισον αὐτὴν ἀπὸ παντὸς μώμου σαρκὸς καὶ πνεύματος, ἵνα ἀξίως ἐπιτελῇ τὴν ἐγχειρισθεῖσαν αὐτῇ λειτουργίαν, εἰς δόξαν σου καὶ αἴνεσιν τοῦ Υἱοῦ σου Ἰησοῦ Χριστοῦ, μεθ' οὗ σοὶ καὶ τῷ Ἁγίῳ Πνεύματι ἔστω δόξα καὶ προσκύνησις εἰς τοὺς αἰῶνας. Ἀμήν.“: *Constitutiones Apostolorum* VIII, 20.

differenzierte Geschlechterstruktur innerhalb der kirchlichen Hierarchie.

Die Schrift lässt zudem erkennen, dass sich gegen Ende des 4. Jahrhunderts bereits klare Grenzziehungen gegenüber weiblicher Liturgiefähigkeit herausbildeten. Das Verbot für Frauen, zu predigen, zu taufen oder Eucharistie zu feiern, wurde mit der göttlichen Ordnung der Schöpfung begründet – was darauf hindeutet, dass solche Praktiken tatsächlich verbreitet waren. Die *Constitutiones Apostolorum* spiegeln damit sowohl die offizielle Anerkennung des Diakoninnenamtes als auch die beginnende Einschränkung weiblicher Leitungsfunktionen wider – eine Spannung, die die Geschichte dieses Amtes bis weit ins Mittelalter prägen sollte.

Persönliches Fazit

Mich beeindruckt an den Constitutiones Apostolorum, wie ernst der geistliche Dienst von Frauen genommen wurde – wie klar das Amt der Diakonin beschrieben, begründet und liturgisch verankert wurde. Es ist kein Nebenamt, kein Provisorium, sondern ein echter Beitrag zum Leben der Kirche – eingebettet in Liturgie, Seelsorge, Bildung und Diakonie.

Und doch wird gerade in diesem Text auch deutlich, wie stark das Amt der Frau zugleich begrenzt war: Die Diakonin durfte lehren, aber nicht predigen. Sie salbte bei der Taufe, aber taufte nicht selbst. Sie brachte die Krankenkommunion, aber nahm die Eucharistie nicht vom Altar. Diese Einschränkungen wurden nicht nur pragmatisch, sondern ausdrücklich theologisch begründet – durch Verweise auf Schöpfungsordnung, Geschlecht und göttliche Hierarchie.

Was mich persönlich daran bewegt: All diese Entscheidungen basieren auf einem bestimmten Menschenbild – einem Bild, das die Frau als dem Mann untergeordnet sieht, weil sie vermeintlich „weniger Abbild Gottes" sei. Diese Vorstellung ist für mich heute schwer nachvollziehbar, aber sie war damals tief verankert. Ich will sie nicht vorschnell verurteilen – sie war Teil ihrer Zeit. Doch genau deshalb muss man sie auch als zeitbedingt verstehen – und nicht als dauerhaft bindende theologische Aussage.

Für die heutige Kirche stellt sich damit eine ehrliche und zugleich herausfordernde Frage: Wenn Frauen in der frühen Kirche durch Handauflegung geweiht wurden, mit geistlicher Autorität und konkreten Aufgaben – warum dann heute nicht mehr? Die Constitutiones zeigen, dass die Kirche ein Amt für Frauen kannte. Ob und wie dieses Amt in unserer Zeit wieder aufgenommen werden kann, wird wesentlich davon abhängen, welches Menschenbild wir theologisch ernst nehmen. Nicht das philosophisch geprägte Bild der Unterordnung, sondern das biblische Zeugnis, dass Mann und Frau gleichermaßen als Ebenbild Gottes geschaffen sind (Gen 1,27) – das sollte Grundlage jeder kirchlichen Entscheidung über Dienste und Ämter sein.

Das Konzil von Chalzedon (451)

Während das erste ökumenische Konzil von Nizäa im Jahr 325 n. Chr. vor allem dogmatische Fragen behandelte – insbesondere in der Auseinandersetzung mit dem Arianismus –, enthielt es noch keine spezifischen Regelungen zur kirchlichen Ämterstruktur oder zur Rolle von Amtsträgern und Amtsträgerinnen. In den 125 Jahren bis zum Konzil von Chalzedon hatte sich jedoch viel verändert: Aus einer verfolgten Gemeinschaft war eine staatlich anerkannte Reichskirche geworden, mit zunehmend stabiler und differenzierter Amtsordnung. Innerhalb dieser Entwicklung hatte sich – zumindest im Osten – der Stand der geweihten Diakoninnen etabliert.

Das Konzil von Chalzedon befasste sich in Kanon 15 ausdrücklich mit den διακονίσσαι [diakoníssai]. Dabei ist von einer Handauflegung und von ihrer λειτουργία (Liturgie) die Rede – ein deutlicher Hinweis auf die liturgische und klerikale Einbindung des Amtes. Das Konzil bestimmte:

> Es ist nicht erlaubt, eine Frau unter vierzig Jahren zur Diakonin zu weihen; und selbst dann nur nach sorgfältiger Prüfung. Falls sie jedoch nach der Weihe gegen diese Bestimmung verstößt und heiratet, soll sie zusammen mit ihrem Mann ihres Amtes enthoben werden. Die Zeit ihrer Erprobung sei – wie bei den Klerikern – festgesetzt. Wenn sich zeigt, dass sie in ihrem gottgeweihten Lebenswandel und in ihrem Entschluss wirklich gefestigt ist, dann erst soll sie geweiht werden.[253]

Damit wurde eine Altersgrenze von 40 Jahren für die Weihe von Diakoninnen festgelegt – eine Lockerung gegenüber der früheren Vorschrift unter Kaiser Theodosius I., der ein Mindestalter von 60 Jahren angeordnet hatte. Die Bestimmungen zeigen, dass das Amt der Diakonin als dauerhafte Lebensform im Zölibat gedacht war, analog zu anderen klerikalen Ämtern. Ihre

---

[253] eigene Übersetzung von: „Οὐ χρὴ πρὸ ἔτους τεσσαρακοστοῦ χειροτονεῖσθαι γυναῖκα εἰς διακόνισσαν, καὶ τότε δοκιμαζομένην ἐπιμελῶς. Ἐὰν δὲ παραβῇ, αὕτη σὺν τῷ ἀνδρὶ καθαιρείσθω. Ὁ δὲ χρόνος τῆς δοκιμασίας διωρίσθω, ἅτε καὶ τοῖς κληρικοῖς. Εἰ δὲ φανεῖ ἡ τοιαύτη ἀσφαλῶς τὴν δι’ ἡσυχίας καὶ τῆς ἐπὶ Θεὸν προαιρέσεως βεβαιωμένην, τότε χειροτονείσθω.“: Mansi, *Sacrorum Conciliorum Nova et Amplissima Collectio*.

Zugehörigkeit zum höheren Klerus wurde dabei nicht infrage gestellt.[254]

Gleichzeitig aber wurde ihnen der Zutritt zum Altarraum und der Dienst am Altar untersagt – ein klarer Hinweis darauf, dass solche Praktiken zuvor offenbar stattgefunden hatten. Die Einschränkung dokumentiert somit nicht nur einen Wandel, sondern auch die kirchliche Reaktion auf frühere Formen liturgischer Teilhabe von Frauen.

Während sich im Osten der geweihte Diakoninnenstand weiterhin verfestigte, war in der westlichen Kirche zum Zeitpunkt des Konzils von Chalzedon bereits ein gegenteiliger Trend zu beobachten: Die Ordination von Frauen wurde zunehmend abgelehnt oder sogar aktiv bekämpft. [255] Zwar waren die Bestimmungen von Chalzedon prinzipiell für die gesamte Kirche bindend, doch zeigte sich in der Praxis eine deutliche geografische Differenzierung in ihrer Umsetzung.

---

[254] Kalsbach, *Die altkirchliche Einrichtung der Diakonissen*, 46-49; Herbert Vorgrimler, „Gutachten über die Diakonatsweihe von Frauen", in: *Synode* 7 (1973), S. 48; Herbert Frohnhofen, „Weibliche Diakone in der frühen Kirche", in: *StZ* 204 (1986), S. 276 und: Dirk Ansorge, „Der Diakonat der Frau. Zum gegenwärtigen Forschungsstand", in: Teresa Berger und Albert Gerhards (Hgg.), *Liturgie und Frauenfrage. Ein Beitrag zur Frauenforschung aus liturgiewissenschaftlicher Sicht*, St. Ottilien: EOS Verlag, 1990, S. 48

[255] vgl. Anne Jensen, „Das Amt der Diakonin in der kirchlichen Tradition des ersten Jahrtausends", in: Peter Hünermann, Albert Biesinger, Marianne Heimbach-Steins und Anne Jensen (Hrsg.), *Diakonat. Ein Amt für Frauen in der Kirche – Ein frauengerechtes Amt?*, Ostfildern: Schwabenverlag, 1997, S. 42.

Die Stellung der Diakoninnen im frühen 5. Jahrhundert war somit komplex und stark von regionalen Gegebenheiten abhängig. Das Konzil von Chalzedon zählte die Diakoninnen im Grundsatz zum höheren Klerus, erkannte ihre liturgische Rolle an, schränkte jedoch ihre Funktionen gezielt ein.
Die Regelungen des Konzils spiegeln die Spannungen der damaligen Zeit wider: einerseits die offizielle Anerkennung des Amtes der Diakonin mit geregelten Voraussetzungen und liturgischer Bedeutung; andererseits die zunehmenden Einschränkungen und regional unterschiedlichen Entwicklungen, die sich in den kommenden Jahrhunderten weiter verschärfen sollten.

Persönliches Fazit

Das Konzil von Chalzedon zeigt mir eindrücklich, wie sehr das Amt der Diakonin in der damaligen Kirche zugleich anerkannt und eingeschränkt war. Einerseits wurde es nicht nur erwähnt, sondern als kirchliches Amt mit liturgischer Funktion anerkannt, inklusive Handauflegung und geregelter Lebensform – und das in einem der bedeutendsten Konzilien der Alten Kirche. Andererseits spiegelt die Festlegung eines Mindestalters und die Mahnung zur Lebensführung auch ein wachsendes Misstrauen gegenüber der geistlichen Selbstständigkeit von Frauen.
Mich bewegt besonders, dass die Einschränkungen – etwa das Verbot, den Altarraum zu betreten – offenbar nicht auf Theorie beruhen, sondern auf Erfahrungen: Es musste untersagt werden, was zuvor selbstverständlich oder zumindest möglich war. Das bedeutet auch: Frauen haben liturgisch gewirkt. Ihre Präsenz war real – und wurde nun reguliert.

Für mich wird hier spürbar, wie sich die Institution Kirche zunehmend absichert – auch im Blick auf Rollenbilder und Geschlechterverhältnisse. Das hat mit Verantwortung zu tun, mit der Sorge um Ordnung und Missbrauch. Aber es zeigt auch: Mit dem Übergang zur Reichskirche verengt sich der Raum, in dem Frauen geistlich sichtbar und verantwortlich tätig sein konnten – nicht durch theologische Einsicht, sondern durch kirchenpolitische Festschreibungen.
Die Frage, was das für die Kirche heute bedeutet, bleibt offen – aber ich spüre: Die Anerkennung von Berufung und Dienst darf nicht an historischen Sicherungsmechanismen hängen bleiben, sondern muss sich neu am Evangelium orientieren.

5. Die Kirchenväter des 4. und 5. Jahrhunderts

Mit der Festigung der kirchlichen Strukturen im 4. und 5. Jahrhundert wuchs auch das Bedürfnis nach klaren Rollenbildern und verlässlicher Ordnung. Inmitten dieser Umbruchszeit entwickelten die großen Theologen der Spätantike – die Kirchenväter – ihre Sicht auf die Stellung der Frau in Kirche und Gesellschaft. Ihre Schriften prägen bis heute das theologische Nachdenken über Amt, Autorität und Geschlechterrollen.

Dabei fällt auf, dass ihre Aussagen oft überraschend vielschichtig sind. Manche würdigten Frauen wie Olympias als geistliche Vorbilder und anerkannten das Diakoninnenamt als festen Bestandteil kirchlichen Lebens. Andere grenzten Frauen entschieden von Lehre und Liturgie aus – mit Argumenten, die von der Bibel über die Naturlehre bis zur Schöpfungsordnung reichen.

Wer also genauer hinschaut, entdeckt nicht nur starre Strukturen, sondern auch innere Spannungen, widersprüchliche Töne und manchmal überraschende Zwischentöne. Die folgenden Abschnitte laden ein, die Denkweisen von Ambrosiaster, Epiphanius, Chrysostomus, Augustinus, Hieronymus und anderen im Detail zu erkunden – und dabei die Wurzeln jener Diskussionen zu entdecken, die bis heute aktuell geblieben sind.

Der sogenannte *Ambrosiaster*, auch als *Pseudo-Ambrosius* bezeichnet, ist ein unbekannter Verfasser einer Sammlung exegetischer und theologischer Schriften aus dem späten 4. Jahrhundert, die lange Zeit dem Kirchenvater Ambrosius von Mailand zugeschrieben wurden. Obwohl sich später herausstellte, dass es sich bei den Texten nicht um authentische Werke des Ambrosius handelt, war ihre Wirkungsgeschichte beträchtlich – sowohl in der theologischen Rezeption als auch im Hinblick auf die Stellung der Frau in der Kirche.

Der *Ambrosiaster* äußert sich entschieden ablehnend gegenüber weiblichen Diakonen und bringt sie ausschließlich mit jenen Gemeinden in Verbindung, die er als häretisch einstuft. Seine Schriften deuten jedoch gleichzeitig darauf hin, dass in verschiedenen Ortskirchen Diakoninnen existierten – wenn auch unter unterschiedlichen Bezeichnungen und offenbar ohne einheitliche Anerkennung innerhalb der Reichskirche.

In seinem Kommentar zum ersten Korintherbrief nimmt er auch Stellung zur Frage, weshalb die Frau beim Gebet ihr Haupt bedecken soll, während dies beim Mann nicht erforderlich sei. Seine Begründung folgt einer paulinischen Argumentationslinie:

> Der Mann ist das Abbild und die Ehre Gottes, die Frau aber ist die Ehre des Mannes.[256]

Diese Formulierung – eine Paraphrase von 1Kor 11,7 – offenbart nicht nur eine theologische Anthropologie, die Frauen in ein hierarchisches Verhältnis zum Mann stellt, sondern legt auch implizit fest, dass daraus unterschiedliche liturgische und soziale Rollen folgen. Der *Ambrosiaster* nimmt damit früh eine Argumentationsfigur auf, die sich in der gesamten spätantiken Theologie wiederfindet und über Jahrhunderte hinweg prägend blieb. Trotz seiner ablehnenden Haltung gegenüber weiblichen Diakonen ist der *Ambrosiaster* ein bedeutender Beleg für deren reale Existenz in verschiedenen Gemeinden des späten 4. Jahrhunderts. Seine Schriften spiegeln nicht nur die Debatten über Geschlechterrollen in der Liturgie wider, sondern zeigen auch, wie sehr theologische Aussagen mit sozialen Ordnungsstrukturen verwoben waren.

Epiphanius von Salamis

Epiphanius von Salamis († 403), Bischof auf Zypern und einer der scharfsinnigsten Gegenspieler frühkirchlicher Häresien, äußerte sich in seinem Werk *Panarion* (um 375) wiederholt zur Rolle von Frauen in kirchlichen Ämtern. Besonders wandte er sich gegen christliche Gruppen, die Frauen zu Presbyterinnen und Bischöfinnen einsetzten –

---

[256] Heinrich Josef Vogel (Hrsg.), *Das Corpus Paulinum des Ambrosiaster*, Bonn: Hanstein, 1957, S. 80: „vir enim non debet velare caput cum sit imago et gloria dei. mulier autem gloria viri est"

darunter auch die Montanisten. Für Epiphanius bedeutete diese Praxis einen Verstoß gegen die von ihm postulierte schöpfungsgemäße Unterordnung der Frau unter den Mann. Als theologisches Argument führt er an:

> Wenn Gott gewollt hätte, dass Frauen das Priesteramt ausüben, dann hätte er vor allem die heilige Maria dazu ausersehen, damit sie im Neuen Bund priesterlich wirke. Sie war es ja, die ihn (Christus) dem Fleisch nach geboren hat. Doch Gott fand es nicht gut, ihr selbst auch nur die Taufe anzuvertrauen; sonst wäre Christus von ihr und nicht von Johannes getauft worden.[257]

Diese Argumentation – wahrscheinlich von der *Didaskalia Apostolorum* übernommen – stützt sich auf ein theologisch-symbolisches Verständnis der Schöpfungs- und Erlösungsgeschichte: Wenn selbst Maria, die Mutter Gottes, nicht mit priesterlichen Vollmachten ausgestattet wurde, so sei dies ein eindeutiges Zeichen für den Ausschluss aller Frauen vom sakramentalen Amt.
Trotz seiner grundsätzlichen Ablehnung weiblicher Ämter räumt Epiphanius ein, dass es in der Kirche Diakoninnen gibt. [258] Ihre Funktion sei jedoch rein auf praktische

---

[257] eigene Übersetzung von: „Εἰ γὰρ ἐβουλήθη ὁ Θεὸς ἐκ γυναικῶν γίνεσθαι τὴν ἱερωσύνην, αὐτὴν δὴ τὴν Ἁγίαν Μαρίαν προύκρινε ἄν, ἵνα ἐν τῇ καινῇ διαθήκῃ ἱερατεύσῃ· αὕτη γὰρ ἦν ἡ γεννήσασα αὐτὸν κατὰ σάρκα. Ἀλλ' οὐδὲ εἰς βάπτισμα ἠξίωσε αὐτὴν ὁ Θεός· εἰ γὰρ ἠθέλησεν, αὐτὸς ὑπ' αὐτῆς ἐβαπτίζετο· ἀλλ' ὑπὸ Ἰωάννου.“: Epiphanius, *Panarion (Adversus Haereses)*, in: *PG*, Bd. 42, hrsg. von Jacques-Paul Migne, Paris: Imprimerie Catholique, 1864, Sp. 744A.

[258] vgl. Reininger, *Diakonat der Frau*, S. 85.

Hilfsdienste beschränkt – insbesondere im Kontext der Taufe von Frauen.[259] In klarer Abgrenzung zu jeglichem priesterlichen Anspruch schreibt er:

> Wenn es aber in der Kirche den Stand der Diakoninnen gibt, dann sind sie nicht für einen priesterlichen Dienst oder irgendeine andere (sakramentale) Aufgabe bestimmt, sondern damit auf die Würde bzw. Schicklichkeit des weiblichen Geschlechts geachtet werde, wenn es etwa beim Taufbad oder anderen körperlichen Verrichtungen nötig wird. Denn es ziemt sich nicht, dass Priester oder Diakone hineingehen und den Körperbereich der Frauen sehen.[260]

Epiphanius beruft sich in seiner Argumentation explizit auf die *Didaskalia*, deren Regelungen zur Einrichtung des Diakoninnenamtes er aufgreift. Dabei betont er wiederholt, dass Diakoninnen keinesfalls die Eucharistie zelebrieren dürften, sondern lediglich – in begrenztem

---

[259] „Διακονισσῶν τάγμα ἐστὶν εἰς τὴν ἐκκλησίαν, οὐχὶ εἰς τὸ ἱερατεύειν οὐδέ τι ἐπιχειρεῖν ἐπιτρεπεται.“: Epiphanius von Salamis, *De Fide* 21,10, in: *NHMS*, Bd. 36, übersetzt von Williams, S. 662, zit. nach:, Silke Petersen, *„Jede Häresie ist eine wertlose Frau“ (Epiphanius von Salamis). Zur Konstruktion der Geschlechterdifferenz im Religionsstreit*, in: Ute E. Eisen, Christine Gerber und Angela Standhartinger (Hg.), *Doing Gender – Doing Religion*, Tübingen: Mohr Siebeck, 2013, S. 99–126.

[260] eigene Übersetzung von: „Καὶ εἰ δὲ ἔστιν ἐν τῇ ἐκκλησίᾳ τάξις διακονισσῶν, οὐ πρὸς ἱερατικὴν λειτουργίαν ἢ ἄλλο τι ἐντεταλμέναι εἰσίν, ἀλλ’ ἵνα πρὸς τὴν τῶν γυναικῶν εὐπρέπειαν γένηται, ὅταν ἐν τῷ λουτρῷ ἢ ἐν τῷ χρείᾳ τοῦ σώματος χρεία ᾖ, διὰ τὸ μὴ δέον τοῖς ἱερεῦσιν ἢ τοῖς διακόνοις ἐσέρχεσθαι καὶ βλέπειν τὰ τοῦ γυναικείου γένους ἄσχημα·...“: Epiphanius, *Panarion*, Sp. 744.

Rahmen – liturgische Handlungen verwalten oder begleiten sollten.[261]

Diese Reduktion weiblicher Tätigkeit auf hygienisch-sittliche Notwendigkeiten zeigt deutlich die apologetische Stoßrichtung seiner Darstellung: Frauen in kirchlichen Leitungsfunktionen erscheinen als Gefahr, gegen die sich die orthodoxe Kirche abgrenzen muss. Indem er Priesterinnen ausschließlich unter Häretikern – insbesondere den Montanisten – verortet, verschleiert er, dass es solche Ämter auch innerhalb nicht häretischer Gemeinden gab.

Denn andere Quellen – etwa die Canones des Konzils von Laodicea – belegen, dass bis weit ins 4. Jahrhundert Frauen in Gemeinden Kleinasiens, Griechenlands und Ägyptens als Presbyterinnen tätig waren.[262] Epiphanius hingegen verschweigt diese Entwicklungen und trägt damit zur nachträglichen Delegitimierung weiblicher Ämter bei.

Johannes Chrysostomus

Johannes Chrysostomus († 407), Bischof von Konstantinopel und einer der einflussreichsten Prediger der Alten Kirche, begegnete dem Amt der Diakonin mit großer Selbstverständlichkeit – auch wenn er dessen Grenzen ebenso klar definierte. Eine herausragende Persönlichkeit in seinem Umfeld war Olympias, Vorsteherin eines Frauenklosters in Konstantinopel. Chrysostomus unterstützte sie intensiv, und sie setzte ihr

---

[261] ebd.

[262] Eisen, *Amtstragerinnen*, S. 128.

beträchtliches Vermögen in den Dienst der Kirche. Olympias und ihre Gefährtinnen wurden offiziell zu Diakoninnen ordiniert – ihre Tätigkeit wird in den Quellen als λειτουργία [leitourgía] – „Liturgie" – bezeichnet. Nach ihrer Weihe war ihnen eine spätere Heirat untersagt. Die Bedeutung Olympias' wird bis heute sichtbar: Eine Statue von ihr steht auf den Bernini-Kolonnaden am Petersplatz in Rom.[263]

Neben Olympias nennt die Überlieferung zahlreiche weitere Diakoninnen, die mit Johannes Chrysostomus in Verbindung standen – etwa Silvina, Pentadia, Prokla, Amproukle, Sabiniana, Elissanthia, Marthyria und Palladia. Weitere namentlich bekannte Diakoninnen der Zeit waren: Makrina, die Schwester des Basilius des Großen; Theosebia, die Ehefrau des Gregor von Nyssa; sowie Dionysia in Armenien, Kelerina und Kassiane (vgl. Theodoret), Agalliasis von Melos, Sophia in Palästina, Athanasia in Delphi, Theodoule in Ägypten, Romana und Anasthasia in Antiochien. Im Westen sind unter anderem Theodora, Radegunde, Daciana, Anna, Eufemia,

[263] Abbildung mit Erlaubnis des Betreibers der Website, abrufbar unter: https://stpetersbasilica.info/Exterior/Colonnades/Saints/St%20 Olympia-11/StOlympia.htm, letzter Zugriff am 13.06.2025.

Constantia, Odocia, Alvisinda, Eufrosina, Agathe, Sergia und Ida bezeugt.[264]

Für Johannes Chrysostomus war es selbstverständlich, dass Frauen als Diakoninnen dienten. In seiner Homilie zu Römer 16,1–2 lobt er ausdrücklich die von Paulus erwähnte Phöbe als: „διάκονον τῆς ἐκκλησίας“ – „eine Diakonin der Gemeinde“, und bezeichnet dieses Amt als „ein heiliges Ehrenamt“.[265] Gleichzeitig aber grenzte er die Befugnisse weiblicher Amtsträgerinnen deutlich ab. Frauen als Vorsteherinnen von Gemeinden oder mit bischöflicher Leitungsverantwortung konnte er sich nicht vorstellen. Für Chrysostomus war der Ausschluss von Frauen aus dem Priesteramt kein bloßer Brauch, sondern göttliches Gesetz. Er sah in dem weiblichen Streben nach kirchlicher Einflussnahme ein Unheilspotenzial, das es im Sinne der göttlichen Ordnung zu unterbinden gelte. In seinem Kommentar zu 1Tim 2,11–12 schreibt er:

> Er sagt: „Ich gestatte einer Frau nicht, zu lehren oder über einen Mann zu herrschen; vielmehr soll sie in Stille bleiben. Denn die Frau hat damals Adam belehrt und ihn so ins Verderben gestürzt. Wenn man sie nun wieder gewähren ließe, würde sich dieselbe Ursache des Unheils erneut einstellen.“[266]

---

[264] Theodorou, *Das Amt der Diakoninnen*, S. 171

[265] Johannes Chrysostomus, *Homiliae in Epistolam ad Romanos*, Hom. 30, in: *PG*, Bd. 60, hrsg. von Jacques-Paul Migne, Paris: Imprimerie Catholique, 1862, Sp. 669–672.

[266] Johannes Chrysostomus, *Homiliae in Epistolam I ad Timotheum*, Hom. 9, in: *PG*, Bd. 62, hrsg. von Jacques-Paul Migne, Paris: Imprimerie Catholique, 1862, Sp. 553–556.

Diese Auslegung betont nicht nur die Unterordnung der Frau, sondern unterstellt ihr auch eine inhärente Gefahr für die kirchliche Ordnung, sollten ihr Lehr- oder Leitungsfunktionen anvertraut werden. Paulus, so Chrysostomus, habe eindeutig festgelegt, dass Frauen weder lehren noch überhaupt in der Versammlung das Wort ergreifen sollten.[267]

Die Haltung von Johannes Chrysostomus ist exemplarisch für das Spannungsfeld der spätantiken Kirche: Einerseits war das Amt der Diakonin längst etabliert und in der Praxis verwurzelt; andererseits blieb Frauen der Zugang zu höherer geistlicher Leitungsverantwortung – trotz ihrer geistlichen Autorität und Verdienste – verwehrt. Er formuliert dies nochmals deutlich:

> Gilt es jedoch, Vorsteher einer Kirche und mit der Sorge für so viele Seelen betraut zu werden, da muss zunächst vor der Größe einer solchen Aufgabe das ganze weibliche Geschlecht zurücktreten, aber auch die Mehrzahl der Männer. Denn es ist nicht jedem Mann gestattet, sich zu einer so umfassenden Sorge für die Seelen und einer so weitreichenden Leitungsfunktion aufzuschwingen.[268]

In dieser Haltung verbinden sich theologische Anthropologie, kirchliche Praxis und soziale

---

[267] vgl. Müller, *Kann nur der getaufte Mann gültig das Weihesakrament empfangen?*, S. 339.

[268] Johannes Chrysostomus, *De Sacerdotio (Vom Priestertum)*, Buch II, Kap. 2, in: *PG*, Bd. 48, hrsg. von Jacques-Paul Migne, Paris: Imprimerie Catholique, 1862, zit. nach: Müller, *Kann nur der getaufte Mann gültig das Weihesakrament empfangen?*, S. 338f.

Rollenvorstellungen zu einer kohärenten, aber auch ausschließenden Position, die die Diakonin als „heilige Dienerin“ akzeptiert, jedoch als geistliche Leiterin ausschließt.

Augustinus von Hippo

Augustinus von Hippo (354 - 430), einer der bedeutendsten Kirchenväter der Westkirche, entwickelte eine Theologie des Geschlechts, die auf einer klaren Hierarchie zwischen Mann und Frau beruhte. Seine Aussagen zur Stellung der Frau sind eingebettet in eine umfassende Ordnungsvorstellung, in der Vernunft und Macht eng miteinander verknüpft sind. In einem zentralen Text formuliert er seine Grundüberzeugung:

> Es ist die natürliche Ordnung unter den Menschen, dass Frauen ihren Männern und Kinder ihren Eltern dienen, denn es ist legitim, dass der Geringere dem Größeren dient. (...) Es ist eine natürliche Gerechtigkeit, dass der an Intellekt Schwächere dem Stärkeren dient. Daraus folgt, dass es eine offensichtliche Gerechtigkeit zwischen Sklaven und ihren Herren gibt, in der die Klügeren (Weiseren) auch größere Macht haben.[269]

[269] eigene Übersetzung von: „Ordo est naturalis inter homines, ut mulieres viris, pueri parentibus serviant, quia legitimum est, ut minor maiori serviat. (...) Hic est enim iustitia naturalis, ut inferior intellectu superiori deserviat. Hinc est, quod evidens iustitia est inter servos et dominos, ut sapientiores etiam habeant maiorem potestatem.“: Augustinus, *Quaestiones in Heptateuchum*, I, § 153, in: *PL*, Bd. 34, hrsg. von Jacques-Paul Migne, Paris: Imprimerie Catholique, 1845.

Diese Aussagen zeigen eine anthropologische und gesellschaftliche Struktur, in der die Frau – ebenso wie das Kind oder der Sklave – dem Mann untergeordnet ist, weil sie angeblich intellektuell schwächer sei. Die hier formulierte „natürliche Gerechtigkeit“ verweist nicht nur auf gesellschaftliche Rollen, sondern erhebt diese zugleich in den Bereich einer göttlich legitimierten Ordnung.
Auch in anderen Texten betont Augustinus, dass die Frau dem Mann zur Hilfe geschaffen sei[270] – jedoch nicht im Sinne gleichberechtigter Partnerschaft, sondern funktionaler Ergänzung. Besonders aufschlussreich ist seine Auseinandersetzung mit der Frage, ob die Frau als „Abbild Gottes“ gelten könne. Da Paulus in 1Kor 11,7 sagt, dass der Mann das Abbild Gottes sei, die Frau jedoch nicht, versucht Augustinus, diesen scheinbaren Widerspruch zur Aussage aus Genesis 1 zu erklären:

> Doch es muss geprüft werden, wie die Aussage des Apostels, dass nicht die Frau, sondern der Mann das Abbild Gottes sei, mit dem in der Genesis geschriebenen Satz in Einklang zu bringen ist: „Gott erschuf den Menschen nach seinem Bild; er schuf ihn als Mann und Frau; er schuf sie und segnete sie.“ Denn hier wird gesagt, dass die menschliche Natur als Ganzes nach dem Abbild Gottes geschaffen wurde und beide Geschlechter sie gemeinsam vervollständigen,

---

[270] „Non enim male constituit Deus mulierem, ut subditam et adiutricem viris faceret; sed ut viro iuvaret et, cum sibi adiunxerit, sic vivere sineret, ut virtute et non forma. Neque enim adducit virum ad dominandum, sed ad adiuvandum.“: Augustinus, *De Genesi ad litteram*, Buch I, Kap. 10, in: *PL*, Bd. 34, hrsg. von Jacques-Paul Migne, Paris: Imprimerie Catholique, 1845.

> ohne dass die Frau vom göttlichen Abbild ausgeschlossen wird.[271]

Augustinus bemüht sich um eine differenzierte Lösung: In der menschlichen Natur als solcher sind beide Geschlechter Träger des göttlichen Bildes. Doch wenn die Geschlechter unterschieden werden, komme dem Mann eine Vorrangstellung zu:

> Wird jedoch eine Unterscheidung getroffen, dann ist die Frau, für sich allein betrachtet, nicht das Abbild Gottes, sondern der Mann allein ist es in voller und vollständiger Weise, ebenso wie sie es gemeinsam sind.[272]

Diese Sichtweise zeigt deutlich, dass die Frau in seiner Theologie zwar grundsätzlich am Menschsein und an der Gottebenbildlichkeit teilhat – aber nur vermittelt über den Mann oder in Beziehung zu ihm. Der Mann dagegen wird

---

[271] eigene Übersetzung nach: „Sed oportet considerare, quomodo dicitur apostolus, non mulierem, sed virum esse imaginem Dei, et cum illo in Genesi scriptum sit: 'Et creavit Deus hominem ad imaginem suam; ad imaginem Dei creavit illum; masculum et feminam creavit eos et benedixit eos.' Hic enim dictum est, quod universa natura humana ad imaginem Dei creata est, et utrosque sexus simul complere, absque mulieris exclusionem ab imaginibus Dei.“: Augustinus von Hippo, *De Civitate Dei*, Buch XV, Kap. 10, in: *PL*, Bd. 41, hrsg. von Jacques-Paul Migne, Paris: Imprimerie Catholique, 1867.

[272] eigene Übersetzung nach: „Si autem discretio fiat, tunc mulier, si sola consideretur, non est imago Dei, sed vir solus est plena et completa, sicut et simul sunt.“: Augustinus von Hippo, *De Civitate Dei*, Buch XV, Kap. 10, in: *PL*, Bd. 41, hrsg. von Jacques-Paul Migne, Paris: Imprimerie Catholique, 1867.

als Träger der Vernunft und als unmittelbares Abbild Gottes angesehen.
Diese Unterscheidung hat auch praktische Konsequenzen für die liturgische Praxis. Augustinus begründet etwa die Kopfbedeckung der Frau im Gottesdienst nicht nur mit einem äußeren Anstandsgebot, sondern mit einem tieferen geistlichen Prinzip:

> Und weil der Geist umso mehr nach dem göttlichen Abbild geformt wird, je stärker er sich dem Ewigen zuwendet und sich nicht davon abhalten lassen soll, sein Haupt auf Gott auszurichten, darf der Mann sein Haupt nicht verhüllen. Die Frau hingegen, die sich mit der praktischen und vergänglichen Welt befasst, ist der Gefahr einer zu starken Hinwendung zum Irdischen ausgesetzt und soll daher ein Zeichen der Zurückhaltung und Mäßigung tragen – das bedeutet die Kopfbedeckung, die anzeigt, dass diese Neigung gezügelt werden soll.[273]

In dieser Sichtweise spiegelt sich eine anthropologische und spirituelle Asymmetrie: Der Mann sei auf das Ewige ausgerichtet, die Frau hingegen gefährdet, sich zu sehr mit dem Irdischen zu verbinden – und müsse deshalb sichtbare Zeichen ihrer Unterordnung und Zucht tragen.

---

[273] eigene Übersetzung nach: „Et quia spiritus tanto magis imaginem Dei format, quanto ad aeternum magis se convertit et non debet ab eo retrahi, caput suum non debet velare. Mulier autem, quae ad temporalia et concreta se dedita est, periculum habet nimis ad terrena converti et ideo signum modestiae et temperantiae gerere debet – hoc est, velamen capitis, quod ostendit, hanc inclinationem coercendam esse.“: Augustinus von Hippo, *De Civitate Dei*, Buch XV, Kap. 10, in: *PL*, Bd. 41, hrsg. von Jacques-Paul Migne, Paris: Imprimerie Catholique, 1867.

Zusammenfassend kann gesagt werden: Augustinus entwickelt eine theologisch tief verankerte Geschlechterordnung, in der die Frau zwar Teil der Schöpfung im Bild Gottes ist, aber in ihrer Einzelgestalt als dem Mann nachgeordnet betrachtet wird. Diese Sicht prägte die westliche Theologie über Jahrhunderte und wirkte normierend auf die kirchliche Praxis und Amtsstruktur – insbesondere hinsichtlich der Unmöglichkeit weiblicher Ordination.

Hieronymus

Hieronymus (ca. 348 - 420), einer der bedeutendsten Kirchenväter der Spätantike, war ein scharfer Verteidiger kirchlicher Ordnung und zugleich ein großer Förderer weiblicher Askese. In Bezug auf die Frage der Frauenordination positionierte er sich jedoch eindeutig: Frauen durften keine priesterlichen oder bischöflichen Ämter bekleiden – diese Vorstellung galt ihm als häretisch.[274]
In Auseinandersetzung mit den Montanisten, einer Bewegung, die auch Frauen zum Bischofs- und Presbyteramt zuließ, formulierte Hieronymus:

> Die Montanisten und ihre Anhänger, die in Bezug auf Frauen und Ehen eine Beleidigung begangen haben, wagen es nicht, Frauen bis zum Presbyterat und Bischofsamt

[274] Hieronymus ep. 41,4; Augustinus Haer. 27, zit. nach: Müller, *Kann nur der getaufte Mann gültig das Weihesakrament empfangen?*, S. 339.

> zuzulassen, und dennoch existieren einige Frauen in solch großer Kühnheit.[275]

Die Formulierung macht deutlich, dass Hieronymus die Praxis, Frauen geistliche Leitungsämter zu übertragen, als Verstoß gegen göttliche und kirchliche Ordnung wertete. Der Ton ist nicht nur ablehnend, sondern fast empört – ein Zeichen für die Intensität der damaligen Debatte. Gleichzeitig betont er, dass Frauen sehr wohl eine geistliche Berufung haben – allerdings nicht im Bereich sakramentaler oder lehrender Autorität:

> Das Amt der Frauen ist heilig: nicht im Priester- oder Bischofsamt, sondern im Opfer der Gerechtigkeit und Tugend.[276]

Hier wird das weibliche Wirken in den Bereich moralischer Vollkommenheit und spiritueller Hingabe verwiesen. Der Weg der Frau ist nicht der der sakramentalen Stellvertretung, sondern der der asketischen Nachfolge – ein Ideal, das Hieronymus besonders in seinen Briefen an fromme Frauen (wie Paula oder Eustochium) entfaltet.

---

[275] eigene Übersetzung von: „Montanistae et eorum sequaces, qui in feminis et in nuptiis contumeliam fecere, non audent usque ad presbyterium et episcopatum admittere mulieres, et tamen haec quaedam feminae in tanta audacia existunt.“: Hieronymus, *Adversus Jovinianum*, Buch 2, Kap. 26, in: *Hieronymus, Werke*, Bd. 2, übers. und komm. von Rudolf E. M. Bultmann, Darmstadt: Wissenschaftliche Buchgesellschaft, 1993.

[276] „Mulierum ... ministerium sanctum est: non in sacerdotio aut episcopatu, sed in sacrificio iustitiae et virtutis.“: Hieronymus, *Epistola* 107, 10, in: *PL*, Bd. 22, hrsg. von Jacques-Paul Migne, Paris: Imprimerie Catholique, 1845.

Seine Argumentation gegen weibliche Lehrtätigkeit im Gottesdienst basiert auf der paulinischen Hierarchietheologie, besonders auf 1Tim 2,12:

> Der Apostel verbietet daher mit Recht, dass Frauen lehren oder über den Mann Macht ausüben, weil der Mann das Haupt der Frau ist.[277]

Für Hieronymus ergibt sich daraus nicht nur ein theologischer Ausschluss vom Lehramt, sondern eine grundsätzliche Bestimmung der kirchlichen Hierarchie, die Geschlecht und Ordnung miteinander verbindet.
Diese Sichtweise fügt sich in das antike Menschenbild ein, das auch von der aristotelischen Lehre geprägt war. Wie viele Kirchenväter übernahm Hieronymus die Vorstellung, dass im Akt der Zeugung der Vater als „Formgeber" wirke, während die Mutter nur das „Material" bereitstelle: Der Vater – so Aristoteles – trage im Samen die Form des Menschen bei, die Mutter dagegen lediglich die Substanz, in der diese Form heranwachse.[278]

---

[277] eigene Übersetzung von: „Iure igitur Apostolus non permittit mulieribus docere, nec potestatem habere super virum, quia ‚vir est caput mulieris'": Hieronymus, *Commentarium in Epistolas Pauli*, 1 Tim. 2,12, in: *PL*, Bd. 26, hrsg. von Jacques-Paul Migne, Paris: Imprimerie Catholique, 1845.

[278] vgl. dazu: Quintus Septimius Florens Tertullianus, *De Anima*. In: *PL*, Bd. 2, hrsg. von Jacques-Paul Migne, Paris: Imprimerie Catholique, 1844, Sp. 477–581; Sophronius Eusebius Hieronymus, *Epistula LVII ad Pammachium de optimo genere interpretandi*. In: *PL*, Bd. 22, hrsg. von Jacques-Paul Migne, Paris: Imprimerie Catholique, 1845, Sp. 581–594.; Aegidius Romanus: *De Regimine Principum*, Buch III, Kapitel 4. In: *Opera Omnia*, Bd. 1, hrsg. von Fausto Preti, Florenz: Typographia Galileiana, 1855, S. 345–350.

Solche Vorstellungen prägten das Frauenbild der Spätantike wesentlich – und wurden von Theologen wie Hieronymus nicht nur übernommen, sondern auch mit biblischer Theologie verbunden.
Zusammengefasst steht Hieronymus exemplarisch für eine theologische Sicht, in der Frauen spirituell hochgeachtet – aber kirchlich klar begrenzt werden. Ihr Weg liegt nicht in der Lehre oder Liturgie, sondern in Tugend, Askese und geistlicher Disziplin. Seine Ablehnung weiblicher Ordination ist theologisch begründet, sozial normativ und zugleich symptomatisch für die Konsolidierung einer männlich dominierten Kirchenstruktur.

Persönliches Fazit

Was mich an den Kirchenvätern dieser Epoche besonders beschäftigt, ist die innere Spannung zwischen geistlicher Hochachtung und struktureller Begrenzung. Frauen wie Olympias, Makrina oder Paula werden als geistlich bedeutend anerkannt – gleichzeitig bleibt ihnen jede Form sakramentaler Autorität verwehrt.
Die Argumente dafür berufen sich zwar auf die Bibel, aber sie sind durchdrungen von einem Menschenbild, das stark von der antiken Philosophie geprägt ist. Die Schrift wird nicht für sich gelesen, sondern im Licht der Vorstellung, dass Frauen weniger vernunftbegabt, körperlich-irdischer und daher ungeeigneter für Leitungsaufgaben seien.
Ich erkenne an, dass die Kirchenväter aus der Logik ihrer Zeit argumentierten. Sie suchten nach Ordnung in einer wachsenden Kirche, die sich zunehmend institutionalisierte. Aber ich frage mich, ob diese Ordnung nicht zu oft auf Kosten der Berufung ging – einer Berufung, die auch Frauen empfanden und lebten.

Für mich bleibt die Herausforderung, die bleibende spirituelle Bedeutung dieser Texte zu würdigen, ohne ihre zeitbedingten Grenzen zu übersehen. Denn wenn biblische Aussagen durch kulturelle Brillen gelesen wurden, dann braucht es heute den Mut, sie neu zu lesen – aus einem Menschenbild heraus, das Mann und Frau gleichermaßen als Ebenbild Gottes versteht.

6. Weitere Zeugnisse aus dem 5. Jahrhundert

Ein Steinsarg (425) – die „Presbytera" Flavia Vitalia

Ein bemerkenswertes Zeugnis für weibliche Amtsbezeichnungen im 5. Jahrhundert bietet eine Inschrift auf einem Steinsarg aus Salona (im heutigen Dalmatien), datiert auf das Jahr 425. Die Inschrift lautet:

> „D(ominis) n(ostris) Thaeodosio co(n)s(ule) XI et Valentiniano viro nobelissimo Caes(are). Ego Thaeodo(sius) emi a Fl(avia) Vitalia pr(es)b(ytera) sanc(ta) matro/na auri sol(idis) III. Sub d(ie) …"
>
> „Ich, Theodosius, habe [dies] für drei goldene Solidi von der Presbytera Flavia Vitalia, der heiligen Vorsteherin, gekauft." [279]

Die Nennung der Flavia Vitalia als *presbytera* und *sancta matrona* („heilige Vorsteherin") wirft spannende Fragen auf: War sie tatsächlich eine Presbyterin, also Inhaberin eines geistlichen Amts? Oder handelt es sich – wie später häufig – um eine Ehrenbezeichnung für eine besonders angesehene Frau?

Die zeitliche Einordnung dieses Funds ist von Bedeutung. Er stammt aus einer Phase, in der die Kirche bereits über eine gefestigte Amtsstruktur verfügte, die Frauen offiziell nicht mehr zum Presbyterat zuließ. Gerade deshalb ist die Bezeichnung *presbytera* bemerkenswert. Einige Forscher

---

[279] vgl. ebd.

sehen darin den Nachhall einer älteren Praxis oder lokaler Traditionen, in denen Frauen – zumindest in bestimmten Kontexten – weiterhin als geistliche Autoritäten wahrgenommen wurden.

Die Formulierung *sancta matrona* verstärkt den Eindruck, dass Flavia Vitalia eine geachtete geistliche Persönlichkeit war. Die Kombination aus formeller Titelgebung und persönlicher Heiligkeit verweist auf ein Bild von Frauen, die – auch außerhalb offizieller kirchlicher Weiheämter – eine bedeutende Rolle im religiösen Leben ihrer Gemeinden spielten.

Dieser Fund reiht sich ein in eine Vielzahl von Inschriften und literarischen Zeugnissen, die die Existenz und Wirkungskraft weiblicher Figuren im kirchlichen Kontext belegen – gerade in einer Zeit, in der die offizielle Theologie zunehmend um Abgrenzung bemüht war.

Persönliches Fazit

Mich fasziniert, wie vielschichtig dieses Zeugnis ist. Der Titel „presbytera“ lässt aufhorchen – aber ich halte ihn nicht für einen Beleg für eine Priesterweihe im heutigen Sinn. In der Spätantike wurde der Titel häufig auch als Bezeichnung für Ehefrauen oder Mütter von Priestern verwendet – und nicht zwingend im Sinne eines kirchlichen Amts.

Gleichzeitig beeindruckt mich, mit welcher Ehrfurcht Flavia Vitalia hier beschrieben wird – als sancta matrona, als „heilige Vorsteherin“. Diese Zuschreibung zeigt, dass Frauen – auch ohne offizielles Weiheamt – eine geistliche Autorität ausstrahlen konnten, die gesellschaftlich wahrgenommen und respektiert wurde.

Für mich bleibt dieser Fund ein Hinweis darauf, wie uneindeutig die Quellenlage ist – und wie wichtig es ist, historische Begriffe sorgfältig zu deuten. Nicht jeder Ehrentitel ist ein Amtsnachweis. Aber jeder dieser Texte erinnert daran, dass Frauen im religiösen Leben eine sichtbare Rolle spielten – auch dann, wenn ihnen das kirchliche Amt verwehrt blieb.

Valentinian III. (434)

Im Osten des römischen Reiches – insbesondere im byzantinischen Einflussbereich – wurde die Ordination von Diakoninnen im 5. Jahrhundert weiterhin praktiziert, vor allem für Leiterinnen von Frauenklöstern. Während im Westen weibliche Weiheämter zunehmend verdrängt wurden, blieb die ostkirchliche Praxis deutlich offener für die Einbindung von Frauen in bestimmte kirchliche Funktionen.

Ein aufschlussreicher Beleg dafür ist ein Gesetz des Kaisers Valentinian III. aus dem Jahr 434 n. Chr., in dem Diakoninnen ausdrücklich erwähnt werden – und zwar unmittelbar nach den männlichen Diakonen. [280] Die Reihenfolge der Nennung deutet darauf hin, dass sie als Teil des Klerus verstanden und rechtlich anerkannt waren. Auch wenn der genaue Wortlaut des Gesetzes hier nicht überliefert ist, zeigt die bloße Erwähnung der *diaconissae* in einem offiziellen Rechtsdokument, dass es sich nicht um ein Randphänomen oder um eine bloße Ehrenfunktion handelte, sondern um einen institutionalisierten kirchlichen Stand, der staatlicherseits registriert und anerkannt war.

---

[280] Adolf Kalsbach, *Die altkirchliche Einrichtung der Diakonissen bis zu ihrem Erlöschen*, Freiburg: Herder, 1926, S. 67.

Besonders im Kontext byzantinischer Klöster wurde das Diakoninnenamt zu einer strukturellen Notwendigkeit: Frauenklöster benötigten geistliche Leitung und sakramentennahe Dienste, die im Rahmen kirchlicher Schicklichkeitsnormen nicht von männlichen Klerikern allein geleistet werden konnten. Diakoninnen übernahmen hier sowohl liturgische Assistenzaufgaben als auch seelsorgliche und verwaltende Verantwortung.
Die Erwähnung durch Valentinian III. bekräftigt somit, dass das Diakoninnenamt im Osten des Reiches auch im 5. Jahrhundert nicht nur existierte, sondern rechtlich gefestigt und in die kirchliche Ordnung integriert war.

7. Die westliche Entwicklung im 5. Jahrhundert

Während das Amt der Diakonin sich im Osten der Kirche weiter festigte und bis ins byzantinische Mittelalter hinein Bestand hatte, nahm die Entwicklung im Westen einen deutlich anderen Verlauf. Um diesem Auseinanderdriften der kirchlichen Praxis gerecht zu werden, ist es sinnvoll, die westliche Tradition gesondert zu betrachten.

In den westlichen Synoden und Konzilien des 5. Jahrhunderts zeigt sich zunehmend eine ablehnende Haltung gegenüber der Weihe von Frauen – insbesondere gegenüber dem Diakoninnenamt. Bereits die Synode von Orange (441)[281], die *Statuta Ecclesiae Antiqua* (um 475)[282] und die Synode von Epaôn (517)[283] sprechen sich explizit gegen die Ordination von Frauen aus. Häufig bleibt die Begründung aus – nur in Epaôn heißt es, eine Weihe von Frauen scheine „gegen die Vernunft" zu sein. Dahinter steht die implizite Annahme einer natürlichen Schwäche des weiblichen Geschlechts, die für das sakrale Amt als unvereinbar galt.

Doch die wiederholten Verbote in dieser Zeit sprechen eine andere Sprache: Sie deuten darauf hin, dass das

---

281 „Diaconae instituendae non sunt: quamvis usque hodie in quibusdam locis mulieres in hoc ministerio videamus constitutas.": Concilia Galliae: A. 314 – A. 506, Charles Munier (Hrsg.), *CCSL* 148, Turnhout: Brepols, 1963, S. 82.

282 „Diaconam vel viduam benedici in omni Ecclesia minime oportet.": *Concilia Galliae*, S. 177.

283 „Diaconae ordinentur non præsumant, quia contra rationem videtur feminas in sacro ministerio constitui.": *Concilia Galliae* , S. 220.

Diakoninnenamt offenbar weiterhin praktiziert wurde – und damit keineswegs so eindeutig verschwunden war, wie es die offiziellen Texte nahelegen. Beim ersten Konzil von Orléans (533)[284] wird das Amt strikt abgelehnt[285], doch bereits 20 Jahre später, auf dem zweiten Konzil von Orléans (553), zeigt sich, dass es weiterhin Diakoninnen gab. Diese sollten nun allerdings gewisse Voraussetzungen erfüllen: Sie mussten sich zuvor der „geweihten Witwenschaft" verschrieben haben und über längere Zeit in heiligen Werken bewährt sein. [286]

Auch das Konzil von Tours bestätigt, dass Diakoninnen existierten – und verpflichtet sie zur Ehelosigkeit.[287] Eine verheiratete Diakonin sollte künftig wie eine Laiin behandelt werden.[288] Diese Regelungen zeigen, dass das Amt der Diakonin in bestimmten Regionen des Westens nicht nur bekannt, sondern aktiv praktiziert wurde – wenn auch zunehmend unter Einschränkungen.[289]

Nicht alle Konzilsbeschlüsse galten einheitlich für die gesamte westliche Kirche. Vielmehr spiegeln sie regionale Unterschiede, lokale Widerstände und

---

284 „Ut diaconae non ordinentur.": *Concilia Galliae*, S. 150.

285 „Nulla femina diaconae ordinetur, nisi quæ dedicatae viduitatis propositum habuerit, et quae multo tempore in sanctis operationibus exstiterit examinata.": *Concilia Galliae*, S. 216f.

286 „Nulla femina diaconae ordinetur, nisi quæ dedicatae viduitatis propositum habuerit, et quae multo tempore in sanctis operationibus exstiterit examinata.": *Concilia Galliae*, S. 216f.

287 eigene Übersetzung von: „Ut diacona, si se iterum nuptiis copulaverit, cum laicis habeatur.": *Concilia Galliae*, S. 268.

288 eigene Übersetzung von: „Ut diacona, si se iterum nuptiis copulaverit, cum laicis habeatur.": *Concilia Galliae*, S. 268.

289 Reininger, *Diakonat der Frau*, S. 108.

Übergangsprozesse. Der Westen erlebte im 5. Jahrhundert also keine klare Zäsur, sondern eine schleichende Verdrängung weiblicher geistlicher Ämter – begleitet von einem immer enger gefassten Rollenverständnis, das Frauen zunehmend aus dem sakralen Raum ausschloss.

Das Konzil von Toledo (400-585)

Die westliche Kirche nahm im 5. Jahrhundert eine zunehmend restriktive Haltung gegenüber weiblichen Ämtern ein. Besonders deutlich zeigt sich diese Entwicklung in den Beschlüssen der Konzilien von Toledo, die zwischen dem 5. und 7. Jahrhundert im westgotischen Spanien stattfanden. Auch wenn nicht alle Konzilsentscheidungen explizit auf Frauen bezogen waren, lassen sich aus verschiedenen Textpassagen klare Rückschlüsse auf die damalige Haltung gegenüber weiblichen Rollen in der Kirche ziehen. Ein zentraler Grundsatz lautete:

> Frauen dürfen nicht zu kirchlichen Ämtern ordiniert werden.[290]

Diese Aussage verdeutlicht, dass die Zulassung von Frauen zu höheren geistlichen Ämtern – etwa dem Presbyterat oder dem Bischofsamt – grundsätzlich ausgeschlossen wurde. Das Tätigkeitsfeld von Frauen

---

[290] eigene Übersetzung von: „Feminae non debent ordinari ad officia clericalia.“: Drittes Konzil von Toledo (589), Canon 2, in: J.-D. Mansi (Hg.), *Sacrorum Conciliorum Nova et Amplissima Collectio*, Bd. 9, Florenz: A. Zatta, 1763, Sp. 589.

wurde damit bewusst und dauerhaft auf außeramtliche, unterstützende Aufgaben begrenzt.
Zwar war die Institution des weiblichen Diakonats formell noch bekannt, doch wurde ihr Funktionsbereich klar eingegrenzt. In den Konzilsbeschlüssen heißt es:

> Diakonissen mögen zwar vorhanden sein, aber ihre Aufgaben beschränken sich auf Werke der Frömmigkeit und der Nächstenliebe.[291]

Dies bedeutete konkret: Liturgische Assistenz war in sehr begrenztem Rahmen erlaubt – etwa in der Pflege von Frauen, in karitativen Diensten oder bei rituellen Vorbereitungen –, doch Lehr- oder Leitungsfunktionen in der Gemeinde wurden ihnen ausdrücklich nicht gestattet. Die eucharistische Liturgie, Predigt oder Sakramentenspendung blieben männlichen Klerikern vorbehalten.
Ein weiterer Satz aus den Konzilsakten bringt das dahinterliegende Frauenbild auf den Punkt:

> Frauen sind zu einem bescheidenen und häuslichen Leben berufen, um der patriarchalen Ordnung zu dienen.[292]

Diese Formulierung ist Ausdruck einer kirchlich-theologischen Anthropologie, die das weibliche Geschlecht nicht nur aus dem kirchlichen Leitungsamt

---

[291] „Diaconissae licet adsint, sed munera eorum limitantur ad officia pietatis et caritatis.“: Drittes Konzil von Toledo (589), Canon 5, in: Mansi, *Sacrorum Conciliorum Nova et Amplissima Collectio.*

[292] „Mulieres ad vitam modestam et domesticam vocantur, ut ordine patriarchali serventur.“: Viertes Konzil von Toledo (633), Canon 3, in: Mansi, *Sacrorum Conciliorum Nova et Amplissima Collectio.*

ausschloss, sondern ihm auch im sozialen Raum eine eindeutig subordinierte Rolle zuwies.
Das Konzil von Toledo markiert also im Westen einen deutlichen Wendepunkt: Die ursprünglich differenzierte Praxis bezüglich weiblicher Dienste in der Kirche wird durch ein konsistentes Ausschlussprinzip ersetzt, das sich sowohl auf das kirchliche Amt als auch auf die soziale Rolle der Frau erstreckt. Das Diakoninnenamt wird zwar nicht geleugnet, aber faktisch in die Bedeutungslosigkeit gedrängt.

Papst Gelasius I. (491)

Ein bemerkenswertes Dokument zum Status von Frauen im kirchlichen Dienst stellt ein Schreiben von Papst Gelasius I. aus dem Jahr 491 dar. In einem Brief an die Bischöfe Kampaniens äußert der Papst seine Bestürzung über einen Vorfall, der nach seiner Einschätzung eine gravierende Missachtung kirchlicher Ordnung darstellt:

> Dennoch haben wir beunruhigt gehört, dass eine solche Verachtung göttlicher Angelegenheiten eingetreten ist, dass Frauen, wie man behauptet, an heiligen Altären dienen: und alles, was man ausschließlich dem Dienst von Männern zuspricht, dem Geschlecht dargeboten wird, dem nicht gewachsen ist.[293]

---

[293] eigene Übersetzung von: „Nihilominus impatienter audivimus, tantum divinarum rerum subisse despectum, ut feminae sacris altaribus ministrare firmentur, cunctaque non nisi virorum famulatui deputata sexum, cui non competunt, exhibere.“: Papst Gelasius I., *Epistula* IX, 26, in: *PL*, Bd. 59, hrsg. von Jacques-Paul Migne, Paris: Imprimerie Catholique, 1847.

Der lateinische Ausdruck *„ministrare ad sacra altaria"* verweist deutlich auf liturgische Handlungen am Altar, wobei das Wort *ministrare* hier als Übersetzung des griechischen λειτουργεῖν (*leitourgein*) verstanden werden kann – also „Liturgie feiern". Damit ist die liturgische Präsenz von Frauen an zentraler Stelle angesprochen, möglicherweise sogar im Kontext der Eucharistie.

Was jedoch genau mit diesem Dienst gemeint ist – ob priesterliche Funktionen oder diakonische Assistenz – bleibt im Wortlaut offen. Allerdings schreibt Gelasius, es gehe um „alles, was man ausschließlich dem Dienst von Männern zuspricht", was die Möglichkeit nahelegt, dass auch priesterliche Tätigkeiten gemeint waren.

Interessant ist zudem, dass der Papst nicht die Frauen selbst kritisiert, sondern die verantwortlichen Bischöfe, die diesen Dienst ermöglicht oder sogar gefördert haben. Er wirft ihnen konkret vor, die Aufgaben, die ihnen als geweihten Amtsträgern obliegen, an Frauen delegiert zu haben. Die verwendeten Verben *„committere"* („veranlassen, begehen") und *„exercere"* („ausüben") zeigen deutlich, dass es sich um aktives Handeln seitens der Bischöfe gehandelt haben muss – nicht um bloßes Dulden.[294]

Auch in anderen Kontexten verwendet Gelasius den Begriff *ministerium ecclesiasticum* („kirchlicher Dienst")

[294] vgl. Giovanni Otranto, „Lecture: The Problem of the Ordination of Women in the Early Christian Priesthood", abrufbar unter: https://womenpriests.org/tradition/otran-2-the-problem-of-the-ordination-of-women-in-the-early-christian-priesthood/, letzter Zugriff am 18.02.2025.

explizit für das priesterliche Amt. In einem weiteren Schreiben nennt er als Bestandteile dieses Dienstes: Liturgie, Rechtsprechung und Lehramt – womit er die umfassende Autorität geistlicher Ämter beschreibt. Wenn er hier beklagt, dass all dies „dem Geschlecht dargeboten wird, dem es nicht zukommt", wird deutlich, wie ernst er diesen Vorgang nahm.

Die genaue Verbreitung des Phänomens bleibt unklar, doch die Tatsache, dass Gelasius sich direkt an mehrere Bischöfe in Süditalien wendet[295], lässt darauf schließen, dass es sich nicht um einen Einzelfall handelte. Möglich ist, dass es sich um eine lokale oder regionale Praxis handelte, die in bestimmten Gegenden weiterhin Bestand hatte – und vom römischen Zentrum als Normverstoß bewertet wurde.

Das Schreiben von Papst Gelasius I. ist also ein bedeutendes Zeugnis dafür, dass es im 5. Jahrhundert weiterhin Frauen gab, die liturgisch tätig waren und diese Praxis nicht stillschweigend, sondern mit aktiver Beteiligung von Bischöfen geschah. Der Brief markiert zugleich den wachsenden Wunsch nach Vereinheitlichung und Kontrolle liturgischer Rollen – und stellt einen wichtigen Schritt in der offiziellen Zurückdrängung weiblicher Liturgiefunktionen im Westen dar.

---

[295] Giorgio Otranto, „Note sul sacerdozio femminile nell'antichità in margine a una testimonianza di Gelasio I", in: *VetChr* 19 (1982), S. 341–360.

Persönliches Fazit:
Mich berührt an diesem Abschnitt, wie viel Widerspruch und Bewegung die Geschichte des Diakoninnenamtes im Westen im 5. Jahrhundert enthält. Offiziell wurden Frauen zunehmend ausgeschlossen – und doch zeigen die Quellen: Ihr liturgisches Wirken war offenbar weiterhin Realität. Gerade die Häufigkeit der Verbote spricht dafür, dass das Diakoninnenamt nicht einfach „verschwunden", sondern vielerorts noch lebendig war.
Ich sehe darin eine Spannung zwischen gelebter Praxis und wachsender kirchlicher Normierung – zwischen regionaler Vielfalt und zentraler Vereinheitlichung. Dass sogar ein Papst wie Gelasius sich öffentlich über die liturgische Tätigkeit von Frauen beklagt, zeigt, wie präsent dieses Thema damals war. Und es macht deutlich: Die Kirche hat das Wirken von Frauen aktiv zurückgedrängt.
Diese Entwicklungen zeigen, dass Frauen – trotz wachsender Einschränkungen – in verantwortlichen und geistlich bedeutsamen Rollen tätig waren. Das ist mehr als ein Randphänomen. Es ist ein ernstzunehmendes Kapitel kirchlicher Geschichte, das uns heute herausfordert, genauer hinzuschauen, was wir „Tradition" nennen – und was wir vielleicht zu früh als abgeschlossen betrachten.

Inschriften mit dem Titel „presbytera" – Spuren weiblicher Amtsträgerinnen

Trotz der zunehmenden offiziellen Zurückdrängung von Frauen aus liturgischen Funktionen im Westen des 5. Jahrhunderts belegen mehrere epigraphische Zeugnisse, dass Frauen vereinzelt weiterhin als Presbyterinnen oder sogar Priesterinnen bezeichnet wurden. Solche Inschriften werfen ein faszinierendes Licht auf kirchliche Realitäten, die nicht immer mit der offiziellen Lehre übereinstimmten – oder sich vielleicht in regionalen und sozialen Kontexten anders ausgestalteten.

Ein bedeutendes Beispiel ist eine Inschrift aus einer Katakombe in Tropea, in Bruttium – einer Region, an die Papst Gelasius nur kurz zuvor seinen mahnenden Brief gesandt hatte. Auf dem dort erhaltenen Grabstein heißt es:

> B(onae) m(emoriae) s(acrum). Leta presbitera / vixit annos XL, menses VIII, dies VIIII / quei bene fecit maritus. Precessit in pace pridie idus Maias.“: „Heiligtum des guten Andenkens. Die Presbyterin Leta hat 40 Jahre, 8 Monate und 9 Tage gelebt. Ihr Ehemann hat [dieses Heiligtum] ihr in guter Absicht errichtet. Sie ging ihm voraus am Vortag der Iden des Mai.“[296]

Die Bezeichnung *presbitera* wirft Fragen auf. War Leta tatsächlich Trägerin eines geistlichen Amts – oder handelte es sich dabei um eine Ehrenbezeichnung für die Frau eines Presbyters? Doch gerade Letzteres erscheint zweifelhaft: Denn ihr Ehemann, der den Grabstein in Auftrag gab, nennt sich selbst nicht Presbyter – obwohl es sonst in solchen Inschriften üblich war, das eigene Amt zu

[296] ebd., eigene Übersetzung. Bild: https://womenpriests.org/tradition/otran-1-priesthood-precedent-and-prejudice/, letzter Zugriff am 4.06.2025.

benennen. Zudem ist keine andere Inschrift bekannt, in der eine Frau eines Presbyters als *presbytera* tituliert wird.

Ein weiteres bemerkenswertes Zeugnis stammt aus Salona, dem kirchlichen Zentrum Dalmatiens, aus dem 5. oder 6. Jahrhundert. Dort ist auf einem Grabstein der Begriff „*[sace]rdotae*" – „der Priesterin" – zu lesen.[297] Auch wenn solche Bezeichnungen oft im Nachhinein symbolisch oder metaphorisch gedeutet werden, bleibt doch auffällig, dass sie mehrfach auftreten und einen gewissen kirchlichen Status dieser Frauen nahelegen.[298]

Ein weiteres Beispiel findet sich in einer Inschrift, die um das 6. Jahrhundert entstanden ist und eine gewisse *Maria* als *presbytera Maria* erwähnt. Die Titulatur bleibt auch hier mehrdeutig, lässt sich aber nicht ohne Weiteres auf eine bloße Ehrenbezeichnung reduzieren.

Archäologische Funde und Schriftquellen zeigen, dass der Begriff *presbytera* in bestimmten frühchristlichen Gemeinschaften tatsächlich zur Benennung von Frauen verwendet wurde, die eine besondere spirituelle oder liturgische Rolle einnahmen. Auch wenn man ihnen nicht dieselben Aufgaben wie männlichen Presbytern zuschrieb – etwa die Feier der Eucharistie – deuten diese Titel auf einen anerkannten kirchlichen Status hin.

Noch aufschlussreicher ist ein Schreiben aus dem Jahr 511, in dem drei gallische Bischöfe – Licinius von Tours,

---

[297] vgl. ebd.

[298] vgl. Hans Müller, „Frauen im Montanismus. Epigraphische und literarische Zeugnisse", in: *Journal of Early Christian Studies*13 (2), 2005, S. 112–115; Hans Müller, „Frauen in der Liturgie des frühen Christentums", in: *JECS* 13 (2), 2005, S. 112–115.

Melanius von Rennes und Eustochius von Angers – zwei bretonische Priester, Lovocatus und Catihernus, wegen ihres Umgangs mit Frauen maßregeln. Diese Priester hatten ihren *conhospitae* (Mitbewohnerinnen oder Gefährtinnen) während der Eucharistiefeier gestattet, den Kelch mit dem Blut Christi an die Gläubigen auszuteilen. Die Bischöfe zeigten sich entsetzt über diese Praxis und forderten mit Nachdruck, zur kirchlichen Ordnung zurückzukehren – andernfalls drohte der Ausschluss aus der Gemeinschaft.[299]

Auch ein Graffito aus Poitiers liefert ein aufschlussreiches Zeugnis. Die Inschrift lautet:

> „Die Presbyterin Martia hat das Opfer gemeinsam mit Olebrius und Nepos dargebracht."[300]

Diese Formulierung legt nahe, dass Martia nicht nur als „Presbyterin" bezeichnet wurde, sondern auch aktiv am liturgischen Geschehen teilnahm – möglicherweise sogar an der Eucharistie selbst.

---

[299] „Ut feminae in eucharistiae ministerium manum mitterent et populo Christi sanguinem darent, quod nullo modo fieri debet.": Dom Hyacinthe Morice, *Mémoires pour servir de preuves à l'histoire ecclésiastique et civile de Bretagne*, Bd. 1, Paris: Imprimerie Royale, 1742, Sp. 17–18.

[300] „Martia presbyteri / ferit obblata Olebri / o pariter et Nepote": Ute E. Eisen, Amtsträgerinnen im frühen Christentum: Epigraphische und literarische Studien, Freiburg: Herder, 1996, S. 109f , vgl. auch Madigan, Kevin; Osiek, Carolyn: Ordained Women in the Early Church, Johns Hopkins University Press 2005, p. 195.

Es kann festgehalten werden: Auch im Westen des 5. und 6. Jahrhunderts existieren Belege für Frauen mit geistlichen Titeln, deren genaue Funktionen nicht immer eindeutig zu klären sind. In einigen Fällen dürften es ehrenvolle Bezeichnungen gewesen sein – doch andere Inschriften deuten auf eine konkrete liturgische Beteiligung hin, die auch nach dem offiziellen Ausschluss von Frauen aus Weiheämtern offenbar weiterlebte. Diese Zeugnisse belegen eine Realität, die komplexer und vielfältiger war, als es die Konzilsbeschlüsse und offiziellen Schreiben vermuten lassen.

Inschriften mit dem Titel „*episcopa*“

Ein besonders bemerkenswertes Zeugnis aus der spätantiken Kirche findet sich in Umbrien, Italien: Ein Grabstein aus der Wende zum 6. Jahrhundert erwähnt eine Frau mit dem Titel *episcopa („Bischöfin“/ „Aufseherin“).* Der Name der Verstorbenen ist durch Zerstörung leider unlesbar geworden. Zunächst wurde vermutet, es könnte sich um die Ehefrau eines Bischofs gehandelt haben – eine Erklärung, die jedoch problematisch ist: Für die Verwendung des Titels *episcopa* als Bezeichnung für die Gattin eines Bischofs gibt es keine bekannten Parallelen.

Noch interessanter sind zwei weitere Inschriften, die denselben Titel verwenden, jedoch klarstellen, dass es sich dabei nicht um Ehefrauen von Bischöfen handeln kann. Eine dieser Inschriften betrifft Theodora, die Mutter von Papst Paschalis I. (Amtszeit: 817–824). Ihr Mann, der Vater des Papstes, hatte nachweislich kein kirchliches Amt inne.[301] Dennoch wird Theodora in mehreren Inschriften als *episcopa* bezeichnet. Die ungewöhnliche Titulatur wirft verschiedene Deutungsfragen auf.

In der Forschung wurden drei mögliche Interpretationen entwickelt:

1. Ehrentitel: Der Titel *episcopa* könnte Theodora ehrenhalber verliehen worden sein – entweder aufgrund ihres sozialen Status als Mutter eines Papstes oder infolge einer bedeutenden Spende oder Stiftung an die Kirche. Es wäre denkbar, dass sie in Rom eine besonders angesehene Stellung innehatte und daher mit einem bischöflichen Ehrentitel versehen wurde, auch ohne formelle Ordination.

2. Vorsteherin oder Äbtissin: Es wurde vermutet, dass Theodora möglicherweise Vorsteherin einer Frauengemeinschaft gewesen sein könnte – beispielsweise von Jungfrauen, Witwen oder Nonnen. Diese Hypothese bleibt allerdings spekulativ, da der Begriff *episcopa* als Bezeichnung für eine Äbtissin ungewöhnlich und untypisch ist.

3. Verfälschung durch Restaurierung: Es besteht die Möglichkeit, dass die Inschrift nachträglich verändert oder beschädigt wurde und ursprünglich einen anderen Inhalt hatte. Doch auch diese Annahme überzeugt nicht vollständig, da mehrere Inschriften Theodora diesen Titel

---

301 vgl. Eisen, *Amtsträgerinnen*, S. 193-196.

zuweisen – ein Hinweis darauf, dass es sich nicht um einen einmaligen Schreibfehler handelt.

Die Deutung, Theodora sei tatsächlich als Bischöfin ordiniert worden, wird in der theologischen Forschung meist verworfen. Doch nicht alle Forscher schließen dies kategorisch aus. So schreibt Ute E. Eisen, dass diese Möglichkeit zumindest zu bedenken sei – nicht zuletzt vor dem Hintergrund der konflikthaften Entwicklungen innerhalb der römischen Kirche im 9. Jahrhundert:

> Wenn man bedenkt, in welchen Auseinandersetzungen auch die Bischöfe und Päpste Roms untereinander standen und mit welchen Mitteln sie einander gerade auch im 9. Jahrhundert bekämpft haben, [dann] gab es nämlich in Rom ebenso wenig wie in den Provinzen eine uniforme katholische Kirche.[302]

Diese Einschätzung verweist auf die Komplexität kirchlicher Strukturen im Frühmittelalter, in denen Vielfalt, lokale Eigenheiten und politische Machtkonstellationen eine Rolle spielten – möglicherweise auch im Hinblick auf die Stellung einzelner Frauen in der kirchlichen Hierarchie.

Persönliches Fazit

Mich faszinieren diese Inschriften, weil sie leise und doch deutlich eine Realität bezeugen, die in den offiziellen Texten oft übergangen oder verdrängt wird. Frauen werden hier als presbytera, sacerdota oder episcopa bezeichnet – nicht in theologischen Traktaten, sondern auf

---

[302] Eisen, *Amtsträgerinnen*, S. 201

Grabsteinen, also an Orten gelebter Erinnerung und konkreter Wertschätzung. Was diese Titel im Einzelfall genau bedeuteten, lässt sich oft nicht mit letzter Sicherheit sagen. Aber sicher ist: Diese Frauen hatten einen anerkannten geistlichen Platz in ihrer Gemeinde.

Ich bin vorsichtig damit, aus solchen Spuren eine systematische Weihepraxis abzuleiten – und noch vorsichtiger damit, daraus direkt eine theologische Forderung für die Gegenwart zu machen. Aber ich sehe in ihnen Zeugnisse gelebten Glaubens, der offenbar Raum ließ für weibliche Verantwortung und Teilhabe – auch jenseits normativer Vorschriften.

Diese Inschriften erinnern mich daran, wie notwendig es ist, die Widersprüche der Geschichte ernst zu nehmen, statt sie in ein einheitliches Bild zu glätten.

8. Das 6. bis 9. Jahrhundert in der Ostkirche

Nach den turbulenten Debatten und Umbrüchen des 5. Jahrhunderts trat die Rolle der Frau in der westlichen Kirche zunehmend in den Hintergrund – zumindest, wenn man die offiziellen Dokumente betrachtet. Doch ein genauerer Blick auf Inschriften, Klosterregelungen und liturgische Quellen offenbart: Der Rückzug bedeutete keineswegs ein vollständiges Verstummen. Vielmehr begann eine stille Kontinuität – im Schatten des offiziellen Klerus, aber mit nachhaltiger Wirkung.

Während sich im Westen das Diakoninnenamt zunehmend verflüchtigte oder nur noch auf symbolische Weise fortbestand, bewahrten die Ostkirchen vielerorts ihre Weihepraxis. In byzantinischen Liturgien, Klosterordnungen und Weihegebeten blieben Diakoninnen präsent – und mit ihnen auch das Bewusstsein, dass Frauen einst eine tragende Rolle im kirchlichen Leben gespielt hatten.

In diesem Kapitel verfolgen wir die Spuren dieser Entwicklung zwischen dem 6. und 9. Jahrhundert zunächst im Osten. Wir sehen, wie sich Strukturen verfestigen, wie sich Argumente wandeln und wie inmitten von Verboten und Rücknahmen dennoch Stimmen, Zeichen und Gesten weitergetragen werden, die an eine andere, reichere Vergangenheit erinnern.

Fortbestehen in der Ostkirche

Während das Diakoninnenamt im Westen zunehmend marginalisiert wurde und aus den offiziellen kirchlichen Strukturen verschwand, blieb es in der Ostkirche über Jahrhunderte hinweg ein fester Bestandteil des kirchlichen Lebens. Vor allem im byzantinischen Raum lassen sich bis ins 9. Jahrhundert zahlreiche Zeugnisse für die Existenz und die Weihe von Diakoninnen nachweisen – sowohl in liturgischen Texten als auch in Weiheformularen und Kirchenordnungen.

Der Begriff der *diaconissa* oder *diákonos* wurde weiterhin verwendet, wobei Frauen nicht nur in Klöstern, sondern auch im weiteren Gemeindeleben sakral-liturgische Funktionen übernahmen. Ihre Aufgaben konzentrierten sich dabei – wie bereits im 4. und 5. Jahrhundert – auf die Betreuung weiblicher Gemeindemitglieder, insbesondere im Rahmen der Taufe, Krankenpflege und Katechese. In bestimmten liturgischen Kontexten hatten sie weiterhin Zugang zu sakralen Räumen und galten als Teil des geweihten Klerus.

Besonders erwähnenswert ist, dass Weihegebete für Diakoninnen, die eine Handauflegung und Anrufung des Heiligen Geistes beinhalteten, weiterhin in byzantinischen Ordines enthalten blieben. In ihnen wird ausdrücklich von einer χειροτονία [cheirotonía] gesprochen – also der Weihe im engeren Sinn, wie sie auch bei männlichen Diakonen, Presbytern und Bischöfen üblich war. Auch die Weihe selbst erfolgte – wie bei den männlichen Klerikern – im Altarraum während der Eucharistiefeier.

Trotz dieser institutionellen Anerkennung blieb das Amt der Diakonin geschlechtsspezifisch ausgerichtet: Es war primär ein Dienst von Frauen an Frauen. Die theologischen und liturgischen Funktionen waren klar begrenzt – etwa auf Salbung, Segenshandlungen, Kommunionüberbringung und die Wahrung des Anstands bei der Taufe von Frauen. Eucharistische Leitungsfunktionen oder Predigtvollmachten waren weiterhin ausgeschlossen.
Dass das Amt dennoch als sakraler Dienst verstanden wurde, zeigt sich an seiner Einbindung in den Klerus, an der Verwendung spezifischer liturgischer Kleidung und an der Tatsache, dass Diakoninnen häufig in Verbindung mit Bischöfen und männlichen Diakonen erwähnt werden.
Auch in der Ikonographie und Hagiographie dieser Zeit finden sich Hinweise auf bedeutende Diakoninnen – etwa Olympias, Theosebia, Maria von Antiochien oder Irene von Chrysopolis, deren Lebenszeugnisse in der ostkirchlichen Überlieferung fortbestehen.
Während sich im Westen das Gedächtnis an Amtsträgerinnen zunehmend verflüchtigte, bewahrte die Ostkirche das Diakoninnenamt als lebendige und anerkannte Praxis. Auch wenn es geschlechtsspezifisch begrenzt blieb, zeigt sein Fortbestehen bis ins hohe Mittelalter, dass das kirchliche Amt der Frau in der christlichen Tradition tiefer verankert war, als es lange angenommen wurde.

Der Codex Justinianus (528 n. Chr.)

Während im Westen das Diakoninnenamt nach und nach verschwand oder formal untersagt wurde, zeigt sich im byzantinischen Rechtswesen ein ganz anderes Bild: Der Codex Justinianus, das monumentale Gesetzeswerk des Kaisers Justinian I., ordnet die Diakoninnen eindeutig dem Klerus zu – und das nicht am Rand, sondern als eigenständigen Bestandteil kirchlicher Organisation.

In der Gesetzessammlung, die 528 n. Chr. erstmals veröffentlicht wurde, ist das Amt der Diakonin sicher bezeugt für zahlreiche bedeutende Zentren des Ostens: Antiochien, Jerusalem, Cäsarea in Palästina, Kappadokien, Phrygien und Konstantinopel.[303] Dies macht deutlich, dass es sich nicht um eine lokale Ausnahme, sondern um eine weitverbreitete kirchliche Struktur handelte.

Die gesetzliche Verankerung findet sich im Abschnitt *De episcopis et clericis* – „Über Bischöfe und Kleriker".[304] Dort wird das Amt der Diakonin auf derselben rechtlichen Ebene wie das der männlichen Diakone und Presbytern behandelt.

Ein besonders aufschlussreicher Text ist die 6. Novelle Justinians, die unter dem Titel steht:

---

303 Reininger, *Diakonat der Frau*, S. 89.

304 Codex Iustinianus, Buch 1, Titel 12, 6, in: *Iustiniani Imperatoris, Codex Iustinianus. Corpus Iuris Civilis*, Stuttgart: Teubner, 1895: „Diaconissae, quae in clerum adscribuntur, in dictis officiis fungantur."

> Wie man die Bischöfe, die Presbyter und Diakone, männliche und weibliche, zu ordinieren habe.[305]

Diese Formulierung ist bemerkenswert – sie unterscheidet explizit zwischen männlichen und weiblichen Diakonen, erkennt jedoch beide als ordinierte Kleriker an. Der Begriff der *Ordination* (*cheirotonía*) umfasst hier auch die Diakoninnen, was ihre Eingliederung in das sakrale Amt unterstreicht.

Noch konkreter ist die 3. Novelle, die die Anzahl der Kleriker für die Hagia Sophia in Konstantinopel festlegt – das Zentrum byzantinischer Liturgie. Dort heißt es:

> In der Kirche der Heiligen Sophia sollen dienen: 60 Priester, 100 Diakone, 40 Diakoninnen, 90 Subdiakone, 110 Lektoren und 25 Sänger.[306]

Diese Aufstellung zeigt nicht nur, dass Diakoninnen eine institutionelle Realität darstellten – sondern auch, dass ihre Zahl mit der anderer Weiheämter vergleichbar war. Ihre Position zwischen den Diakonen und Subdiakonen verweist auf einen Zwischenstatus zwischen höherem und niederem Klerus.

---

305 „De ordinandis episcopis, presbyteris et diaconibus, masculis et feminis.": *Novellae Constitutiones*, 6. Novelle, in: *Corpus Iuris Civilis*, hrsg. von Iustiniani Imperatoris, Stuttgart: Teubner, 1895.

306 „In ecclesia Sanctae Sophiae, constituantur sexaginta presbyteri, centum diaconi, quadraginta diaconissae, nonaginta subdiaconi, centum et decem lectores, et viginti quinque cantores.": *Novellae Constitutiones*, 3. Novelle, zit. nach: Reininger, *Diakonat der Frau*, S. 87.

Interessant ist auch, dass es für Diakoninnen verschiedene Wohnformen gab. Einige lebten in Klöstern in der Nähe der Kirche, andere in speziellen „Häusern der Diakoninnen“, wiederum andere allein oder bei Verwandten. [307] Dies weist darauf hin, dass es kein einheitliches Lebensmodell gab – wohl aber eine institutionelle Anbindung an das kirchliche Zentrum, das ihnen bestimmte Räume und Aufgaben zuwies.

Das Concilium Trullanum (691)

Das Concilium Trullanum, auch „Quinisextum“ genannt, wurde im Jahr 691 n. Chr. in Konstantinopel einberufen und gilt in der Ostkirche als Teil der ökumenischen Konzilien. Es markiert einen weiteren Meilenstein in der Geschichte des weiblichen Diakonats – und zeigt zugleich die Ambivalenz und Vielfalt innerhalb der byzantinischen Kirche.

Kanon 48 des Konzils macht eine bemerkenswerte Feststellung: Wenn die Ehefrau eines Mannes, der zum Bischof geweiht wurde, als würdig galt, sollte sie zum Amt der Diakonin befördert werden. Die Formulierung lautet:

[307] „Diaconissae aut in domibus, quae circum ecclesiam erant, in qua ministrabant, aut in monasterio prope sitae, cui adhaerebant, aut in domo diaconissarum, aut in sola vita, aut apud propinquos habitarent.“: *Codex Iustinianus*, Buch 1, Titel 12, 6, zit. nach: Theodorou, *Das Amt der Diakoninnen*, S. 169.

> Wenn sie auch würdig ist, soll sie zum Amt des διάκονος [diákonos] erhoben werden.[308]

Auffällig ist die Verwendung des Begriffs διάκονος [diákonos], der – wie in früheren Jahrhunderten – geschlechtsneutral gebraucht wird. Dies unterstreicht, dass das Amt der Diakonin nicht als bloß abgeleitete oder minderwertige Form des männlichen Diakonats verstanden wurde, sondern als eigenständiges kirchliches Amt mit spiritueller und liturgischer Verantwortung.
Ein historisches Beispiel für diese Praxis ist Theodosia, die Ehefrau des Gregor von Nyssa. Sie wurde zur Diakonin geweiht, als ihr Mann das Bischofsamt übernahm – eine Konstellation, die offenbar nicht unüblich war.
Das Konzil legte zudem ein Mindestalter von 40 Jahren für Diakoninnen fest – eine Vorgabe, die bereits auf dem Konzil von Chalzedon (451) formuliert, nun aber bestätigt und bekräftigt wurde.[309]
Gerade im klösterlichen Bereich blieb das Diakoninnenamt lebendig. Zahlreiche Nonnen, vor allem Äbtissinnen, erhielten die Weihe zur Diakonin.[310] Ihre liturgischen und seelsorgerischen Aufgaben wurden damit offiziell anerkannt – auch wenn das Amt im öffentlichen

---

308 „Οὐδὲ τὴν γυναῖκα τοῦ ἐπισκόπου, καὶ ἂν ἄξια ᾖ, ἀποστραφήσεσθαι πρὸς τὸ ἐπισκοπεῖν ὥσπερ εἰς διάκονον.“: *Concilium Trullanum*, Can. 48, in: Acta Conciliorum Oecumenicorum, hrsg. von G. D. Bartelmus, Berlin: Georg Reimer, 1867, zit. nach: Theodorou, Das Amt der Diakoninnen, S. 165.

309 „Ἐὰν γὰρ ἀξιόχρεως γένηται, ἐν ἡλικίᾳ τεσσαράκοντα ἐτῶν.“: *Concilium Trullanum*, Can. 48.

310 Theodorou, *Das Amt der Diakoninnen*, S. 165

Gemeindegottesdienst auf bestimmte Bereiche beschränkt blieb.

Zugleich zeigen die Quellen des 7. Jahrhunderts ein uneinheitliches Bild: Während einige Bischöfe versuchten, das Amt der Diakonin über synodale Regelungen zu unterbinden, setzten andere weiterhin aktiv Diakoninnen ein und vollzogen deren Weihe. Diese kircheninterne Uneinigkeit verweist auf eine lebendige Diskussion über die Rolle der Frau im geistlichen Amt – eine Diskussion, die nicht mit einem einfachen „Verbot" beantwortet werden kann.

Besonders bemerkenswert: Im 7. Jahrhundert taucht erstmals ein eigenständiges Weihegebet für Diakoninnen in den liturgischen Büchern auf.[311] Es bildet die Grundlage für einen später ausformulierten Ordinationsritus, der in der byzantinischen Tradition weiter Bestand hatte. Dies zeigt, dass trotz aller Debatten das Diakoninnenamt nicht nur existierte, sondern liturgisch institutionalisiert und rituell gefestigt wurde.

Das Concilium Trullanum belegt eindrucksvoll, dass das Diakoninnenamt in der Ostkirche bis ins späte 7. Jahrhundert hinein nicht nur akzeptiert, sondern gestärkt wurde – auch wenn innerkirchlich Spannungen über seine Reichweite und Bedeutung bestanden. Die klare Erwähnung im Konzilstext, die Integration in die Bischofsfamilien und der liturgische Fortschritt machen deutlich: Die weibliche Diakonie war weiterhin lebendige Realität im kirchlichen Leben des Ostens.

---

[311] vgl. Eisen, *Amtsträgerinnen*, S. 43.

Die Frage, ob Diakoninnen in späterer Zeit eher dem höheren oder dem niederen Klerus zuzurechnen sind, bleibt unklar. Kirchliche Quellen sind an dieser Stelle teils widersprüchlich.[312] Was sich jedoch mit Sicherheit sagen lässt: Diakoninnen waren im byzantinischen Kontext rechtlich anerkannt, strukturell eingebunden und liturgisch wirksam– zumindest innerhalb der ihnen zugewiesenen Aufgabenbereiche.

Der Codex Justinianus liefert einen der deutlichsten Belege für die Integration von Diakoninnen in die offizielle Kirchenstruktur der Ostkirche. Ihre Erwähnung in kaiserlichen Gesetzestexten und ihre zahlenmäßige Präsenz in zentralen Liturgieorten wie der Hagia Sophia machen unmissverständlich klar: Das Diakoninnenamt war im 6. Jahrhundert im Osten nicht nur anerkannt, sondern rechtlich fest verankert.

Eine Diakonin aus dem 7. Jahrhundert

Ein besonders aufschlussreiches Zeugnis für das Fortbestehen des Diakoninnenamts in der Ostkirche liefert ein Grabstein aus dem 7. Jahrhundert, der in Moab (Palästina) gefunden wurde. Die Inschrift erinnert an eine Diakonin, die im Alter von 38 Jahren verstorben ist – ein Detail, das in mehrfacher Hinsicht bemerkenswert ist.

Nach dem Konzil von Chalzedon (451) war festgelegt worden, dass Diakoninnen erst ab einem Mindestalter von 40 Jahren geweiht werden sollten. Diese Altersgrenze diente unter anderem dazu, sicherzustellen, dass die

---

[312] vgl. Hauke, *Die Geschichte der Diakonissen*, S. 379.

geweihten Frauen keine Ehe mehr eingingen – eine Vorgabe, die wohl die Ehelosigkeit nach der Weihe garantieren sollte.
Dass im Fall dieser Diakonin dennoch eine Weihe unterhalb dieser Altersgrenze stattgefunden hat, zeigt, dass solche Regelungen nicht durchgängig umgesetzt und in der Praxis offenbar regional unterschiedlich gehandhabt wurden. Die Inschrift bezeugt somit nicht nur die Existenz des Diakoninnenamts zu dieser Zeit, sondern auch eine gewisse Flexibilität im Umgang mit kirchlichen Bestimmungen – ein weiteres Beispiel für das Spannungsverhältnis zwischen Konzilsbeschlüssen und der konkreten kirchlichen Wirklichkeit vor Ort.

Der Codex Barberini (8./9. Jahrhundert)

Im 8. oder 9. Jahrhundert entstand der Codex Barberini, ein bedeutendes liturgisches Buch der Ostkirche, das detaillierte Anweisungen zur Weihe von Diakoninnen enthält. Dieses Manuskript, auch als Barberini-Euchologion bekannt, beschreibt die Weiherituale und -gebete für Diakoninnen ausführlich und zeigt, dass ihre Weihe durch Handauflegung des Bischofs (*cheirotonía*) erfolgte, analog zur Weihe männlicher Diakone.
Der Ritus begann nach dem heiligen Hochgebet, der sogenannten *Anaphora*, wenn die Türen geöffnet wurden. Das wird so beschrieben:

> Nachdem das heilige Hochgebet (Anaphora) beendet ist und die Türen geöffnet wurden, noch bevor der Diakon sagt: „Nachdem wir aller Heiligen gedacht haben ...“, wird die

Frau, die zur Diakonin geweiht werden soll, zum Bischof geführt. Der Bischof betet dann mit lauter Stimme das Gebet: „Die heilige Gnade ...“. Die zu Weihende neigt ihren Kopf, und der Bischof legt seine Hand auf ihren Kopf. Er macht dreimal das Zeichen des Kreuzes über ihr und betet: „Heiliger und allmächtiger Gott, du hast durch die Geburt deines einziggeborenen Sohnes aus der Jungfrau Maria die Frau geheiligt. Du hast nicht nur Männern, sondern auch Frauen die Gnade und die Gabe des Heiligen Geistes geschenkt. Derselbe Herr, schaue nun auch auf deine Dienerin herab und rufe sie zum Amt der Diakonie. Schenke ihr die Fülle deines Heiligen Geistes. Bewahre sie im rechten Glauben, damit sie ihr Leben untadelig führt und den Dienst, der ihr anvertraut ist, zur Ehre deines Namens und nach deinem Willen erfüllt. Denn dir gebührt alle Herrlichkeit, Ehre und Anbetung, dem Vater, dem Sohn und dem Heiligen Geist, jetzt und immer und in alle Ewigkeit. Amen.“[313]

---

[313] eigene Übersetzung von: „Μετὰ τὴν ἁγίαν Ἀναφορὰν καὶ ἀνοιχθεισῶν τῶν θυρῶν, πρὶν ἢ εἰπεῖν τὸν διάκονον «Μετὰ τὸ μνημονεῦσαι πάντων τῶν ἁγίων...», προσάγεται ἡ χειροτονηθησομένη τῷ ἐπισκόπῳ. Καὶ εὔχεται ὁ ἐπίσκοπος φωνῇ μεγάλῃ τὴν εὐχὴν «Ἡ ἁγία χάρις...». Κλίνασα δὲ ἡ χειροτονηθησομένη τὴν κεφαλήν, ἐπιτίθησιν ὁ ἐπίσκοπος τὴν χεῖρα αὐτοῦ ἐπὶ τὴν κεφαλὴν αὐτῆς, ποιεῖ τὸ σημεῖον τοῦ σταυροῦ τρίς, καὶ εὔχεται λέγων·«Ὁ Θεὸς ὁ ἅγιος, ὁ παντοδύναμος, ὁ διὰ τῆς γεννήσεως τοῦ μονογενοῦς σου Υἱοῦ κατὰ σάρκα ἐκ τῆς Παρθένου Μαρίας τὸ θηλυκὸν ἁγιάσας, ὁ μὴ μόνον τοῖς ἀνδράσιν, ἀλλὰ καὶ ταῖς γυναιξὶ τὴν χάριν καὶ τὴν ἐπιφοίτησιν τοῦ Ἁγίου Πνεύματος δωρησάμενος· αὐτὸς δέσποτα, ἐπίβλεψον καὶ νῦν ἐπὶ τὴν δούλην σου ταύτην καὶ πρόσκαλεσαι αὐτὴν εἰς τὸ ἔργον τῆς διακονίας σου, καὶ πλήρωσον αὐτὴν τοῦ πνεύματός σου τοῦ Ἁγίου, καὶ φύλαξον αὐτὴν ἐν τῇ ὀρθῇ πίστει, ἵνα ἀμέμπτως πολιτευομένη τὸν

Nach dem *Amen* sprach ein Diakon ein weiteres Gebet, und der Bischof legte erneut seine Hand auf das Haupt der zu weihenden Diakonin und betete:

> Herr, allmächtiger Gott, du hast die Frauen nicht zurückgewiesen, die sich dir darbieten und in deinem heiligen Haus in angemessener Weise dienen wollen, sondern sie in die Ordnung der Liturgen aufgenommen. Schenke auch dieser deiner Dienerin, die sich dir darbieten und die Gnade der Diakonie erfüllen will, die Gabe deines Heiligen Geistes. Segne sie, wie du deine Diakonin Phoebe gesegnet hast – Phoebe, die du in den Dienst deiner Diakonie berufen hast. Gib, o Gott, dass sie in deinem heiligen Haus untadelig bleibe, dass sie sich um ihren Lebenswandel kümmere und vor allem um Besonnenheit bemühe. Mache sie, o Gott, zu deiner vollkommenen Dienerin, damit auch sie, wenn sie vor dem Richterstuhl Christi steht, den ihr zustehenden Lohn für ihren guten Lebenswandel empfange. Durch den Segen und die Barmherzigkeit deines einziggeborenen Sohnes, mit dem du gepriesen bist, zusammen mit deinem allheiligen, guten und lebensspendenden Geist, jetzt und immer und in alle Ewigkeit. Amen.[314]

διακονικὸν αὐτῆς ἀναπληροῖ βίον, κατὰ τὸ εὐάρεστον ἐνώπιόν σου. Ὅτι σοὶ πρέπει πᾶσα δόξα, τιμὴ καὶ προσκύνησις, τῷ Πατρὶ καὶ τῷ Υἱῷ καὶ τῷ Ἁγίῳ Πνεύματι, νῦν καὶ ἀεὶ καὶ εἰς τοὺς αἰῶνας τῶν αἰώνων. Ἀμήν.“: Barberini Euchologion, in: Miguel Arranz (Hrsg.), *L'Eucologio Costantinopolitano agli inizi del secolo XI*, Rom: Pontificio Istituto Orientale, 1996.

[314] eigene Übersetzung von: „Εἰρήνῃ τοῦ Κυρίου δεηθῶμεν. (...) Μετὰ τὸ εἰπεῖν τὸν διάκονον ταῦτα, ὁ ἐπίσκοπος ἐπιτίθησι τὴν χεῖρα αὐτοῦ ἐπὶ τὴν κεφαλὴν τῆς χειροτονουμένης διακόνου καὶ εὔχεται λέγων· «Δέσποτα Κύριε παντοκράτωρ, ὁ μὴ

Anschließend legte der Bischof der Diakonin die diakonische Stola um den Hals, unter dem Umhang (*Maphorion*), und brachte beide Enden der Stola nach vorn. Nach dem Empfang des heiligen Leibes und Blutes Christi übergab der Bischof ihr den heiligen Kelch, den sie auf den Altar stellte.[315]

Dieses detaillierte Weiheritual unterstreicht die Bedeutung und den feierlichen Charakter der Diakoninnenweihe in der Ostkirche des 8. und 9. Jahrhunderts.

Der griechisch-orthodoxe Liturgiewissenschaftler Evangelos Theodorou, einer der wichtigsten Experten für die byzantinische Weihepraxis, hebt in seinen Studien zur Diakoninnenweihe die besondere liturgische Stellung

---

ἀποστρέψας τὰς προσφερομένας γυναῖκας καὶ βουλομένας εὐλαβῶς διακονεῖν ἐν τῷ ἁγίῳ σου οἴκῳ, ἀλλὰ κατατάξας αὐτὰς εἰς τάξιν λειτουργῶν· δώρησαι τὴν χάριν τοῦ Ἁγίου σου Πνεύματος καὶ τῇ δούλῃ σου ταύτῃ τῇ προσελθούσῃ σοι καὶ βουληθείσῃ πληρῶσαι τὴν χάριν τῆς διακονίας· εὐλόγησον αὐτὴν καθὼς εὐλόγησας Φοίβην τὴν διάκονον σου, ἣν ἐκάλεσας εἰς ἔργον διακονίας σου· δώρησαι, ὁ Θεός, αὐτῇ ἀμέμπτως διαμένειν ἐν τῷ ἁγίῳ σου οἴκῳ, φροντίζειν περὶ τῆς ἰδίας πολιτείας, μάλιστα δὲ περὶ σωφροσύνης σπουδάζειν, καὶ ἀποδείξῃς αὐτήν, ὁ Θεός, τελείαν σου διάκονον, ἵνα καὶ αὐτὴ παραστᾶσα τῷ βήματι τοῦ Χριστοῦ κομίσηται τὸν ἀποκείμενον αὐτῇ μισθὸν τῆς καλῆς πολιτείας· διὰ τῆς εὐλογίας καὶ φιλανθρωπίας τοῦ μονογενοῦς σου Υἱοῦ, μεθ' οὗ εὐλογητὸς εἶ σὺν τῷ παναγίῳ καὶ ἀγαθῷ καὶ ζωοποιῷ σου Πνεύματι, νῦν καὶ ἀεὶ καὶ εἰς τοὺς αἰῶνας τῶν αἰώνων. Ἀμήν.» Μετὰ τὸ «Ἀμήν», ὁ ἐπίσκοπος περιτίθησιν αὐτῇ τὸν ὡράριον ὑπὸ τὸν μαφόριον, καὶ ἐκφέρει τὰ δύο ἄκρα τοῦ ὡραρίου ἔμπροσθεν· εἶτα λέγει ὁ διάκονος ὁ ἑστὼς ἐν τῷ ἄμβωνι· «Μετὰ τὸ μνημονεῦσαι πάντων τῶν ἁγίων...» Μετὰ τὸ λαβεῖν αὐτὴν τὸ ἅγιον σῶμα καὶ τὸ ἅγιον αἷμα, ὁ ἐπίσκοπος δίδωσιν αὐτῇ τὸν ἅγιον ποτήριον, ὃ λαβοῦσα τίθησιν ἐπὶ τὴν ἁγίαν τράπεζαν.": ebd.

[315] Vgl. ebd.

dieses Amtes hervor. Seine Analysen zum *Codex Barberini*, der im 8. oder 9. Jahrhundert entstand, machen deutlich, dass die Weihe der Diakonin in Ort, Form und theologischer Bedeutung den höheren Weihen (Diakon, Presbyter, Bischof) zugeordnet war – nicht den niederen Weihen wie Subdiakon oder Lektor.

Ein zentrales Unterscheidungsmerkmal besteht darin, dass die Diakoninnenweihe im Altarraum und während der heiligen Liturgie erfolgt – und zwar nach dem Hochgebet (*Anaphora*), genau in dem Moment, in dem auch männliche Diakone geweiht wurden. Dieser sakramentale Kontext hebt sie deutlich von den niederen Weihen ab, die außerhalb der Liturgie und nicht im Altarraum vorgenommen wurden.

Die zu weihende Diakonin steht zunächst sichtbar im Kirchenschiff, vor den heiligen Türen, bedeckt mit einem liturgischen Umhang. Von dort wird sie in den Altarraum geführt, wo der Bischof die Handauflegung (*cheirotonía*) vornimmt. Anders als bei den niederen Weihen, bei denen nur ein Weihegebet gesprochen wird, umfasst die Diakoninnenweihe zwei liturgische Gebete des Bischofs, jeweils abgeschlossen durch eine Doxologie an die Heilige Dreifaltigkeit. Auch dies verweist auf die Gleichrangigkeit mit den höheren Weihen.

Besonders hervorzuheben ist, dass das erste Weihegebet der Diakonin in Struktur und Inhalt mit jenem aus den *Constitutiones Apostolorum* verwandt ist, jedoch weiterentwickelt wurde. Theodorou erkennt darin eine bewusste Fortführung der frühkirchlichen Weihepraxis, die in die byzantinische Liturgie eingegliedert wurde. Der liturgische

Ruf „Die heilige Gnade", der zu Beginn der Weihe gesprochen wird, unterstreicht zusätzlich den sakramentalen Charakter. Er wird ausschließlich bei höheren Weihen verwendet und fehlt vollständig bei den Weihen der niederen Ämter.

Trotz der weitreichenden Gemeinsamkeiten zwischen der Diakoninnen- und der Diakonenweihe dokumentiert der Codex Barberini auch feine Unterschiede im liturgischen Vollzug:

- Während männliche Diakone bei der Weihe ein Knie beugen und ihre Stirn auf den Altar legen, bleiben Diakoninnen während der gesamten Handauflegung aufrecht stehen. Evangelos Theodorou führt dies auf drei mögliche Gründe zurück: Erstens auf eine Frage der Schicklichkeit, zweitens als Ausdruck eines etwas niedrigeren Rangs der Diakonin gegenüber dem männlichen Diakonat, drittens aber auch als Erinnerung an eine ältere liturgische Praxis, bei der auch Männer stehend die Handauflegung empfingen. Diese letzte Vermutung wird durch eine Miniatur in einem byzantinischen Manuskript gestützt, die den Theologen Gregorios bei seiner Weihe stehend zeigt.

- Nach der Weihe wird der Diakonin – wie dem Diakon – die diakonische Stola angelegt. Sie trägt diese allerdings unter dem *Maphorion*, dem liturgischen Umhang, wobei beide Enden nach vorn geführt werden. Während einige Quellen von einer identischen Tragweise wie beim Diakon berichten, vermerken andere, dass sich die Art des Tragens zwischen den Geschlechtern unterscheidet.

- Im Gegensatz zum Diakon, der unmittelbar nach der Weihe liturgische Dienste am Altar wie das Bedienen des *Rhipidions* übernimmt, wird der Diakonin kein Altardienst zugewiesen. Diese Einschränkung wurde unter anderem mit Vorstellungen ritueller Reinheit begründet – insbesondere mit der Annahme, Frauen seien während ihrer Menstruation „unrein“ und dürften den Altarbereich nicht betreten.[316] Auch in der byzantinischen Zeit hielt sich diese Ansicht.

- Bei der heiligen Kommunion empfängt die Diakonin wie der Diakon den Kelch aus den Händen des Bischofs. Während der Diakon anschließend den Gläubigen das heilige Blut austeilt, stellt die Diakonin den Kelch zurück auf den Altar, ohne selbst zu kommunizieren oder auszuteilen.

Evangelos Theodorou betont dennoch, dass die Weihe der Diakonin in der byzantinischen Liturgie keine bloße Ehrenstellung war, sondern ein sakramentales Amt mit fest definierten Aufgaben. Die Einbindung in den liturgischen Hochpunkt der Eucharistiefeier, die Doppelgebete und die Verwendung des Weiheanrufs „Die heilige Gnade“ belegen, dass die Diakonin zum höheren

[316] Parenti, *L'Eucologio* Barberini, S. 214-216.

Klerus gehörte – auch wenn ihr liturgischer Wirkungskreis eingeschränkt war.[317]

Wie bei anderen geweihten Klerikern galt auch für Diakoninnen das Gebot der Ehelosigkeit: Nach ihrer Weihe war es ihnen nicht mehr erlaubt, eine Ehe einzugehen.

Trotz liturgischer Einschränkungen gibt es Hinweise darauf, dass einige Diakoninnen am Altar dienten. So wird im 12. Jahrhundert in Konstantinopel berichtet, dass sie „früher" einen Altardienst verrichteten, dieser jedoch später untersagt wurde, eben aufgrund der monatlichen Blutung. Dies belegt nicht nur den früheren Zugang zum Altar, sondern auch eine spätere Rücknahme dieser Praxis.[318]

Der Codex Barberini gehört damit zu den bedeutendsten Quellen, die die Diakoninnenweihe als eigenständiges kirchliches Amt belegen – ein Amt mit seelsorglicher, katechetischer und liturgischer Dimension, das in der Ostkirche bis ins Hochmittelalter seine Gültigkeit behielt und auch in liturgischen Traditionen anderer Regionen weiterverwendet wurde.[319]

---

[317] Theodorou, *Das Amt der Diakoninnen*, S. 167-169

[318] „Olim aliquando ordines diaconissarum canonibus cogniti fuere, habebantque ipsae gradum ad altare": Guiseppe Simone Assemani, *Bibliotheca Orientalis*, Bd. III, Teil 2, Rom: Typographia Sacrae Congregationis de Propaganda Fide, 1728, S. 899.

[319] Roger Gryson, *Le ministère des femmes dans l'Église ancienne*, Gembloux: J. Duculot, 1972, S. 83–87.

Persönliches Fazit

Mich beeindruckt an der Geschichte der Ostkirche, wie konsequent das Amt der Diakonin über Jahrhunderte hinweg als sakramentales Amt weitergeführt wurde – mit eigener Weihe, eigener liturgischer Kleidung und fest verankerten Aufgaben. In einer Zeit, in der Frauen im Westen zunehmend aus dem kirchlichen Dienst gedrängt wurden, zeigt sich hier eine andere Linie: nicht im Streit, aber mit tiefer Verwurzelung im kirchlichen Leben.

Was mich besonders bewegt, ist die Ernsthaftigkeit, mit der die Ostkirche weibliche Berufungen anerkannt und liturgisch gestaltet hat. Die Diakonin war keine Ausnahme, keine Notlösung, sondern Teil des geweihten Klerus. Dass ihre Aufgaben geschlechtsspezifisch begrenzt waren, steht außer Frage – und doch erkenne ich in diesen Quellen ein ehrliches Bemühen, Frauen innerhalb der Logik ihrer Zeit ein sakramental verstandenes Amt zu geben.

Diese Geschichte fordert mich heraus, unsere eigenen kirchlichen Argumente im Licht der Tradition neu zu betrachten.

9. Das 6. bis 9. Jahrhundert in der Westkirche

Während sich das Diakoninnenamt in der Ostkirche bis weit ins Mittelalter liturgisch und institutionell weiterentwickelte, zeigt sich im Westen ein gegenteiliger Trend: Der Spielraum für Frauen in geistlichen Rollen wurde schrittweise enger. In einer Epoche tiefgreifender kirchlicher, gesellschaftlicher und politischer Umbrüche begann ein Prozess des Rückzugs, in dem alte Ämter verloren gingen oder transformiert wurden.

Doch auch im Westen lassen sich nicht nur Verbote und Einschränkungen finden – es gibt vereinzelt Spuren von Widerstand, Ausnahmen und bewahrten Traditionen. In Inschriften, Synodalbeschlüssen, liturgischen Ordnungen und päpstlichen Schreiben wird ein komplexes Bild sichtbar: eines, das zwischen institutionellem Ausschluss und gelebter Praxis schwankt.

Dieses Kapitel verfolgt die westliche Entwicklung von der Spätantike über das fränkische Reich bis hin zur karolingischen Reformzeit. Es zeigt, wie sich kirchliche Normen wandelten, auf welche Weise das Amt der Diakonin verdrängt wurde, und welche Spuren trotz aller Zurückdrängung bestehen blieben. Einblicke in synodale Entscheidungen, liturgische Bücher und regionale Traditionen ermöglichen es, auch jenseits der offiziellen Lehre ein lebendiges Bild der Frauen in der westlichen Kirche zu entdecken.

Diakoninnen im 6. Jahrhundert im Westen

Obwohl das Amt der Diakonin im Westen zunehmend Einschränkungen unterworfen war und auf zahlreichen Synoden explizit untersagt wurde, lassen sich im 6. Jahrhundert doch bedeutende Zeugnisse von Diakoninnen finden. Diese belegen, dass das Amt der Diakonin keineswegs vollständig verschwunden war – auch nicht in Regionen, in denen es offiziell unterdrückt wurde.

Ein herausragendes Beispiel bietet die Heilige Radegunde (518 - 587), Ehefrau des Frankenkönigs Chlothar I. Radegunde wurde vom Bischof Medardus von Noyon durch Handauflegung zur Diakonin geweiht[320], um das Kloster Sainte-Marie in Poitiers zu gründen, das später als Abtei vom Heiligen Kreuz bekannt wurde.[321] Ihre Weihe ist nicht nur literarisch bezeugt, sondern auch ikonographisch überliefert: In der Stadtbibliothek von Poitiers befindet sich ein Bild der Heiligen, auf dem unter anderem die Weihe dargestellt ist – sie trägt darauf deutlich sichtbar das Orarium (die liturgische Stola), das typische Zeichen des diakonischen Amtes.[322]

Einen weiteren außergewöhnlichen Fall stellt Hilaria dar, die Tochter des Bischofs von Reims. Es wird berichtet, dass sie durch ihren Vater selbst zur Diakonin geweiht

[320] Daniélou, *The Ministry of Women in the Early Church*, S. 22: „In the West, Venantius Fortunatus tells us that Bishop Medard consecrated Deaconess Radegonde by laying-on-of-hands (Vita Redegonda 12)."

[321] Gerlinde Huber-Rebenich (Hg.), *Venantius Fortunatus: Vita Sanctae Radegundis. Das Leben der heiligen Radegunde*, Stuttgart: Reclam, 2008

[322] vgl. Theodorou, *Frauenordination*, 53; Reininger, *Gemeinde*, S. 109.

wurde – ein bemerkenswertes Detail, das auf die weiterhin vorhandene Praxis der Weihe auch von Frauen in bestimmten Kontexten hindeutet.
Auch epigraphische Quellen liefern Belege: Drei Votivinschriften aus der Westkirche nennen Diakoninnen namentlich. Eine erwähnt Anna als Diakonin in Rom[323], eine weitere nennt Ausonia in Dalmatien. Besonders aufschlussreich ist eine präzise datierte Grabinschrift aus Gallien, in der es heißt:

> Hier ruht in Frieden, in guter Erinnerung, Theodora die Diakonisse, die plus/minus 48 Jahre gelebt hat. Begraben am 22. Juli 539.[324]

Solche Zeugnisse zeigen, dass das diakonische Amt für Frauen – trotz kirchenpolitischer Einschränkungen – auch im Westen fortbestand, und zwar nicht nur im klösterlichen oder rein karitativen Bereich, sondern durchaus auch in liturgisch geprägten Zusammenhängen. Sie werfen zugleich ein Licht auf regionale Unterschiede, individuelle Spielräume und auf das Spannungsfeld zwischen offizieller Lehre und gelebter Praxis im spätantiken Westen.

Das Sacramentarium Gelasianum (7.–8. Jahrhundert)

Das *Sacramentarium Gelasianum* stammt aus dem 7. bis 8. Jahrhundert und wurde vermutlich in Rom

---

323 *Corpus Inscriptionum Latinarum* (CIL), Bd. 6, Nr. 1399, hrsg. von der Preußischen Akademie der Wissenschaften, Berlin: Georg Reimer, 1876.

324 Eisen, *Amtsträgerinnen*, S. 43.

zusammengestellt. Es spiegelt die liturgischen Praktiken und Gebete dieser Zeit wider und hatte großen Einfluss auf die Entwicklung der westlichen Liturgie. Spätere liturgische Sammlungen, etwa das *Sacramentarium Gregorianum*, übernahmen Teile des Werkes.

Bedeutsam ist, dass das *Sacramentarium Gelasianum* auch eine spezielle Liturgie für Diakoninnen enthält. Im entsprechenden Weihegebet heißt es:

> Empfange den Heiligen Geist für den Dienst (*ministerium*) des Diakonats.[325]

Diese Formulierung legt nahe, dass auch Frauen in bestimmten Regionen des Westens weiterhin zum Diakoninnenamt geweiht wurden – trotz zahlreicher Verbote und Einschränkungen durch Konzilien und Synoden. Die Quellenlage bleibt fragmentarisch, doch dieser Text bezeugt zumindest, dass die Weihe von Diakoninnen auch in der westlichen Kirche liturgisch berücksichtigt wurde.

Diakoninnen im 8. Jahrhundert

Trotz wachsender Ablehnung und wiederholter Verbote durch Konzilien und kirchliche Autoritäten hielt sich das Amt der Diakonin im Westen auch im 8. Jahrhundert – zumindest in liturgischen Formularen. Der *Ordo Romanus*, eine bedeutende Sammlung römischer liturgischer

---

[325] Leo Cunibert Mohlberg (Hg.), *Liber sacramentorum Romanae ecclesiae ordinis anni circuli (Sacramentarium Gelasianum)*, Rom: Herder, 1960, S. 111 f.

Ordnungen aus dieser Zeit, enthält noch um das Jahr 770 ein Weiheformular für Diakoninnen.
Wie bereits in früheren Jahrhunderten erfolgte auch zu dieser Zeit die Handauflegung durch den Bischof als zentrales Element der Weihe. Die Diakoninnen erhielten das Orarion, die diakonische Stola, als äußeres Zeichen ihres Amtes sowie den Kelch, den sie nach Empfang ehrfürchtig auf den Altar zurücklegten – ein symbolischer Akt, der ihre Zugehörigkeit zur Liturgie unterstreichen sollte.
Bemerkenswert ist, dass die Weihe innerhalb der Eucharistiefeier stattfand und im Altarraum, dem liturgischen Zentrum der Kirche, vollzogen wurde. Diese Elemente deuten auf eine weiterhin hohe sakramentale Wertigkeit der Diakoninnenweihe hin.
Allerdings blieb ihre liturgische Funktion stark eingeschränkt. Der Zutritt zum Altar und die Ausübung aktiver liturgischer Dienste wurden ihnen verwehrt, wobei dies mit Vorstellungen von kultischer Unreinheit während der Menstruation begründet wurde – eine Vorstellung, die sich trotz theologischer Einwände bis weit in die byzantinische und mittelalterliche Praxis hinein halten konnte.[326]
Die Überlieferung aus dem *Ordo Romanus* zeigt, dass das Amt der Diakonin auch im Westen nicht vollständig verschwunden war. Vielmehr scheint es in bestimmten Regionen eine gewisse Kontinuität in der Weihepraxis gegeben zu haben, auch wenn diese zunehmend unter

---

[326] Reininger, *Diakonat der Frau*, S. 88.

Vorbehalt gestellt wurde und einem wachsenden kirchenpolitischen Druck ausgesetzt war.

Das Sacramentarium Gregorianum (8.–9. Jahrhundert)

Das *Sacramentarium Gregorianum*, eine zentrale liturgische Sammlung aus dem 8. Jahrhundert, ist ein bedeutendes Zeugnis für das Weiterbestehen weiblicher kirchlicher Dienste im westlichen Mittelalter. Unter der klaren Rubrik *Ad diaconam faciendam* („Zur Weihe einer Diakonin") überliefert das Werk ein spezifisches Weihegebet, das die Ordination von Frauen zu Diakoninnen bezeugt. Das Weihegebet lautet:

> Herr, erhöre gnädig unser Gebet: und gieße über diese deine Magd N., die wir für den heiligen Dienst des Diakonats erwählen, das Geschenk der Segnung des Heiligen Geistes aus, damit sie dir, o Herr, mit ganzer Hingabe nachfolgt und in deiner Kirche treu dient.[327]

Die Struktur und Sprache des Gebets spiegeln in ihrer Form und theologischen Aussage deutliche Parallelen zur Weihe männlicher Diakone wider. Auch hier steht der Heilige Geist im Zentrum der Berufung, verbunden mit dem ausdrücklichen Bezug auf einen „heiligen Dienst" (*sanctum ministerium*). Dies zeigt, dass das Diakoninnenamt

---

[327] eigene Übersetzung von: „Orationem nostram, Domine, suppliciter exaudi: et super hanc famulam tuam N., quam in ministerium sanctum diaconatus eligimus, Sancti Spiritus tuae bene + dictionis infunde donum: ut te, Domine, tota devotione sectetur, et in tua Ecclesia fideliter serviat.": Hans Lietzmann (Hrsg.), *Sacramentarium Gregorianum. Das Sacramentarium Gregorianum nach dem Aachener Urexemplar*, Münster: Aschendorff, 1921.

liturgisch anerkannt war und über eine rein ehrenvolle Stellung hinausging.
Trotz der offiziellen Formulierung bleibt offen, welche konkreten Aufgaben Diakoninnen tatsächlich ausübten. Die Quelle äußert sich dazu lediglich allgemein:

> Die Diakoninnen, die in der Kirche eingesetzt sind, sollen ihre Aufgaben erfüllen.[328]

Priesterliche Vollmachten oder die Spendung von Sakramenten werden nicht erwähnt, was darauf hindeutet, dass der liturgische Wirkungsbereich dieser Frauen eher begrenzt war. Dennoch verdeutlicht das Formular, dass Diakoninnen als kirchliche Amtsträgerinnen galten – mit einer Weihehandlung, die derjenigen ihrer männlichen Kollegen formal entsprach.
Damit bietet das *Sacramentarium Gregorianum* einen wichtigen Einblick in das westliche Kirchenverständnis des frühen Mittelalters: Frauen konnten einen geweihten, spirituell bedeutenden Dienst innerhalb der kirchlichen Ordnung übernehmen – auch wenn ihre Aufgaben und Befugnisse zunehmend eingeschränkt wurden.[329]

Die Synode von Rom (721)

Die römische Synode des Jahres 721 stellt einen weiteren Schritt in der schrittweisen Einschränkung des Diakonats

---

[328] Cyrille Vogel und Reinhard Elze (Hrsg.), *Le Pontifical romano-germanique du dixième siècle*, Bd. 2, Città del Vaticano: Biblioteca Apostolica Vaticana, 1963–1972, S. 130: „Diaconissae in ecclesia constitutae, officia sua implere debent."

[329] vgl. Lietzmann, *Sacramentarium Gregorianum.*

für Frauen im Westen dar. In mehreren Bestimmungen nahm die Synode Bezug auf bestehende Regelungen, insbesondere auf den Kanon 15 des Konzils von Chalzedon (451), und formulierte strengere Vorschriften für die Lebensführung und liturgische Praxis von Diakoninnen.

Besonderes Augenmerk lag auf der Verbindung zwischen Diakonen und Diakoninnen, die durch Heirat unterbunden werden sollte:

> Kein Diakon soll sich eine Diakonin nehmen, weder eine verheiratete noch eine verwitwete, noch soll er eine Frau im Alter des Diakonats heiraten.[330]

Diese Bestimmung spiegelt die Sorge wider, dass die Nähe zwischen geweihten Männern und Frauen als unangemessen empfunden wurde – vor allem, wenn beide im kirchlichen Dienst standen. Der Hinweis auf das „Alter des Diakonats" zeigt zudem, dass die Altersgrenzen für Diakoninnen weiterhin Relevanz hatten.

Ebenso wurde den Diakoninnen ein Lebensstil der Keuschheit und geistlichen Disziplin auferlegt:

> Diakoninnen sollen im Glauben und in der Keuschheit verharren und sich von allem Bösen fernhalten.[331]

---

[330] eigene Übersetzung von: „Nullus diaconus, nec uxorata, nec vidua, diaconissam accipiat, nec uxorem in aetate diaconatus.": Mansi, *Sacrorum Conciliorum Nova et Amplissima Collectio*, S. 205f.

[331] eigene Übersetzung von: „Diaconissae in fide et in castitate perseverare debent, et ab omni malo se continere": Mansi, *Sacrorum Conciliorum Nova et Amplissima Collectio*, S. 207.

In ihrer liturgischen Funktion galten ebenfalls Einschränkungen, insbesondere in Bezug auf den Zugang zum Altar und ihre Anwesenheit während der Feier der Messe:

> Diakoninnen sollen zu den heiligen Diensten kommen, aber nicht am Altar dienen und nicht in der Messe hören, es sei denn in abgegrenzten Bereichen.[332]

Die Formulierung lässt darauf schließen, dass Diakoninnen zwar an der Liturgie teilnehmen durften, jedoch nur in separaten Bereichen und ohne aktiven Altardienst. Damit wurde ihre Rolle endgültig auf untergeordnete und symbolisch begrenzte Aufgaben reduziert – ein deutliches Zeichen für die wachsende Marginalisierung weiblicher Dienste in der westlichen Kirche des frühen Mittelalters.

Die Ordines Romani (8.–11. Jahrhundert)

Die *Ordines Romani* bilden eine umfangreiche Sammlung liturgischer Anordnungen, die in der westlichen Kirche über mehrere Jahrhunderte hinweg entstanden. Der *Ordo Romanus I* wird auf das späte 7. oder die frühen Jahre des 8. Jahrhunderts datiert, während spätere Ordnungen – wie etwa der *Ordo Romanus 41* – aus der Zeit nach 775 stammen. Insgesamt umfasst diese Sammlung Texte, die zwischen dem 8. und dem 11. Jahrhundert in Gebrauch

[332] eigene Übersetzung von: „Diaconissae in fide et in castitate perseverare debent, et ab omni malo se continere“: Mansi, *Sacrorum Conciliorum Nova et Amplissima Collectio*, S. 207.

waren, wobei regionale Unterschiede in der liturgischen Praxis berücksichtigt wurden.

Besonders aufschlussreich ist, dass einige dieser Ordines – insbesondere solche um das Jahr 770 – Weiheformulare für Diakoninnen enthalten.[333] Diese finden sich unter der Überschrift *„Ad diaconam faciendam"*, was zeigt, dass in der westlichen Kirche eine eigene Liturgie für die Weihe von Diakoninnen existierte. Auch wenn das Amt der Diakonin in dieser Zeit vielfach infrage gestellt oder zurückgedrängt wurde, legen diese Texte nahe, dass es weiterhin praktiziert wurde, wenn auch mit zunehmenden Einschränkungen.[334]

Das Weiheformular ist in weiten Teilen identisch mit dem für männliche Diakone: Die Weihe erfolgte durch Handauflegung des Bischofs während der Eucharistiefeier im Altarraum. Die Diakonin empfing das Orarium (die diakonische Stola), das ihr um den Hals gelegt wurde. Symbolisch erhielt sie darüber hinaus einen Schleier, einen Ring der Treue und einen Blumenkranz auf dem Haupt. Nach einer Evangelienlesung folgte der Friedenskuss durch den Bischof – eine Geste, die ihre kirchliche Eingliederung und Würdigung betonte.[335]

Ein weiterer bedeutender liturgischer Akt war die Übergabe des Kelchs, den die Diakonin jedoch nicht zur Austeilung der Kommunion verwendete, sondern auf den Altar zurückstellte – ein Zeichen ihrer Mitwirkung im heiligen Geschehen, ohne jedoch aktiv liturgische Vollmachten auszuüben.

---

333 vgl. Theodorou, *Frauenordination*, 54.

334 Vogel, *Le Pontifical romano-germanique*, S. 240f.

335 vgl. Theodorou, Die Weihe oder Segnung der Diakonissen, S. 88.

Trotz dieser Anerkennung unterlagen die Diakoninnen strikten Begrenzungen, insbesondere in Bezug auf den Altarraum. Aufgrund ihrer „Unreinheit“ durch die Menstruation war ihnen der direkte Zugang zum Altar und zu bestimmten liturgischen Diensten untersagt – ein Ausschluss, der theologisch mit Vorstellungen ritueller Reinheit begründet wurde.[336]

Insgesamt zeigen die *Ordines Romani*, dass das Diakoninnenamt in der Westkirche zwar zunehmend reglementiert und eingeschränkt wurde, aber dennoch liturgisch anerkannt und institutionell eingebunden blieb – zumindest bis ins 9. Jahrhundert hinein.

Ein bemerkenswerter historischer Vermerk stammt aus der Zeit um das Jahr 800: Als Papst Leo III. im Jahr 799 aus Paderborn nach Rom zurückkehrte, wurde er unter anderem von Diakonissen empfangen (*diaconissae*), was darauf hinweist, dass das Amt auch öffentlich sichtbar geblieben war – zumindest in zeremoniellen Kontexten. [337]

Hinkmar von Reims (9. Jahrhundert)

Hinkmar, der einflussreiche Erzbischof von Reims und bedeutende Theologe des 9. Jahrhunderts, setzte sich in seinen kirchenrechtlichen und liturgischen Schriften mit der Rolle der Diakoninnen auseinander. Er erkannte an, dass Diakoninnen eine kirchliche Weihe empfingen, stellte jedoch klar, dass sie nicht dem eigentlichen Klerus zuzurechnen seien. Der Grund dafür lag für Hinkmar in

[336] Reininger, *Diakonat der Frau*, S. 88.

[337] vgl. Theodorou, *Frauenordination*, S. 53.

der Tatsache, dass Diakoninnen keine priesterlichen Aufgaben übernahmen und somit keine sakramentale Vollmacht innehatten.[338]

Seine Haltung spiegelt die zunehmende Tendenz wider, die Weihe von Frauen auf bestimmte, klar begrenzte Funktionen zu beschränken und sie aus dem engeren Klerusbegriff auszuschließen – auch wenn die liturgische Weihepraxis noch Bestand hatte.

Die Synode von Worms (868)

Die Synode von Worms griff im Jahr 868 kirchliche Bestimmungen zur Weihe von Diakoninnen auf und legte verbindliche Kriterien fest. So wurde das Mindestalter in Anlehnung an frühere Konzilsbeschlüsse auf 40 Jahre festgesetzt, zudem durften Diakoninnen nicht verheiratet sein. In den Worten der Synode heißt es:

> Für die Diakoninnen, die bei uns sind, haben wir beschlossen, dass sie mindestens vierzig Jahre alt sein sollen und keine Ehefrauen sein dürfen.[339]

Diese Regelungen unterstreichen das anhaltende Bemühen, das Diakoninnenamt an Bedingungen der Lebensführung und des Standes zu knüpfen – bei gleichzeitigem Ausschluss von priesterlichen Funktionen.

---

[338] „Diaconissae non sunt de ordine clericorum, quia non habent potestatem consecrandi.“: Hinkmar von Reims, *De ordine palatii* und *De ecclesiis et capellis*, in: *PL*, Bd. 125, hrsg. von Jacques-Paul Migne, Paris: Migne, 1852.

[339] Mansi, *Sacrorum Conciliorum Nova et Amplissima Collectio*, 1766, S. 95f.

Ein bemerkenswert klares Zeugnis für die Existenz von Priesterinnen in der frühen Kirche liefert Atto von Vercelli, Bischof und Reformtheologe des späten 9. und frühen 10. Jahrhunderts. In seinen kirchenrechtlichen Schriften – darunter ein kanonisches Traktat und eine Sammlung konziliarer Bestimmungen – setzte sich Atto engagiert mit Fragen der sakramentalen Ordnung und der kirchlichen Ämterstruktur auseinander.

Ein Priester namens Ambrosius wandte sich in dieser Zeit mit einer konkreten Anfrage an ihn: Wie sollten die Begriffe *presbytera* und *diacona* in den alten Canones gedeutet werden? [340] Attos Antwort fiel ebenso differenziert wie deutlich aus:

> Deshalb, da eure weise Führung es für richtig erachtet, uns zu beraten, wie wir in den Canones den Begriff *presbytera* und *diacona* zu verstehen haben, erscheint uns, dass in der Urkirche – was sich auch an den Worten des Herrn: „Die Ernte ist groß, die Arbeiter sind wenige“ (vgl. Lukas 10,2) ablesen lässt – nicht nur wenige, sondern auch fromme Frauen in den Kirchen zur Unterstützung der Männer bestellt wurden. Dies bestätigt auch der heilige Paulus in seinem Brief an die Römer, wenn er schreibt: „Ich empfehle euch Phoebe, meine Schwester, die im Dienst der Kirche steht und in Cenchris ist“ (Römer 16,1). Daraus wird ersichtlich, dass damals nicht allein Männer, sondern auch Frauen in bedeutendem Maße in den Kirchen präsent waren

[340] vgl. *Epistola VII. Ambrosii Mediolanensis Presbyteri ad Attonem*, in: https://la.wikisource.org/wiki/De_pressuris_ecclesiasticis_(Atto_Vercellensis), letzter Zugriff am 27.02.2025.

> – und dies aus großem Nutzen. Denn Frauen, die lange an die Bräuche der Heiden gewöhnt und zudem in philosophischen Dogmen unterwiesen waren, fanden durch die vertrauten kirchlichen Sitten eine befreiende Rückkehr und wurden in der religiösen Bildung freier unterrichtet.[341]

Atto verweist damit auf eine Zeit, in der Frauen – aus praktischen wie geistlichen Gründen – als *presbyterae* in den Dienst der Kirche traten und dabei zentrale priesterliche Funktionen ausübten: Predigen, Lehren und Leiten.[342] Diese Tätigkeiten bilden den Kern des priesterlichen Amtes und belegen, dass die *presbyterae* in der frühkirchlichen Praxis mit sakramentaler Vollmacht tätig waren.[343]
Bezugnehmend auf das Konzil von Laodicea, das in Kanon 11 die Einrichtung solcher weiblichen Amtsinhaberinnen später untersagte, argumentiert Atto gegen dieses Verbot:

> Wir hingegen meinen, dass in solchen Fällen Frauen als Diakoninnen ein Amt innehatten. Denn aus dem Ausdruck *diaconum ministrum* leiten wir ab, dass auch eine weibliche

---

[341] vgl. *Epistola VIII. Attonis ad Ambrosium Sacerdotem*, in: https://la.wikisource.org/wiki/De_pressuris_ecclesiasticis_(Atto_Vercellensis), letzter Zugriff am 27.02.2025.

[342] ebd.: „praedicandi, jubendi vel edocendi“

[343] „Hae quae presbyterae dicebantur, praedicandi, iubendi, vel edocendi ... officium sumpserant.“: ebd.

> Form als eine zu verstehen ist, die vom Amt des Diakons abgeleitet wird.[344]

Er unterscheidet dabei klar zwischen den *presbyterae*, denen die priesterlichen Funktionen zukamen, und den *diaconae*, die – wie er schreibt – zum Taufen und Dienen eingesetzt wurden. Diese Unterscheidung unterstreicht einerseits die frühere Breite weiblicher Amtsausübung und anderseits die rückläufige Entwicklung ihrer liturgischen Rolle in Attos Zeit: Was einst notwendig und gottesdienstlich geboten war, erschien ihm im 10. Jahrhundert bereits „nicht mehr angebracht".[345]
Atto stützt seine Überlegungen auf das Konzil von Laodicea (zwischen 341 und 381), das sich mit der Praxis der Frauenordination auseinandersetzte. In Kanon 11 heißt es:

> „Über das Verbot, dass die sogenannten Presbyterinnen, das heißt Leiterinnen, in der Kirche ordiniert (καθίστασθαι) werden dürfen."[346]

Der verwendete Begriff καθίστασθαι [kathistásthai] ist dabei zentral, denn er deutet auf die Einsetzung in ein kirchliches Amt durch Handauflegung (χειροτονία) hin,

---

344 vgl. *Epistola VIII. Attonis ad Ambrosium Sacerdotem*, in: https://la.wikisource.org/wiki/De_pressuris_ecclesiasticis_(Atto_Vercellensis), letzter Zugriff am 27.02.2025.

345 ebd.: „diaconae ministrandi vel baptizandi officium sumpserant"

346 eigene Übersetzung von: „περὶ τοῦ μὴ δεῖν τὰς λεγομένας πρεσβύτιδας ἤτοι προκαθημένας ἐν ἐκκλησίᾳ καθίστασθαι.": Conc. Laod., can. 11, in: Mansi, *Sacrorum Conciliorum Nova et Amplissima Collectio*, S. 563–574.

also auf eine Ordination in den höheren Klerus.[347] Atto bestätigt mit seinem Verweis auf diesen Kanon nicht nur, dass Frauen kirchliche Weihen empfangen hatten, sondern auch, dass diese priesterlichen Funktionen später durch konziliare Entscheidungen gezielt unterbunden wurden.

Diese Ausführungen belegen, dass die Debatte um das geistliche Amt der Frau nicht erst ein modernes Thema ist. Bereits im Mittelalter wurde darüber gestritten, ob und in welchem Ausmaß Frauen sakramentale Vollmachten erhalten konnten. Atto selbst erkennt ausdrücklich an, dass Frauen in der frühen Kirche Gemeindeleitungsfunktionen wahrgenommen hatten, und ihre Weihe Ausdruck einer praktischen Notwendigkeit wie auch theologischen Überzeugung war. Angesichts ihrer Zugehörigkeit zum höheren Klerus ist davon auszugehen, dass sie auch eucharistische Dienste ausübten.

Besonders bemerkenswert ist Attos differenzierte Herangehensweise an den Begriff *presbytida*. Während dieser in späterer Zeit häufig auf die Ehefrau eines Presbyters bezogen wurde, betont Atto, dass zwei Bedeutungen denkbar seien und er eindeutig die erste für zutreffend hält: *presbytida* als Gemeindeleiterin, als Trägerin eines kirchlichen Amts.

Gleichzeitig weist Atto auf die Auseinandersetzungen mit der nicolaitischen Häresie hin, die das priesterliche Zölibat infrage stellte. In diesem Kontext war es kirchenpolitisch notwendig, die Verbindung zwischen Priestertum und Ehe deutlich zu trennen. Die Unterscheidung von *presbytida* als

[347] vgl. Eisen, *Amtsträgerinnen*, S. 121.

Priesterin gegenüber der Interpretation als Priesterfrau war daher nicht nur theologisch, sondern auch ideologisch motiviert.
Die historische Auslegung des Begriffs *presbytida* war und ist umstritten. Viele Theologen lehnten es ab, in ihm einen Hinweis auf tatsächlich geweihte Priesterinnen zu sehen. Doch bereits der Titel des Kanons – „Es ist nicht erlaubt, Frauen zu Priesterinnen in der Kirche zu weihen" – deutet klar auf ein Verbot hin, das sich auf eine wirklich existierende Praxis beziehen muss. Wäre eine solche Praxis nie real gewesen, hätte man sie nicht eigens untersagen müssen. Auch der sprachliche Zusammenhang mit *presbyter* (Priester) legt diese Lesart nahe.
Um diese Aussage mit der traditionellen Lehre der Kirche in Einklang zu bringen, entwickelten Theologen verschiedene alternative Erklärungen: Die *presbytidae* seien entweder besonders angesehene Diakoninnen [348], Vorsteherinnen weiblicher Gemeinden oder gar symbolische Titelträgerinnen gewesen – doch diese Deutungen erscheinen wenig überzeugend, da sie den klaren Wortlaut des Konzilstextes und die historische Praxis verschleiern.
Wenn es sich bei den *presbytidae* lediglich um Diakoninnen gehandelt hätte, wäre es kaum verständlich, warum ihre Ordination ausdrücklich verboten wurde – zumal es auch nach dem Konzil von Laodicea noch Diakoninnen gab,

---

[348] vgl. Karl Josef von Hefele, *A History of the Christian Councils*, in: https://www.newadvent.org/fathers/3806.htm, letzter Zugriff am 27.02.2025.

und zwar mit offizieller Weihe und liturgischer Funktion.[349]

Attos Stellungnahme ist deshalb ein bedeutendes Zeugnis für die Existenz von geweihten Frauen in der frühen Kirche – nicht nur als Diakoninnen, sondern möglicherweise auch als Priesterinnen. Seine Worte laden dazu ein, die Geschichte des kirchlichen Amtes neu zu denken und bislang marginalisierte Traditionen wiederzuentdecken.

Der Kirchenhistoriker Giorgio Otranto äußert sich verwundert darüber, dass Attos Aussagen in der wissenschaftlichen Literatur weitgehend ignoriert wurden. Lediglich der Liturgiewissenschaftler Aimé Georges Martimort nahm sich dieses Zeugnisses an und zeigte sich überrascht über die Deutlichkeit, mit der Atto *presbytida* als weibliche Priesterin deutet.[350] In vielen anderen Fällen hingegen, so Otranto, wurden solche Zeugnisse bewusst ausgeklammert, um eine einheitliche kirchliche Überlieferung zu behaupten, die es in dieser Form nie gegeben hat. Attos Aussage stellt somit nicht nur ein kirchenhistorisch bedeutendes Dokument dar – sie ist auch ein Beispiel für die selektive Erinnerungskultur in der Geschichte der Theologie.[351]

---

349 vgl. Giorgio Otranto, „Die Schriften des Atto“, in: http://priester-ohne-amt.org/?page_id=122, letzter Zugriff am 27.02.2025.

350 Martimort, *Les diaconesses*, S. 212f.

351 vgl. ebd.

Persönliches Fazit

Mich berührt die Komplexität dieser westlichen Entwicklung – sie lässt sich nicht auf einfache Linien oder klare Brüche reduzieren. Einerseits zeigt sich eine stetige Einschränkung weiblicher Ämter, eine wachsende Zurückhaltung gegenüber liturgisch aktiven Frauen und das Bemühen, geistliche Vollmachten ausschließlich Männern vorzubehalten. Und doch: Die Quellen sprechen eine vielschichtigere Sprache.

Immer wieder stoße ich auf Zeugnisse, die vom Fortbestehen weiblicher Weiheämter erzählen – sei es in Form von Diakoninnen, presbyterae oder liturgisch tätigen Frauen in Klöstern und Gemeinden. Die wiederholten Verbote zeigen nicht nur eine neue Ordnung, sondern auch eine alte Praxis, die sich nicht leicht verdrängen ließ. Gerade in der Spannung zwischen Regel und gelebter Wirklichkeit sehe ich eine Wahrheit, die nachdenklich macht: Es war nicht immer selbstverständlich, Frauen auszuschließen – und dort, wo Frauen am kirchlichen Leben beteiligt waren, geschah das in geistlicher Ernsthaftigkeit und kirchlicher Verantwortung.

Das allmähliche Zurücktreten dieser Ämter im Westen ist kein bloßer Randaspekt der Kirchengeschichte. Es ist ein stiller Wandel, der viel über das Verhältnis von Macht, Theologie und Geschlecht aussagt – und der uns heute fragen lässt, was wir unter Tradition verstehen und welche Stimmen darin lange ungehört geblieben sind.

10. Das 9. bis 12. Jahrhundert in Ost und West

Zwischen dem 9. und 12. Jahrhundert vertiefte sich die Kluft zwischen Ost- und Westkirche nicht nur in theologischer und politischer Hinsicht, sondern auch im Blick auf die Stellung von Frauen in kirchlichen Ämtern. Das Große Schisma von 1054 markierte nicht nur das Auseinanderbrechen der kirchlichen Einheit, sondern auch das Auseinanderdriften zweier unterschiedlicher kirchlicher Kulturen – mit jeweils eigenen Sichtweisen auf Liturgie, Amtsverständnis und Geschlechterrollen.
Während in der westlichen Kirche das Amt der Diakonin zunehmend an Bedeutung verlor und schließlich kaum mehr praktiziert wurde, lassen sich im Osten weiterhin Spuren geweihten weiblichen Dienstes finden – wenn auch in veränderter Form. Gerade dieser doppelte Blick – Ost und West im Vergleich – eröffnet spannende Einblicke in die unterschiedlichen Wege, die die Kirche in Bezug auf Frauen und ihr kirchliches Wirken ging.

Der Fortbestand des Diakonats der Frau in der Ostkirche

Gerade in der Ostkirche zeigt sich eine kontinuierliche, wenn auch gewandelte Anerkennung des Diakonats der Frau. Zwar war auch hier ein Rückgang öffentlicher liturgischer Aufgaben zu beobachten, doch das Amt wurde keineswegs vollständig aufgegeben. Es verlagerte sich stärker in klösterliche Strukturen, wo Diakoninnen vor allem als spirituelle Leiterinnen, Lehrerinnen und Seelsorgerinnen in Frauengemeinschaften wirkten. Ihre

ursprünglichen liturgischen und pastoralen Aufgaben innerhalb der Gemeindestrukturen wurden hingegen schrittweise eingeschränkt.
Diese Entwicklung dokumentiert etwa der byzantinische Patriarch und Kanonist Theodor Balsamon (1140–1195), der in seinen kirchenrechtlichen Kommentaren auf die veränderte Rolle der Diakonin in seiner Zeit hinweist:

> Einstmals war der Ordo der Diakonissen den kirchlichen Gesetzen zufolge bekannt; sie selbst hatten Zutritt zum Altar. Infolge ihrer allmonatlichen Verunreinigung wurde ihr Amt jedoch aus dem Kultbereich und vom heiligen Altar verdrängt. In der ehrwürdigen Kirche von Konstantinopel werden zwar (noch) Diakonissen ausgewählt, einen Zugang zum Altar(dienst) haben sie aber nicht (mehr). An mehreren Orten haben sie Konvente und leiten dort eine Frauengemeinschaft nach kirchlicher Vorschrift.[352]

Balsamons Schilderung offenbart die Spannungen zwischen Tradition und Veränderung: Das Amt der Diakonin wurde fortgeführt, war jedoch nicht mehr gleichberechtigt mit dem männlichen Diakonat. Ihre Aufgaben konzentrierten sich nun auf die Leitung klösterlicher Gemeinschaften und die spirituelle Betreuung von Frauen – ein Zeichen für die fortdauernde Wertschätzung weiblicher Frömmigkeit und Fürsorge, jedoch auch für die Begrenzung weiblicher liturgischer Mitwirkung.

---

352 Ida Raming, *Der Ausschluß der Frau vom priesterlichen Amt. Gottgewollte Tradition oder Diskriminierung?*, Köln: Böhlau, 1973, S. 39.

Der Bedeutungsverlust weiblicher Ämter in der Westkirche (9.–12. Jahrhundert)

Im Gegensatz zur Ostkirche, in der sich das Amt der Diakonin zumindest innerhalb klösterlicher Strukturen halten konnte, lässt sich in der Westkirche im Verlauf des 9. bis 12. Jahrhunderts ein fortschreitender Bedeutungsverlust weiblicher kirchlicher Ämter feststellen. Auch wenn vereinzelt noch Spuren geweihter Diakoninnen auftauchen, verlagert sich die Debatte zunehmend auf das Feld des Kirchenrechts und der theologischen Legitimation – meist im Sinne einer Einschränkung oder sogar des Ausschlusses von Frauen aus liturgischen Diensten.

Die westliche Kirche verstärkte ihre Bemühungen um eine klare Abgrenzung kirchlicher Vollmachten und entwickelte ein zunehmend klerikal-hierarchisches Amtsverständnis. In diesem Prozess wurde die Mitwirkung von Frauen, besonders in der Liturgie, zunehmend als unzulässig betrachtet. Synoden, Konzilien und kanonische Sammlungen spiegeln diesen Wandel deutlich wider.

Zugleich bleibt auffällig, dass die Erinnerung an weibliche Amtsformen nie vollständig verschwindet. Immer wieder treten Theologen, Liturgiker oder Rechtssammlungen in Erscheinung, die über Diakoninnen, „presbyterae“ oder liturgisch tätige Frauen berichten – sei es in Form von Befürwortung, Ablehnung oder Dokumentation vergangener Praxis. Diese Widersprüchlichkeit ist kennzeichnend für den westlichen Umgang mit dem Thema im Hochmittelalter.

Diakoninnen im 10. Jahrhundert in der Westkirche

Auch wenn die westliche Kirche ab dem 9. Jahrhundert zunehmend dazu überging, die Weihe von Frauen einzuschränken oder gar zu verbieten, zeigen sich im 10. Jahrhundert noch deutliche Spuren des Amtes der Diakonin. Besonders in griechischen Gemeinschaften auf gallischem und italienischem Boden wurden weiterhin Frauen als Diakoninnen eingesetzt. Ihre Rolle verlagerte sich jedoch zunehmend in klösterliche Kontexte, wo das Amt der Diakonin mit dem der Äbtissin verschmolz. So entstanden Doppelämter wie das der *diacona-abbatissa*, der Diakonin-Äbtissin.

Zu den überlieferten Namen solcher geweihten Frauen gehören etwa Agatha, Alvisinda, Euprosina, Euphemia, Odociaund Sergia – Namen, die auf eine breite Anerkennung ihrer geistlichen Rolle innerhalb klösterlicher Gemeinschaften hinweisen.[353]

Ein liturgisches Zeugnis aus dieser Zeit liefert das römisch-deutsche Pontifikale der Abtei St. Alban von Mainz, das um das Jahr 950 entstand. In dieser bedeutenden Sammlung liturgischer Texte findet sich ein Weiheformular unter dem Titel „*Ad diaconam faciendam*", das sich auf die Weihe einer Diakonin bezieht. Dieses Formular wurde weit über Mainz hinaus verbreitet und war auch in Rom bekannt. Es sieht einen komplexen liturgischen Ablauf vor: Nach einem Gebet um die Gnade Gottes folgt die Allerheiligenlitanei, verbunden mit der Bitte um die Ausgießung des Heiligen Geistes. Der

---

[353] vgl. Theodorou, *Frauenordination*, 53.

Bischof spricht eine feierliche Präfation über die Weihekandidatin, segnet sie und übergibt ihr die Eucharistie sowie das Orarion – die Stola, die das Amt der Diakonin kennzeichnet.[354]
Die Struktur und Würde dieser Weihe lassen erkennen, dass es sich um ein anerkanntes geistliches Amt handelte, auch wenn seine Reichweite im Westen zunehmend begrenzt wurde. Gerade in klösterlichen Strukturen wurde das Amt jedoch weiterhin gepflegt und liturgisch verankert.

Burchard von Worms und das Diakoninnenamt im 11. Jahrhundert

Im frühen 11. Jahrhundert widmete sich Burchard von Worms, einer der bedeutendsten Kanonisten seiner Zeit, in seinem Werk *Decretum* der Frage nach der Rolle von Diakoninnen in der Kirche. Seine Sammlung kirchenrechtlicher Bestimmungen, bekannt unter den Titeln *Decretorum libri XX*, *Collectarium* oder auch *Brocardus*, entstand zwischen 1008 und 1014, spätestens jedoch vor dem Jahr 1023. Dieses Werk wurde im Mittelalter weitverbreitet rezipiert und galt über Jahrhunderte hinweg als maßgebliches kirchenrechtliches Kompendium, das auch das später entstandene *Decretum Gratiani* wesentlich beeinflusste.
In seinen Ausführungen über Diakoninnen griff Burchard auf eine Vielzahl älterer kirchlicher Quellen zurück, darunter Konzilsbeschlüsse und Regelungen aus der

---

[354] Reininger, *Diakonat der Frau*, S. 110.

Spätantike, in denen Frauen ausdrücklich als Diakoninnen erwähnt werden. Dennoch macht er in seiner Darstellung eine klare Unterscheidung zwischen der Rolle der weiblichen und männlichen Diakone. Während er das Amt der Diakonin nicht grundsätzlich infrage stellt, betont er, dass deren Aufgabenbereich begrenzt war und sich deutlich von dem der männlichen Amtskollegen unterschied.[355]

Burchards Herangehensweise zeigt deutlich die kirchenrechtliche Entwicklung im Westen: Das Amt der Diakonin war weiterhin bekannt, wurde aber zunehmend auf bestimmte, klar abgegrenzte Funktionen reduziert. Seine Zusammenstellung bezeugt einerseits die kirchliche Erinnerung an die Existenz dieses Amtes, dokumentiert aber gleichzeitig auch die beginnende Einschränkung und institutionelle Zurückdrängung weiblicher geistlicher Dienste.

Das Pontificale Romano-Germanicum (10.–11. Jh.)

Ein weiteres bedeutendes Zeugnis für die Weihe von Diakoninnen im westlichen Mittelalter stellt das *Pontificale Romano-Germanicum* dar, eine liturgische Sammlung, die im 10. und 11. Jahrhundert in römisch-deutschen Kreisen zusammengestellt wurde. Diese Sammlung war prägend für die Liturgie der westlichen Kirche und verbreitete sich über Klöster und Bistümer in ganz Europa.

---

355 Burchard von Worms, *Decretum*, in: *PL*, Bd. 140, hrsg. von Jacques-Paul Migne, Paris: Migne, 1853.

Bemerkenswert ist, dass sich in diesem Pontifikale ein Weihegebet speziell für Diakoninnen findet. Der Wortlaut lautet:

> Sende, oh Herr, deinen Heiligen Geist auf diese deine Dienerin herab, damit sie durch ihn für das Werk des Dienstes gestärkt werde und von dir, o Herr, die Gabe deiner Gnade empfange.[356]

Diese liturgische Formulierung verdeutlicht, dass Diakoninnen in der Kirche eine theologisch ernst genommene und offizielle Funktion ausübten. Die explizite Bitte um die Gabe des Heiligen Geistes zur Stärkung im „Werk des Dienstes“ (*opus ministerii*) stellt die Diakoninnen in die Reihe der durch den Geist berufenen kirchlichen Amtsträger.

Obwohl diese Weiheformel eine formale Anerkennung des Amtes bezeugt, bleibt unklar, welche konkreten Aufgaben den Diakoninnen in der Praxis anvertraut wurden. Die liturgischen Quellen überliefern nur spärliche Informationen über ihren tatsächlichen Wirkungsbereich. Dennoch zeigt sich auch hier, dass das Diakoninnenamt im Westen des ersten Jahrtausends zumindest liturgisch institutionalisiert war – wenn auch ohne die breite Entfaltung, wie sie in der Ostkirche bezeugt ist.

---

[356] „Immitte, quaesumus, Domine, super hanc famulam tuam Spiritum Sanctum, quo in opus ministerii fideliter exequendi roborata, a te, Domine, gratiae tuae munus obtineat.“: Vogel, *Le Pontifical romano-germanique*, S. 241.

Ivo von Chartres (11. Jahrhundert)

Der Kanonist Ivo von Chartres, Bischof und einflussreicher Kirchenrechtler des 11. Jahrhunderts, gehört zu den bedeutendsten Sammlern und Auslegern kirchlicher Rechtsquellen seiner Zeit. In seinen beiden Hauptwerken, dem *Decretum* und der *Panormia*, trug er eine Vielzahl von kirchenrechtlichen Texten zusammen, darunter auch frühe Quellen wie die *Constitutiones Apostolicae*, in denen das Amt der Diakonin behandelt wird. Ivo dokumentiert diese Quellen jedoch nicht wertfrei, sondern in einer Weise, die die liturgischen und seelsorglichen Kompetenzen von Frauen stark einschränkt. Zwar erwähnt er das Weiheamt der Diakoninnen, beschränkt deren Aufgaben jedoch explizit auf rein assistierende Tätigkeiten, wie etwa die Hilfe bei der Taufe weiblicher Katechumenen. Sakramentale Handlungen werden ihnen durchweg verwehrt.

Diese theologische Haltung wird bei Ivo besonders deutlich in seiner Auslegung von 1Kor 11, wo er die Pflicht der Frau zur Verschleierung mit ihrer Unterordnung begründet:

> Eine Frau muss ihr Haupt verhüllen, weil sie nicht Abbild Gottes ist, sondern um ihre Unterordnung zu zeigen. Und weil gerade in ihr die Übertretung des Gesetzes seinen Ursprung fand, soll sie in der Kirche – aus Gründen der Ehrfurcht vor dem Bischof – nicht mit freiem, sondern mit einem mit Schleier bedeckten Haupt erscheinen; außerdem soll sie kein Recht haben zu sprechen, da der Bischof die Person Christi repräsentiert. So wie man vor einem Richter erscheinen muss, so soll sie vor dem Bischof, der

> Stellvertreter des Herrn ist, aufgrund der Erbsünde als untertan angesehen werden.[357]

In diesem Zitat verbindet sich die traditionelle augustinische Sündenanthropologie mit einer rigiden Hierarchisierung zwischen den Geschlechtern. Die Frau erscheint nicht nur als strukturell untergeordnet, sondern auch als moralisch gefährdet und daher als besonders kontrollbedürftig.

Ivo geht noch weiter, indem er ein Verbot formuliert, das Frauen nicht nur die Taufe verbietet[358], sondern ihnen nicht einmal die Spendung der Krankenkommunion erlaubt. Er zeigt sich empört darüber, dass manche Priester die heiligen Gaben durch Laien – insbesondere Frauen – an Kranke weiterreichen lassen:

> Es ist uns zu Ohren gekommen, dass einige Priester die göttlichen Mysterien als derart unbedeutend erachten, dass sie den heiligen Leib Christi zur Spendung an die Kranken – sei es durch einen Laien oder durch eine Frau – übergeben.

---

357 eigene Übersetzung von: „Mulier debet velare caput, quia non est imago Dei, sed ut ostendatur subiecta. Et quia prevaricatio per illam inchoata est, hoc signi debet habere in ecclesia propter reverentiam episcopalem non habeat caput liberum, sed velamine tectum; nec habeat potestatem loquendi, quia episcopus personam habet Christi. Quasi ergo ante iudicem sic ante episcopum, quia vicarius Domini est, propter reatus originem subiecta debet videri.“: Ivo, Decretum VIII, 92, zitiert nach: https://ivo-of-chartres.github.io/decretum/ivodec_8.pdf, letzter Zugriff am 28.02.2025, S. 28.

358 „Mulier baptizare non presumat.“: https://ivo-of-chartres.github.io/decretum/ivodec_1.pdf, letzter Zugriff am 28.02.2025, S. 41.

> Und jenen, denen es untersagt ist, die Sakristei zu betreten oder sich dem Altar zu nähern, werden die heiligsten Güter anvertraut. Die Vernunft, die in allen Frommen verankert ist, stellt fest, wie schrecklich und abscheulich dies ist. Deshalb untersagt die Synode in allen Dingen, eine derart leichtfertige Annahme weiterzubetreiben, sondern der Priester muss in jedem Fall selbst die Kommunion an die Kranken spenden.[359]

Ivos Haltung verdeutlicht den zunehmenden Ausschluss von Frauen aus sakramentalen Diensten im Westen und den damit einhergehenden Rückbau ihrer liturgischen Autorität. Während frühe Zeugnisse noch eine gewisse Präsenz und Wirksamkeit von Diakoninnen belegen, zeigen Ivos Schriften exemplarisch die restriktive Entwicklung der kirchlichen Ämterordnung im Hochmittelalter.

Petrus Abaelardus (1079–1142)

Der Philosoph, Theologe und Kirchenlehrer Petrus Abaelardus, bekannt durch seine tragische Liebesgeschichte mit Héloïse sowie durch seine streitbare

---

[359] „Pervenit ad notitiam nostram, quod quidam presbiteri in tantum parvipendunt divina misteria, ut laico aut femine sacrum corpus Domini tradant ad deferendum infirmis; et quibus prohibet ne sacrarium ingrediantur, nec ad altare appropinquent, illis sancta sanctorum committuntur. Quod quam sit horribile, quamque detestabile omnium religiosorum animadvertit prudentia. Igitur interdicit per omnia sinodus, ne talis temeraria presumptio ulterius fiat, sed omnimodis presbiter per semetipsum infirmum communicet.“: Ivo von Chartres, *Decretum* VIII, 92, zitiert nach: https://ivo-of-chartres.github.io/decretum/ivodec_8.pdf, letzter Zugriff am 28.02.2025, S. 38.

Rolle in der theologischen Debatte des 12. Jahrhunderts, gehört zu den einflussreichsten Denkerpersönlichkeiten des Hochmittelalters. In seiner *Historia Calamitatum*, einem autobiographischen Werk, hebt er wiederholt die außergewöhnliche Klugheit, Tugendhaftigkeit und geistige Größe Héloïses hervor – Eigenschaften, die seiner Ansicht nach weit über gängige zeitgenössische Urteile über Frauen hinausgehen.

Abaelard kritisiert darin die gesellschaftliche Tendenz, Frauen primär nach äußeren Maßstäben zu beurteilen, während ihre geistige Tiefe und ihre moralische Integrität oft übersehen werden. Besonders bei Héloïse, die später Äbtissin wurde, unterstreicht er nicht nur ihre Schönheit, sondern vor allem ihre Weisheit und ihren brillanten Verstand – eine bemerkenswerte Würdigung weiblicher Gelehrsamkeit in einem kirchlich geprägten Kontext.

Als Héloïse schließlich die Leitung eines Klosters übernahm, bemühte sich Abaelard darum, ihre Stellung auch theologisch und institutionell abzusichern. In diesem Zusammenhang verwies er auf kirchliche Traditionen, insbesondere auf Praktiken in der griechischen Kirche, die Frauen liturgisch deutlich mehr Raum boten als im Westen üblich. Er zitiert entsprechende Quellen und hebt hervor, dass Diakoninnen im Osten sogar sakramentale Handlungen ausführen durften:

> In der Kirche der Griechen haben Diakoninnen nicht nur die Befugnis zu taufen, sondern auch zu weihen (*consecrandi*), ebenso wie die Diakone. Sie werden sogar im kirchlichen

Ordo unter die Kleriker gezählt und dienen nicht weniger als die Diakone an den heiligen Altären.[360]

Diese Aussage ist bemerkenswert, da sie einerseits das Wissen Abaelards um die östliche Weihepraxis belegt, andererseits aber auch seine Bereitschaft, dieses Wissen zur Stärkung weiblicher geistlicher Autorität im Westen zu nutzen. Seine Darstellung steht damit im Kontrast zur zunehmend restriktiven Haltung der westlichen Kirche gegenüber Frauen in Weiheämtern und bezeugt zugleich ein differenzierteres Verständnis kirchlicher Geschichte und Praxis.
Abaelards Worte sind keine bloße theologische Reflexion, sondern Teil einer praktischen Strategie: Die Äbtissin Héloïse sollte nicht nur moralisch und geistlich anerkannt, sondern auch institutionell legitimiert sein. Seine Rückgriffe auf die griechische Tradition zeigen, dass er darin eine theologisch vertretbare Möglichkeit sah, weibliches geistliches Amt auch im Westen neu zu denken – oder zumindest die kirchliche Tradition in ihrer Vielgestaltigkeit sichtbar zu machen.

---

360 „In ecclesia Graecorum diaconissae non solum baptizandi, sed etiam consecrandi potestatem habent, sicut et diaconi. Quae etiam in ordine ecclesiastico inter clericos numerantur, et non minus quam diaconi sacris altaribus ministrant.“: Peter Abaelard, *Epistolae (Briefe)*, in: *PL*, Bd. 178, hrsg. von Jacques-Paul Migne, Paris: Migne, 1855, Sp. 375 f., vgl. auch: Elisabeth Gössmann und Dietmar Bader (Hrsg.), *Warum keine Ordination der Frau? Unterschiedliche Einstellungen in den christlichen Kirchen*, Freiburg u. a.: Herder, 1987, S. 12.

Hildegard von Bingen (1098–1179)

Die Benediktinerin Hildegard von Bingen, Visionärin, Gelehrte und bedeutende theologische Stimme des 12. Jahrhunderts, entfaltete in ihren Schriften ein differenziertes und kraftvolles Bild der Frau in Gottes Schöpfung und in der Kirche. In ihrem Hauptwerk *Scivias* („Wisse die Wege") legt sie dar, dass Frauen – ebenso wie Männer – Trägerinnen des göttlichen Abbildes seien. Sie widerspricht damit deutlich der in ihrer Zeit verbreiteten Auffassung, wonach die Frau dem Mann ontologisch untergeordnet sei:

> Die Frau hat die Gestalt des Menschen und ist deshalb ein Abbild Gottes.[361]

Diese Aussage hebt die Gleichwertigkeit der Geschlechter im Hinblick auf ihre Gottesebenbildlichkeit hervor. Für Hildegard ist die Frau nicht nur Mitschöpferin des Lebens, sondern eine eigenständige Offenbarung göttlicher Weisheit und Kraft. Diese Sichtweise verleiht der Frau eine besondere spirituelle Würde und Bestimmung.

Obwohl Hildegard das kirchliche Verbot der Priesterweihe von Frauen anerkennt, bleibt sie nicht bei der äußeren Regel stehen. Vielmehr entwickelt sie eine theologisch tiefgründige Perspektive, die die geistliche Autorität der Frau in der Beziehung zu Christus verortet. Besonders die

---

[361] „Mulier enim formam hominis habet, et ideo imago Dei est.": Hildegard von Bingen, *Scivias*, in: *PL*, Bd. 197, hrsg. von Jacques-Paul Migne, Paris: Migne, 1855, Sp. 383–738.

jungfräuliche Frau, die sich ganz Christus geweiht hat, sieht sie in einer besonderen priesterlichen Verbundenheit:

> In ihrem Bräutigam hat sie das Priesteramt und den ganzen Altardienst und besitzt alle seine Reichtümer mit ihm.[362]

Diese Aussage ist bemerkenswert: Hildegard erkennt zwar die äußere kirchliche Ordnung an, doch gleichzeitig formuliert sie eine innere, mystisch-spirituelle Teilhabe der Frau am Priestertum Christi. In der Einheit mit Christus, dem göttlichen Bräutigam, wird der jungfräulichen Frau das volle geistliche Amt gleichsam „in ihm" zuteil – eine Sicht, die die Tiefe und Komplexität ihrer Theologie zeigt. Historisch betrachtet steht Hildegards Haltung in einem größeren Kontext: Wie bereits in der frühen Kirche die Abgrenzung von häretischen Bewegungen wie dem Montanismus – der Frauen in alle geistlichen Ämter einsetzte – zur Zurückdrängung weiblicher Weiheämter führte, so verstärkte sich dieser Trend im 12. Jahrhundert durch die Abgrenzung gegenüber den Katharern. Auch sie ließen Frauen am priesterlichen Dienst teilhaben. Die Kirche reagierte darauf mit einer bewussten Distanzierung und letztlich mit einer weiteren Einschränkung weiblicher Ämter.[363]

Hildegards Schriften lassen erkennen, dass sie sich dieser kirchenpolitischen Prozesse durchaus bewusst war, jedoch

---

[362] eigene Übersetzung von: „In sponso suo sacerdotium et omne ministerium altaris…habet atque omnes divitias ipsius cum eo possidet.": Hildegard von Bingen, *Scivias* II, 6, in: *CCCM*, Bd. 43, Turnhout: Brepols, Jahr, S. 290.

[363] vgl. Gössmann, *Warum keine Ordination*, S. 18

ihren theologischen Blick weiter öffnete: Sie formuliert eine Vision weiblicher geistlicher Autorität, die jenseits der institutionellen Schranken liegt – getragen von einer tiefen Christusmystik und der Überzeugung, dass Gott sich im weiblichen Menschen ebenso offenbart wie im männlichen.

Persönliches Fazit

Wenn ich auf die Entwicklungen zwischen dem 9. und 12. Jahrhundert zurückblicke, erkenne ich ein faszinierendes Spannungsfeld: einerseits den Rückzug weiblicher Ämter in der Westkirche – eng verbunden mit dem Erstarken des hierarchischen Amtsverständnisses –, andererseits aber auch die Fortexistenz und Neuinterpretation des Diakoninnenamtes in der Ostkirche. Die Kluft, die sich zwischen beiden Traditionen auftut, scheint mehr als geografisch zu sein: Es ist ein Bruch in der Wahrnehmung von geistlicher Berufung, von kirchlicher Mitverantwortung und letztlich auch von der Gleichwertigkeit der Geschlechter im Dienst am Evangelium.

Besonders berührt haben mich die Zeugnisse jener Frauen, die – oft unter widrigen Bedingungen – liturgische, seelsorgliche und leitende Aufgaben übernahmen, sei es als Diakoninnen-Äbtissinnen im Westen oder als spirituelle Leiterinnen in der byzantinischen Tradition. Auch Männer wie Abaelard oder Burchard, die sich bemühten, die Quellen differenziert zu sichten, zeigen, dass es nie eine einheitliche Haltung zu dieser Frage gab.

Dass die Weihe von Diakoninnen in Liturgien des Westens bis ins 10. Jahrhundert bezeugt ist, mag heute überraschen – und doch bestätigt es, wie lebendig und vielgestaltig die kirchliche Praxis einmal war. Diese Erkenntnis erfüllt mich mit einer Mischung aus Dankbarkeit, Trauer und Hoffnung: Dankbarkeit für die überlieferten Spuren weiblicher Spiritualität und Verantwortung; Trauer über den systematischen Rückbau dieser Ämter; Hoffnung darauf, dass eine Erinnerung an

diese vergessenen Seiten der Kirchengeschichte neue Perspektiven für heute eröffnen kann.
Gerade jetzt, an der Schwelle zum Einsetzen der Kanonistik, scheint mir dieses Innehalten wichtig. Denn mit der Entstehung eines systematisch kodifizierten Kirchenrechts begann nicht nur eine neue Phase rechtlicher Absicherung kirchlicher Strukturen – es wurde auch zunehmend festgeschrieben, was künftig nicht mehr möglich sein sollte.

11. Die Entstehung der kanonistischen Wissenschaft

Im 12. Jahrhundert erlebt die westliche Kirche einen tiefgreifenden Wandel: Mit dem *Decretum Gratiani* tritt erstmals eine systematische Sammlung und Kommentierung kirchlicher Rechtstexte in Erscheinung, die nicht nur frühere Synodalbeschlüsse und Konzilstexte, sondern auch Schriften der Kirchenväter in sich vereint. Diese monumentale Kompilation, die um 1140 von dem Juristen Gratian in Bologna zusammengestellt wurde, markiert den Beginn der sogenannten „klassischen Kanonistik". Sie gilt als Gründungsdokument des kanonischen Rechts der lateinischen Kirche und wurde für Jahrhunderte das zentrale Lehr- und Entscheidungsbuch an den Universitäten und Kirchengerichten.

Dieses Kapitel beleuchtet das *Decretum Gratiani* im historischen, rechtlichen und theologischen Kontext. Es untersucht, wie die darin enthaltenen Aussagen über Frauen und ihre kirchliche Rolle argumentativ aufgebaut sind, wie diese Rezeption bei den Dekretisten weitergeführt und verschärft wurde – und wie diese Entwicklungen langfristig zur Ausschlusslogik beitrugen, die Frauen aus dem geweihten Klerus fernhielt.

Entstehung, Inhalt und Wirkung des *Decretum Gratiani*

Mit dem sogenannten *Decretum Gratiani* liegt uns eine der einflussreichsten kirchenrechtlichen Sammlungen des Mittelalters vor. Verfasst um das Jahr 1140 von dem

Juristen und Mönch Gratian – vermutlich an der Rechtsschule von Bologna – hatte das Werk ursprünglich den Charakter eines Lehrbuchs, nicht eines offiziellen Gesetzestextes. Ziel Gratians war es, die zahlreichen, teils widersprüchlichen kirchlichen Rechtsquellen – darunter Konzilsbeschlüsse, päpstliche Dekrete und Äußerungen der Kirchenväter – in einem kohärenten System zu vereinen und aufeinander abzustimmen. Damit legte er den Grundstein für eine systematische Kanonistik, die fortan die Entwicklung des Kirchenrechts tiefgreifend prägen sollte.

Frauenbilder und Weiheämter im *Decretum Gratiani*

Das *Decretum Gratiani* nimmt Bezug auf das Konzil von Chalzedon, das den Stand der Diakonin geregelt hatte, spricht Frauen jedoch ausdrücklich das Recht auf kirchliche Weihen ab.[364] In deutlichen Worten heißt es:

> Frauen aber können weder zum Priestertum noch selbst zum Diakonat gelangen; deshalb können sie gegen Priester weder Anklage erheben, noch gegen sie (vor Gericht) Zeugnis ablegen.[365]

Bemerkenswert ist, dass Gratian sich zur Begründung nicht auf kirchliches, sondern auf römisches Recht stützt. Nach dessen Tradition galt die Aussage einer Frau vor

---

364 vgl. Reininger, *Diakonat der Frau*, S. 109.

365 eigene Übersetzung von: „Mulieres autem non solum ad sacerdotium, sed nec etiam ad diaconatum prouehi possunt, unde nec sacerdotes accusare, nec in eos testificari ualent.“: *Decretum Gratiani*, in: *Corpus Iuris Canonici*, ed. cit., Teil I, C. 750.

Gericht als unzulässig – nicht aufgrund fehlender Rechtsfähigkeit, sondern wegen der angenommenen „Schüchternheit ihres Geschlechts“.[366] Nur wenn eine Frau selbst Opfer eines Unrechts geworden war, durfte sie Anklage erheben. Obwohl in der Heiligen Schrift Richterinnen wie Deborah genannt werden, fordert Gratian für die Zeit des Neuen Bundes Zurückhaltung von Frauen. Wegen Evas Rolle beim Sündenfall sollten Frauen dem Mann untertan bleiben, sich verschleiern und sich des öffentlichen Auftretens in kultischen Zusammenhängen enthalten.[367]

Auch in weiteren Aussagen offenbart Gratian eine deutlich abwertende Haltung gegenüber Frauen. So interpretiert er sprachlich die Begriffe *vir* (Mann) und *mulier* (Frau) als Ausdruck eines ethischen Unterschieds: Während *vir* auf *virtus* (Tugend, sittliche Kraft) zurückgeführt wird, leitet Gratian *mulier* von *mollities mentis* (Weichheit des Geistes) ab. Damit konstruiert er eine Hierarchie, in der die Frau dem Mann in moralischer wie intellektueller Hinsicht unterlegen ist.[368]

Diese Sichtweise untermauert Gratian mit Zitaten von Kirchenvätern, etwa einem angeblichen Ausspruch Augustins:

> Das ist das Abbild Gottes im Menschen (= Mann), dass er als einziger, aus dem die anderen hervorgehen, geschaffen ist

[366] „ob verecundiam sui sexus“: Raming, *Der Ausschluß der Frau vom priesterlichen Amt*, S. 45.

[367] vgl.ebd., S. 45f.

[368] vgl.ebd., S. 48f.

und die Herrschaft Gottes gleichsam als sein Stellvertreter innehat, weil er das Bild des einen Gottes in sich trägt. Daher ist die Frau nicht nach Gottes Bild geschaffen; so sagt nämlich (die Schrift): „Und Gott schuf den Menschen (= Mann), nach dem Bilde Gottes schuf er ihn"; und deshalb sagt auch der Apostel: „Der Mann freilich soll sein Haupt nicht verhüllen, weil er Bild und Abglanz Gottes ist; die Frau aber muss es verhüllen, weil sie weder Abglanz noch Bild Gottes ist."[369]

Ein ähnlicher Satz wird Ambrosius zugeschrieben, stammt jedoch, wie die Forschung inzwischen zeigt, aus dem *Ambrosiaster* – einem späteren, anonymen Werk. Neben diesen unechten Zitaten verwendet Gratian jedoch auch authentische Aussagen, wie die folgende aus den Schriften des Ambrosius:

Es ist nicht ohne Bedeutung, dass die Frau nicht aus derselben Erde, aus der Adam gebildet wurde, sondern aus einer Rippe eben des Adam geschaffen wurde … Deshalb wurden am Anfang (der Schöpfung), nicht zwei geschaffen:

---

[369] „Hec imago Die est in homine, ut unus factus sit, ex quo ceteri oriantur, habens inperium Dei, quasi uicarius eius, quia unius Dei habet imaginem, ideoque mulier non est facta ad Dei imaginem. Sic etenim dicit: ‚Et fecit Deus hominem; ad imaginem Dei fecit illum'. Hinc etiam Apostolus: ‚Vir quidem', ait, ‚non debet uelare caput, quia imago et gloria Dei est; mulier ideo uelat, quia non est gloria aut imago Dei.'": *Corpus*, ed. Friedberg, I 1254, zit. nach: Raming, *Der Ausschluß der Frau vom priesterlichen Amt*, S. 55.

> Mann und Frau, noch zwei Männer, noch zwei Frauen, sondern zuerst der Mann, danach die Frau aus ihm ...“[370]

Ambrosius schreibt jedoch:

> Nicht aus dem Haupt wurde die Frau genommen, damit sie nicht über den Mann herrsche, nicht aus den Füßen, damit sie ihm nicht untertan sei, sondern aus der Seite – damit sie ihm gleich sei.[371]

In dieser patristischen Auslegung ist die Frau dem Mann ebenbürtig, nicht unterstellt. Die Wahl der Seite als Ursprungsort ist ein Bild für Partnerschaft, für die ursprüngliche Harmonie zwischen Mann und Frau.
Bei Gratian wird der Gedanke, dass die Frau in der Erbsünde eine zentrale Rolle spiele, ebenfalls herangezogen, um ihre geringere Würde zu begründen. Als theologisches Hauptargument gegen die Weihe von Frauen verweist Gratian auf die Autorität von Papst Gelasius I. († 496), dessen Kritik er wörtlich aufnimmt:

---

370 „Nec illum otiosum est, quod non eadem terra, de qua plasmatus est Adam, sed de ipsius Adae costa facta sit mulier...Ideo non duo a principio facti uir et mulier, neque duo uiri, neque duae mulieres; sed primum uir, deinde mulier ex eo...“: *Corpus*, ed. Friedberg, I 1256, zit. nach: Raming, *Der Ausschluß der Frau vom priesterlichen Amt*, S. 56.

371 Eigene Übersetzung von: „Nec de capite sumitur mulier, ne virum supergrediatur; nec de pede, ne a viro contemnatur; sed de latere, ut aequalitas custodiretur.“ Ambrosius von Mailand, Hexaemeron V,14, in: Patrologia Latina, Bd. 14, hg. v. Jacques-Paul Migne, Paris 1845, Sp. 230.

> Gegen die Vorschriften der Canones und gegen die Ordnung, die der Heilige Geist durch den seligen Apostel Petrus überliefert hat, sehen wir, dass an einigen Orten Frauen zu den heiligen Altardiensten befördert werden. Dies verbietet nicht nur die kirchliche Autorität, sondern scheint auch durch die Vernunft der Natur zurückgewiesen zu werden.[372]

Gratian greift in seinem *Decretum* auch auf die Autorität von Hieronymus und Augustinus zurück, um die Unterordnung der Frau als Teil der natürlichen Ordnung zu begründen. Er argumentiert, dass es der naturgegebenen Gerechtigkeit entspreche, wenn der Geringere dem Höheren dient[373] – eine Auffassung, die sich auch bei Augustinus findet, der das Bestehen von Sklaverei als Hinweis dafür deutete, dass Sklaven „von Natur aus" zur Knechtschaft bestimmt seien.

---

[372] „Contra instituta canonum vel ordinationem, quam Spiritus Sanctus per beatum Petrum Apostolum tradidit, videmus in quibusdam locis feminas ad sacra altaris ministeria promoveri. Quod non solum ecclesiastica prohibit auctoritas, sed et ipsa ratio naturae videtur posse reprobare.": *Decretum Gratiani*, Canon 19, quaestio 1, c. 23, in: Emil Friedberg (Hg.), *Corpus Iuris Canonici*, Bd. 1, Leipzig: Tauchnitz, 1879, S. 774, online verfügbar unter: https://archive.org/details/decretum-gratiani-1879, letzter Zugriff am 28.02.2025.

[373] „Es gibt eine natürliche Ordnung bei Menschen, dass die Frauen den Männern dienen und die Kinder den Eltern, weil darin die Gerechtigkeit besteht, dass der Geringere dem Höheren dient.": eigene Übersetzung von: „Est ordo naturalis in hominibus, ut feminae seruiant uiris, et filii parentibus, quia in illis hec iustitia est, ut maiori seruiat minor": *Corpus*, ed. Cit., I 1254, zit. nach: Raming, *Der Ausschluß der Frau vom priesterlichen Amt*, S. 57.

Diese Vorstellung nutzt Gratian, um zu unterstreichen, dass die Weihe von Frauen nicht mit der kirchlichen Tradition vereinbar sei.
In Bezug auf das Weiheverbot für Frauen zitiert er das Konzil von Laodicea mit den Worten:

> Jene Frauen, die bei den Griechen *presbyterae*, bei uns hingegen *Witwen*, *Älteste*, *univirae* und *matricuriae* genannt werden, dürfen in der Kirche nicht als Ordinierte eingesetzt werden.[374]

Unklar bleibt dabei, ob mit *presbyterae* ältere Diakoninnen, Diakoninnen im Allgemeinen oder schlicht ältere Frauen der Gemeinde gemeint sind. In jedem Fall macht der Text deutlich, dass ein kirchliches Amt für Frauen ausgeschlossen wird.
Bemerkenswert ist jedoch, dass das *Decretum Gratiani* zugleich Bestimmungen zur Diakoninnenweihe enthält: Demnach sollten Diakoninnen mindestens vierzig Jahre alt und ehelos sein. Die gleichzeitige Erwähnung von Verbot und Ordnung lässt vermuten, dass das Amt der Diakonin zu Gratians Zeit im Westen bereits weitgehend verschwunden war – möglicherweise hielt er es daher nicht mehr für ein „vollwertiges" Diakonenamt. Manche Ausleger der Kanonistik des 12. Jahrhunderts interpretierten Diakoninnen sogar lediglich als

---

[374] „Mulieres, que apud Graecos presbiterae appellantur, apud nos autem uiduae, seniores, univirae et matricuriae appellantur, in ecclesia tamquam ordinatas constitui non debere.": *Corpus*, ed. Friedberg, I 122, zit. nach: Raming, *Der Ausschluß der Frau vom priesterlichen Amt*, S. 32, Anm. 131.

Äbtissinnen oder Ordensfrauen, da es in manchen Klöstern Aufgabe der Äbtissin war, das Evangelium in der Messe zu verkünden.[375]

Das *Decretum* enthält darüber hinaus zahlreiche weitere Bestimmungen, die Frauen den Dienst am Altar grundsätzlich untersagen.[376] So heißt es etwa, dass sie nicht lehren, keine priesterlichen Handlungen ausüben[377], keine liturgischen Dienste verrichten oder gar geweihte Gefäße oder Altartücher berühren dürften.[378]

Diese Vorschriften zeigen deutlich: Im 12. Jahrhundert war die theologische und rechtliche Ablehnung weiblicher Weiheämter bereits tief im Kirchenrecht verankert. Während Frauen in der Frühzeit der Kirche vereinzelt liturgische Aufgaben innehatten, etablierte sich mit dem *Decretum Gratiani* endgültig der juristische Ausschluss aus kirchlichen Leitungsämtern. Für Frauen blieben im *Decretum* nahezu ausschließlich Verbote – abgesehen von Regelungen zur Kleidung von Ordensfrauen.

Ein weiteres Verbot betrifft die Taufspendung: Auch sie war Frauen grundsätzlich untersagt. Als Begründung verweist Gratian, wie bereits die Apostolischen Konstitutionen, auf die Schöpfungsordnung – es

---

[375] vgl. ebd., S. 103f.

[376] „Mulieres enim altari servire prohibentur.“: *Decretum Gratiani*, Causa 19, quaestio 1, canon 1, in: Emil Friedberg (Hrsg.), *Corpus Iuris Canonici*, Bd. 1, Leipzig: Tauchnitz, 1879, S. 770: https://archive.org/details/decretum-gratiani-1879, letzter Zugriff am 28.02.2025.

[377] „Mulier in ecclesia doceat nec sacerdotium sibi usurpet.“: *Decretum Gratiani*, Causa.19, quaestio 1, canon 8, S. 771.

[378] vgl. Raming, *Der Ausschluß der Frau vom priesterlichen Amt*, S. 8f.

widerspreche dieser, wenn der Mann seinen Vorrang an das „unterste Glied“ (τὸ ἔσχατον σῶμα) der Schöpfung abtrete. Zudem habe selbst Christus sich nicht von seiner Mutter taufen lassen. Eine Ausnahme wird nur für Notlagen eingeräumt: In Fällen zwingender Not dürfe eine Frau die Taufe spenden (*necessitate cogente*).

Obwohl das *Decretum Gratiani* keinen offiziellen Gesetzescharakter hatte, war sein Einfluss gewaltig: Es verdrängte alle älteren kanonischen Sammlungen und wurde im Mittelalter zur maßgeblichen Grundlage der Kirchenrechtswissenschaft. Seine negativen Auswirkungen auf die kirchliche Stellung der Frau waren erheblich – insbesondere, weil es von den Dekretisten bis zum Ende des 12. Jahrhunderts intensiv rezipiert und weiter verschärft wurde.

Dorothea Reininger führt an, dass im 11. Jahrhundert die Päpste Benedikt VIII. (1012–1024), Johannes XX. (1024–1033) und Leo IX. (1049–1054) den Bischöfen von Silva Candida und Porto erlaubt hätten, Frauen zu Diakoninnen zu weihen. Für diese Behauptung konnte jedoch keine belastbare Quelle gefunden werden – zumal es offiziell keinen Papst Johannes XX. gegeben hat.[379] Auch wenn unter Papst Leo IX. tatsächlich über die Zulassung von Frauen zum Diakonat diskutiert wurde, ist kein entsprechendes Dekret überliefert.

[379] vgl. Reininger, *Diakonat der Frau*, 109.

Während sich die Kanonisten des 11. und 12. Jahrhunderts nicht einig waren, ob es sich bei der frühchristlichen Diakoninnenweihe um eine Weihe (*ordinatio*) oder lediglich um eine Segnung (*benedictio*) handelte, vertraten die Kanonisten nach dem Erscheinen des *Decretum Gratiani* zunehmend die Auffassung, dass es sich nicht um eine sakramentale Ordination gehandelt haben könne. Ihre Begründung: Frauen seien grundsätzlich nicht fähig, eine Weihe zu empfangen.

Die Dekretisten des 12. und 13. Jahrhunderts übernahmen nicht nur die Bestimmungen des *Decretum Gratiani*, sondern verschärften diese zusätzlich. An dieser Stelle soll nicht auf sämtliche Dekretisten eingegangen werden. Eine ausführlichere Darstellung ihrer Positionen findet sich bei Ida Raming.[380] Im Folgenden werden exemplarisch einige zentrale Aussagen skizziert:

Der mittelalterliche Kirchenrechtler Huguccio († 1210) verfasste ein umfangreiches Kommentarwerk zum *Decretum Gratiani*. Er argumentierte, dass der Ausschluss der Frau von den Weiheämtern weder auf dem Naturrecht (*ius naturale*) noch auf göttlichem Recht (*ius divinum*) beruhe, sondern ausschließlich auf kirchlichem Recht (*ius ecclesiasticum*). Da Frauen aufgrund dieser kirchlichen Bestimmung keine Weihe empfangen könnten, sei es ihnen auch untersagt, die mit dem Amt verbundenen Funktionen auszuüben. Sollte bei einem Hermaphroditen,

---

[380] Raming, *Der Ausschluß der Frau vom priesterlichen Amt*, S. 78-119.

einem Menschen mit weiblichen und männlichen Geschlechsmerkmalen, das männliche Geschlecht überwiegen, sei eine Weihe zwar gültig, aber dennoch unerlaubt.

Diese Sichtweise – dass die Unfähigkeit zur Weihe durch kirchliche Regelungen bedingt sei – impliziert jedoch auch, dass die Kirche grundsätzlich die Autorität besitze, diese Disziplin im Hinblick auf die Frauenordination zu ändern.[381]

Huguccio spricht Frauen zudem die Gottebenbildlichkeit ab: Wie alles Leben aus Gott stamme, so kämen auch alle Menschen aus dem ersten Menschen. Und wie die Kirche unter den Zeichen von Wasser und Blut aus der Seite Christi hervorgegangen sei, sei auch die Frau aus der Seite Adams hervorgegangen. Wie Christus seine Kirche leite, so solle der Mann die Frau führen. Nur der Mann sei unmittelbar aus Gottes Hand geschaffen worden; die Frau dagegen sei aus dem Mann geformt. Folglich verherrliche allein der Mann Gott unmittelbar, während die Frau dies nur mittelbar – über den Mann als vermittelnde Instanz – tue, da sie durch ihn angeleitet worden sei, Gott zu loben. Huguccios Werk übte einen erheblichen Einfluss auf die nachfolgende Kanonistik aus.

Der *Apparatus ad Decreta* des Johannes Teutonicus (1215), der als *Glossa ordinaria* zum *Decretum Gratiani* diente, bildete die Grundlage für das kanonistische Studium und wurde beinahe selbst als Rechtsquelle angesehen. Johannes

381 Franz Gillmann, „Weibliche Kleriker nach dem Urteil der Frühscholastik", in: *Archiv für katholisches Kirchenrecht* 93 (1913), S. 239–253, zit. nach: Gössmann, *Warum keine Ordination*, S. 13.

identifizierte die *diaconissa* mit der *abatissa* (Äbtissin) und verneinte grundsätzlich die Möglichkeit einer sakramentalen Diakoninnenweihe. Dabei griff er ein Argument Huguccios auf:

> Frauen können den (sakramentalen) Charakter (des Ordo) nicht empfangen, weil ihr Geschlecht sowie die kirchliche Vorschrift sie daran hindert.[382]

Daraus folgerte Johannes, dass die Diakonissenordination des Konzils von Chalzedon keine sakramentale Ordination gewesen sei, sondern lediglich eine Benediktion, deren Zweck etwa das Vorlesen des Evangeliums im Chorgebet gewesen sei. Eine Frau dürfe jedoch in Notfällen eine Taufe durchführen. Die Krankenkommunion hingegen dürfe – im Falle der Verhinderung des Priesters – ausschließlich von einem männlichen Laien gespendet werden.

In seinen übrigen Aussagen über die Rolle der Frau folgt Johannes eng dem *Decretum Gratiani.* Frauen seien von allen kirchlichen Ämtern ausgeschlossen, ebenso von der Ausübung des Richteramtes, der Zeugenfunktion in Testaments- und Strafsachen sowie von der Anklageerhebung vor Gericht – es sei denn, es gehe um ein an ihr selbst oder ihren Angehörigen begangenes Unrecht.[383]

---

[382] „Respon(deo), quod mulieres non recipiunt characterem (ordinis) impediente sexu et constitutione Ecclesiae“: Johannes Teutonicus, Corpus, ed. Cit., I. c , zit. nach: Raming, *Der Ausschluß der Frau vom priesterlichen Amt*, S. 111.

[383] vgl. Raming, *Der Ausschluß der Frau vom priesterlichen Amt*, S. 113f.

Interessanterweise war die Auffassung, dass eine Frau wegen ihres Geschlechts nicht gültig ordiniert werden könne, nicht gänzlich unumstritten. Johannes bemerkt:

> Die anderen sagen, dass die Frau, wenn sie als Nonne geweiht wird, den Charakter des Ordo sehr wohl empfängt, weil die Weihe eine Sachfrage ist und nach der Taufe jeder geweiht werden kann.[384]

Demnach gab es auch Stimmen, die davon ausgingen, dass allein die Taufe als Voraussetzung für eine gültige Weihe ausreichte. Diese Position konnte sich jedoch letztlich nicht durchsetzen.

Guido de Baysio wurde um 1250 in Reggio nell'Emilia geboren. Er studierte sowohl kanonisches als auch ziviles Recht und lehrte an der Universität Bologna. Im Jahr 1296 wurde er zum Erzdiakon ernannt. Sein Hauptwerk, das *Rosarium Decretorum*, gilt als eine bedeutende Ergänzung zur *Glossa Ordinaria* des Johannes Teutonicus und integriert zahlreiche ältere Glossare, insbesondere die von Huguccio.

In seinem *Rosarium Decretorum* argumentiert Guido de Baysio, dass Frauen aufgrund ihrer als unvollkommen angesehenen Natur nicht zum Priesteramt geeignet seien. Nach seiner Auffassung könne die Weihe nur den als vollkommen betrachteten, männlichen Mitgliedern der

---

[384] eigene Übersetzung von: „Alii dicunt, quod si Monialis ordinetur, bene recipit characterem (ordinis): quia ordinari (quaestio) facti est et post baptismum quilibet potest ordinari.“: Johannes Teutonicus, Corpus, ed. Cit., I 1496, zit. nach: Raming, *Der Ausschluß der Frau vom priesterlichen Amt*, S. 115.

Kirche zuteilwerden.[385] Diese Position stützt er auf mehrere theologische und rechtliche Argumente. Einerseits betrachtet er Frauen nicht als vollwertige Glieder der Kirche, andererseits führt er den Sündenfall als Beweis ihrer Unterordnung an: Da Eva der biblischen Überlieferung zufolge die erste war, die gegen Gott sündigte, sei sie zur Ursache des Todes für die Menschheit geworden und könne demnach nicht als Wirkursache des Heils gelten. Die Weihe jedoch verstehe er als eine solche Wirkursache. Daraus folgt für ihn: Nur der männliche Priester sei fähig, anderen Menschen die göttliche Gnade zu spenden.[386]

Die im *Decretum Gratiani* erwähnte *presbytera* deutet Guido als die Ehefrau eines Priesters. Die dort genannte *diaconissa* versteht er als eine Art Ministrantin – ein Dienst, der seiner Meinung nach inzwischen nicht mehr existiere.[387]

Durch seine Schriften prägte Guido de Baysio die kanonische Argumentation gegen die Frauenordination nachhaltig. Er verstärkte die mittelalterliche Auffassung

---

[385] „Adde: tu dic quod (mulier) ordinari non potest ut supra dictum est, et est ratio, quia ordo est perfectorum membrorum ecclesiae, cum detur ad collationem gratiae in altero. Mulier autem non est perfectum membrum ecclesiae sed vir.": Guido de Baysio, *Rosarium* fol. 329 r, zit. nach: Raming, *Der Ausschluß der Frau vom priesterlichen Amt*, S. 115f.

[386] „Preterea mulier fuit causa effectiva damnationis quia fuit pricipium prevaricationis (Text: privationis) et Adam per ipsam deceptus est, (C.) 33q. 5 Adam (c.18) et c. seq., et ideo non potuit esse (causa) effectiva salutis cum ordines sint effectus gratiae in altero et sic salutis": Guido de Baysio, Rosarium fol. 329 r, zit. nach: Raming, *Der Ausschluß der Frau vom priesterlichen Amt*, S. 115f.

[387] vgl. Raming, *Der Ausschluß der Frau vom priesterlichen Amt*, S. 119.

von der Unterordnung der Frau, indem er theologische und rechtliche Begründungen heranzog, die die Unfähigkeit der Frau zur Ausübung priesterlicher Funktionen untermauerten. Sein Werk hatte weitreichenden Einfluss auf spätere kirchenrechtliche Entscheidungen und trug maßgeblich dazu bei, den Ausschluss von Frauen aus dem sakramentalen Ordo der katholischen Kirche zu verfestigen.[388]

Insgesamt kann festgestellt werden: Während Gratian lediglich erklärt, dass Frauen weder zum Diakonat noch zum Presbyterat ordiniert werden können, gehen die Dekretisten ausführlicher auf das Thema ein. Zwar kennen sie das frühchristliche Amt der Diakonin, doch interpretieren sie es falsch – nämlich als Äbtissin oder Nonne, deren Aufgabe es war, im Stundengebet das Evangelium oder eine Homilie zu verlesen. Die Diakoninnenordination wird von ihnen lediglich als *benedictio*, also als Segnung verstanden, was eine sakramentale Ordination ausschließe. Seit Huguccio wird dies zusätzlich damit begründet, dass Frauen grundsätzlich als weiheunfähig gelten.

Die Argumentationen der Dekretisten fußen auf einer generellen Abwertung der Frau. Diese wird durch die patristische und pseudopatristische Exegese bestimmter Bibelstellen sowie durch das römische Recht legitimiert.

---

[388] „Guido de Baysio", in: https://womenpriests.org/theology/guido-guido-de-baysio/, letzter Zugriff am 01.03.2025; „Baysio, Guido de", in: Catholic Encyclopedia, https://www.newadvent.org/cathen/02361a.html, letzter Zugriff am 01.03.2025.

Die Meinung der „anderen“, von denen Johannes Teutonicus berichtet – nämlich, dass allein die Taufe Voraussetzung für die Gültigkeit einer Weihe sei –, konnte sich letztlich nicht durchsetzen.

Die Dekretalen des Papstes Gregors IX. (1234)

Da Gratian die universale Gesetzgebungsvollmacht des Papstes begründet hatte, erließen die nachfolgenden Päpste – insbesondere Alexander III. und Innozenz III. – eine große Anzahl von Dekretalen, die schließlich in verschiedenen Sammlungen zusammengefasst wurden. Fünf dieser Sammlungen, die sogenannten *Quinque Compilationes Antiquae*, fanden allgemeine Anerkennung. Im Jahr 1230 beauftragte Papst Gregor IX. den Dominikaner Raimund von Peñafort damit, diese Dekretalen zu einer einheitlichen Sammlung zusammenzustellen. Diese wurde am 5. September 1234 unter dem Titel *Compilatio nova* – auch bekannt als *Liber Extra* – veröffentlicht und sollte fortan als offizielle, universale Rechtsgrundlage der Kirche dienen. Diese neue Sammlung verdrängte die bisherige kanonistische Literatur, die sich noch auf das *Decretum Gratiani* stützte.

In dieser Sammlung findet sich unter anderem die Dekretale *Nova quaedam* von Papst Innozenz III., in der den Äbtissinnen in Burgos und Palencia (Spanien) untersagt wird, ihren Nonnen den priesterlichen Segen zu erteilen, Beichten zu hören, das Evangelium zu lesen oder öffentlich zu predigen. Innozenz III. begründet dies damit, dass Maria – im Gegensatz zu den Aposteln – nicht die *potestas clavium* (Schlüsselgewalt) übertragen worden sei.

Aus dem Dekretale *Dilecta* von Papst Honorius III. aus dem Jahr 1222 geht hervor, dass Äbtissinnen auch keine Jurisdiktionsgewalt über ihre Klöster zukam – ein Umstand, der mit ihrem Ausschluss vom Weiheamt erklärt wurde. So war es ihnen untersagt, kirchliche Zensuren zu verhängen oder davon zu dispensieren. Besonders ihre rechtliche Stellung gegenüber Klerikern, die ihnen aufgrund ihres Gehorsamsversprechens unterstellt waren, wurde stark eingeschränkt. Es gab jedoch Ausnahmen: So setzte der Papst die Äbtissin von Gandersheim als Prokuratorin ein, um stellvertretend für ihn die Rechte ihres Klosters vor dem als Richter fungierenden Dekan von Paderborn zu vertreten und zu verteidigen.[389]

Die Dekretalen Gregors IX. legen zudem fest, dass Zeugen männlich sein müssen, da weibliche Aussagen als widersprüchlich und unzuverlässig galten.[390]

Auch für den liturgischen Bereich finden sich einschneidende Regelungen: Frauen war der Zutritt zum Chorraum strengstens untersagt. Es heißt:

> Es ist aber gemäß der verbindlichen Vorschrift der Canones unbedingt zu verhindern, dass irgendeine Frau sich erdreistet, an den Altar heranzutreten, dem Priester Ministrantendienste zu leisten oder innerhalb der Chorschranken zu stehen oder zu sitzen.[391]

---

389 vgl. Raming, *Der Ausschluß der Frau vom priesterlichen Amt*, S. 127-129.

390 „Nam varium et mutabile testimonium semper femina producit“: *Corpus*, ed. Friedberg, II 914, zit. nach: Raming, Ausschluss, S. 131.

391 „Sed secundum auctoritatem canonum modis omnibus prohibendum quoque est, ut nulla femina ad altare praesumat

Diese Vorschrift zielte darauf ab, jegliche persönliche Nähe zwischen Frauen und Priestern zu vermeiden und damit den Zölibat zu schützen.

Ebenso wie Huguccio und Johannes Teutonicus interpretieren die Dekretalen das weibliche Diakonat lediglich als eine Benediktion ohne sakramentalen Charakter. Der Begriff *presbytera* wird als Bezeichnung für die Ehefrau eines Priesters verstanden.

Papst Innozenz III. begründet den Ausschluss von Frauen von der Priesterweihe damit, dass sie nicht das männliche Geschlecht verkörpern – ein Merkmal, das aus seiner Sicht notwendig sei, um die Ähnlichkeit mit Christus darzustellen. Er formuliert:

> Daher kann die Frau, weil sie nicht das Abbild Gottes ist, nicht für Weiheämter ordiniert werden.[392]

Die Bearbeitung der Dekretalen Gregors IX. durch die Dekretalisten

Die *Summa super titulos decretalium* des Gottfried von Trani (1241–1243) stellt nahezu einen wörtlichen Auszug aus den Dekretalen Gregors IX. dar. Auch Gottfried vertritt die Auffassung, dass Diakoninnen keine sakramentale Weihe empfangen können.[393]

---

accedere, aut presbytero ministrare, aut infra cancellos stare sive sedere“: *Corpus*, ed. Friedberg, II, 454, zit. nach: Raming, *Der Ausschluß der Frau vom priesterlichen Amt*, S. 132.

[392] „Itaque, cum vir sit imago Dei, mulier autem non est imago Dei, propter hoc mulier non potest ordinari ad sacra.”: Decretales Gregorii IX, Lib. I, Tit. 1, Cap. 6, in: *Corpus Iuris Canonici*, hrsg. von Emil Friedberg, Bd. 2, Leipzig: Tauchnitz, 1879.

[393] vgl. Raming, *Der Ausschluß der Frau vom priesterlichen Amt*, S. 137.

Papst Innozenz IV. fügt in seinem *Apparatus in quinque libros Decretalium* (1245) weitere Tätigkeiten auf, von denen Äbtissinnen ausgeschlossen sein sollen: Dazu zählen das Erteilen der Absolution von kirchlichen Zensuren, das Lehren, das Ausüben richterlicher Funktionen sowie die Übergabe des Schleiers an Nonnen.[394]

Der *Apparatus ad Decretales Gregorii IX.* des Bernhard von Botone (ebenfalls 1245) bestätigt diese Sichtweise. Wie Innozenz IV. erklärt auch er, dass Äbtissinnen möglicherweise lediglich beim Nachtgebet – der sogenannten *Matutin* – das Evangelium lesen durften, was der Grund sei, weshalb man sie gelegentlich als Diakoninnen bezeichnet habe.[395] Bernhard zählt zahlreiche Tätigkeiten auf, die Frauen nicht gestattet seien: das Berühren geweihter Gefäße, das Lehren, das Ausüben von Richter- und Schiedsrichterfunktionen sowie das Auftreten als Parteivertreterin oder Rechtsbeistand vor Gericht. Zudem verfüge eine Äbtissin nur über eine eingeschränkte Jurisdiktionsgewalt. Auch in seinem Werk wird zur Begründung angeführt, dass Christus Maria nicht die Schlüsselgewalt übertragen habe und Frauen nicht im Abbild Gottes geschaffen seien. Der Ausschluss der Frau von der Zeugenfunktion wird mit folgender Aussage drastisch unterstrichen:

---

[394] vgl. Raming, *Der Ausschluß der Frau vom priesterlichen Amt*, S. 137f.

[395] „In matutinis forte poterant legere Euangelium, unde etiam diaconissae appellantur.“: *Corpus*, Lyon 1671, II 1869, zit. nach: Raming, *Der Ausschluß der Frau vom priesterlichen Amt*, S. 139.

> Was ist leichter als Rauch? Der Wind. Was leichter als Wind? Luft. Was ist leichter als Luft? Die Frau. Was ist leichter als die Frau? – nichts![396]

Bernhard argumentiert, Frauen sei keine Schlüsselgewalt verliehen worden, weil sie nicht das Ebenbild Gottes seien und dem Mann in völliger Unterordnung dienen müssten.[397]
In der *Summa super titulis decretalium* – auch bekannt als *Summa aurea* – des Henricus de Segusio, genannt „Hostiensis“ (1250 - 1253), führt dieser Bedingungen für die Spendung der Weihe auf, zu denen ausdrücklich das männliche Geschlecht gehört. Nur dem Mann – den er als den eigentlichen Menschen betrachtet – könne die Weihe erteilt werden. Hostiensis schließt sich den Argumenten der vorherigen Kommentatoren des *Decretum Gratiani* an und verbietet Frauen noch strikter als Innozenz IV. sämtliche liturgischen und richterlichen Handlungen. Auf Grundlage römischen Rechts spricht er Frauen jegliche Ausübung öffentlicher Ämter ab.[398]
Auch Aegidius Bellamera bestätigt in seinen *Praelectiones in libros Decretalium* (Ende des 13. Jahrhunderts) den Ausschluss der Frau von allen öffentlichen Ämtern. Das Richteramt, so seine Begründung, könne Frauen nicht übertragen werden, da sie „wankelmütig und

[396] „Quid levius fumo? Flamen; quid flamine? Ventus. Quid vento? Mulier; quid muliere? Nihil“: *Corpus*, ed. cit., II 1936, zit. nach: Raming, Ausschluss, S. 143.
[397] vgl. Raming, *Der Ausschluß der Frau vom priesterlichen Amt*, S. 165.
[398] vgl. Raming, *Der Ausschluß der Frau vom priesterlichen Amt*, S. 143-149.

charakterschwach" seien. Es fehle ihnen zudem an der erforderlichen Klugheit und Bildung.[399]

In seiner *Novella in Decretales Gregorii IX.* (1338) ergänzt Johannes Andreae die *Glossa ordinaria* des Bernhard von Botone und greift dabei auf das Werk des Henricus de Segusio zurück. Er bestätigt nicht nur die Argumentation gegen die Frauenordination und die damit verbundenen Verbote, sondern bringt ein neues Argument vor, das vermutlich auf Thomas von Aquin zurückgeht: Aufgrund ihrer Unterordnung unter den Mann sei die Frau nicht in der Lage, einen gewissen *praeeminentia gradus* („hervorgehobenen Rang") einzunehmen. Damit fehle ihr die wesentliche Voraussetzung für das Weihesakrament, das auf eine solche Vorrangstellung hin ausgerichtet sei.[400] Johannes Andreae folgert also aus der Unterordnung der Frau ihre Unfähigkeit, eine Weihe zu empfangen – und macht damit zugleich deutlich, dass er das Weihesakrament als Form der Herrschaft versteht. In den übrigen Punkten folgt er der Argumentationslinie seiner

---

[399] „Sed quare sunt mulieres remotae ab officiis ciuilibus et publicis? Ratio est, quia sunt fragiles et minus discretae regulariter…Item in iudicatura specialis ratio est, quia iudex debet esse constans et non flexibilis…modo mulier est varia et fragilis…item quia non est prudens, nec erudita, sicut debet esse iudex per se.": *Praelectiones* III fol. 141r, zit. nach: Raming, *Der Ausschluß der Frau vom priesterlichen Amt*, S. 150.

[400] „…ultra quae constat, quod in sacramento requiritur res et signum…sed in sexu foemineo significari non potest aliqua praeeminentia gradus, cum habeat statim subiectionis.": *Novella V* fol. 125v, zit. nach: Raming, *Der Ausschluß der Frau vom priesterlichen Amt*, S. 153.

Vorgänger unter den Dekretalisten, den Kommentatoren der Dekretalen Gregors IX.[401]
Der Dekretalist Petrus Ancharano (1330 - 1416) bestätigt nicht nur die Unfähigkeit der Frau, die Weihe zu empfangen, sondern auch das Verbot, dass Frauen den Altarraum betreten dürfen. Er räumt der Äbtissin lediglich eine begrenzte Jurisdiktionsvollmacht ein und unterscheidet hierbei ausdrücklich zwischen der Weihe eines Abtes und jener einer Äbtissin. Daraus folgert er, dass einer Äbtissin nicht die gleiche Vollmacht wie einem Abt zustehe.
Das Kommentarwerk des Antonius de Butrio (1338 - 1408) über die Dekretalen Gregors IX. übernimmt nahezu wörtlich die Argumentation Johannes Andreaes. Antonius vertritt die Auffassung, dass die Frau als Einzelperson weder richterliche noch andere männliche Funktionen ausüben könne. Allerdings sei sie „*ratione dignitatis*" – „aufgrund der Würde ihres Amtes" – in der Lage, solche Aufgaben zu übernehmen, wobei dann die mit dem Amt verbundene Würde selbst die Handlung vollziehe.[402] Auch er argumentiert erneut mit dem Hinweis, dass Maria nicht mit der Schlüsselgewalt ausgestattet worden sei.
Die *Lectura in Decretales* des Nicolaus de Tudeschis (1386 - 1445/1453), einer der bedeutendsten Kanonisten des

[401] vgl. Raming, *Der Ausschluß der Frau vom priesterlichen Amt*, S. 153f.
[402] „Tu dic, licet doc(tores) non dicant, mulier ut singularis et priuata considerata, non potest iudicare, nec muneribus fungi virorum, sed ratione dignitatis sic: quia non ipsa, sed dignitas hoc agere dicitur…": Raming, *Der Ausschluß der Frau vom priesterlichen Amt*, S. 157, Anm. 133.

Mittelalters, ergänzt die bereits bestehende dekretalistische Literatur. Er stellt klar, dass sich die Jurisdiktionsgewalt aus der Schlüssel- und Weihegewalt ableite – zu der eine Frau *totaliter incapax* („völlig unfähig") sei. Die Ausübung von liturgischen Handlungen wie Segnungen, Beichthören oder öffentlichen Predigten durch Äbtissinnen bezeichnet er als *absonum et absurdum* („unerträglich und absurd"). Auch das Zeugnis einer Frau lehnt er ab und begründet dies mit einer sprachlichen Deutung: Das Wort *mulier* (Frau) leite sich von *mollitia* (Weichheit) ab, das Wort *vir* (Mann) hingegen von *virtus* (Tugend, Standhaftigkeit). Hinsichtlich der Jurisdiktionsgewalt folgt er den Auffassungen seiner Vorgänger.

Insgesamt kann festgehalten werden: Die Lehre der Dekretalisten steht in direkter Kontinuität zur Lehre der Dekretisten – also jener Kanonisten, die sich auf das *Decretum Gratiani* stützten. Ihr gemeinsames Urteil fußt auf einer systematischen Abwertung der Frau, die sich durch die gesamte Tradition dieser kirchenrechtlichen Auslegung zieht.

Konsequenzen für die kirchliche Praxis im Hochmittelalter

Die kirchenrechtlichen Festlegungen des *Decretum Gratiani* und seine Kommentierung durch die Dekretisten und Dekretalisten führten im Hochmittelalter zu einer weitreichenden Verfestigung der Ausschlussmechanismen gegenüber Frauen im kirchlichen Amt. Während in der Spätantike und im Frühmittelalter Frauen – etwa als Diakoninnen oder Vorsteherinnen von Gemeinden –

durchaus liturgische und seelsorgliche Funktionen ausübten, wurde ihnen nun systematisch der Zugang zu allen sakramentalen Ämtern verwehrt.

Die kanonistische Argumentation, wie sie etwa bei Huguccio, Johannes Teutonicus, Guido de Baysio oder Johannes Andreae begegnet, diente nicht nur der dogmatischen Absicherung dieser Praxis, sondern beeinflusste auch konkret das liturgische, pastorale und institutionelle Leben der Kirche. Frauen wurde nicht nur die Priesterweihe, sondern auch die Ausübung von Jurisdiktion, Lehrtätigkeit und selbst einfache Dienste im Altarraum untersagt.

Die Weigerung, Frauen auch nur als liturgische Assistentinnen oder Zeuginnen vor Gericht anzuerkennen, war nicht bloß Ausdruck mittelalterlicher Geschlechtervorstellungen, sondern wurde kirchenrechtlich legitimiert und institutionell abgesichert. Der hochmittelalterliche Ausschluss von Frauen aus dem kirchlichen Amt hatte somit langfristige Konsequenzen – nicht nur für die Ämterstruktur der Kirche, sondern auch für das Bild der Frau in Theologie und Gesellschaft.

Persönliches Fazit

Die Jahrhunderte zwischen dem 9. und 12. Jahrhundert zeigen eine Kirche in Bewegung – eine Kirche, die versucht, ihre Ämter, Aufgaben und Strukturen zu ordnen und verbindlich zu regeln. Im Zuge dieser Entwicklung veränderte sich auch der Blick auf Frauen im kirchlichen Dienst: Was zuvor noch möglich war oder zumindest denkbar erschien, wurde nun zunehmend normiert – und schließlich ausgeschlossen.

Diese Entwicklung war nicht nur juristisch, sondern auch theologisch begründet. Sie war eingebettet in das damalige Menschenbild, in kirchliche Traditionen und gesellschaftliche Prägungen. Und doch zeigen viele Zeugnisse aus dieser Zeit, dass die Erinnerung an das geistliche Wirken von Frauen nicht ganz verloren ging – sei es in liturgischen Texten, in Klöstern, in den Stimmen einzelner Denkerinnen und Denker.

Mich bewegt besonders, dass dieses Ringen um Ordnung stets auch ein Ringen um Deutung war – darum, wie Kirche verstanden und gelebt wird. Die Festlegungen jener Zeit wirken bis heute nach. Und doch bleibt im Hintergrund eine Spur von Vielfalt sichtbar: eine Erinnerung an andere Formen geistlicher Teilhabe, die einmal möglich waren.

Diese Erinnerung wirft keine fertigen Urteile auf. Aber sie stellt Fragen: Welche Bilder vom Menschen und insbesondere von der Frau lagen den damaligen Entscheidungen zugrunde? Was wurde aus theologischen Gründen ausgeschlossen, was aus historischen Umständen heraus? Und was davon ist wirklich unveränderlich?

Im Übergang zur Scholastik wird sich das Denken noch weiter systematisieren. Vielleicht lohnt es sich gerade deshalb, jetzt einen Moment innezuhalten – und hinzuhören auf die Stimmen, die nicht laut waren, aber nie ganz verstummt sind.

12. Die Scholastik

Mit dem Aufblühen der Scholastik im 13. Jahrhundert erfährt die theologische Reflexion über das Weihesakrament eine neue Systematik und Tiefe.[403] In den großen Schulen von Paris und Köln entstehen umfassende Lehrsysteme, die sich um eine rationale Durchdringung der Glaubenswahrheiten bemühen – nicht zuletzt im Hinblick auf die Sakramente und die kirchliche Ämterstruktur. In diesem Kontext treten zentrale scholastische Denker wie Bonaventura, Albertus Magnus und Thomas von Aquin hervor, deren Überlegungen das Kirchenverständnis und die Lehre von der Weihe bis in die Neuzeit prägen sollten.

Die Frage nach der Weihefähigkeit von Frauen wird in diesen Debatten zwar aufgegriffen, aber in der Regel mit wachsender Entschiedenheit verneint. Dabei greifen die Theologen auf anthropologische, christologische und sakramententheologische Argumente zurück – oft unter Rückgriff auf aristotelische Vorstellungen von der natürlichen Hierarchie der Geschlechter. Die Scholastik trägt damit maßgeblich zur Verfestigung der Vorstellung bei, dass das priesterliche Amt allein Männern vorbehalten sei.

Gleichzeitig finden sich vereinzelt Stimmen, die andere Wege gehen und ein spirituelles Verständnis von

---

[403] vgl. Thomas Marschler, „Natürliche Ähnlichkeit und sakramentale Signifikation“, in: Margit Eckholt (Hg.), *Christusrepräsentanz. Eine theologische Standortbestimmung*, Freiburg: Herder, Jahr, S. 247 f.

priesterlicher Autorität vertreten, das sich nicht an äußeren Voraussetzungen wie Geschlecht oder Stand orientiert. Solche Ansätze bilden wichtige Kontrapunkte innerhalb der theologischen Landschaft des Hochmittelalters.

Das Verständnis von der Entstehung des Menschen

In der antiken Welt wurde das Verhältnis von Mann und Frau nicht nur kulturell, sondern auch medizinisch und philosophisch begründet. Besonders im Kontext der hippokratisch-galenischen Medizin und der aristotelischen Anthropologie galt der Mann als aktives, formgebendes Prinzip, die Frau hingegen als passiver Stoff. Aristoteles sprach davon, dass der Mann die Form (μορφή) beisteuere, die Frau jedoch nur die Materie (ὕλη).[404]

Auch Galenos, obwohl differenzierter, hielt den männlichen Samen für überlegen – weil er aus einem „wärmeren", vollkommenen Körper stammt. Die Frau wurde demnach nicht als eigenständiges schöpferisches Gegenüber wahrgenommen, sondern als *Gefäß*, in dem das männliche Prinzip Gestalt annimmt.[405] Diese Vorstellung prägte über Jahrhunderte das Menschenbild der Philosophie, Medizin und Theologie.

Besonders folgenreich war die Annahme, dass der männliche Same im Kopf entstehe – als Ausdruck eines geistigen Ursprungs. Der Kopf galt als Sitz des Verstandes, der Form, des Logos – und damit als Ursprung alles Bestimmenden. Daraus leitete sich eine doppelte Deutung des Mannes als „Haupt" ab: biologisch, sozial und theologisch.

Diese Verbindung von Samen – Geist – Haupt – Männlichkeit schlägt sich auch im Neuen Testament nieder, etwa in 1Kor 11,3:

> Ich will aber, dass ihr wisst: Christus ist das Haupt eines jeden Mannes, der Mann aber ist das Haupt der Frau, Gott aber ist das Haupt Christi. (1Kor 11,3)

Diese Passage wurde in der Kirchengeschichte oft nicht als Bild, sondern als Ordnung gelesen – und damit zur Grundlage für die Vorstellung, dass Männer von Natur und Schöpfung her als „Haupt“ bestimmt seien. Daraus entwickelte sich im Laufe der Zeit eine Theologie, die das Amt des Priesters ausschließlich Männern zusprach. Denn der Priester handle *in persona Christi capitis* – in der Person Christi, des Hauptes. Und weil Christus als Mann inkarniert wurde, sei es – so die Argumentation – nur Männern möglich, ihn sakramental darzustellen.
Die Verbindung von antiker Anthropologie und neutestamentlichem Sprachbild wurde damit zum theologischen Fundament für ein geschlechtlich exklusives Amtsverständnis.
In der frühen Neuzeit entwickelte sich die Vorstellung, dass der gesamte Mensch bereits vorgebildet im männlichen Samen (Animalkulismus) oder im Ei

[404] „Der männliche Same enthält die Form (μορφή) und die Ursache der Bewegung, während das Weibliche die Materie (ὕλη) liefert.“, eigene Übersetzung von: „ὁ μὲν γὰρ σπέρμα τὸ ἐκ τοῦ ἄρρενος ἔχει τὴν μορφὴν καὶ τὴν ἀρχὴν τῆς κινήσεως, τὸ δὲ θῆλυ τὴν ὕλην παρέχει.“: Aristoteles, De generatione animalium II, 4 (738b).

[405] „Der Samen des Mannes ist aufgrund der größeren Wärme seines Körpers überlegen.“, eigene Übersetzung von: „ὁ μὲν ἀνδρὸς σπέρμα διὰ τὴν τοῦ σώματος θερμότητα κρείττον ἐστίν.“: Galenos, De semine I 8, in: Kühn, C. G. (Hg.), Opera omnia, Bd. IV, Leipzig 1821.

(Ovismus) enthalten sei. Diese Präformationslehre wurde durch mikroskopische Beobachtungen scheinbar bestätigt. So entdeckte Antoni van Leeuwenhoek 1677 die Spermatozoen und beschrieb sie als „Tierchen“, die sich aktiv bewegten.

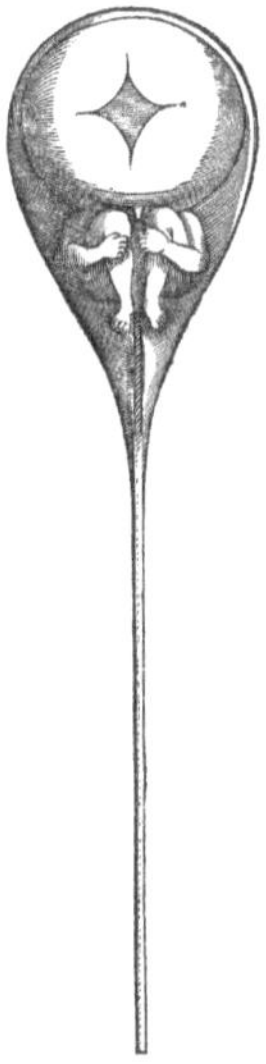

Er und andere Forscher wie Nicolas Hartsoeker vertraten die Ansicht, dass im Spermium ein vollständig vorgebildeter kleiner Mensch, ein sogenannter Homunculus, enthalten sei. Diese Sichtweise wurde als Animalkulismus bezeichnet.[406]

Nicolas Hartsoeker schreibt:

> Ich stellte mir vor, dass man, wenn man durch die Hülle des Spermiums hindurchsehen könnte, darin ein vollständig geformtes kleines Kind entdecken würde, das sich zusammengekrümmt mit den Füßen gegen den Kopf befindet und bereit ist, sich zu entwickeln, sobald es sich in der geeigneten Umgebung befindet.[407]

---

[406] vgl. Louis Compton Miall, The Early Naturalists: Their Lives and Work (1530–1789), London: Macmillan, 1912, S. 157-161.

[407] Eigene Übersetzung von: „Je me suis figuré que si l'on pouvait voir à travers la peau du spermatozoïde, on y découvrirait un petit enfant parfaitement formé, replié sur lui-même, les pieds contre la tête, et prêt à se développer une fois placé dans l'environnement adéquat.“: Nicolas Hartsoeker, *Essai de Dioptrique*, Paris: Jean Anisson, 1694, S. 230, abrufbar unter: https://archive.org/details/BIUSante_07012/page/n261/mode/2up ; Abbildung aus: Wellcome Collection, Bild-ID M0016638, CC

Hartsoeker betont in seinem Text, dass es sich hierbei um eine theoretische Vorstellung handelt und nicht um eine tatsächliche Beobachtung unter dem Mikroskop. Seine Illustration wurde jedoch zu einem ikonischen Symbol der Präformationstheorie, insbesondere des Spermismus, der besagte, dass der gesamte Mensch bereits vorgebildet im männlichen Samen enthalten sei. Parallel dazu existierte die Theorie des Ovismus, vertreten durch Wissenschaftler wie Marcello Malpighi und Jan Swammerdam. Sie gingen davon aus, dass der Embryo bereits im Ei vorgebildet sei und der männliche Samen lediglich eine anregende Funktion habe.[408]

Diese Theorien führten zu einer Vorstellung, in der die Frau lediglich als passiver „Brutkasten" fungierte, in dem sich das vorgeformte Leben entfaltet. Die aktive Rolle in der Zeugung und damit auch in der gesellschaftlichen Hierarchie wurde dem Mann zugesprochen. Diese Sichtweise untermauerte patriarchale Strukturen und beeinflusste das Verständnis von Geschlechterrollen nachhaltig.

Erst im 19. Jahrhundert kam es zu einem Paradigmenwechsel. Mit der Entdeckung der Eizelle durch Karl Ernst von Baer im Jahr 1827 und den späteren Untersuchungen zur Befruchtung setzte sich

BY 4.0, via Wikimedia Commons: https://commons.wikimedia.org/wiki/File:N._Hartsoeker,_Essay_de_dioptrique_Wellcome_M0016638.jpg.

[408] Shirley A. Roe, *Matter, Life, and Generation: Eighteenth-Century Embryology and the Haller-Wolff Debate*, Cambridge University Press, 1981, S. 12-27

die Lehre von der Epigenese durch – die Auffassung, dass der Embryo sich schrittweise und dynamisch entwickelt, wobei Eizelle und Spermium gleichwertig beteiligt sind. Diese Einsicht revolutionierte das biologische Verständnis des Lebens und trug dazu bei, tradierte Rollenzuschreibungen infrage zu stellen.
Die moderne Entwicklungsbiologie unterstreicht die Gleichwertigkeit und die komplexe Zusammenarbeit beider Geschlechter bei der Entstehung des Lebens. Diese Erkenntnisse bilden eine wissenschaftliche Grundlage, die den Weg für ein neues Verständnis von Gleichberechtigung und Partnerschaft in der Gesellschaft ebnete.

DER WANDEL DES VERSTÄNDNISSES DER ORDINATION

Im frühen Mittelalter verstand man unter „Ordination" nicht das, was der Begriff heute im katholischen Amtsverständnis bedeutet. Während heute die Ordination als sakramentale Weihe in eines der drei Stufen des Weiheamtes (Diakonat, Presbyterat, Episkopat) definiert ist und mit der Vollmacht zur Spendung bestimmter Sakramente, insbesondere der Eucharistie, verbunden wird, war ihr Bedeutungsfeld in den ersten Jahrhunderten der Kirche deutlich breiter angelegt.

Gary Macy weist darauf hin, dass die Begriffe *ordinare*, *ordinatio* und *ordo* im frühen Mittelalter die feierliche Einsetzung in eine bestimmte Funktion innerhalb der kirchlichen oder auch gesellschaftlichen Ordnung bezeichneten – unabhängig davon, ob diese Funktion mit liturgischer Vollmacht verbunden war oder nicht. Ordination bedeutete schlicht: die Übertragung eines bestimmten kirchlichen Dienstes, einer Aufgabe im Rahmen des kirchlichen Lebens, einer Rolle innerhalb der Gemeinschaft. Diese Einsetzung konnte Männer und Frauen gleichermaßen betreffen.[409]

Jean Congar definiert diese ursprüngliche Bedeutung so: „Die Wörter *ordinare*, *ordinari*, *ordinatio* bezeichneten die Tatsache, dass jemand bestimmt und geweiht wurde, um einen bestimmten Platz oder besser gesagt eine bestimmte Funktion, einen *ordo*, in der Gemeinschaft einzunehmen und ihr zu dienen".[410] Diese Wörter wurden zur Bezeichnung der Weihe nicht nur von Bischöfen, Priestern, Diakonen und Subdiakonen verwendet, sondern auch für Türhüter, Lektoren, Exorzisten, Akolythen, Kanoniker, Äbte, Äbtissinnen, ja sogar für Könige, Königinnen und Kaiserinnen. Die Ordination bezog sich also nicht notwendig auf einen geistlichen Stand.[411]

Dass Frauen in diesen breiten Ordinationsbegriff einbezogen waren, ist durch zahlreiche liturgische Quellen belegt. So überliefern etwa das *Pontificale Romano-Germanicum* (10.–11. Jahrhundert) sowie andere frühmittelalterliche Pontifikalien Weihegebete für Diakoninnen, Äbtissinnen und geweihte Jungfrauen, die denjenigen für männliche Ämter oft fast identisch sind.[412] Die Einsetzung erfolgte durch Handauflegung, Gebet und Übergabe bestimmter Amtszeichen, in manchen Fällen innerhalb der Eucharistiefeier.[413]

Erst im Laufe des 11. bis 13. Jahrhunderts wurde der Begriff der Ordination theologisch und rechtlich neu definiert. Durch die Scholastik und das sich entwickelnde kanonische Recht wurde das Verständnis von Weihe zunehmend auf jene Ämter verengt, die mit der Eucharistiefeier in Verbindung standen – also auf das Presbyterat und Episkopat, später auch auf das

[409] Gary Macy, *The Hidden History of Women's Ordination: Female Clergy in the Medieval West* (Oxford: OUP, 2008), S. 1–2.

[410] zit. nach: ebd., S. 2.

[411] Ebd. S. 2.

[412] Ebd., S. 2f.

[413] Ebd., S. 2–3, 20–22.

Diakonat, sofern es als Durchgangsstufe zum Priesteramt verstanden wurde.[414] Mit dieser Einengung ging eine geschlechterspezifische Exklusion einher: Nur Männer konnten nunmehr als Träger einer „gültigen" sakramentalen Ordination gelten.

Adolf Fuchs zeigte, dass Ordination jahrhundertelang eng mit der Berufung in eine konkrete Gemeinde verbunden war – erst im 12. Jahrhundert entwickelte sich die Vorstellung, sie verleihe eine übergemeindliche geistliche Autorität.[415]

Der Theologe Michael Ott stellte 1969 fest, dass erst Papst Urban II. im Jahr 1091 die Ordination ausdrücklich auf das Priesteramt und das Diakonat beschränkte.[416] Die erste systematische theologische Definition des Begriffs *ordo* (Amt) findet sich in den Sentenzen des Petrus Lombardus († 1160), der Ordination als heilige Handlung beschreibt, durch die einem Menschen geistliche Vollmacht und ein kirchliches Amt übertragen wird. Alexander von Hales präzisierte diese Definition im 13. Jahrhundert mit den Worten: „Ordination ist ein Sakrament geistlicher

[414] Ebd., S. 2, 18–19.

[415] vgl. Adolf Fuchs, „Weihe und Amt: Eine historisch-theologische Untersuchung über das kirchliche Amt", in: *Theologie der Gegenwart* 5 (1963), S. 88–91. Zusammenfassend referiert bei Gary Macy, *The Hidden History of Women's Ordination*, S. 43.

[416] Michael Ott, „Ordination and the Canonical Status of the Minor Orders", in: *The Jurist* 29 (1969), S. 351–362.

Vollmacht für ein Amt, das in der Kirche für die Eucharistie eingesetzt ist.“[417]

Diese Definitionen setzten sich in der Folgezeit durch und prägten das scholastisch geformte Amtsverständnis bis heute.

Edward Schillebeeckx verortet diesen grundlegenden Wandel in den Laterankonzilien von 1179 und 1215. Ihm zufolge wurde das Amtsverständnis maßgeblich durch Konzepte des wiederentdeckten römischen Rechts beeinflusst: Das Priesteramt wurde verrechtlicht und individualisiert. Zum ersten Mal wurde verbindlich festgelegt: Nur wer ordiniert ist, darf die Eucharistie feiern. Damit trat ein neues Kirchenbild auf den Plan – stärker hierarchisch, zentralistisch und priesterzentriert als je zuvor.[418]

Diese theologische Neubewertung führte zu einer rückwirkenden Verwerfung früherer Formen weiblicher Amtseinsetzung. Frühere Weihen von Frauen wurden im Nachhinein entweder als bloße Segnungen umgedeutet oder ganz geleugnet. Macy nennt diesen Vorgang eine bewusste Umschreibung der Geschichte, die dazu führte, dass das kirchliche Gedächtnis an geweihte Frauen fast vollständig ausgelöscht wurde.[419]

---

[417] Eigene Übersetzung von: „Ordo est sacramentum spiritualis potestatis ad aliquod officium in ecclesia institutum propter sacramentum Eucharistiae.“: Glossa in Sententiarum I, dist. 14, art. 3, zit. nach: Gary Macy, *The Hidden History of Women's Ordination. Female Clergy in the Medieval West*, Oxford: Oxford University Press, 2008.

[418] Vgl. Gary Macy, *The Hidden History of Women's Ordination*, S. 44–46.

[419] ebd., S. 1, 4, 6.

Die Frage, warum die kirchliche Ordination von Frauen im Hochmittelalter nicht nur eingeschränkt, sondern weitgehend abgeschafft wurde, lässt sich nicht allein durch dogmatische Argumente beantworten. Der tiefgreifende Wandel im Amtsverständnis war eng mit den kirchenpolitischen und gesellschaftlichen Entwicklungen des 11. bis 13. Jahrhunderts verbunden. Drei Faktoren sind hierbei besonders hervorzuheben: der Einfluss der gregorianischen Reformbewegung, die Durchsetzung des Zölibats, sowie die rechtlich-philosophische Neufassung des kirchlichen Amts.

Im Zentrum der gregorianischen Reform stand die Auseinandersetzung zwischen Papsttum und weltlicher Macht – insbesondere mit dem Kaisertum. In diesem Machtkampf beanspruchte die Kirche, genauer: der römische Episkopat, geistliche Oberhoheit über alle Christen, einschließlich weltlicher Herrscher. Um diese Oberhoheit zu sichern, musste eine klare Grenze zwischen Klerus und Laienstand gezogen werden. Die Zölibatsverpflichtung wurde dabei zu einem zentralen Instrument: Sie diente nicht allein der moralischen Disziplinierung des Klerus, sondern vor allem der soziologischen Abgrenzung von der Laienwelt, in der Familie und Ehe die gesellschaftliche Norm bildeten.

In diesem Kontext wurde das Modell der christlichen Gemeinschaft nicht mehr familiär, sondern monastisch gedacht. Die „reine“ Kirche war die Kirche der zölibatären Männer, des durch Gelübde gebundenen Klerus – während Laien, Ehe und vor allem weibliche Körperlichkeit als potenziell „unrein“ und ungeordnet wahrgenommen wurden. Frauen, die zuvor in Ämtern wie Diakoninnen oder Äbtissinnen geweiht worden waren, wurden nun systematisch aus der liturgischen und institutionellen Struktur ausgeschlossen. Ihre körperliche, soziale und rechtliche Präsenz passte nicht mehr in das neue sakral-hierarchische Amtsverständnis. Nicht theologische Klärung, sondern kirchenpolitische Interessen prägten diese Entwicklung, die sich ausdrückte in der Trennung von Klerus und Laien, der Zentralisierung kirchlicher Macht und der Sakralisierung des Priesterstandes. Die Gleichsetzung von Ordination mit sakramentaler Macht, insbesondere der exklusiven Fähigkeit zur Eucharistiefeier, diente dabei nicht zuletzt der Legitimation dieser neuen Machtstruktur – und setzte eine Definition von Priestertum durch, in der für Frauen kein Raum mehr vorgesehen war.[420]

Vor diesem Hintergrund wird verständlich, warum die Frage, ob Frauen in der Frühzeit der Kirche oder im Mittelalter „ordiniert" waren, nicht eindeutig zu beantworten ist. Sie ist vielmehr eine Frage der Definition. Wenn man das damalige Verständnis von Ordination zugrunde legt – also die feierliche Einsetzung in einen *ordo* –, dann waren Frauen sehr wohl ordiniert. Wird hingegen das enge sakramentale Amtsverständnis der Scholastik rückwirkend angelegt, erscheinen diese Einsetzungen nicht als gültige Weihen. Doch dieses anachronistische Vorgehen blendet den historischen Wandel des Ordinationsbegriffs aus. [421]

Bonaventura (1221-1274)

Beim heiligen Bonaventura findet sich als zentrales Argument gegen die Frauenordination die sogenannte *similitudo naturalis* („natürliche Ähnlichkeit"): Der männliche Christus könne nur durch einen männlichen Priester repräsentiert werden. Das Bezeichnete – Christus – müsse dem Bezeichnenden – dem Priester – ähnlich sein. Warum diese Ähnlichkeit ausschließlich auf das Geschlecht bezogen wird und nicht auf andere körperliche Merkmale, bleibt jedoch offen.

Bonaventura erweitert seine Argumentation, indem er darauf hinweist, dass der Priester Christus als *Haupt* vertrete. Da eine Frau jedoch nicht das Haupt des Mannes sein könne, sei sie von der Weihe ausgeschlossen. Dieses Argument der Unterordnung der Frau unter den Mann, des sogenannten *status subiectionis*, wird in der theologischen Tradition der Folgezeit vielfach wiederholt. In Verbindung mit der männlichen Überlegenheit führt Bonaventura an, dass die Menschwerdung Gottes in einem Mann stattgefunden habe – ein weiterer Beleg für die Unfähigkeit der Frau, das priesterliche Amt auszuüben.[422] Weiterhin erklärt er, dass alle vorgelagerten Ämter auf das Bischofsamt vorbereiten. Da der Bischof als Bräutigam der Kirche betrachtet werde, könne eine Frau dieses Amt nicht innehaben. Hier begegnet uns erstmals die Bräutigam-Metapher, die bis in die Gegenwart zur

---

[420] Vgl. Gary Macy, *The Hidden History of Women's Ordination*, S. 92–95.
[421] Ebd., S. 1.
[422] vgl. ebd.

Begründung des Weihevorbehalts für Männer herangezogen wird.
Trotz dieser Argumentationslinie lässt Bonaventura die Frage der Frauenordination am Ende offen – vermutlich, weil die Frage zur damaligen Zeit noch umstritten war. Bezüglich der Diakoninnen führt er aus, dass sie lediglich eine *benedictio* (Segnung), aber keine *ordinatio* (Weihe) empfangen hätten, obwohl er anerkennt, dass Diakoninnen in der frühen Kirche das Evangelium verkündeten und predigten.
Insgesamt erscheinen Bonaventuras Aussagen deutlich zurückhaltender als die seines Zeitgenossen Thomas von Aquin. Dies mag damit zusammenhängen, dass das aristotelische Menschenbild – mit seiner Betonung der weiblichen Unterlegenheit – im franziskanischen Orden nicht in gleicher Weise rezipiert wurde.[423]
Die Argumente der *eminentia gradus* (hierarchischen Überlegenheit) des Mannes und des *status subiectionis* der Frau bilden in den folgenden Jahrhunderten die Grundlage vieler theologischer Ablehnungen weiblicher Weiheämter.

Albertus Magnus (ca. 1200–1280)

Albertus Magnus, ein bedeutender Gelehrter des 13. Jahrhunderts, beschäftigte sich in seinem Werk *De homine* („Über den Menschen“) intensiv mit der Natur und Rolle der Frau. Seine Ansichten waren stark von der aristotelischen Naturphilosophie geprägt, die die Frau als eine defizitäre Version des Mannes betrachtete.

---

[423] vgl. Gössmann, *Warum keine Ordination*, S. 16.

Aristoteles beschrieb in *De generatione animalium* („Über die Entstehung der Lebewesen") die Frau als ein „misslungenes" oder „defizitäres" Wesen im Vergleich zum Mann. Während der Mann das aktive, formgebende Prinzip in der Fortpflanzung darstellt, sei die Frau das passive, materielle Prinzip. Aufgrund einer fehlerhaften Entwicklung während der Embryonalphase erreiche sie nicht die „vollkommene" männliche Form und werde daher als „*mas occasionatus*" – als „misslungener Mann" – bezeichnet.[424]

Albertus Magnus übernahm diese Grundannahmen in seiner Anthropologie und verknüpfte sie mit der mittelalterlichen Humoraltheorie. Demnach seien Frauen von Natur aus kälter und feuchter als Männer, was sie körperlich schwächer und rational weniger fähig macht. Daraus leitete Albertus ab, dass Frauen eine geringere Fähigkeit zur abstrakten, spekulativen Vernunft hätten und daher nicht für die gleichen Aufgaben wie Männer geeignet seien.

Ein zentraler Punkt in Aristoteles' Denken ist die Unterscheidung zwischen spekulativer und praktischer Vernunft (*intellectus speculativus und intellectus practicus*). Während der spekulative Intellekt auf die Erkenntnis

[424] „ἡ γὰρ θῆλυ φύσις ὥσπερ πεφυκυῖα ἔχειν ὡς ἐλλεῖπον τι καὶ φυσικὸν ἀτελές": „Denn das weibliche Wesen ist gewissermaßen von Natur aus ein fehlgeschlagenes und unvollkommenes Wesen.": Aristoteles, *Über die Zeugung der Geschöpfe (De generatione animalium)*, übersetzt und erläutert von Paul Gohlke, Paderborn: Ferdinand Schöningh, 1959, Buch IV, Kap. 3, 767b.

höherer metaphysischer Wahrheiten ausgerichtet ist, steuert der praktische Intellekt das alltägliche Handeln. Albertus Magnus übernahm diese Differenzierung und argumentierte, dass Frauen zwar über praktischen Intellekt verfügten, aber weniger für spekulatives, abstraktes Denken geeignet seien. In *De homine* schrieb er:

> Frauen sind aufgrund der Beschaffenheit ihres Körpers und der in ihnen vorherrschenden Feuchtigkeit eher für praktische Klugheit und besondere Künste geeignet als für die Spekulation über erhabene Wahrheiten.[425]

Hier zeigt sich, wie Albertus Magnus aristotelische Naturphilosophie mit der christlichen Vorstellung von Geschlechterrollen verband: Frauen könnten durchaus nützliche Fähigkeiten besitzen, erreichten jedoch nicht die höchste Form des Wissens, die für Theologie oder spekulative Philosophie erforderlich sei.[426]
Auch in seiner Schrift *Politica* beschrieb Aristoteles die natürliche Hierarchie zwischen Mann und Frau:

---

[425] eigene Übersetzung von: „Mulieres propter complexionem corporis et humorem in illis dominantem ad prudentiam et artes particulares magis aptae sunt quam ad speculationem sublimium veritatum.“: Albertus Magnus, *De homine*, hrsg. von Henryk Anzulewicz und Joachim R. Söder, Monasterii Westfalorum: Aschendorff, 2008, S. 431.

[426] eigene Übersetzung von: „Mulieres propter complexionem corporis et humorem in illis dominantem ad prudentiam et artes particulares magis aptae sunt quam ad speculationem sublimium veritatum.“: ebd., S. 431, vgl. auch: „Feminae quidem multum scire possunt, sed non habent eandem capacitatem ad scientiam speculativam quam viri.“: Albertus Magnus, *Summa de creaturis*, hrsg. von M. Grabmann, Münster: Aschendorff, 1931.

> Der Mann ist von Natur aus derjenige, der herrscht, die Frau dagegen ist von Natur aus unterworfen. Diese Unterordnung ist jedoch nicht absolut, sondern ergibt sich aus der natürlichen Ordnung der Dinge.[427]

Er unterschied zwischen verschiedenen Formen der Herrschaft: Die Beziehung zwischen Mann und Frau sei eine „politische" Herrschaft, die auf ihrer jeweiligen Natur beruhe, jedoch nicht mit der absoluten Herrschaft eines Herren über einen Sklaven zu vergleichen sei. Albertus Magnus übernahm diese Hierarchie und verstärkte sie durch theologische Argumente und die kirchliche Tradition.

Sein Einfluss auf die mittelalterliche Theologie war prägend und beeinflusste die kirchliche Lehre über die Rolle der Frau in Gesellschaft und Kirche über Jahrhunderte hinweg. Albertus Magnus, der Lehrer des Thomas von Aquin, schrieb, dass die Frau zwar Abbild Gottes sei, jedoch als Hilfe für den Mann geschaffen wurde.[428]

In Bezug auf die Priesterweihe argumentierte er, dass Frauen aufgrund ihres Geschlechts nicht geweiht werden könnten. In seinem Kommentar zu 1Tim 2,12 („Einer Frau gestatte ich nicht, zu lehren oder über den Mann zu herrschen") betonte er, dass Frauen nicht die notwendige

---

427 Aristoteles, *Politik*, übersetzt und erläutert von Olof Gigon, Zürich/München: Artemis Verlag, 1971, Buch I, Kap. 13, 1254b.

428 Albertus Magnus, *Commentaria in De Anima*, hrsg. von M. Grabmann, Münster: Aschendorff, 1931: „Mulier quidem in imagine Dei creata est, sed pro viro sicut adiutorium."

Ähnlichkeit mit Christus besitzen, um *in persona Christi* zu handeln:

> Frauen sind den kirchlichen Diensten nicht gewachsen, weil sie nicht – wie die Männer – Abbild Gottes sein können, wenn es heißt: „Gott schuf den Menschen nach seinem Abbild."[429]

Albertus Magnus verknüpfte damit aristotelische Anthropologie mit christlicher Theologie und trug zur kirchlichen Doktrin der Geschlechterhierarchie bei. Seine Argumentation festigte die Vorstellung, dass Frauen in der Kirche eine empfangende, dienende Rolle einnehmen, während Männer die aktive, formgebende Kraft innehaben.

Die Übernahme aristotelischer Denkweisen durch Albertus Magnus fand ihren Höhepunkt in den Schriften seines Schülers Thomas von Aquin, dessen Theologie bis heute grundlegende Bedeutung für die katholische Kirche hat. In der *Summa Theologiae* griff Thomas von Aquin die Vorstellung auf, dass die Frau von Natur aus dem Mann untergeordnet sei, da sie weniger an der göttlichen Vernunft teilhabe. Die von Aristoteles geprägte Sicht auf die Frau als defizitäres, passives Wesen wurde so zu einem festen Bestandteil der scholastischen Theologie.

Diese Sichtweise hatte tiefgreifende Folgen: Die theologische Begründung für die männliche Dominanz in

---

[429] „Feminae autem in ministeriis ecclesiasticis non sufficiunt, quia non possunt esse imago Dei sicut viri, cum dicatur, ‚Fecit Deus hominem ad imaginem suam.'": Albertus Magnus, *Summa de creaturis*, S. 21.

Kirche und Gesellschaft wurde über Jahrhunderte hinweg kaum hinterfragt. Bis heute beeinflussen die Lehren von Thomas von Aquin die offizielle Haltung der katholischen Kirche zur Frauenordination und zur Geschlechterordnung. Auch wenn moderne theologische Ansätze diese Sichtweise zunehmend hinterfragen, zeigt sich die Wirkung der aristotelisch geprägten Tradition bis in die Gegenwart.

Thomas von Aquin († 1274)

Thomas von Aquin übernimmt ebenfalls die aristotelische Vorstellung vom Menschen. Als prägende Figur der katholischen Theologie geht auch er von einer Überordnung des Mannes gegenüber der Frau aus. Dies zeigt sich deutlich in seiner Aussage:

> Aus der spezifischen Natur (*natura particularis*), das heißt aus dem männlichen Samen, strebt die Kraft des Samens stets danach, etwas Ähnliches zu erschaffen – also etwas Männliches – und zwar nicht in vollkommenem Maße. Wenn jedoch die Erzeugung einer Frau erfolgt, geschieht dies entweder aufgrund eines Mangels im Samen, wegen der Unzulänglichkeit der von der Mutter eingebrachten Substanz oder auch durch äußere Einflüsse, wie etwa südliche Winde, die zu übermäßiger Feuchtigkeit führen. Aus der allgemeinen Natur (*natura universalis*), die die gesamte Zeugung betrifft, entsteht jedoch nichts zufällig, sondern alles folgt einer notwendigen Ordnung. Da der Wille der Natur von Gott ausgeht, hat er bei der Erschaffung der

Natur nicht nur den Mann, sondern auch die Frau bestimmt."[430]

Thomas unterscheidet zwei Dimensionen der Gottebenbildlichkeit:

> In Bezug auf die Bedeutung eines Ebenbildes – also in Bezug auf die geistige Natur – ist das Bild Gottes im Manne wie auch in der Frau gegenwärtig. (…) In einem weiteren Sinne jedoch ist das Bild Gottes im Mann in einer Weise vorhanden, die bei der Frau nicht in gleichem Maß zu finden ist. Denn der Mann ist Ursprung und Ziel der Frau, so wie Gott Ursprung und Ziel der gesamten Schöpfung ist. Deshalb fügt der Apostel hinzu: „Der Mann ist Ebenbild Gottes, aber die Frau ist die Verherrlichung des Mannes", und begründet dies (1Kor 11,8f): „Denn der Mann kommt nicht von der Frau, sondern die Frau vom Mann. Auch wurde der Mann nicht für die Frau geschaffen, sondern die Frau für den Mann."[431]

Weiter führt Thomas aus:

---

[430] eigene Übersetzung von: „Ex natura particulari, id est ex semine masculini, potentia enim seminis semper ad aliquid simile tendit, id est ad masculinum, non ad totum modum perfectum; et si tamen fit generatio feminae, id accidit aut ex defectu seminis, aut propter infirmitatem substantiae quam mater affert, vel etiam ex externis impulsionibus, ut venti meridiani, qui ad humiditatem altam ducunt. Sed ex natura universali, quae pertinet ad totam generationem, non fit aliquid ex casu, sed secundum ordinem, qui necessarius est ad generationem. Quia autem voluntas naturae a Deo provenit, Deus, cum naturam crearet, non solum virum, sed et feminam ordinavit.": Thomae Aquinatis *Opera Omnia*, Vol. I: *Summa Theologica pars primae seu summa naturalis*, editio nova, Paris: Apud Ludovicum Vives, Bibliopolam Editorem, 1895, S. 282.

[431] Thomas, *Summa Theologiae I*, qu. 93 art. 4 ad 1, ebd.

> Das Abbild Gottes, insofern es im Menschen zu finden ist, bezieht sich auf das, worin der Mensch die anderen Tiere übertrifft – nämlich auf Vernunft und Intellekt. Da der Mann jedoch über eine vollkommene Vernunft verfügt, stellt er das Abbild Gottes in deutlicherer Weise dar.[432]

In Bezug auf die Aussage des Apostels Paulus, wonach die Frau beim Gebet ihr Haupt bedecken solle, da sie Abglanz des Mannes sei, schreibt Thomas:

> Die Frau wird das Abbild des Mannes genannt, insofern sie durch den Mann zur Vernunft gelangt.

Zwar erkennt er auch in der Frau eine Gottebenbildlichkeit an, jedoch nur in abgeschwächter Form, da ihre Vernunft weniger stark ausgeprägt sei. Aufgrund dieser geringeren Vernunftkraft und ihrer natürlichen Unterordnung unter dem Mann sei sie, so Thomas, nicht zum öffentlichen Lehramt berufen:

> Frauen stehen in einem Zustand der Unterordnung (*status subiectionis*), wie es der Apostel in 1Kor 14,34 sagt: „Die Frauen sollen in den Gemeinden schweigen; denn es ist ihnen nicht erlaubt zu sprechen, sondern sie sollen sich unterordnen.“[433]

---

432 „Mulier autem dicitur esse virii imago, inquantum per virum rationem accipit.“: Thomas, *Summa Theologiae* I, q. 93, a. 4, ad 2, ebd.

433 „Mulieres in statu subiectionis sunt, ut patet per apostolum, I ad Cor. XIV, 34: Mulieres in ecclesiis taceant, non enim permittitur eis loqui, sed subditas esse.“: Thomas, *Summa Theologiae* II-II, q. 177, a. 2, ad 1., Thomas von Aquin, *Summa theologica II.*

In der Diskussion, ob das männliche Geschlecht eine notwendige Voraussetzung für den Empfang der Weihe darstellt, führt Thomas von Aquin – seiner typischen Methode folgend – zunächst Gegenargumente an. Dazu zählt er das biblisch bezeugte Prophetentum von Frauen, das Vorsteheramt der Richterin Deborah sowie die Gleichheit der (geschlechtslos gedachten) Seele von Mann und Frau.[434] Bezüglich des Weihesakraments schreibt er jedoch:

> Wenn auch eine Frau Objekt allen Strebens zur Erteilung von Weihen wäre, so könnte sie doch keine Weihe empfangen, denn ein Sakrament ist ein Zeichen, nicht nur ein Ding, sondern die Bedeutung des Dinges, die in allem sakramentalen Tun sichtbar werden soll. So wurde oben festgestellt, dass bei der Krankensalbung ein Kranker notwendig ist, um die Bedeutung der Notwendigkeit von Heilung sichtbar zu machen. Nachdem es im weiblichen Geschlecht unmöglich ist, zu Rang und Würde zu gelangen, da der Frau ein untergeordneter Status zukommt, so folgt daraus, dass sie das Sakrament der Weihe nicht empfangen kann.[435]

Thomas argumentiert, dass Frauen in der Kirche weder lehren noch Autorität über Männer ausüben sollten, da dies der göttlichen Ordnung widerspreche.[436]

---

[434] Gössmann, *Warum keine Ordination*, S. 14.

[435] Thomas, *Summa Theologiae, Supplementum*, qu. 39, art 1, Thomas von Aquin, *Summa Theologiae*, Supplementum, q. 39, a. 1, in: *Sancti Thomae de Aquino Opera Omnia*, Bd. 4, hrsg. von der Commissio Leonina, Rom: Typographia Polyglotta S.C. de Propaganda Fide, 1889.

[436] Thomas, *Summa Theologiae* II-II, q. 177, a. 2

Ähnlich wie Bonaventura greift auch Thomas auf das Argument der *similitudo naturalis* zurück:

> Denn die Sakramente stellen das dar, was sie bezeichnen. Da durch die Weihe die Geistlichen zu Mittlern zwischen Gott und dem Volk bestimmt werden, ist es angemessen, dass sie in gewisser Weise die Ähnlichkeit mit demjenigen aufweisen, dessen Stellvertreter sie sind. Da Christus ein Mann ist, ist es daher einer Frau nicht angemessen, das Weihesakrament zu empfangen.[437]

Auch einer Weihe von Frauen zu Diakoninnen erteilt Thomas eine klare Absage. Er schreibt:

> Und so ist es klar, dass Frauen nicht zum Diakonat geweiht werden können, da der Diakon ein Stellvertreter des Priesters ist, und der Priester der Stellvertreter Christi ist, der ein Mann war.[438]

Zwar schließt Thomas von Aquin aus, dass Frauen öffentlich lehren dürfen, lässt jedoch unter bestimmten Bedingungen Ausnahmen zu:[439]

---

[437] „Sacramenta enim repraesentant ea quae significant. Unde cum per ordinem clerici constituantur mediatores inter Deum et populum, conveniens est quod in eis appareat quodammodo similitudo ejus, cujus sunt vicem gerentes. Unde cum Christus sit vir, non competit mulieri recipere sacramentum ordinis.“: Thomas, *Summa Theologiae*, *Supplementum*, q. 39, a. 1.

[438] „Unde patet quod non est mulieribus diaconatum dari, cum diaconus sit minister sacerdotis, et sacerdos sit vicarius Christi, qui vir fuit.“: Thomas, *Summa Theologiae*, III, q. 39, a. 2.

[439] vgl. Thomas, *Summa Theologiae*, III q. 55, a. 1 ad 3; vgl. auch: Müller, *Kann nur der getaufte Mann gültig das Weihesakrament empfangen?*, S. 346.

> Es ist Frauen jedoch nicht verboten, privat zu lehren, sei es durch göttliche Offenbarung oder durch ihr eigenes Wissen.[440]

Auch dürfen Frauen in besonderen Fällen die Taufe durchführen:

> Im Notfall, wenn kein Amtsträger vorhanden ist, kann auch eine Frau taufen.[441]

Die Theologie des Thomas von Aquin war nicht nur in seiner Zeit maßgebend, sondern prägt bis heute die katholische Lehre. Seine Argumentation gegen die Frauenweihe wurde in das kanonische Recht aufgenommen und bildet bis heute die Grundlage für die Ablehnung der Frauenordination in der römisch-katholischen Kirche.

Seine Gedanken wurden von späteren Theologen wie Johannes Duns Scotus aufgegriffen und vertieften die Vorstellung einer geschlechterbasierten Hierarchie in der Kirche. Diese Argumente fanden ihren Niederschlag auch in modernen kirchlichen Dokumenten – insbesondere in der Apostolischen Erklärung *Ordinatio Sacerdotalis* von Papst Johannes Paul II. (1994), in der endgültig festgestellt wird, dass die Kirche keine Vollmacht habe, Frauen zu Priestern zu weihen.

---

[440] „Privatim autem docere, vel ex divina revelatione, vel etiam ex propria scientia, mulieri non prohibetur.“: Thomas, *Summa Theologiae* II-II, q. 177, a. 2, ad 3.

[441] „Sed in necessitate, cum non sit minister, potest baptizare, et si sit mulier.“: Thomas, *Summa Theologiae*, III, q. 68, a. 10.

Johannes Duns Scotus (1266–1308)

Johannes Duns Scotus, einer der bedeutendsten Theologen des Hochmittelalters, erkannte die natürliche Ungleichheit zwischen Mann und Frau an, unterschied dabei jedoch klar zwischen natürlichen Gegebenheiten und der göttlichen Gnade. Während er die geringere Würde der Frau als eine Folge der Natur betrachtete, bestritt er, dass diese Rangordnung aus der Gnade Gottes hervorgehe.

Im Hinblick auf die Frage der Priesterweihe für Frauen argumentierte er, dass Sakramente einer bestimmten Symbolik folgen müssten – primär der Ähnlichkeit mit Christus. Da Christus als Mann in die Welt gekommen sei, erscheine es unpassend, dass eine Frau in seiner Person wirken könne. Er schreibt:

> Eine Frau kann nicht in die Würde des Weihestandes erhoben werden, weil sie nicht in der Person Christi sein kann, denn Christus ist ein Mann.[442]

Duns Scotus stand fest in der scholastischen Tradition und war somit von den Lehren seiner Vorgänger geprägt. Zwar entwickelte er in vielen theologischen Fragen eigenständige Positionen, doch lassen sich Einflüsse von Aristoteles wie auch von Thomas von Aquin in seinem Denken erkennen. Letzterer, stark aristotelisch geprägt, hatte vertreten, dass die Frau durch einen Fehler im

---

[442] „Mulierem enim ad dignitatem sacrae ordinis non promoveri, ex eo quod in persona Christi non potest esse.“: Duns Scotus, *Reportatio Parisiensis*, hrsg. von Luke Wadding, Lyon: Typographia Sumptibus P. Lethielleux, 1901.

Fortpflanzungsprozess entstehe und somit eine „misslungene“ Form des Mannes sei. Diese Vorstellung einer natürlichen Unterordnung der Frau könnte auch auf Duns Scotus Einfluss gehabt haben – insbesondere in seiner Unterscheidung zwischen naturgegebener Ungleichheit und der Gleichheit in der Gnade:

> Dass eine Frau nicht dieselbe Würde hat wie ein Mann, das liegt an der Natur; jedoch nicht an der Gnade.[443]

Zusammenfassend kann festgehalten werden, dass Duns Scotus – ebenso wie Thomas von Aquin und Bonaventura – davon ausging, dass es dem Willen Christi entspreche, das Weihesakrament ausschließlich Männern vorzubehalten Ihre Argumentationen basierten auf einer Kombination theologischer Reflexionen und philosophischer Einflüsse, insbesondere aus der aristotelischen Lehre, die die Vorstellung einer natürlichen Hierarchie zwischen Mann und Frau stützten.

Duns Scotus erkennt also zwar eine naturbedingte Ungleichheit zwischen den Geschlechtern an, betont aber zugleich, dass diese Ungleichheit nicht auf die göttliche Gnade zurückzuführen sei – eine Differenzierung, die ihn innerhalb der mittelalterlichen Theologie besonders hervorhebt.

---

[443] „Quod autem mulier non habeat talem dignitatem sicut vir, hoc est ex parte naturae; non autem ex parte gratiae.“: Duns Scotus, Opus Oxoniense, ed. B. Gottlieb, 1971, zit. nach: Müller, *Kann nur der getaufte Mann gültig das Weihesakrament empfangen?*, S. 340.

In ihren mystischen Schriften berichtet Gertrud von Helfta von einer Christusvision, in der ihr die Worte aus Johannes 20,22–23 offenbart werden:

> Daraufhin atmete der Herr auf sie und gab ihr auch den Heiligen Geist und sagte: Nimm den Heiligen Geist in dich auf: Denn denjenigen, deren Sünden du vergibst, sind sie vergeben. Da erwiderte sie: Herr, wie kann dies sein, da diese Macht des Bindens und des Lösens allein den Priestern gegeben ist? Der Herr antwortete: Wenn du, durch das Urteil meines Geistes, jemand für unschuldig hältst, so werde ich diese/n auch für unschuldig halten (…). Denn ich werde durch deinen Mund sprechen.[444]

Diese Vision lässt sich möglicherweise im Kontext der damaligen klösterlichen Praxis deuten: Es war üblich, dass Nonnen innerhalb des Konvents – oder auch Frauen von außerhalb – zur spirituellen Beratung oder zur Beichte das Gespräch mit der Äbtissin suchten. Solche Begegnungen dienten dem geistlichen Austausch über persönliche Verfehlungen und wurden von liturgischen Gebeten begleitet, die stellvertretend für eine Form der Absolution standen. Dabei handelte es sich jedoch nicht um einen formellen sakramentalen Akt im engeren Sinne.[445]
Die mittelalterliche Kirche kannte die Praxis, Absolution in Gebetsform zu gewähren – ein Umstand, der Gertruds

[444] Gertrud von Helfta, *Legatus* IV, xxxii, S. 27–37, zit. nach: https://www.fembio.org/biographie.php/frau/biographie/gertrud-von-helfta, letzter Zugriff am 28.02.2025.
[445] vgl. Gössmann, *Warum keine Ordination*, S. 13.

mystisches Erlebnis in einen nachvollziehbaren historischen Rahmen stellt. Ihr Bericht verweist somit nicht nur auf ihre tiefgreifende spirituelle Erfahrung, sondern auch auf eine theologisch aufgeladene Tradition weiblicher seelsorgerlicher Autorität innerhalb klösterlicher Strukturen.

Impulse aus der Scholastik für heute

Die theologischen und philosophischen Debatten des Hochmittelalters zur Frage des Frauenpriestertums zeigen eindrücklich, wie stark die Scholastik durch zeitgebundene Vorstellungen von Geschlechterhierarchien geprägt war. Bedeutende Denker wie Bonaventura, Albertus Magnus und Thomas von Aquin formten Argumente, die auf anthropologischen, christologischen und sakramentalen Annahmen basierten und tief in aristotelischen Konzepten von Geschlechterrollen verwurzelt waren. Doch neben diesen dominierenden Positionen existierten auch alternative Stimmen, wie jene von Hildegard von Bingen und Gertrud von Helfta, die ein spirituelles und weniger an Geschlecht gebundenes Verständnis priesterlicher Autorität vertraten. Die Auseinandersetzung mit diesen vielfältigen Positionen lädt uns heute ein, kritisch darüber nachzudenken, inwiefern historische und kulturelle Bedingungen theologische Argumentationen beeinflussen und welche Schlussfolgerungen wir daraus für aktuelle Diskussionen um Frauen in kirchlichen Ämtern ziehen möchten.

Persönliches Fazit

Die Scholastik war eine Zeit geistiger Präzision und theologischer Ordnung. Sie hat das Denken der Kirche tief geprägt – in ihrer Systematik, ihrer Sprache, ihrer Logik. Auch die Frage nach dem Priestertum wurde nun mit bisher unbekannter Klarheit behandelt – aber zugleich auch mit einer Eindeutigkeit, die wenig Raum ließ für abweichende Perspektiven.

Mich bewegt an dieser Epoche besonders, wie stark sich das Bild vom Menschen – und damit auch das Verständnis von Amt und Würde – an zeitgenössischen Vorstellungen orientierte: an philosophischen Kategorien, an medizinischen Annahmen, an gesellschaftlichen Rollenmodellen. In der Frau wurde nicht nur eine andere Körperlichkeit gesehen, sondern ein anderes Wesen – oft mit der Konsequenz, dass ihr kein Platz mehr im öffentlichen kirchlichen Amt eingeräumt wurde.

Und dennoch: Auch inmitten dieser klaren Festlegungen bleiben Stimmen hörbar, die nicht in diese Logik passen. Hildegard, Gertrud oder auch die zaghaften Fragen mancher Scholastiker lassen erahnen, dass das Ringen um Wahrheit nie völlig abgeschlossen war. Dass es neben dem Lehrgebäude auch Erfahrungsräume gab – spirituelle Wege, in denen Frauen mit Autorität wirkten, jenseits institutioneller Weihe.

Vielleicht liegt gerade darin eine leise Einladung: zu unterscheiden, was bleibend ist und was zeitbedingt. Zu erkennen, dass Theologie immer auch vom Menschenbild lebt, das sie voraussetzt. Und dass es gut sein kann, dieses Bild immer wieder neu zu befragen – mit Ernst, mit Demut und mit Offenheit für das Wirken Gottes, das sich oft dort zeigt, wo es nicht erwartet wird.

13. Entwicklungen vom 13. bis 19. Jahrhundert

Im 13. Jahrhundert vollzog sich ein bedeutender Wandel in den Rollen von Frauen innerhalb der Kirche. Das zuvor existierende Amt der Diakonin, das Frauen bestimmte liturgische und seelsorgerische Aufgaben ermöglichte, erlebte einen allmählichen Rückgang. Stattdessen traten Frauen vermehrt in monastische Gemeinschaften ein, wodurch sich ihre Rolle innerhalb der kirchlichen Strukturen veränderte.

Vom weiblichen Diakonat zur Ordensfrau: Der Wandel kirchlicher Frauenämter

Mit dem 13. Jahrhundert verschwand das Amt der Diakonin vollständig aus der Westkirche. Es ging vor allem in der Funktion der Äbtissin sowie in der Witwen- oder Jungfrauenweihe auf.[446]

Bis ins 11. Jahrhundert wurde die Weihe zur Äbtissin als Ordination verstanden, die durch die Handauflegung des Bischofs erfolgte und als klerikale Weihe galt. Selbst das nachtridentinische *Pontifikale Romanum* von 1595/96 enthielt noch einen Weihe-Ritus, der in weiten Teilen der Bischofsweihe entsprach: Der Bischof legte der Äbtissin beide Hände auf den Kopf und überreichte ihr Stab, Ring und Pektorale.

Äbtissinnen verfügten über umfassende geistliche Jurisdiktionsvollmachten, die denen eines Bischofs vergleichbar waren. Sie konnten Pfründen vergeben,

---

[446] Reininger, *Diakonat der Frau*, S. 111.

Pfarrer ernennen sowie Zelebrations- und Beichtvollmachten erteilen. Einige Äbtissinnen hörten selbst Beichte, spendeten den Segen, führten die Jungfrauenweihe durch, verkündeten das Evangelium und predigten.[447]
Mit den zunehmenden Klausurvorschriften des Spätmittelalters wurden die Befugnisse der Äbtissinnen allmählich eingeschränkt. Erst mit dem Zweiten Vatikanischen Konzil erfolgte schließlich die vollständige Aberkennung ihrer geistlichen Kompetenzen: Sie wurden als Laien definiert und verloren damit jegliche Teilhabe am Hirtenamt der Kirche. Auch ihre Jurisdiktionsgewalt wurde ihnen entzogen.[448] In der Liturgie der Äbtissinnenweihe entfiel daraufhin die Handauflegung durch den Bischof sowie die Verleihung des Hirtenstabes mit Bezug auf ihr Hirtenamt.[449]
Einige Elemente des Diakonats haben sich jedoch bis heute erhalten – insbesondere bei den Karthäuserinnen. Die Frauenkongregation des heiligen Cäsarius von Arles übernahm bis ins 7. oder 8. Jahrhundert den Diakonendienst an der Kathedrale von Arles, einschließlich der Taufe. Diese Frauengemeinschaft ging

---

[447] vgl. Sarah Röttger, „Die Äbtissinnen und ihre Weihe. Stütze in der Diskussion um die Ordination von Frauen?“, in: Margit Eckholt, Ulrike Link-Wieczorek, Dorothea Sattler und Andrea Strübind (Hrsg.), *Frauen in kirchlichen Ämtern: Reformbewegungen in der Ökumene*, Freiburg im Breisgau: Herder / Göttingen: Vandenhoeck & Ruprecht, 2018, S. 152.

[448] vgl. ebd., S. 154

[449] vgl. ebd., S. 156.

später im Karthäuserorden auf und übernahm dort die Diakoninnenweihe.
Auch heute noch werden alle Karthäuserinnen in den Klöstern Pinerolo, Turin und der Grande Chartreuse vom Bischof zu Diakoninnen geweiht – mit demselben *Pontifikale*, das auch für die männliche Diakonenweihe verwendet wird. Die Hebdomadarin trägt bei der Lesung des Evangeliums die Stola – in derselben Weise wie ein Priester.[450]
In der Ostkirche wurde das Amt der Diakonin trotz aller Uneinheitlichkeit nie verboten und besteht formal-juristisch bis heute fort.[451]

Die Entstehung und das Verschwinden des Amtes der Diakonin

Die Untersuchung der Evangelien hatte gezeigt, dass Jesus Frauen entgegen den gesellschaftlichen Normen seiner Zeit in einem partnerschaftlichen Verhältnis begegnete. Auch die Apostel betrachteten Frauen als gleichberechtigte Mitarbeiterinnen in der Verkündigung – eine Haltung, die in jener Epoche alles andere als selbstverständlich war.
Ein wesentlicher Faktor für die Entwicklung des Diakoninnenamtes war die missionarische Tätigkeit der frühen Kirche. Um heidnische Frauen für den christlichen Glauben zu gewinnen, war eine katechetische Unterweisung erforderlich, die vielfach am wirkungsvollsten von Frauen übernommen werden

450 Reininger, *Diakonat der Frau*, S. 112.
451 ebd.

konnte. Besonders bei der Taufe erwachsener Frauen waren Amtsträgerinnen unerlässlich, da es als unschicklich galt, dass Männer diesen Ritus vollzogen.[452] Mit der zunehmenden Verbreitung des Christentums – insbesondere ab dem 4. Jahrhundert, als es zur Staatsreligion wurde – wuchs der Bedarf an Diakoninnen weiter, vor allem im östlichen Teil des Reiches.

Im Westen hingegen war die gesellschaftliche Ordnung weniger streng durch Geschlechtertrennung geprägt. Frauen waren dort stärker in das öffentliche Leben integriert, sodass pastorale und liturgische Aufgaben nicht zwingend weibliche Amtsträgerinnen voraussetzten. Im Osten hingegen, wo eine striktere Geschlechtertrennung herrschte, war das weibliche Diakonat unverzichtbar – vorwiegend im Zusammenhang mit Taufen und der religiösen Unterweisung von Frauen.

Zusammenfassend kann gesagt werden, dass liturgische und pastorale Erfordernisse sowohl im Osten als auch im Westen zur Entstehung des Diakoninnenamtes führten. Während es sich im Osten dauerhaft etablieren konnte, spielte es im Westen eine weniger zentrale Rolle und wurde zunehmend durch andere Formen weiblicher Leitungsfunktionen – vor allem durch das Amt der Äbtissin – überlagert.

Mit der fortschreitenden Institutionalisierung der Kirche wandelten sich die kirchlichen Strukturen, wodurch die Notwendigkeit eines eigenständigen Diakoninnenamtes allmählich zurückging. Die zunehmende Verbreitung der

[452] vgl. Reininger, *Diakonat der Frau*, 113-114.

Kindertaufe ersetzte die Erwachsenentaufe als Regelfall, wodurch eine der Hauptaufgaben der Diakoninnen entfiel.[453] Auch die missionarische Tätigkeit verlor im römischen Reich an Bedeutung, da die Bevölkerung inzwischen mehrheitlich christlich war und Kinder innerhalb des christlichen Glaubens aufwuchsen. Dadurch wurden Diakoninnen zunehmend aus ihren angestammten Aufgabenfeldern verdrängt.

Parallel dazu übernahmen Frauenklöster unter der Leitung von Äbtissinnen vermehrt seelsorgerliche und liturgische Aufgaben für Frauen. Dies führte zur Herausbildung eigenständiger Weiheformen für Äbtissinnen und Jungfrauen, die Teile der früheren diakonalen Aufgaben übernahmen. Andere Tätigkeitsbereiche gingen zunehmend in die Verantwortung von Laien über – eine Entwicklung, die bis in die Gegenwart fortwirkt.

Ein weiterer maßgeblicher Faktor war die zunehmende Fokussierung auf die Eucharistiefeier als Zentrum des kirchlichen Lebens. Da die Messe ausschließlich von Priestern gefeiert werden durfte, verlor auch das männliche Diakonat an Eigenständigkeit und wurde zunehmend als bloßes Durchgangsamt auf dem Weg zum Priestertum betrachtet. Da Frauen vom Priestertum ausgeschlossen waren, bedeutete dies zwangsläufig auch den Bedeutungsverlust des weiblichen Diakonats.

Überdies spielten theologische Argumente eine zentrale Rolle bei der schrittweisen Abschaffung des Amtes. Theologen der Westkirche rezipierten die Philosophie des

---

[453] vgl. Reininger, *Diakonat der Frau*, 115.

Aristoteles, der Frauen als unvollkommen und von Natur aus dem Mann untergeordnet ansah.[454] Auch das römische Recht spiegelte diese Sichtweise wider: Frauen waren Männern rechtlich unterstellt und durften keine öffentlichen Ämter bekleiden.[455]

Ebenso trug die Vorstellung von der rituellen Unreinheit der Frau wesentlich dazu bei, Frauen von liturgischen Diensten auszuschließen.

Im 11. und 12. Jahrhundert entfaltete sich eine intensive theologische und kanonische Debatte darüber, ob die frühchristliche Diakoninnenweihe als vollwertige Ordination (*ordinatio*) oder lediglich als Segnung (*benedictio*) zu betrachten sei. Während einige Autoren auf liturgische und rechtliche Belege verwiesen, die ein eigenes Weihe-Ritual für Diakoninnen nahelegten, argumentierten andere, dass es sich dabei lediglich um eine gesegnete, jedoch nicht sakramental weihefähige Funktion gehandelt habe.

So zitiert das *Decretum Gratiani* (um 1140) in *Causa* 19, *quaestio* 1, *canon* 23 liturgische Riten, die sich deutlich von der priesterlichen Weihe unterschieden. Dies führte zu der Interpretation, dass Diakoninnen zwar gesalbt und

---

454 Sophia M. Connell, „Frauen", in: K. Corcilius und C. Rapp (Hg.), *Aristoteles-Handbuch: Leben – Werk – Wirkung*, Stuttgart: J.B. Metzler, 2021, S. 243–249, zitiert nach: https://eprints.bbk.ac.uk/id/eprint/31859/3/31859.pdf, letzter Zugriff am 01.03.2025.

455 Yan Thomas, „Die Teilung der Geschlechter im Römischen Recht", in: Georges Duby, Michelle Perrot (Hrsg.), *Geschichte der Frauen. Band 1: Antike*, herausgegeben von Pauline Schmitt Pantel, Campus-Verlag, Frankfurt am Main 1993, S. 112.

gesegnet wurden, jedoch nicht in das sakramentale Weiheamt aufgenommen waren.
Der Kanonist Huguccio († ca. 1210) nahm eine differenziertere Position ein. Er argumentierte, dass der Ausschluss von Frauen vom Priesteramt nicht auf einer natürlichen oder göttlichen Ordnung beruhe, sondern ausschließlich eine kirchenrechtliche Entscheidung sei.
Diese Einschätzung zeigt, dass der Ausschluss von Frauen aus kirchlichen Ämtern keineswegs als unumstößlich betrachtet werden muss, sondern das Ergebnis einer rechtlichen Entwicklung innerhalb der Kirche ist.
Während das Amt der Diakonin in der Westkirche im Laufe der Zeit vollständig verschwand, blieb es in der Ostkirche teilweise erhalten. Noch Ende des 13. Jahrhunderts erwähnt die *Didaskalia Arabica* (1295) Witwen „*quae diaconissae sunt*", die einen festen Platz in der Gemeindeordnung einnehmen.[456]
Obwohl das Amt der Diakonin in der Praxis zunehmend an Bedeutung verlor, wurde es in der Ostkirche niemals formell verboten. Bis heute besteht es formaljuristisch weiter – auch wenn es nur selten ausgeübt wird. In der modernen orthodoxen Kirche gibt es Bestrebungen, das Diakoninnenamt wiederzubeleben. So beschloss die Kirche von Griechenland im Jahr 2004, Frauen unter bestimmten Bedingungen zum Diakonat zuzulassen.
Ein bemerkenswertes Beispiel für das Fortbestehen des Diakoninnenamtes findet sich bei den Karthäuserinnen. In einigen Klöstern werden Frauen bis heute zu Diakoninnen

---

[456] vgl. Reininger, *Diakonat der Frau*, S. 90.

geweiht – mit demselben *Pontifikale*, das auch für männliche Diakone verwendet wird.
Insgesamt kann festgehalten werden, dass das Amt der Diakonin aus konkreten liturgischen und pastoralen Erfordernissen hervorging und in der frühen Kirche eine bedeutende Rolle spielte. Mit der Veränderung kirchlicher Strukturen, der Dominanz der Kindertaufe sowie der theologischen Fokussierung auf das männliche Priestertum verlor es jedoch schrittweise an Bedeutung. Während die Westkirche das Amt vollständig abschaffte, blieb es in der Ostkirche – zumindest in begrenzter Form – erhalten.

Persönliches Fazit

Wenn ich auf die Entwicklungen vom 13. bis zum 19. Jahrhundert schaue, fällt mir auf, wie oft in der Geschichte der Kirche nicht nur Neues entstand, sondern auch vieles verloren ging. Das Amt der Diakonin, das über Jahrhunderte Frauen eine liturgische und seelsorgerische Mitverantwortung ermöglichte, trat immer mehr in den Hintergrund – nicht plötzlich, sondern schrittweise, eingebettet in größere Veränderungen von Theologie, Liturgie und gesellschaftlicher Ordnung.

Was bleibt, sind Spuren: in alten Weiheformularen, in der Gestalt geistlicher Frauen, die Verantwortung trugen, predigten, segneten – oft im Verborgenen, aber mit innerer Autorität. Diese Zeugnisse erzählen nicht von einer idealisierten Vergangenheit, sondern von einer Vielfalt kirchlicher Praxis, die es so einmal gab. Und die vielleicht nicht einfach verschwunden ist, sondern sich in anderen Formen ausdrückte – etwa in der geistlichen Leitung von Frauenklöstern oder in Weiheformen wie der Äbtissinnenweihe, die Elemente früherer diakonaler Praxis bewahrten.

Mich beeindruckt, wie eng das Verständnis von Amt über die Jahrhunderte mit dem jeweiligen Menschenbild verbunden war – und wie stark kirchliche Entscheidungen davon geprägt wurden. Auch die theologischen Begründungen, die den Ausschluss von Frauen stützen sollten, griffen zwar auf biblische Texte zurück, interpretierten diese jedoch aus einem bestimmten Blickwinkel: einem Menschenbild, das tief von der scholastischen Denkweise und von aristotelischer Anthropologie geprägt war. Die Frau galt als weniger vollkommen, weniger vernunftbegabt, von Natur aus dem Mann untergeordnet – und dieses Bild floss unmerklich in die Auslegung der Schrift ein.
Dabei lässt sich kaum übersehen, wie stark die Vorstellungen, die in der Zeit der Kanonistik und Scholastik formuliert wurden, das kirchliche Denken bis heute geprägt haben. In vielen theologischen Aussagen über die Frau – ihre Würde, ihre Fähigkeiten, ihren Platz in der Kirche – klingt jene Epoche noch immer nach. Über Jahrhunderte hinweg hat sich erstaunlich wenig am grundsätzlichen Bild verändert, das hier gezeichnet wurde – von der Frau, vom Menschen, von geistlicher Autorität.
Das macht mich nachdenklich. Nicht, um zu verurteilen, sondern um zu fragen: Was davon ist wirklich bleibend? Und was ist vielleicht eine Einladung, neu zu sehen – mit dem Blick Jesu, der Menschen oft anders begegnete, als es seine Zeit erwartete.

14. Entwicklungen im 20. und 21. Jahrhundert

Zu Beginn des 20. Jahrhunderts rückte das Diakonat der Frau zunehmend in den Fokus theologischer Studien. Der spätere Münchner Kardinal Michael Faulhaber führte historische Untersuchungen zum Thema durch und veröffentlichte 1905 seine Forschungsergebnisse. 1919 segnete er sieben Frauen, die daraufhin die „Vereinigung katholischer Diakoninnen" gründeten. Diese Gemeinschaft wurde 1952 als Säkularinstitut anerkannt und existiert bis heute unter dem Namen „*Ancillae Sanctae Ecclesiae*"[457].

Auch andere Wissenschaftler widmeten sich in den 1920er Jahren der Existenz von Diakoninnen im frühen Christentum. Adolf Kalsbach und Hildegard Borsinger untersuchten die historischen Belege für die Weihe von Frauen und trugen damit zur wissenschaftlichen Auseinandersetzung mit diesem Thema bei.[458]

Die Liturgische Bewegung im ersten Drittel des 20. Jahrhunderts griff ebenfalls die Frage der Weihe für Frauen auf. Die heilige Edith Stein beschäftigte sich 1932 mit dem Wandel der kirchlichen Praxis und reflektierte über die Möglichkeit einer erneuten Einführung des weiblichen Diakonats.[459] Sie schrieb:

---

[457] vgl. dazu ausführlicher: Reininger, *Diakonat der Frau*, S. 44f.

[458] Reininger, *Diakonat der Frau*, S. 44f.

[459] vgl. „Diakoninnen aus Gnade? Zwei Handlungstexte des Synodalen Wegs", in: https://www.katholisch.de/artikel/32799-diakoninnen-aus-gnade-zwei-handlungstexte-des-synodalen-wegs, letzter Zugriff am 20.01.2025.

Die neueste Zeit zeigt einen Wandel durch das starke Verlangen nach weiblichen Kräften für kirchlich-caritative Arbeit und Seelsorgshilfe. Von weiblicher Seite regen sich Bestrebungen, dieser Betätigung wieder den Charakter eines geweihten kirchlichen Amtes zu geben, und es mag wohl sein, dass diesem Verlangen eines Tages Gehör gegeben wird. Ob das dann der erste Schritt auf einem Weg wäre, der schließlich zum Priestertum der Frau führte, ist die Frage. Dogmatisch scheint mir nichts im Wege zu stehen, was es der Kirche verbieten könnte, eine solche bislang unerhörte Neuerung durchzuführen. Dagegen spricht die gesamte Tradition von den Urzeiten bis heute, für mein Gefühl jedoch noch mehr als dies die geheimnisvolle Tatsache, die ich schon früher betonte: dass Christus als Menschensohn auf die Erde kam, dass darum das erste Geschöpf auf Erden, das in einem ausgezeichneten Sinn nach Gottes Bild geschaffen wurde, ein Mann war. Das scheint mir darauf hinzuweisen, dass er zu seinen amtlichen Stellvertretern auf Erden nur Männer einsetzen wollte. Wie er aber einer Frau sich so nahe verbunden hat wie keinem andern Wesen auf Erden und sie so sehr zu seinem Bilde geschaffen wie keinen Menschen vorher und nachher, wie er ihr für alle Ewigkeit eine Stellung in der Kirche gegeben hat wie keinem andern Menschen, so hat er zu allen Zeiten Frauen zur innigsten Vereinigung mit sich berufen, als Sendboten seiner Liebe, als Verkünderinnen seines Willens an Könige und Päpste, als Wegbereiterinnen seiner Herrschaft in den Herzen der Menschen. Einen höheren Beruf als den der *sponsa Christi* kann es nicht geben, und wer diesen Weg offen sieht, der wird nach keinem andern verlangen."[460]

Ab den 1960er Jahren trat das Argument der Unterordnung der Frau als Begründung gegen die Frauenweihe vollständig zurück. Bis dahin hatte man häufig auf die angeblich minderwertige Stellung der Frau verwiesen, doch nun wurde diese Argumentation ausdrücklich verworfen. Stattdessen entwickelte sich ein neues theologisches Hauptargument gegen die Weihe von Frauen: die durchgängige Praxis der Kirche und die Frage der Repräsentation Christi – ein Thema, das im weiteren Verlauf noch eingehend behandelt wird.

Das Zweite Vatikanische Konzil (1962 - 1965)

Im Jahr 1962 reichte der Schweizerische Katholische Frauenbund eine Eingabe ein, in der die Zulassung von Frauen zum Weiheamt gefordert wurde. Veröffentlicht wurde diese Initiative von der Theologin Dr. Gertrud Heinzelmann. Die Forderung rief einerseits heftige Gegenreaktionen hervor, führte andererseits aber auch dazu, dass sich insbesondere in Deutschland und den USA Kontakte unter Theologinnen entwickelten, die schließlich zur Gründung des Internationalen Katholischen Frauenbundes führten. Aus dieser Bewegung ging später

---

[460] Edith Stein, *Beruf des Mannes und der Frau nach Natur- und Gnadenordnung*, erstmals veröffentlicht in: *Die christliche Frau. Zeitschrift im Dienste katholischen Frauenlebens*, hrsg. vom Katholischen Deutschen Frauenbund, 30. Jg., 1. Heft, Januar 1932, S. 5–20, neu aufgenommen in: *Die Frau. Fragestellungen und Reflexionen* (*Edith Stein Gesamtausgabe*, Bd. 13), Freiburg: Herder, ^{5}2015, S. 56–78, hier S. 77.

das weltweite Netzwerk Women's Ordination Worldwide hervor.[461]

Papst Johannes XXIII. erkannte bereits vor Beginn des Konzils die Relevanz der Frauenfrage als eine zentrale gesellschaftliche und kirchliche Herausforderung. In seiner Sozialenzyklika *Pacem in Terris* (1963) bezeichnete er sie als eines der „Zeichen der Zeit".[462]

Das Konzil griff die frühchristliche Lehre vom „Allgemeinen Priestertum aller Gläubigen" erneut auf, die bereits vom Kirchenvater Tertullian formuliert worden war, und unterstrich dabei ihre Bedeutung für alle Getauften:

> Christus der Herr, als Hoherpriester aus den Menschen genommen, hat das neue Volk „zum Königreich und zu Priestern für Gott und seinen Vater gemacht". Durch die Wiedergeburt und die Salbung mit dem Heiligen Geist werden die Getauften zu einem geistigen Bau und einem heiligen Priestertum geweiht, damit sie in allen Werken eines christlichen Menschen geistige Opfer darbringen und die Machttaten dessen verkünden, der sie aus der Finsternis in sein wunderbares Licht berufen hat. So sollen alle Jünger Christi ausharren im Gebet und gemeinsam Gott loben und sich als lebendige, heilige, Gott wohlgefällige Opfergabe darbringen; überall auf Erden sollen sie für Christus Zeugnis

---

[461] Raming, Ida: *55 Jahre Kampf für Frauenordination in der katholischen Kirche. Eine Pionierin hält Rückschau: Personen – Dokumente – Ereignisse – Bewegungen*, Berlin: LIT Verlag, 2018, S. 24.

[462] Johannes XXIII., Enzyklika *Pacem in Terris*, 11. April 1963, in: https://www.vatican.va/content/john-xxiii/de/encyclicals/documents/hf_j-xxiii_enc_11041963_pacem.html, letzter Zugriff am 02.03.2025.

> geben und allen, die es fordern, Rechenschaft ablegen von der Hoffnung auf das ewige Leben, die in ihnen ist. Das gemeinsame Priestertum der Gläubigen aber und das Priestertum des Dienstes, das heißt das hierarchische Priestertum, unterscheiden sich zwar dem Wesen und nicht bloß dem Grade nach. Dennoch sind sie einander zugeordnet.[463]

Diese Erklärung betont die zentrale Bedeutung der Taufe und die damit verbundene Würde aller Getauften.
Der Neutestamentler Klaus Berger weist darauf hin, dass das Motiv des „allgemeinen Priestertums aller Gläubigen" seinen Ursprung im Alten Testament hat. Dort heißt es im Buch Exodus:

> Wenn ihr getreu auf meine Stimme hört, … so werdet ihr unter allen Völkern mein besonderes Eigentum sein; denn mein ist die ganze Erde. Ihr sollt mir ein Königreich von Priestern und ein heiliges Volk sein." (Ex 19,5)

Wie im Alten Testament nicht alle Menschen im wörtlichen Sinne Priester waren, sei diese Aussage auch im Neuen Testament lediglich metaphorisch zu verstehen.[464] Laut Klaus Berger könne das Verständnis, alle Christinnen und Christen seien Priester, bei manchen Menschen zu

[463] *Lumen Gentium*, 10, zitiert nach: https://www.vatican.va/archive/hist_councils/ii_vatican_council/documents/vat-ii_const_19641121_lumen-gentium_ge.html, letzter Zugriff am 02.03.2025.

[464] vgl. Berger, *Priesterweihe auch für Frauen*, S. 137f.

einem ehrfurchtslosen Umgang mit der Eucharistie führen.[465]
Die Wiederentdeckung des allgemeinen Priestertums spiegelt sich bis heute in der katholischen Taufliturgie wider. Seit dem Zweiten Vatikanischen Konzil wird jedem Täufling bei der Salbung mit Chrisam zugesprochen:

> Aufgenommen in das Volk Gottes wirst du nun mit dem heiligen Chrisam gesalbt, damit du für immer ein Glied Christi bleibst, der Priester, König und Prophet ist in Ewigkeit.[466]

In den Abschlussdokumenten des Konzils finden sich an mehreren Stellen Aussagen zur Rolle der Frau in Kirche und Gesellschaft. In der Pastoralkonstitution *Gaudium et Spes* heißt es:

> Da alle Menschen eine geistige Seele haben und nach Gottes Bild geschaffen sind, da sie dieselbe Natur und denselben Ursprung haben, da sie, als von Christus Erlöste, sich derselben göttlichen Berufung und Bestimmung erfreuen, darum muss die grundlegende Gleichheit aller Menschen immer mehr zur Anerkennung gebracht werden. Gewiss, was die verschiedenen physischen Fähigkeiten und die unterschiedlichen geistigen und sittlichen Kräfte angeht, stehen nicht alle Menschen auf gleicher Stufe. Doch jede Form einer Diskriminierung in den gesellschaftlichen und kulturellen Grundrechten der Person, sei es wegen des

---

[465] ebd., S. 139f.

[466] Die Feier der Kindertaufe in den Bistümern des deutschen Sprachgebietes. Zweite authentische Ausgabe auf der Grundlage der Editio typica altera 1973, Freiburg i. Br. u. a.: Herder, 2008.

> Geschlechts oder der Rasse, der Farbe, der gesellschaftlichen Stellung, der Sprache oder der Religion, muss überwunden und beseitigt werden, da sie dem Plan Gottes widerspricht.[467]

Hier wird die Gleichheit der Geschlechter sowohl schöpfungstheologisch als auch soteriologisch begründet. Ein besonders relevanter Aspekt des Zweiten Vatikanischen Konzils war die Wiedereinführung des ständigen Diakonats, das nun nicht mehr ausschließlich als Vorstufe zur Priesterweihe, sondern als eigenständiges kirchliches Amt verstanden wurde. Diese Entscheidung führte zu Überlegungen, ob auch das in der frühen Kirche existierende weibliche Diakonat wieder eingeführt werden könne.

Während des Konzils gingen zahlreiche Eingaben von Einzelpersonen und Basisinitiativen ein, die eine Gleichstellung der Frau in der Kirche forderten. Auch mehrere Konzilsväter setzten sich für eine intensivere Auseinandersetzung mit der Rolle der Frau ein – unter ihnen Bischof Paul J. Hallinan (Atlanta, USA) und Kardinal Jean Daniélou (Paris).

Der renommierte Theologe Karl Rahner sprach sich ebenfalls für einen erneuerten Diakonat für Frauen aus. Allerdings betrachtete er die Einführung des ständigen Diakonats für Männer als vorrangig, weshalb er die

---

467 Gaudium et Spes, Art. 29, zitiert nach: https://www.vatican.va/archive/hist_councils/ii_vatican_council/documents/vat-ii_const_19651207_gaudium-et-spes_ge.html, letzter Zugriff am 02.03.2025.

Entscheidung des Konzils, diesen wiederherzustellen, ausdrücklich unterstützte.
Das Zweite Vatikanische Konzil war das erste Konzil in der Geschichte der Kirche, das explizit auf die Rolle der Frau einging. In der Pastoralkonstitution *Gaudium et Spes* sowie im Dekret über das Laienapostolat *Apostolicam Actuositatem* wurde die Bedeutung der Frau für Gesellschaft und Kirche hervorgehoben, und jede Form der Diskriminierung aufgrund des Geschlechts deutlich verurteilt.[468]
In der Schlussbotschaft des Konzils heißt es:

> Die Stunde kommt, die Stunde ist schon da, in der sich die Berufung der Frau entfaltet, die Stunde, in der die Frau in der Gesellschaft einen Einfluss, eine Ausstrahlung, eine bisher noch nie erreichte Stellung erlangt. In einer Zeit, in welcher die Menschheit einen so tiefgreifenden Wandel erfährt, können deshalb die vom Geist des Evangeliums erleuchteten Frauen der Menschheit tatkräftig dabei helfen, dass sie nicht in Verfall gerät.[469]

Diese Worte markieren eine grundlegende Neubewertung des weiblichen Geschlechts innerhalb der Kirche. Die Unverzichtbarkeit und Bedeutung von Frauen in zahlreichen kirchlichen Bereichen wurden ausdrücklich anerkannt. Gleichwohl blieb der Zugang zu kirchlichen Weiheämtern weiterhin verwehrt.

---

468 ebd.

469 *AAS* 58 (1966), S. 13f., zit. nach: Reininger, *Diakonat der Frau*, S. 128

Im Dekret *Presbyterorum Ordinis* über Dienst und Leben der Priester wird die Wirkung der Weihe wie folgt beschrieben: Der Priester werde durch die Salbung des Heiligen Geistes mit einem besonderen Prägemal ausgezeichnet, das ihn Christus gleichförmig mache, sodass er „in der Person des Hauptes Christi" handeln könne.[470] Der Bischof wird darin noch stärker als Stellvertreter Christi gesehen – ja, sogar als *Typus Christi*, dem die Priester Liebe und Gehorsam schulden. Indem der Amtsträger als „Vater" bezeichnet wird, erscheint er zugleich als Stellvertreter Gottes, des Vaters.

Nach dem Konzil entstanden zahlreiche Initiativen, die sich für eine Öffnung des ständigen Diakonats für Frauen einsetzten. So sprach sich etwa der dritte Weltkongress für das Laienapostolat im Jahr 1967 ausdrücklich für die Zulassung von Frauen zum Diakonat aus.

1969 wurde – mit Unterstützung des Papstes – das *Internationale Diakonatszentrum* (IDZ) gegründet. Dieses Zentrum setzte sich unter anderem für eine stärkere Einbindung von Frauen in diakonale Dienste ein.[471]

Insgesamt war das Zweite Vatikanische Konzil ein Wendepunkt in der kirchlichen Wahrnehmung und Wertschätzung der Frau. Es eröffnete neue theologische Perspektiven, insbesondere durch die Wiederentdeckung

---

470 Dekret über Dienst und Leben der Priester, Art. 2, in: *AAS* 58 (1966), S. 992; deutscher Text nach: *LTHK*, Ergänzungsband III, S. 209.

471 „Konzil und die Frauen", abrufbar unter: https://www.uni-trier.de/fileadmin/theofak/Symposium/Konzil_und_die_Frauen.pdf, letzter Zugriff am 02.03.2025.

des allgemeinen Priestertums aller Getauften und durch klare Aussagen gegen jede Form von Diskriminierung. Die Rolle der Frau wurde erstmals in einem Konzilsdokument ausdrücklich thematisiert, was zu einer gesteigerten Anerkennung ihrer Bedeutung in Kirche und Gesellschaft führte. Zwar blieb der Zugang zu Weiheämtern weiterhin ausgeschlossen, doch das Konzil legte den Grundstein für spätere Debatten über eine mögliche Beteiligung von Frauen an amtlichen kirchlichen Diensten – speziell im Hinblick auf das Diakonat.

Persönliches Fazit

Das Zweite Vatikanische Konzil war in vieler Hinsicht ein Neubeginn. Es hat die Sprache der Kirche verändert – hin zu mehr Offenheit, zu einem stärkeren Blick auf die Würde aller Getauften, zur bewussten Wertschätzung der Frau in Gesellschaft und Kirche. In den Konzilstexten klingt zum ersten Mal in dieser Deutlichkeit an, was zuvor oft überhört wurde.

Besonders bedeutsam erscheint mir die Wiederentdeckung des allgemeinen Priestertums aller Gläubigen. Diese Vorstellung hat ihre Wurzeln in der Heiligen Schrift und wurde bereits von Theologen wie Origenes und Augustinus aufgegriffen – dann aber über viele Jahrhunderte vom hierarchisch-sakramentalen Amtsverständnis überlagert. Dass das Konzil diesen Gedanken erneut ins Zentrum rückt, öffnet theologisch neue Perspektiven – nicht zuletzt im Blick auf die Teilhabe aller Getauften am Leben und Auftrag der Kirche.

Und doch fällt mir auf: Viele der Argumente, die den Ausschluss von Frauen aus Weiheämtern begründeten, wurden nicht zur Diskussion gestellt. Die Rede vom Handeln in der Person Christi, vom Priester als „Haupt" oder vom Bischof als Bräutigam bleibt bestehen – meist, ohne dass ihre Voraussetzungen oder Auswirkungen neu bedacht worden wären.

Zwar gab es während des Konzils auch Stimmen, die sich für eine stärkere Beteiligung von Frauen an kirchlichen Ämtern aussprachen – etwa im Hinblick auf den neu eingeführten ständigen Diakonat –, doch konkrete Beschlüsse blieben aus. Vieles wurde angedeutet, wenig entschieden.

Gleichzeitig wurde ein neues anthropologisches Fundament gelegt: Die Frau gilt – ebenso wie der Mann – uneingeschränkt als Abbild Gottes. Damit ist ein Menschenbild formuliert, das der bisherigen theologisch-anthropologischen Hierarchisierung widerspricht. Diese Neubestimmung ist nicht nur ein sprachliches Signal, sondern eine grundlegende Weichenstellung – auch wenn ihre Folgen für die Ämterstruktur bislang offenbleiben.

Mich beschäftigt, wie stark Worte wirken können – auch dann, wenn sich institutionell noch nichts verändert. Das Konzil hat keine Antwort auf die Frage der Frauenordination gegeben. Aber es hat Fragen ermöglicht, die lange nicht gestellt werden durften. Und es hat – vielleicht zum ersten Mal – eine gemeinsame theologische Verantwortung aller Gläubigen betont.

Was diese neue Sprache bedeutet, welche Wege sie öffnet oder auch verschließt, bleibt offen. Vielleicht liegt genau darin die Einladung: nicht sofort zu urteilen, sondern weiter zu fragen – mit Geduld, mit Ehrlichkeit und mit dem Vertrauen, dass die Wahrheit der Kirche nicht nur in ihrer Vergangenheit liegt, sondern auch in ihrem Hören auf die Gegenwart.

Die Würzburger Synode (1971 - 1975)

Die Frage der Öffnung des Diakonats für Frauen wurde erneut im Rahmen der sogenannten *Würzburger Synode* aufgegriffen. Zu diesem Thema erstellten die Theologen Yves Congar, Peter Hünermann und Herbert Vorgrimler drei Gutachten. Vor diesem Hintergrund bat die Synode den Papst, die Frage erneut zu prüfen und den sakramentalen Diakonat für Frauen zu öffnen:

> Die Synode bittet den Papst, Frauen zum sakramentalen Diakonat zuzulassen.[472]

Die Begründung für dieses Anliegen lautete:

> Viele Frauen üben in vielen Kirchenprovinzen, nicht nur in Missionsgebieten, eine Fülle von Tätigkeiten aus, die an sich dem Diakonenamt zukommen. Der Ausschluss dieser Frauen von der Weihe bedeutet eine theologisch und pastoral nicht zu rechtfertigende Trennung von Funktion und sakramental vermittelter Heilsvollmacht. Ein weiterer Grund liegt darin, dass die Stellung der Frau in Kirche und Gesellschaft es heute unverantwortlich erscheinen lässt, sie von theologisch möglichen und pastoral wünschenswerten amtlichen Funktionen in der Kirche auszuschließen. Schließlich lässt die Hineinnahme der Frau in den sakramentalen Diakonat in vielfacher Hinsicht eine Bereicherung erwarten, und zwar für das Amt insgesamt und für die in Gang befindliche Entfaltung des Diakonats im Besonderen.[473]

Die Deutsche Bischofskonferenz bat im Jahr 1974 um eine vertiefte Prüfung der Thematik. In der Folge wurde das Gutachten durch weiterführende Stellungnahmen der Professoren Karl Rahner, Otto Semmelroth und erneut Peter Hünermann ergänzt – alle sprachen sich

---

472 *Gemeinsame Synode der Bistümer in der Bundesrepublik Deutschland. Beschlüsse der Vollversammlung*, Freiburg i. Br.: Herder, 1975, S. 617

473 Ebd.

ausdrücklich für die Zulassung von Frauen zum Diakonat aus. Dennoch antwortete die Bischofskonferenz mit Vorbehalt:

> Dennoch konnte die Bischofskonferenz dem vorgeschlagenen Votum nicht zustimmen. Sie wünscht folgende Formulierung des Votums: „Die Synode bittet den Papst, die Zulassung von Frauen zur Diakonatsweihe zu prüfen und sie ggf. zu ermöglichen“.[474]

Die Zurückhaltung wurde damit begründet, dass es weiterhin zu viele ungeklärte theologische und disziplinarische Fragen gebe.

Trotzdem sprachen sich in den folgenden Jahren weitere Bischöfe deutlich für die Öffnung des sakramentalen Diakonats für Frauen aus – unter ihnen Bischof Heinrich Tenhumberg (Münster), Kardinal Joseph Höffner (Köln) und Kardinal Léon-Joseph Suenens (Mechelen/Brüssel). Auch außerhalb Europas fanden sich Stimmen aus dem Episkopat, die eine Zulassung von Frauen zum Diakonat befürworteten.

Joseph Ratzinger, der damalige Erzbischof der Erzdiözese München und Freising, äußerte sich im Jahr 1977 zur Bedeutung weiblicher Dienste in der Kirche:

> Wir müssen neue Dienste schaffen, damit die Frau ihre Funktion in der Kirche voll erfüllen kann.[475]

---

474 ebd.

475 „Wann bestellt die Kirche ihre Diakoninnen?“, Sonderdruck aus *Diakonia* XP, Bd. 20 (1985), S. 30.

Zusammengefasst markierte die Würzburger Synode einen wichtigen Meilenstein in der Diskussion um die Öffnung kirchlicher Ämter für Frauen. Erstmals wurde auf breiter theologischer Grundlage geprüft, ob Frauen zum sakramentalen Diakonat zugelassen werden könnten. Trotz wohlwollender Gutachten und deutlicher Unterstützung einzelner Bischöfe blieb die offizielle Haltung der Bischofskonferenz zurückhaltend. Dennoch setzte die Synode entscheidende Impulse für die Weiterführung des Diskurses und zeigte, dass die Frage nach der Mitwirkung von Frauen im sakramentalen Amt nicht nur theologisch fundiert, sondern auch pastoral relevant war – ein Thema, das bis heute aktuell geblieben ist.

Inter Insigniores (1976)

Die Erklärung *Inter Insigniores* der Kongregation für die Glaubenslehre zur Frage der Zulassung von Frauen zum Priesteramt wurde am 15. Oktober 1976 mit Zustimmung von Papst Paul VI. veröffentlicht. Sie stellt das erste offizielle Dokument der katholischen Kirche der Neuzeit dar, das sich explizit und umfassend mit der Frage der Frauenordination auseinandersetzt.

Ziel der Erklärung war es, die bis dahin allgemein geltende kirchliche Praxis zu bekräftigen, welche als Ausdruck des Willens Christi für seine Kirche verstanden wird. Die Kongregation führt drei Hauptargumente gegen die Priesterweihe von Frauen an: die kirchliche Tradition, das Verhalten Christi selbst sowie die sogenannte „natürliche

Ähnlichkeit" (*similitudo naturalis*) zwischen Christus und dem Priester.

Als erstes Argument verweist die Erklärung auf die kontinuierliche Tradition der Kirche, der zufolge Frauen keine Priester- oder Bischofsweihe empfangen können:

> Nie war die katholische Kirche der Ansicht, dass Frauen gültig die Priester- oder Bischofsweihe empfangen könnten.[476]

Es wird betont, dass diese Überzeugung über Jahrhunderte hinweg so tief verankert war, dass es aus Sicht des kirchlichen Lehramts bislang nicht notwendig gewesen sei, sie eigens zu definieren.[477]

Die Erklärung legt dar, dass die Kirche diese Praxis weiterhin aufrechterhält, weil sie darin einen Ausdruck des göttlichen Heilsplans für die Kirche sieht. Auch wenn sich die Tradition nicht unmittelbar auf ein ausdrückliches Gebot Jesu zurückführen lasse, sei sie dennoch als verbindlich und normativ zu verstehen.[478]

---

[476] *Inter Insigniores* Kap. 1, Kongregation für die Glaubenslehre: Erklärung „Inter Insigniores" über die Frage der Zulassung von Frauen zum priesterlichen Dienst, 15. Oktober 1976, abrufbar unter https://www.vatican.va/roman_curia/congregations/cfaith/documents/rc_con_cfaith_doc_19761015_inter-insigniores_ge.html, letzter Zugriff am 16.03.2025

[477] Vgl. ebd.

[478] vgl. Legrand, Hervé: Die Frage der Frauenordination aus der Sicht katholischer Theologie. „Inter Insigniores" nach zehn Jahren, in: Gössmann, Elisabeth / Bader, Dietmar (Hg.): *Warum keine Ordination der Frau? Unterschiedliche Einstellungen in den christlichen Kirchen*, München, Zürich: Schnell & Steiner 1987, S. 91–92.

Das zweite Argument der Erklärung bezieht sich auf das Verhalten Christi selbst. Es wird festgestellt, dass Jesus keine Frau in den Kreis der Zwölf berief. Obwohl er in seiner Zeit eine außergewöhnlich offene und wertschätzende Haltung gegenüber Frauen zeigte, habe er dennoch bewusst keine Frau in den engsten Kreis seiner Apostel aufgenommen – nicht einmal seine Mutter Maria. Aus diesem Umstand wird geschlossen, dass die Priesterweihe von Frauen nicht dem Willen Christi entspricht.

Ein weiteres zentrales Argument gegen die Frauenordination betrifft die Repräsentation Christi durch den Priester. Die Erklärung betont, dass der Priester in der Eucharistie *in persona Christi* handelt, also Christus selbst sakramental vergegenwärtigt. Dafür sei eine sogenannte „natürliche Ähnlichkeit" erforderlich:

> Wenn die Stellung und Funktion Christi in der Eucharistie sakramental dargestellt werden soll, muss diese *similitudo naturalis* („natürliche Ähnlichkeit"), die zwischen Christus und seinem Diener bestehen muss, gegeben sein. Sie fehlt jedoch, wenn die Rolle Christi von einer Frau übernommen wird, da man in ihr nur schwer das Abbild Christi erkennen würde. Christus selbst war und bleibt ein Mann.[479]

Diese Argumentation beruht auf der Vorstellung, dass Christus als Bräutigam die Kirche als seine Braut repräsentiert – ein symbolisches Bild, das nach Auffassung

---

[479] *Inter Insigniores*, Kap. 5

der Erklärung ausschließlich durch einen Mann dargestellt werden kann.[480]

Einerseits verweist die Erklärung auf den universalen Charakter der Erlösung, indem sie das paulinische Prinzip aus Gal 3,28 zitiert:

> Es gibt nicht mehr Juden und Griechen, nicht Sklaven und Freie, nicht Mann und Frau; denn alle sind eins in Christus Jesus. (Gal 3,28)[481]

Andererseits hält sie fest, dass die Menschwerdung Christi in männlicher Gestalt erfolgt ist[482] und diese Tatsache eine besondere theologische Bedeutung hat.

Bemerkenswert ist, dass das Argument der *similitudo naturalis* erstmals in dieser Erklärung eingeführt wurde. Bis dahin hatte die Kirche vorwiegend die vermeintliche Unterordnung der Frau als Hauptgrund für ihren Ausschluss vom Priesteramt herangezogen.

Mit *Inter Insigniores* rückte nun die Vorstellung in den Vordergrund, dass die Eucharistiefeier eine sakramentale Repräsentation Christi durch einen männlichen Priester darstellt. Zur Untermauerung dieser Argumentation wird auf eine Aussage des Kirchenvaters Cyprian verwiesen, der

---

[480] *Inter Insigniores* 5, vgl. auch: Legrand, Hervé: „Die Frage der Frauenordination aus der Sicht katholischer Theologie. Inter Insigniores nach zehn Jahren“, in: Elisabeth Gossmann / Dieter Bader (Hrsg.): *Warum keine Ordination der Frau? Unterschiedliche Einstellungen in den christlichen Kirchen*, Luzern: Rex-Verlag, 1987, S. 85–123.

[481] ebd.

[482] ebd.

als einer der Ersten die Eucharistie als Opfer verstand und den Begriff *sacerdos* (Priester) verwendete:

> Denn wenn Christus Jesus, unser Herr und Gott, selbst der Hohepriester Gottes, des Vaters, ist, und sich selbst als erster dem Vater als Opfer dargebracht hat und angeordnet hat, das in seinem Gedächtnis zu machen, so tritt (nur) jener Priester wirklich anstelle Christi auf, der das, was Christus getan hat, nachahmt, und er bringt in der Kirche Gott, dem Vater, nur dann ein wahres und volles Opfer dar, wenn er es in der Weise darbringt, wie er sieht, dass Christus selbst es dargebracht hat.[483]

Diese Passage wird in der Erklärung als theologische Grundlage für die Ablehnung der Frauenordination herangezogen. Allerdings hatte Cyprian an dieser Stelle keine ausgearbeitete Amtstheologie formulieren wollen, sondern lediglich betont, dass ein Priester Christus in seinem persönlichen Leben nachahmen müsse, um ihn in der Eucharistie zu repräsentieren. Seine Aussage sollte daher nicht als prinzipielle Absage an das priesterliche Amt von Frauen verstanden werden.[484]

Das Argument der *similitudo naturalis*, wonach nur ein Mann Christus repräsentieren könne, ist in der

---

[483] Cyprianus, Ep. 63,14,4, zitiert nach: Cyprianus, *Epistula* 63,14,4, zitiert nach: Johanna Brankaer, „Sacerdos und Christus bei Cyprianus und Ambrosius", in: Margit Eckholt (Hg.), *Christusrepräsentanz. Eine theologische Standortbestimmung*, Freiburg: Herder, 2021, S. 213.

[484] Vgl. Johanna Brankaer, „Sacerdos und Christus bei Cyprianus und Ambrosius", in: Margit Eckholt (Hrsg.), *Christusrepräsentanz. Eine theologische Standortbestimmung*, Freiburg: Herder, 2021, S. 213f.

theologischen Diskussion unterschiedlich interpretierbar. Ein zentraler Gegenpunkt lautet, dass die äußere Erscheinung Christi im Neuen Testament keine Rolle spielt.
So wird der auferstandene Christus in den biblischen Texten nicht über äußerliche Merkmale erkannt, sondern durch seine Handlungen und Zeichen – etwa in der Emmaus-Erzählung, in der er erst beim Brechen des Brotes erkannt wird. Dies legt nahe, dass die Gegenwart Christi nicht an eine bestimmte physische Gestalt gebunden ist, sondern sich im Vollzug von Symbolen und sakramentalen Handlungen manifestiert.
Frauen, die sich zum Priesteramt berufen fühlen, wird in der Erklärung *Inter Insigniores* jede echte Berufung abgesprochen. Ein solches Empfinden sei lediglich eine persönliche, subjektive Neigung – aber keine authentische göttliche Berufung.
Der Theologe Gregor Maria Hoff fasst die Argumentationsstruktur von *Inter Insigniores* folgendermaßen zusammen:

> Die Erklärung *Inter Insigniores* argumentiert auf drei Ebenen für eine Reservation der Priesterweihe für Männer: zeichentheoretisch mit der körper-analogen Stellvertretung Jesu Christi durch einen Mann; offenbarungstheologisch mit dem Hinweis auf die souveräne Entscheidung Gottes, die letztlich ein Geheimnis bleibt und als Tatsache anzuerkennen ist; ekklesiologisch mit der Tradition der Kirche, die in ihrer Lehrpraxis durch die Führung des

Heiligen Geistes die Offenbarungswahrheit wahrheitsgetreu auffasst.[485]

Ein bemerkenswerter Aspekt der Erklärung ist jedoch, dass sie die Frage nach einer möglichen Zulassung von Frauen zum Diakonat nicht behandelt. Dieses Thema bleibt in *Inter Insigniores* vollständig ausgespart und wurde der weiteren theologischen Diskussion überlassen.
Mit *Inter Insigniores* legte die katholische Kirche erstmals in der Neuzeit eine lehramtliche Erklärung zur Frage der Frauenordination vor. Die Kongregation für die Glaubenslehre begründete den Ausschluss von Frauen vom Priesteramt mit drei zentralen Argumenten: der kirchlichen Tradition, dem Verhalten Jesu sowie der sogenannten *similitudo naturalis*– der „natürlichen Ähnlichkeit" zwischen Christus und dem männlichen Priester. Diese Argumentation stützt sich auf die Vorstellung, dass nur ein Mann Christus in der Eucharistie angemessen repräsentieren könne.
Kritische theologische Stimmen weisen jedoch darauf hin, dass Christus im Neuen Testament nicht durch sein äußeres Erscheinungsbild, sondern durch Zeichen und Handlungen erkannt wird – was die Bindung der priesterlichen Repräsentation an das männliche Geschlecht infrage stellt. Zudem wird Frauen, die sich

[485] Gregor Maria Hoff, „Repräsentation im Entzug. Zur Darstellungslogik der repraesentatio Christi", in: Margit Eckholt und Johanna Rahner (Hg.), *Christusrepräsentanz. Zur aktuellen Debatte um die Zulassung von Frauen zum priesterlichen Amt*, Quaestiones disputatae, Band 319, Freiburg: Verlag Herder, 2021, S. 302.

subjektiv zum Priestertum berufen fühlen, in der Erklärung die Echtheit dieser Berufung abgesprochen. Während *Inter Insigniores* die Debatte um die Priesterweihe von Frauen deutlich verfestigte, lässt sie die Frage der Zulassung von Frauen zum Diakonat bewusst offen. Damit bleibt ein wichtiger Bereich der kirchlichen Ämterfrage weiter für Diskussionen zugänglich – ein Raum, der in den folgenden Jahrzehnten zunehmend theologisch und pastoral erschlossen wurde.

15. Entwicklungen in den 1980er Jahre

Die 1980er Jahre markieren eine Phase der verstärkten innerkirchlichen Auseinandersetzung mit der Frage nach der Rolle der Frau in der Kirche. Aufbauend auf den Impulsen des Zweiten Vatikanischen Konzils und den Diskussionen der 1970er Jahre – insbesondere im Rahmen der Würzburger Synode – nahmen sowohl kirchliche Gremien als auch theologische Debatten das Thema intensiver auf. Die Frage nach einer stärkeren Beteiligung von Frauen an kirchlichen Ämtern rückte zunehmend ins öffentliche Bewusstsein. Gleichzeitig war das Jahrzehnt geprägt von wachsender Sensibilität gegenüber Gleichberechtigungsfragen in der Gesellschaft und der Kirche. In dieser Atmosphäre wurden erste konkrete Schritte im Kirchenrecht unternommen, die Beteiligung von Frauen auszuweiten – zugleich aber auch die bestehenden Grenzen des Weiheamts deutlich markiert.

Die Erklärung der Deutschen Bischöfe *zu Fragen der Stellung der Frau in Kirche und Gesellschaft* aus dem Jahr 1981 griff die Position der Würzburger Synode erneut auf, betonte jedoch zugleich die Notwendigkeit eines breiteren Konsenses innerhalb der Weltkirche:

> Diese Frage bedarf noch weiterführender Diskussion, vor allem aber einer größeren Übereinstimmung der Meinung der gesamten Kirche.[486]

In den 1980er Jahren kam es zu einer spürbaren Intensivierung der Debatte um die Rolle der Frau in der Kirche. Zahlreiche Kongresse, Tagungen, Arbeitskreise sowie Bitten, Empfehlungen, Voten und Resolutionen von unterschiedlichen kirchlichen Gremien und Verbänden befassten sich mit der Frage der Gleichberechtigung und der möglichen Öffnung kirchlicher Ämter für Frauen.

Einen wichtigen theologischen Impuls setzte Papst Johannes Paul II. mit dem Apostolischen Schreiben *Mulieris dignitatem* (1988). Darin begründete er die Gleichwertigkeit von Mann und Frau sowohl aus der Schöpfungsordnung als auch aus der Erlösungslehre heraus. Jede Form der Diskriminierung von Frauen erklärte er für unvereinbar mit dem göttlichen Schöpfungswillen.

Der Codex Iuris Canonici (1983)

Nach jahrzehntelanger Vorarbeit wurde 1983 unter Papst Johannes Paul II. der neue *Codex Iuris Canonici* (CIC) promulgiert. Er ersetzte den bisherigen Codex von 1917 und bildet seither das grundlegende Gesetzbuch der römisch-katholischen Kirche. Der neue CIC brachte eine

---

486 Deutsche Bischofskonferenz, *Zu Fragen der Stellung der Frau in Kirche und Gesellschaft*, Erklärung der Deutschen Bischöfe, Bonn: Sekretariat der Deutschen Bischofskonferenz, 1981, S. 24

umfassende Neustrukturierung des Kirchenrechts in Übereinstimmung mit den theologischen Entwicklungen des Zweiten Vatikanischen Konzils. Er gilt als zentraler Ausdruck der Selbstorganisation der Kirche und regelt unter anderem die Rechte und Pflichten der Gläubigen, den Aufbau der kirchlichen Hierarchie sowie die Verwaltung der Sakramente.

Mit dem aktuell gültigen *Codex Iuris Canonici* haben Frauen im Vergleich zur vorherigen Rechtslage einige neue Rechte innerhalb der römisch-katholischen Kirche erhalten. So können sie unter bestimmten Voraussetzungen zum Predigtdienst in Kirchen zugelassen werden, „wenn das unter bestimmten Umständen notwendig oder in Einzelfällen nützlich angeraten ist“[487]. Ferner können sie „an der Wahrnehmung der Seelsorgeaufgaben einer Pfarrei“ beteiligt werden[488] und – sofern es die Situation erfordert – von der Bischofskonferenz zur Richterin in einem Kollegialgericht berufen werden.[489]

Allerdings weist das Kirchenrecht an verschiedenen Stellen innere Spannungen auf. In Canon 849 wird etwa festgestellt, dass die Taufe die „Eingangspforte zu den Sakramenten“ darstellt. Dennoch ist Frauen weiterhin der Empfang des Weihesakraments verwehrt. Demgegenüber heißt es in Canon 208:

---

[487] can. 766, in: *Codex Iuris Canonici*, Auctoritate Joannis Pauli II. P.P. MDCCCCLXXXIII (1983) promulgatus. Codex des kanonischen Rechts. Lateinisch-deutsche Ausgabe, Kevelaer: Butzon & Bercker, 1983, S. 348

[488] can. 517 § 2, in: *Codex Iuris Canonici*, S. 236.

[489] can. 1421 § 2, in: *Codex Iuris Canonici*, S. 624.

> Unter allen Gläubigen besteht, und zwar aufgrund ihrer Wiedergeburt in Christus, eine wahre Gleichheit in ihrer Würde und Tätigkeit, kraft der alle je nach ihrer eigenen Stellung und Aufgabe am Aufbau des Leibes Christi mitwirken.[490]

Infolgedessen wird im CIC von 1983 – anders als noch im Codex von 1917 – nicht mehr zwischen männlichen und weiblichen Laien unterschieden. Frauen können laut geltendem Recht verschiedene liturgische und pastorale Aufgaben übernehmen: Sie dürfen Lesungen vortragen, die Kommunion austeilen, Wortgottesdienste leiten, unter bestimmten Bedingungen taufen, einer Eheschließung assistieren sowie einzelne Sakramentalien spenden, etwa öffentliche Segnungen, das Aschenkreuz oder die Beerdigung.

Auch außerhalb liturgischer Feiern ist ihre Mitwirkung möglich – etwa als Caritasdirektorin, Leiterin eines katholischen Büros, Religionslehrerin, Professorin oder in anderen seelsorglichen Leitungsfunktionen.[491]

Can. 219 betont zudem das allgemeine Recht aller Gläubigen, ihren Lebensstand frei zu wählen:

> Alle Gläubigen haben das Recht, ihren Lebensstand frei von jeglichem Zwang zu wählen.[492]

---

[490] can. 208, in: *Codex Iuris Canonici*, S. 86.

[491] vgl. Demel, *Frauen und kirchliches Amt*, S. 61-64. Dort werden noch mehr Betätigungsfelder aufgezählt.

[492] can. 219, in: *Codex Iuris Canonici*, S. 89.

Dennoch bleiben Frauen vom Diakonat ausgeschlossen, wie in Canon 1024 festgelegt:

> Die heilige Weihe empfängt gültig nur ein getaufter Mann.[493]

Diese Einschränkung hat weitreichende Konsequenzen, da die Weihe Voraussetzung für die Übernahme kirchlicher Leitungsgewalt ist. So heißt es weiter:

> Zur Übernahme von Leitungsgewalt, die es aufgrund göttlicher Einsetzung in der Kirche gibt und die auch Jurisdiktionsgewalt genannt wird, sind nach Maßgabe der Rechtsvorschriften diejenigen befähigt, die die heilige Weihe empfangen haben.[494]

> Allein Kleriker können Ämter erhalten, zu deren Ausübung Weihegewalt oder kirchliche Leitungsgewalt erforderlich ist.[495]

Für das Verständnis des Kirchenrechts ist es entscheidend, zwischen göttlichem und menschlichem Recht zu unterscheiden. Während das göttliche Recht als Ausdruck der Sendung der Kirche unveränderlich gilt – jedoch geschichtlich interpretiert werden muss –, handelt es sich beim menschlichen Recht um kirchlich gesetzte Normen, die grundsätzlich veränderbar sind. Da es kein ausdrückliches göttliches Verbot der Priesterweihe von

[493] can. 1024, in: *Codex Iuris Canonici*, S. 454.
[494] can. 129, § 1, *Codex Iuris Canonici*, S. 50.
[495] can. 274, § 1, in: *Codex Iuris Canonici*, S. 116.

Frauen gibt, ist Canon 1024 dem Bereich des menschlichen Rechts zuzuordnen.[496]

Dementsprechend könnte die aktuelle Rechtslage durch den Papst geändert werden. Gemäß dem CIC besitzt er die Autorität, kirchliche Gesetze für die gesamte römisch-katholische Kirche zu modifizieren. Da Forderungen nach einem weiblichen Diakonat außerhalb Europas und Nordamerikas bislang nur vereinzelt geäußert werden, wäre es denkbar, dass der Papst zunächst einzelnen Bischöfen, die dies beantragen, einen Dispens gewährt – etwa für die Weihe von Frauen zum Diakonat in spezifischen Ortskirchen. Damit könnte Canon 1024 regional außer Kraft gesetzt werden.[497] Allerdings bedeutet ein Dispens juristisch betrachtet lediglich eine Ausnahme von einem Gesetz, das grundsätzlich weiterhin in Kraft bleibt. Doch wäre so eine Dispens theologisch schwer zu begründen, da die Weihe einer Frau nicht nur als unerlaubt, sondern als ungültig gilt.

Hermann-Josef Vogt wendet daher berechtigt ein:

> Der can. 1024 … ist aber keine gesetzliche Forderung, sondern eine theologische Grundaussage. Wer davon „dispensiert", hebt sie ganz auf.[498]

---

496 vgl. Demel, Frauen und kirchliches Amt, S. 145.

497 vgl. Richard Giesen, *Können Frauen zum Diakonat zugelassen werden?*, Siegburg: Franz Schmitt, 2001, S. 12.

498 Hermann-Josef Vogt, „Kommt das Diakonat der Frau? Gewöhnung ersetzt keine Argumente", in: *Die Tagespost* 125 (19.10.1999), S. 12.

Angesichts dessen existiert in der römisch-katholischen Kirche bis heute kein Dispens, der die Diakonenweihe von Frauen legitimiert.

Persönliches Fazit

Der neue Codex Iuris Canonici von 1983 stellt zweifellos einen Wendepunkt dar – vor allem im Vergleich zum ersten Codex von 1917. Während dieser Codex Frauen kaum erwähnte und in kirchlichen Zusammenhängen weitgehend unsichtbar machte, erkennt der Codex von 1983 ihre Taufwürde ausdrücklich an. Er spricht von der Gleichheit aller Gläubigen, hebt die Unterscheidung zwischen männlichen und weiblichen Laien auf und benennt konkrete Möglichkeiten für die Beteiligung von Frauen in Liturgie, Seelsorge und Leitung.

Das ist ein Bruch mit der bisherigen kirchenrechtlichen Tradition – ein Ausdruck der Theologie des Zweiten Vatikanischen Konzils, die im Recht ihren Widerhall findet. Und doch bleibt eine Grenze bestehen, die nicht nur juristisch, sondern auch theologisch tief verankert ist: das Verbot der Weihe von Frauen.

Gerade diese Spannung zwischen Öffnung und Ausschluss, zwischen theologischer Begründung und rechtlicher Festschreibung, beschäftigt mich. Einerseits steht die Aussage, dass alle Getauften in ihrer Würde und Verantwortung gleich sind. Andererseits bleibt das sakramentale Amt für Frauen ausgeschlossen. Beide Aussagen finden sich im selben Gesetzbuch – nebeneinander, aber ohne sichtbare Verbindung. Diese Gleichzeitigkeit zeigt: Das Kirchenrecht ist kein bloßes Regelwerk – es ist Ausdruck eines inneren Ringens der Kirche mit sich selbst.

Mich bewegt dabei weniger die Frage, ob sich der Codex ändern müsste – sondern, was es bedeutet, wenn Sprache und Struktur nicht mehr im Einklang stehen. Was geschieht, wenn das Recht etwas eröffnet – aber zugleich an Grenzen festhält? Oder wenn die Theologie etwas betont – und es an anderer Stelle wieder relativiert?

Vielleicht liegt gerade darin eine Herausforderung unserer Zeit: diesen Bruch nicht vorschnell zu glätten, sondern auszuhalten – im Wissen darum, dass der Weg der Kirche nie nur in Gesetzen verläuft, sondern auch in Fragen, die weiter offenbleiben dürfen.

16. Entwicklungen in den 1990er Jahren

Während in den 1980er Jahren vermehrt kirchliche, theologische und gesellschaftliche Debatten über die Rolle der Frau in der Kirche geführt wurden – begleitet von wachsendem Engagement innerhalb kirchlicher Gremien und Basisinitiativen –, verdichtete sich in den 1990er Jahren der offizielle lehramtliche Kurs. Insbesondere Papst Johannes Paul II. nahm in dieser Zeit eine klarere Haltung gegenüber der Frage der Frauenordination ein. Mit *Ordinatio Sacerdotalis* setzte er 1994 einen markanten Punkt, der die kirchliche Diskussion nachhaltig prägte und für viele als abschließendes Urteil verstanden wurde. Gleichzeitig führte der Ausschluss der Frauenordination zu einer Intensivierung der Debatte über das weibliche Diakonat, die nun in den Mittelpunkt vieler kirchlicher und theologischer Überlegungen rückte.

Das Apostolische Schreiben *Ordinatio Sacerdotalis* (1994)

Am 22. Mai 1994 veröffentlichte Papst Johannes Paul II. das Apostolische Schreiben *Ordinatio Sacerdotalis*, mit dem er eine endgültige und verbindliche lehramtliche Entscheidung gegen die Frauenordination traf. In diesem Schreiben wandte sich der Papst an die Bischöfe weltweit und bestätigte, dass die Priesterweihe auch weiterhin ausschließlich Männern vorbehalten bleibt.[499]

---

[499] vgl. Peter Hünermann, „Schwerwiegende Bedenken. Eine Analyse des Apostolischen Schreibens *Ordinatio Sacerdotalis*“, in: Walter Groß

Er erklärte, dass die Frage der Frauenordination als abgeschlossen zu betrachten sei, und beendete damit offiziell die innerkirchliche Diskussion zu diesem Thema.[500]

Das vergleichsweise kurze, aber inhaltlich dichte Dokument ist in vier Abschnitte gegliedert. Es fasst die bereits in früheren lehramtlichen Schriften formulierten biblischen und traditionellen Argumente zusammen und bekräftigt deren Verbindlichkeit.

Die Veröffentlichung wurde unter anderem durch die Entwicklungen in der anglikanischen Kirche motiviert, in der Frauen in dieser Zeit zum Priester- und Bischofsamt zugelassen wurden. Diese Entwicklungen führten auch innerhalb der katholischen Kirche zu einer verstärkten Auseinandersetzung mit dem Thema.[501]

Das Schreiben führt keine neuen theologischen Argumente ein, sondern stützt sich auf drei bereits bekannte Hauptlinien der Argumentation gegen die Frauenordination:[502]

1. Das biblische Argument

Im zweiten Abschnitt wird das biblische Grundargument zusammengefasst:

> In der Tat bekunden die Evangelien und die Apostelgeschichte, dass diese Berufung gemäß dem ewigen

---

(Hg.), *Frauenordination. Stand der Diskussion in der Katholischen Kirche*, München: Wewel, 1996, S. 120

500 Reininger, *Diakonat der Frau*, S. 53.

501 vgl. ebd. 120.

502 vgl. ebd. 121.

> Plan Gottes erfolgte: Christus erwählte die, die er wollte, (vgl. Mk 3,13–14; Joh 6,70) und er tat das zusammen mit dem Vater „durch den Heiligen Geist“ (Apg 1,2), nachdem er die Nacht im Gebet verbracht hatte (vgl. Lk 6,12). Darum hat die Kirche bei der Zulassung zum Amtspriestertum stets als feststehende Norm die Vorgehensweise ihres Herrn bei der Erwählung der zwölf Männer anerkannt, die er als Grundsteine seiner Kirche gelegt hatte.[503]

Das Dokument betont, dass Christus bewusst zwölf Männer als Apostel auswählte, die als Urbild für das priesterliche Amt gelten. Diese wiederum übertrugen ihr Amt ausschließlich auf Männer. Da die Kirche nach eigener Auffassung keine Vollmacht besitzt, von dieser Tradition abzuweichen, wird die Priesterweihe für Frauen als ausgeschlossen betrachtet.

Allerdings zeigt ein Blick ins Neue Testament, dass es dort weit mehr als nur die „Zwölf“ gab: Auch Paulus, Barnabas, Jakobus, Andronikus und Junia werden als *Apostel* bezeichnet. Phoebe leitete als Diakonin eine Gemeinde. Die Ämter der frühen Kirche entwickelten sich erst schrittweise, und eine scharfe Trennung zwischen den Zwölfen, anderen Aposteln und Diakonen war in der Anfangszeit nicht gegeben.

503 *Ordinatio sacerdotalis* 2, in: Johannes Paul II., *Ordinatio Sacerdotalis*. Apostolisches Schreiben über die nur Männern vorbehaltene Priesterweihe, in: *Verlautbarungen des Apostolischen Stuhls* 117, hrsg. vom Sekretariat der Deutschen Bischofskonferenz, 2. Aufl., Bonn: Sekretariat der DBK, 1995.

2. Das mariologische Argument

Im dritten Abschnitt vertieft das Schreiben seine Argumentation unter Bezug auf Maria:[504]

> Die Tatsache, dass Maria, die Mutter Gottes und Mutter der Kirche, nicht den eigentlichen Sendungsauftrag der Apostel und auch nicht das Amtspriestertum erhalten hat, zeigt mit aller Klarheit, dass die Nichtzulassung der Frau zur Priesterweihe keine Minderung ihrer Würde und keine Diskriminierung ihr gegenüber bedeuten kann, sondern die treue Beachtung eines Ratschlusses, der der Weisheit des Herrn des Universums zuzuschreiben ist.[505]

Dieses Argument geht auf den Kirchenvater Epiphanius von Salamis († 403) zurück und wird bis heute von Theologen wie Gerhard Ludwig Müller vertreten.[506]
Dass Maria, obwohl sie eine herausragende Stellung in der Heilsgeschichte einnimmt, nicht mit einem priesterlichen Amt betraut wurde, wird als Zeichen dafür gewertet, dass der Ausschluss von Frauen vom Weiheamt nicht als Abwertung oder Diskriminierung zu verstehen sei.
Vielmehr wird Maria als Vorbild für alle Frauen dargestellt, jedoch, ohne dass ihr eine sakramentale Amtsfunktion zukomme.[507]

---

504 Vgl. Hünermann, *Schwerwiegende Bedenken*, 121.

505 *Ordinatio Sacerdotalis* 3.

506 vgl. Müller, *Kann nur der getaufte Mann gültig das Weihesakrament empfangen?*, S. 338.

507 Vgl. Hünermann, *Schwerwiegende Bedenken*, 121.

3. Die endgültige Festlegung der Lehre

Im vierten Abschnitt formuliert das Schreiben seine Kernaussage in unmissverständlicher Klarheit:

> Damit also jeder Zweifel bezüglich der bedeutenden Angelegenheit, die die göttliche Verfassung der Kirche selbst betrifft, beseitigt wird, erkläre ich kraft meines Amtes, die Brüder zu stärken (vgl. Lk 22,32), dass die Kirche keinerlei Vollmacht hat, Frauen die Priesterweihe zu spenden, und dass sich alle Gläubigen der Kirche endgültig an diese Entscheidung zu halten haben.[508]

Mit dieser Erklärung wurde die Ablehnung der Frauenordination in ihrer endgültigen Verbindlichkeit festgeschrieben.

Nachwirkungen und Reaktionen

Die Frage nach dem weiblichen Diakonat wurde in *Ordinatio Sacerdotalis* nicht behandelt. Gerade durch dieses Auslassen gewann die Diskussion um eine mögliche Zulassung von Frauen zum Diakonat an Dynamik. In der Folge begannen noch mehr Bischöfe aus unterschiedlichen Ländern, sich öffentlich für eine Öffnung dieses Amtes für Frauen auszusprechen.

Im Jahr 1995 reagierte die Kongregation für die Glaubenslehre auf Anfragen hinsichtlich der lehramtlichen Verbindlichkeit des Schreibens und erklärte, dass die Ablehnung der Frauenordination „unfehlbar vorgetragen worden ist“. Diese Lehre sei, so die Begründung, auf dem

---

[508] *Ordinatio Sacerdotalis* 6.

geschriebenen Wort Gottes gegründet und sei „in der Überlieferung der Kirche von Anfang an beständig bewahrt und angewandt“ worden.[509]

Allerdings hatte *Ordinatio Sacerdotalis* selbst nicht den Anspruch erhoben, eine „unfehlbare“ Lehraussage im Sinne einer *ex cathedra*-Entscheidung zu sein.

Nach katholischer Lehre kann eine unfehlbare dogmatische Entscheidung nur unter bestimmten Voraussetzungen getroffen werden – etwa durch eine *ex cathedra*-Erklärung des Papstes oder durch den einhelligen Konsens aller Bischöfe in Lehrfragen. Diese Bedingungen waren im Fall von *Ordinatio Sacerdotalis* nicht erfüllt.

Mit dem Schreiben *Ordinatio Sacerdotalis* hatte Papst Johannes Paul II. die bislang deutlichste lehramtliche Absage an die Frauenordination formuliert. Diese Lehre wurde als endgültig und verbindlich erklärt, auch wenn sie nicht als unfehlbar im Sinne einer *ex cathedra*-Entscheidung gilt. Das Schreiben ließ jedoch eine ganz entscheidende Frage offen, nämlich die Möglichkeit einer Diakonenweihe für Frauen. Gerade diese Lücke war es, die in den folgenden Jahren zu verstärkten Diskussionen und Initiativen für eine Wiederaufnahme des weiblichen Diakonats führte – nicht zuletzt mit Blick auf Entwicklungen wie jene in der altkatholischen Kirche.

Frauen und Mädchen als Messdienerinnen

Im Jahr 1994 erlaubte Papst Johannes Paul II. offiziell den Dienst von Mädchen als Messdienerinnen. Damit wurde

[509] Zit. nach: Demel, *Frauen und kirchliches Amt*, S. 177f.

eine Praxis anerkannt, die sich in vielen Gemeinden bereits schrittweise etabliert hatte. Die Entscheidung blieb jedoch in der Zuständigkeit der jeweiligen Diözesanbischöfe, was zur Folge hatte, dass die Umsetzung regional unterschiedlich gehandhabt wurde. Während in einigen Bistümern der Ministrantendienst für Mädchen selbstverständlich wurde, blieb er in anderen weiterhin ausschließlich männlichen Messdienern vorbehalten.[510]

Persönliches Fazit

In den 1990er Jahren wurde vieles deutlicher – aber nicht unbedingt klarer. Mit Ordinatio Sacerdotalis formulierte Papst Johannes Paul II. die bis dahin deutlichste lehramtliche Ablehnung der Frauenordination. Die Sprache war entschieden, die Absicht klar: Die Diskussion um die Priesterweihe von Frauen sollte abgeschlossen sein.

Und doch – ganz abgeschlossen war sie offenbar nicht. Denn das Schreiben ließ einen zentralen Punkt unerwähnt: die Frage nach dem Diakonat der Frau. Gerade diese Auslassung wurde zum Ausgangspunkt neuer theologischer Überlegungen und kirchlicher Anfragen. So öffnete sich neben der geschlossenen Tür eine neue – wenn auch vorsichtige – Gesprächsebene.

Mich bewegt an dieser Entwicklung die Gleichzeitigkeit: Während in einem Bereich eine endgültige Grenze formuliert wurde, entstand in einem anderen der Raum für vorsichtiges Weiterdenken. Diese Jahre wirken nicht wie ein Umbruch, sondern eher wie eine Phase der inneren

---

[510] U. von Arx/ A. Kallis (Hgg.), *Bild Christi und Geschlecht*, S. 82; zitiert nach: Angela Berlis, „Die Tradition weiter denken: Die Einbeziehung von Frauen in das Amt der Kirche in den alt-katholischen Kirchen der Utrechter Union“, in: Margit Eckholt, Ulrike Link-Wieczorek, Dorothea Sattler und Andrea Strübind (Hrsg.), *Frauen in kirchlichen Ämtern. Reformbewegungen in der Ökumene*, Göttingen: Vandenhoeck & Ruprecht, 2018, S. 201.

Sortierung: das Festhalten am Bekannten – und das gleichzeitige Erspüren möglicher weiterer Schritte.
Dass im selben Jahr auch der Ministrantendienst für Mädchen offiziell anerkannt wurde, zeigt, wie sehr sich das kirchliche Leben oft leiser verändert, als es offizielle Dokumente vermuten lassen. Vielleicht liegt genau darin ein Schlüssel: Manches wird mit Nachdruck festgeschrieben – anderes wächst langsam, fast unbemerkt.
Was bleibt, ist eine Spannung – zwischen dem, was ausgesprochen wurde, und dem, was weiterhin offen blieb. Und vielleicht ist es genau diese Spannung, in der neue Fragen reifen.

17. Entwicklungen in den 2000er Jahren

Die *Notifikation zum Diakonat der Frau* (2001)

Am 14. September 2001 approbierte Papst Johannes Paul II. die *Notifikation zum Diakonat der Frau.* Das Dokument enthielt keine neuen theologischen Argumente, sondern untersagte lediglich Initiativen, die Frauen gezielt auf eine mögliche Diakonenweihe vorbereiteten.
Zur Begründung hieß es, dass solche Bemühungen „zur Verwirrung in der Seelsorge“ führen könnten.[511]
Bereits seit den 1990er Jahren hatten sich in verschiedenen Ländern Initiativen gebildet, die sich für eine Wiederaufnahme des weiblichen Diakonats einsetzten. Eine dieser Initiativen war das „Netzwerk Diakonat der Frau“, das sich intensiv mit der Frage der Frauenordination zum Diakonat befasste.
Das Netzwerk organisierte mehrjährige Qualifizierungskurse, um Frauen theologisch und praktisch auf den

---

[511] Kongregation für die Glaubenslehre, Kongregation für den Gottesdienst und die Sakramentenordnung, Kongregation für den Klerus, *Notifikation zum Diakonat der Frau*, 17. September 2001, abrufbar unter: https://uni-tuebingen.de/securedl/sdl-eyJ0eXAiOiJKV1QiLCJhbGciOiJIUzI1NiJ9.eyJpYXQiOjE3NDAzMzUxNzEsImV4cCI6MTc0MDQyNTE3MSwidXNlciI6MCwiZ3JvdXBzIjpbMCwtMV0sImZpbGUiOiJmaWxlYWRtaW4vVW5pX1R1ZWJpbmdlbi9GYWt1bHRhZXRlbi9LYXRoLVRoZW9sL0xlaHJzdFx1MDBmY2hsZS9LaXJjaGVucmVjaHQvRG9rdW1lbnRlL0FudXRoX19GcmF1ZW5kaWFrb25hdC5wZGYiLCJwYWdlIjozNjA0NH0.R-MVViR3yH4_tE6_Qd2a3xgcTrr3c0aGDgvPY8lVfEk/Anuth__Frauendiakonat.pdf, letzter Zugriff am 02.03.2025, S. 481.

Diakonendienst vorzubereiten – für den Fall, dass dieses Amt künftig auch für Frauen geöffnet würde. Der erste dieser Kurse fand zwischen 1999 und 2002 statt, ein zweiter folgte von 2003 bis 2006.

Diese Vorgehensweise hatte ein klares historisches Vorbild: Auch nach dem Zweiten Vatikanischen Konzil wurden Männer in Kursen auf den später wieder eingeführten Ständigen Diakonat vorbereitet, obwohl das Amt zu diesem Zeitpunkt offiziell bislang nicht offenstand.

Die *Notifikation zum Diakonat der Frau* führte keine theologischen oder dogmatischen Gründe gegen die Weihe von Diakoninnen an. [512] Stattdessen wurde ausschließlich auf die Gefahr pastoraler Verwirrung hingewiesen – was offenlässt, dass eine zukünftige Zulassung von Frauen zum Diakonat kirchenrechtlich nicht ausgeschlossen ist.

Die Priesterinnen- und Bischöfinnenweihe (2002/2003)

Am 29. Juni 2002 wurden sieben Frauen auf einem Donauschiff zwischen Passau und Linz nach römisch-katholischem Ritus zu Priesterinnen geweiht. Die Weihe nahm Erzbischof Romulo Antonio Braschi vor, der einer von ihm gegründeten und von der Kirche offiziell nicht anerkannten Gemeinschaft angehörte, die dadurch als „schismatisch" galt.

---

[512] vgl. Demel, *Frauen und kirchliches Amt*, S. 149-151.

Ein Jahr später, im Juni 2003, wurden zwei dieser Frauen – Christine Mayr-Lumetzberger und Gisela Forster – von mehreren Bischöfen zu Bischöfinnen geweiht.[513]
Da Braschi nicht als römisch-katholischer Bischof anerkannt war und die Weihen außerhalb der kirchlichen Ordnung stattfanden, bewertete der Vatikan die Handlung als eine „Simulation bzw. Vortäuschung einer Sakramentenhandlung".[514]
Am 5. August 2002 erließ die Kongregation für die Glaubenslehre ein Dekret, in dem sowohl Braschi als auch die sieben geweihten Frauen exkommuniziert wurden.

Die Begründung umfasste drei Punkte:

1. Die Frauen hätten sich durch die Weihe der schismatischen Gemeinschaft Braschis angeschlossen.
2. Sie hätten die in *Ordinatio Sacerdotalis* (1994) dargelegte Lehre bewusst geleugnet.
3. Sie hätten sich vorsätzlich an einer sakramentalen Simulation beteiligt.

---

513 „Der Kampf ums Frauenpriestertum in der katholischen Kirche", abrufbar unter: https://www.br.de/nachrichten/bayern/der-kampf-ums-frauenpriestertum-in-der-katholischen-kirche,UDVqLcP, letzter Zugriff am 02.03.2025; „Priesterinnen-Weihe: Rebellion gegen Rom", in: https://www.spiegel.de/panorama/gesellschaft/priesterinnen-weihe-rebellion-gegen-rom-a-423468.html, letzter Zugriff am 02.03.2025.

514 „Umstrittene Priesterinnenweihe auf Donauschiff – spätere Exkommunikation", abrufbar unter: https://www.domradio.de/glossar/umstrittene-priesterinnenweihe-auf-donauschiff-spaetere-exkommunikation, letzter Zugriff am 02.03.2025.

Die Exkommunikation erfolgte *latae sententiae*, also automatisch durch die Handlung selbst, und wurde später von der Glaubenskongregation offiziell bestätigt.[515]

Die Kongregation stellte außerdem klar, dass die Weihen der Frauen nicht gültig seien – nicht aufgrund der Zugehörigkeit Braschis zu einer schismatischen Gemeinschaft, sondern allein wegen des Geschlechts der Weihekandidatinnen.

Nach offizieller römisch-katholischer Lehre kann eine Priesterweihe nur gültig einem Mann gespendet werden. Deshalb wurden die betroffenen Frauen trotz der rituellen Handlung nicht als gültig geweihte Priesterinnen anerkannt.

Mit der Weihe wurden die Frauen zwar aus dem kirchlichen Dienst ausgeschlossen, blieben jedoch formell Mitglieder der Kirche. Eine Exkommunikation bedeutet keine endgültige Ausstoßung, sondern eine befristete Absonderung, die durch Reue und Rückkehr zur kirchlichen Lehre aufgehoben werden kann.

Da die Kirche die Weihen als ungültig betrachtete, galten alle von den Frauen vorgenommenen priesterlichen Handlungen als sakramentale Simulation. Obwohl solche Handlungen in der Regel kirchenrechtliche Konsequenzen nach sich ziehen, waren die betroffenen Frauen bereits mit der höchstmöglichen Strafe – der Exkommunikation – belegt, sodass keine weiteren Sanktionen ausgesprochen wurden.

515 vgl. ebd.

Allgemeines Dekret der Kongregation für die Glaubenslehre (2007)

Mit dem *Allgemeinen Dekret der Kongregation für die Glaubenslehre* wurde im Jahr 2007 ein neuer Straftatbestand in das Strafrecht der Kirche aufgenommen: der Versuch, einer Frau die heilige Weihe zu spenden – beziehungsweise eine solche Weihe zu empfangen. Das Dekret lautet:

> Unbeschadet der Vorschrift von can. 1378 des Codex des kanonischen Rechtes zieht sich jeder, der einer Frau die heilige Weihe zu spenden versucht, wie auch die Frau, welche die heilige Weihe zu empfangen versucht, die dem Apostolischen Stuhl vorbehaltene Exkommunikation *latae sententiae* zu.[516]

Mit dieser Maßnahme verschärfte die Kirche ihre rechtlichen Sanktionen und machte deutlich, dass die Weihe von Frauen nicht nur ungültig, sondern auch strafrechtlich relevant sei.

In der Überarbeitung des kirchlichen Strafrechts im Jahr 2010 wurde die vorgetäuschte Weihe schließlich unter die sogenannten *graviora delicta* – die schweren Straftaten – eingereiht, deren Beurteilung ausschließlich dem Heiligen Stuhl vorbehalten ist.

---

516 „Erklärung der Kongregation für die Glaubenslehre über die Exkommunikation derjenigen, die eine Priesterweihe für Frauen vornehmen oder empfangen (*Attentata Ordinatio*)", abrufbar unter: https://www.vatican.va/roman_curia/congregations/cfaith/documents/rc_con_cfaith_doc_20071219_attentata-ord-donna_ge.html, letzter Zugriff am 13.02.2025.

Eine Änderung des Kirchenrechts in Bezug auf das Diakonat (2009)

Im ursprünglichen *Codex Iuris Canonici* (CIC) von 1983 hieß es über die geweihten Amtsträger – also Bischöfe, Priester und Diakone:

> Sie werden ja dazu geweiht und bestimmt, entsprechend ihrer jeweiligen Weihestufe die Dienste des Lehrens, des Heiligens und des Leitens in der Person Christi des Hauptes zu leisten und dadurch das Volk Gottes zu weiden.[517]

Im Jahr 2009 wurde dieser Passus geändert. Die neue Formulierung lautet:

> Sie werden ja dazu geweiht und bestimmt, entsprechend ihrer jeweiligen Weihestufe dem Volk Gottes mit einem neuen und einzigartigen Titel zu dienen.[518]

Zudem wurde dem Canon 1009 ein dritter Paragraph hinzugefügt:

> §3. Die in der Weihe des Episkopats und Presbyterats eingesetzt sind, empfangen die Sendung und die Befugnis, in der Person Christi, des Hauptes, zu handeln; die Diakone aber erhalten die Befähigung, dem Volk Gottes im Dienst der Liturgie, des Wortes und der Caritas zu dienen.[519]

Während in der ursprünglichen Fassung auch den Diakonen zugeschrieben wurde, „in der Person Christi des

---

[517] *Codex Iuris Canonici*, can. 1008.
[518] Demel, *Frauen und kirchliches Amt*, S. 152.
[519] ebd.

Hauptes" zu handeln, wird ihnen diese Rolle in der neuen Version ausdrücklich nicht mehr zugewiesen. Stattdessen wird diese Formulierung nun ausschließlich auf Bischöfe und Priester angewendet.
Diese Änderung hat zwar nicht direkt mit der Rolle der Frau in der Kirche zu tun – da sich die Bestimmungen nur auf männliche Diakone beziehen –, wirft jedoch Fragen auf. Besonders auffällig ist, dass dem Diakonat plötzlich das Handeln *in persona Christi capitis* nicht mehr zugesprochen wird, wodurch die Bedeutung der Priesterweihe stärker hervorgehoben wird.
Diese Differenzierung steht im Spannungsfeld zur Theologie des Zweiten Vatikanischen Konzils, das die drei Weihestufen – Diakonat, Presbyterat und Episkopat – als eine Einheit innerhalb des einen Weihesakraments verstand.
Gleichzeitig zeigt diese Änderung aber auch: Das Kirchenrecht ist veränderbar. Insofern könnte auch die Bestimmung modifiziert werden, dass nur ein getaufter Mann gültig geweiht werden kann – eine Perspektive, die für die Diskussion um das weibliche Diakonat von grundlegender Bedeutung sein könnte.

Zusammenfassung der Entwicklung in den 2000er Jahren

Die 2000er Jahre waren kirchenrechtlich geprägt von einer deutlichen Abgrenzung gegenüber der Weihe von Frauen. Mit der *Notifikation zum Diakonat der Frau* (2001) wurde jede Vorbereitung auf eine mögliche Weihe unterbunden, ohne jedoch eine endgültige theologische Ablehnung des weiblichen Diakonats auszusprechen. Gleichzeitig sorgten spektakuläre Weihehandlungen von Frauen außerhalb der römisch-katholischen Ordnung für klare Reaktionen: Exkommunikation und die rechtliche Einordnung solcher Handlungen als schwere Straftaten.

Besonders aufschlussreich ist die kirchenrechtliche Veränderung von 2009, in der Diakonen das Handeln *in persona Christi* explizit nicht mehr zugeschrieben wurde. Dies verdeutlicht nicht nur eine Hierarchisierung innerhalb der Weiheämter, sondern auch, dass kirchenrechtliche Bestimmungen grundsätzlich veränderbar sind – ein Aspekt, der für zukünftige Überlegungen zur Rolle der Frau im kirchlichen Amt von erheblicher Bedeutung sein kann.

Persönliches Fazit

Klare Abgrenzungen prägten die kirchlichen Entwicklungen der 2000er-Jahre: Die Notifikation zum Diakonat untersagte jede Vorbereitung auf eine mögliche Weihe von Frauen, und die Exkommunikation von Frauen, die sich weihen ließen, wurde öffentlich bekannt gemacht. Der Versuch, einer Frau die Weihe zu spenden, wurde im Kirchenrecht ausdrücklich als schwere Straftat eingestuft. Nach außen war der Kurs eindeutig: keine Frauenordination – in keiner Form.

Und dennoch: Manche Fragen blieben unbeantwortet. Die Notifikation von 2001 enthielt keine theologischen Argumente gegen das weibliche Diakonat – sie warnte lediglich vor „Verwirrung in der Seelsorge". Auch Ordinatio Sacerdotalis hatte das Diakonat nicht thematisiert. Dadurch blieb ein Raum offen, der nicht geschlossen wurde, sondern einfach unangetastet blieb.

Gleichzeitig veränderte sich das Kirchenrecht: 2009 wurde klargestellt, dass nur Bischöfe und Priester in der Person Christi, des Hauptes, handeln. Diakone tun dies ausdrücklich nicht. Diese Differenzierung berührt auch die theologische Begründung für den Ausschluss von Frauen – denn wenn das Handeln „in persona Christi" nicht mehr für alle Weiheämter gilt, verliert ein zentrales Argument gegen das weibliche Diakonat an Schärfe.

Mich beschäftigt, wie in diesem Jahrzehnt vieles verbindlich festgelegt wurde – und zugleich Fragen offenblieben. Es wurde ein deutlicher Rahmen gezogen, aber nicht jede Grenze begründet. Es wurde von Gültigkeit gesprochen, aber nicht immer theologisch neu durchdacht. Und so bleibt eine Spannung: zwischen dem Anspruch auf Klarheit und dem spürbaren Fortbestehen ungelöster Fragen.

In diesem Jahrzehnt wurde vieles festgelegt – doch nichts endgültig entschieden.

18. Entwicklungen seit 2010

Ökumenischer Kongress (2017)

Vom 6. bis 9. Dezember 2017 fand in Osnabrück ein wissenschaftlicher Kongress unter dem Titel „*Frauen in kirchlichen Ämtern. Reformbewegungen in der Ökumene*" statt. Der ökumenisch ausgerichtete Kongress versammelte Theologinnen und Theologen verschiedener Konfessionen, um über die Rolle der Frau im kirchlichen Amt zu diskutieren.

Am Ende der Tagung wurden gemeinsame Thesen verabschiedet, in denen eine klare Empfehlung ausgesprochen wurde: Frauen sollen Zugang zu allen kirchlichen Ämtern erhalten. [520] Die verabschiedeten Positionen spiegelten einen breiten Konsens unter den Teilnehmenden wider und gelten als bedeutender Impuls für die anhaltende ökumenische Debatte zur Frauenordination.

Kardinal Luis Ladaria im L'Osservatore Romano (2018)

Am 29. Mai 2018, einige Monate nach dem Osnabrücker Kongress, äußerte sich Kardinal Luis Ladaria, Präfekt der Kongregation für die Glaubenslehre, im *L'Osservatore Romano* zur Frage der Frauenordination. In seinem Beitrag fasste er die offizielle lehramtliche Position der Kirche zusammen und betonte mit Nachdruck, dass das

---

[520] vgl. „Osnabrücker Thesen", in: Margit Eckholt u. a. (Hg.), *Frauen in kirchlichen Ämtern. Reformbewegungen in der Ökumene*, Göttingen: Vandenhoeck & Ruprecht, 2018, S. 465–467.

Apostolische Schreiben *Ordinatio Sacerdotalis* (1994) unfehlbare katholische Lehre sei.

Die Unmöglichkeit, Frauen zur Priesterweihe zuzulassen, gehöre – so Ladaria – „zur Substanz des Sakraments", und die Kirche verfüge nicht über die Vollmacht, diese sakramentale Substanz zu verändern. Das Mannsein des Priesters sei ein unverzichtbarer Aspekt seiner sakramentalen Repräsentanz Christi. Dies bedeute jedoch keine Abwertung oder Unterordnung der Frau, sondern stehe im Kontext einer gegenseitigen Bereicherung der Geschlechter. Auch Maria, die Mutter Jesu, habe – so das Argument – kein sakramentales Amt erhalten.[521]

Allerdings ist anzumerken, dass *Ordinatio Sacerdotalis* selbst sich nicht ausdrücklich auf die göttliche Offenbarung beruft und nicht als *ex cathedra*-Aussage formuliert wurde.[522] Insofern handelt es sich lehrrechtlich betrachtet nicht um eine unfehlbare Definition im engeren Sinn.[523]

Die Amazonassynode und das nachsynodale Schreiben Querida Amazonia (2019)

Die Diskussionen und Dokumente der Amazonassynode gelten als bedeutender Denkanstoß für die gesamte

---

521 vgl. Luis F. Ladaria, „Der endgültige Charakter der Lehre von *Ordinatio sacerdotalis*", in: *L'Osservatore Romano*, 29. Mai 2018, S. 479-483.

522 Wie etwa mit „fide divina et catholica credenda": „mit göttlichem und katholischen Glauben zu glauben", zitiert nach: Müller, *Kann nur der getaufte Mann gültig das Weihesakrament empfangen?*, S. 389.

523 vgl. auch: Jean-Pierre Torrell, „Die Verbindlichkeit von *Ordinatio Sacerdotalis*. Zur Hermeneutik lehramtlicher Dokumente", in: Gerhard Ludwig Müller (Hg.), *Frauen in der Kirche. Eigensein und Mitverantwortung*, Würzburg: Echter, 1999, S. 357–379.

römisch-katholische Kirche. Im Folgenden werden zentrale Passagen aus dem Schlusspapier der Synode sowie aus dem nachsynodalen Schreiben *Querida Amazonia* analysiert.

An der Amazonassynode nahmen über 280 Personen teil, darunter 35 Frauen – von denen 20 Ordensmitglieder waren. Die weibliche Delegation setzte sich zusammen aus vier externen Expertinnen, 29 Hörerinnen und zwei weiteren geladenen Gästen.

Bereits auf der vorausgehenden Jugendsynode im Oktober 2018 war die Frage nach dem Stimmrecht für Frauen aufgekommen. Damals wurde entschieden, dass Ordensbrüder, auch wenn sie keine Priester waren, stimmberechtigt sein sollten – um einer empfundenen Diskriminierung vorzubeugen. Ordensfrauen hingegen erhielten dieses Stimmrecht nicht.

Auch bei der Amazonassynode wurde erneut ein nichtpriesterlicher Ordensbruder stimmberechtigt, während den anwesenden Frauen das Stimmrecht verwehrt blieb. Besonders die internationale Initiative *Voices of Faith* („Stimmen des Glaubens“) setzte sich dafür ein, Frauen das Stimmrecht bei Bischofssynoden zu gewähren.[524] Dieser Forderung schloss sich unter anderem

---

[524] „Bericht: Bischöfe wollen Frauen Stimmrecht bei Amazonas-Synode“, abrufbar unter: https://www.katholisch.de/artikel/23187-bericht-bischoefe-wollen-frauen-stimmrecht-bei-amazonas-synode, letzter Zugriff am 17.02.2025.

Sr. Irene Gassmann, Priorin des Benediktinerinnen-Klosters Fahr in der Schweiz, an – jedoch ohne Erfolg.[525] Das am 25. Oktober 2019 veröffentlichte Schlusspapier der Amazonassynode besitzt zwar keine rechtlich bindende Kraft, dokumentiert aber das Ergebnis der Beratungen und diente Papst Franziskus als Grundlage für seine weitere Meinungsbildung.

Das Papier hebt insbesondere die bedeutende Rolle der Frauen in der Amazonasregion hervor, vor allem im Hinblick auf ihre Verantwortung für die Weitergabe des Glaubens. Es fordert explizit eine stärkere Einbindung von Frauen in kirchliche Leitungsfunktionen:

> Frauen müssen viel entschiedener Leitungsaufgaben innerhalb der Kirche wahrnehmen, und die Kirche muss sie anerkennen und fördern, indem sie ihre Mitwirkung in Pastoralräten von Pfarreien und Diözesen oder auch in Leitungsinstanzen ausbaut.[526]

Ansonsten schlägt das Schlusspapier die Einrichtung eines neuen, institutionell anerkannten Dienstamts für Frauen vor:

---

[525] „Kein Frauenstimmrecht bei Amazonas-Synode", in: https://www.katholisch.de/artikel/23235-kein-frauenstimmrecht-bei-amazonas-synode, letzter Zugriff am 17.02.2025.

[526] Amazonien. Neue Wege für die Kirche und für eine ganzheitliche Ökologie Schlussdokument, Vatikan: 2019, abrufbar unter: https://www.misereor.de/fileadmin/user_upload/Infothek/schlussdokument-amazonien-synode.pdf, letzter Zugriff am 02.03.2025, S. 101

> Im Dienst an den sich wandelnden Anforderungen für die Evangelisierung und die Begleitung der Gemeinden bitten wir darum, dass man ein Dienstamt für die „Leiterin einer Gemeinde" einrichte und institutionell anerkenne.[527]

Obwohl die Synode neue Ämter für Frauen klar befürwortete, blieb die Frage nach dem weiblichen Diakonat kontrovers und wurde im Abschlussdokument nicht eindeutig entschieden.
Bereits 2016 hatte Papst Franziskus eine Studienkommission zum weiblichen Diakonat eingesetzt. Die Ergebnisse dieser Kommission führten jedoch zu keiner einheitlichen Empfehlung. In einem Abschnitt des Synodendokuments heißt es dazu:

> Die Kommission formulierte jedoch ein einseitiges Ergebnis über das Frauendiakonat in den ersten Jahrhunderten der Kirche und dessen Auswirkungen heute. Deshalb wollen wir unsere eigenen Erfahrungen und Reflexionen mit der Kommission austauschen und die Ergebnisse dieses Austauschs abwarten.[528]

Einige Monate nach Abschluss der Synode veröffentlichte Papst Franziskus am 12. Februar 2020 das nachsynodale Schreiben *Querida Amazonia*, gerichtet „an das Volk Gottes und an alle Menschen guten Willens".[529]

---

[527] ebd. 102.
[528] ebd. 103.
[529] vgl. „Amazonien-Synode", in: https://www.kathpress.at/goto/meldung/1820033/amazonien-synode, letzter Zugriff am 16.03.2025.

Auch in diesem Dokument hebt der Papst die zentrale Rolle von Frauen in den Gemeinden der Amazonasregion hervor:

> Die gegenwärtige Situation verlangt, dass wir das Entstehen anderer spezifisch weiblicher Dienste und Charismen anregen.[530]

Zugleich spricht er sich jedoch gegen eine Klerikalisierung von Frauen aus:

> Ein solcher Reduktionismus würde uns zu der Annahme veranlassen, dass den Frauen nur dann ein Status in der Kirche und eine größere Beteiligung eingeräumt würden, wenn sie zu den heiligen Weihen zugelassen würden. Aber eine solche Sichtweise wäre in Wirklichkeit eine Begrenzung der Perspektiven.[531]

Stattdessen fordert der Papst, Frauen dauerhafte Dienste und Leitungsaufgaben zu übertragen, die nicht mit dem Weiheamt verbunden sind. Diese Aufgaben sollen öffentlich anerkannt und mit einer bischöflichen Beauftragung verbunden sein. Zugleich betont er, dass Frauen dabei ihren „weiblichen Stil“ bewahren sollen:

---

[530] *Querida Amazonia* 102, in: Franziskus, *Querida Amazonia. Nachsynodales Apostolisches Schreiben über Amazonien*, Vatikan: 2020, abrufbar unter: https://www.vatican.va/content/francesco/de/apost_exhortations/documents/papa-francesco_esortazione-ap_20200202_querida-amazonia.html, letzter Zugriff am 02.03.2025.

[531] *Querida Amazonia* 100.

> In einer synodalen Kirche sollten die Frauen, die in der Tat eine zentrale Rolle in den Amazonasgemeinden spielen, Zugang zu Aufgaben und auch kirchlichen Diensten haben, die nicht die heiligen Weihen erfordern und es ihnen ermöglichen, ihren eigenen Platz besser zum Ausdruck zu bringen. Es sei daran erinnert, dass ein solcher Dienst Dauerhaftigkeit, öffentliche Anerkennung und eine Beauftragung durch den Bischof voraussetzt. Das bedeutet auch, dass Frauen einen echten und effektiven Einfluss in der Organisation, bei den wichtigsten Entscheidungen und bei der Leitung von Gemeinschaften haben, ohne dabei jedoch ihren eigenen weiblichen Stil aufzugeben.[532]

Gerade diese Formulierung vom „weiblichen Stil" wurde medial stark diskutiert. Kritikerinnen – etwa von der Katholischen Frauengemeinschaft Deutschlands – warfen dem Text vor, damit das kirchliche Weiheverbot für Frauen sprachlich zu verschleiern.

Die Argumentation, Frauen könnten durch eine Weihe ihren besonderen Beitrag schmälern, wurde vielfach als widersprüchlich kritisiert – schließlich verlieren Männer durch die Weihe auch nicht ihren „männlichen Stil".

Obwohl *Querida Amazonia* die Arbeit von Frauen würdigt und ihre unverzichtbare Rolle betont, bleibt die zentrale Forderung nach Gleichberechtigung in der Kirche unerfüllt. Das Dokument wiederholt die traditionelle Haltung, wonach nur Männer Christus sakramental repräsentieren können, und bekräftigt die strukturellen Grenzen weiblicher Dienste.

---

[532] *Querida Amazonia* 103.

Viele empfanden *Querida Amazonia* daher als enttäuschend. Eine historische Chance, die Ungleichheit in der Kirche zu überwinden und neue Wege in einer sich wandelnden Welt zu eröffnen, wurde nicht genutzt.
Dennoch würdigte Papst Franziskus die Rolle von Frauen erneut in seinem Buch *Wage zu träumen* (2020):

> In Amazonien leiten Frauen – Laien wie Ordensfrauen – ganze Kirchengemeinden. Zu sagen, dass sie nicht wirklich Leitung seien, weil sie keine Priester sind, ist Klerikalismus und respektlos.[533]

Die neue Studienkommission (seit 2020)

Im Jahr 2016 setzte Papst Franziskus erstmals eine Studienkommission ein, um die Frage des weiblichen Diakonats umfassend zu untersuchen. Da diese Kommission offenbar zu keinem eindeutigen Ergebnis gelangte, berief der Papst im April 2020 eine neue Kommission mit demselben Auftrag ein – wie er es zuvor bereits in seinem nachsynodalen Schreiben *Querida Amazonia* angekündigt hatte. Ziel dieser erneuten Untersuchung ist es, die historische, theologische und pastorale Sachlage zum weiblichen Diakonat erneut und vertieft zu prüfen.
Zur konkreten Arbeitsweise und Methodik der neuen Kommission wurden vom Vatikan bislang keine näheren Angaben gemacht.

---

533 Franziskus, *Wage zu träumen! Mit Zuversicht aus der Krise*, im Gespräch mit Austen Ivereigh, München: Kösel-Verlag, 2020, S. 90. 119.

Die Kommission setzt sich aus insgesamt zehn Mitgliedern zusammen – fünf Frauen und fünf Männern. Den Vorsitz hat Kardinal Giuseppe Petrocchi, Erzbischof von L'Aquila, übernommen.[534]

Das Motu proprio Spiritus Domini (2021)

Mit dem *Motu proprio Spiritus Domini* erklärte Papst Franziskus im Jahr 2021, dass fortan auch Frauen offiziell zum beauftragten Lektorat und Akolythat zugelassen werden können. Damit wurde eine kirchenrechtliche Regelung aufgehoben, die seit der Neuordnung der niederen Weihen im Zuge des Zweiten Vatikanischen Konzils (1972) galt, wonach Frauen von diesen Ämtern ausgeschlossen waren.

Durch das *Motu proprio* wurde das Kirchenrecht entsprechend geändert, sodass nun auch Frauen im Rahmen eines liturgischen Ritus dauerhaft in diese Dienste eingesetzt werden können. Papst Franziskus begründete diesen Schritt mit einer Anerkennung des allgemeinen Priestertums aller Getauften:

> Den Laien beiderlei Geschlechts Zugang zum Dienst des Akolythen und des Lektors zu geben, indem man das auf der Taufe gründende allgemeine Priestertum aller Gläubigen ernst nimmt, wird die Anerkennung für den wertvollen

---

[534] „Papst Franziskus richtet neue Kommission für Frauendiakonat ein", abrufbar unter: https://www.vaticannews.va/de/vatikan/news/2020-04/papst-franziskus-neue-kommission-frauendiakonat.html, letzter Zugriff am 02.07.2020.

> Beitrag erhöhen, den so viele Laien, auch Frauen, schon seit Langem zum Leben und zur Sendung der Kirche leisten.[535]

Das gelte umso mehr, so der Papst weiter, wenn dieser Dienst „durch einen liturgischen Akt" – also eine förmliche „Amtseinsetzung" – öffentlich übertragen werde.[536]

Diese Entscheidung ist insofern bemerkenswert, als sie einmal mehr verdeutlicht: Das Kirchenrecht ist veränderbar – und es kann durch ein päpstliches Dokument neu gefasst werden.

Als ich vor Kurzem den Aachener Bischof, Dr. Helmut Dieser, fragte, ob in unserem Bistum bereits Frauen offiziell mit dem Amt des Lektors oder Akolythen beauftragt worden seien, antwortete er, man habe darüber zwar diskutiert, sei jedoch zu dem Schluss gekommen, dies könne zu „Verwirrung" führen – denn Laien, die keine solche Beauftragung erhielten, könnten sich zurückgesetzt fühlen."

Die Weltsynode (2021-2024)

Am 24. September 2024 berichtete die Kirchenzeitung Münster über aktuelle Spannungen innerhalb der Deutschen Bischofskonferenz im Hinblick auf die anstehende zweite Sitzung der Weltsynode:

---

[535] „Papst Franziskus: Motu Proprio zu Frauen in kirchlichen Ämtern", abrufbar unter: https://www.vaticannews.va/de/papst/news/2021-01/papst-franziskus-motu-proprio-frauen-kirche-liturgie-amt-lektor.html, letzter Zugriff am 12.02.2025.

[536] Ebd.

Die katholischen Bischöfe in Deutschland sind uneins in der Frage, ob Frauen Diakoninnen oder Priesterinnen werden können sollen. Sie setzen aber hohe Erwartungen an die in der nächsten Woche beginnende Weltsynode in Rom. Dort werden wichtige Fragen zur Zukunft der Kirche debattiert.

Der Essener Bischof Franz-Josef Overbeck sagte am Dienstag in Fulda, er könne sich angesichts kultureller und gesellschaftlicher Unterschiede in der Weltkirche regional verschiedene Regelungen zur Gleichberechtigung von Frauen vorstellen. So könne die Weltsynode den nationalen Bischofskonferenzen den Freiraum dafür geben, Frauen zu Weiheämtern zuzulassen, sagte Overbeck bei der Herbstvollversammlung der Bischöfe. Er schränkte allerdings sofort ein: Wahrscheinlich sei es aktuell noch nicht so weit. Die Einheit der Kirche dürfe an dieser Frage nicht zerbrechen.

Der Bischofskonferenz-Vorsitzende Georg Bätzing sagte, die Beteiligung von Frauen auf allen Ebenen des kirchlichen Lebens sei eine entscheidende Frage für die Zukunft der Kirche. „Ich wünsche mir sehr, dass die katholische Kirche es ermöglicht, dass Frauen die Diakonatsweihe empfangen können." Diese Frage sollte künftig dezentral in der Kirche entschieden werden können.

Der Augsburger Bischof Bertram Meier vertrat bei der Herbstvollversammlung der Bischofskonferenz eine andere Position. Für ihn ist eine Zulassung von Frauen zum Diakonat oder zum Priesteramt derzeit nicht möglich. Er sehe sich gebunden an das Schreiben „Ordinatio Sacerdotalis" von 1994, sagte Meier. Darin betonte der damalige Papst Johannes Paul II., die Kirche habe keine Vollmacht, Frauen die Priesterweihe zu spenden."[537]

Sr. Philippa Rath OSB, die sich seit Jahren für die Weihe von Frauen einsetzt, äußerte sich trotz kirchlicher Zurückhaltung optimistisch:

> Deshalb wiederhole ich: ruhig bleiben. Wir sind viele, sehr viele. Und unsere Argumente für die Weihe von Frauen sind die besseren. Sie werden sich am Ende durchsetzen. Davon bin ich überzeugt.[538]

Bereits im März 2024 hatte Papst Franziskus die „Frauenfrage" aus dem seit 2021 laufenden Prozess der Weltsynode ausgegliedert. Zuvor war die Diakoninnenweihe dort Gegenstand intensiver Diskussionen gewesen. Nun soll sich bis Juni 2025 eine eigens eingesetzte Expertengruppe mit dem Thema befassen – ein Schritt, der in Teilen der Kirche auf Enttäuschung stieß.
Die frühere Vorsitzende der Deutschen Ordensobernkonferenz, Sr. Katharina Kluitmann, kritisierte die Entscheidung deutlich. Sie bezeichnete es als

---

537 „Katholische Kirche: Frauen, Weihe, Diakonin, Priester, Weltsynode, Bischöfe, Deutschland, Konflikt", abrufbar unter: https://www.kirche-und-leben.de/artikel/katholische-kirche-frauen-weihe-diakonin-priester-weltsynode-bischoefe-deutschland-konflikt, letzter Zugriff am 17.02.2025.

538 „Philippa Rath: Papst, Diakoninnen-Weihe, Frauen, Vatikan", abrufbar unter: https://www.kirche-und-leben.de/artikel/philippa-rath-papst-diakoninnen-weihe-frauen-vatikan, letzter Zugriff am 17.02.2025.

„enttäuschend", dass gerade dieses zentrale Thema erneut aufgeschoben werde, und fragte sich:

> Wie viele Arbeitsgruppen zum Diakonat der Frau soll es denn noch geben?

Sie verwies darauf, dass die bisherigen Phasen der Weltsynode gezeigt hätten, wie sehr das Thema weltweit unter den Nägeln brenne. Offenbar fehle jedoch der Mut, offen darüber zu beraten und konkrete Entscheidungen zu treffen. Sr. Katharina ergänzte, sie habe Papst Franziskus bereits vor einiger Zeit einen offenen Brief geschrieben, um die Dringlichkeit eines Dialogs auf Augenhöhe zu verdeutlichen – bis heute jedoch „nicht einmal eine Eingangsbestätigung" erhalten.

Der Vatikan kündigte die Einsetzung von insgesamt zehn Studiengruppen an, die sich mit je einem vom Papst formulierten Themenkomplex befassen. Eine dieser Gruppen soll untersuchen, ob Frauen künftig zum Diakonat zugelassen werden können. Die Zwischenergebnisse sollen im Oktober 2024 während der zentralen Sitzung der Weltsynode vorgestellt, die Endergebnisse bis Juni 2025 erarbeitet und dem Papst vorgelegt werden.[539]

Bischof Georg Bätzing betonte bei der Synode, dass die Frage nach dem Diakonat der Frau „nicht nur in einem kleinen Teil der Weltkirche" gestellt werde. Es reiche

---

539 „Schwester Katharina: Rom fehlt Mut, Frauenweihe bei Synode zu beraten", abrufbar unter: https://www.kirche-und-leben.de/artikel/schwester-katharina-rom-fehlt-mut-frauenweihe-bei-synode-zu-beraten, letzter Zugriff am 17.02.2025.

nicht, Frauen lediglich stärker in Leitungsverantwortung einzubinden – vielmehr müsse auch das sakramentale Amt offen diskutiert werden.[540]

Der Präfekt der vatikanischen Glaubenskongregation, Kardinal Víctor Manuel Fernández, kündigte ein lehramtliches Dokument zur Rolle der Frau in der Kirche an, das vom Glaubensdikasterium vorbereitet wird. Es soll sich mit der Eigenart sakramentaler Vollmacht, dem Ursprung kirchlicher Ämter, dem Verhältnis zwischen Ämtern mit und ohne Weihe sowie mit Fehlverständnissen kirchlicher Autorität befassen. Auch das Diakonat der Frau werde Teil dieser Untersuchung sein – allerdings sehe seine Behörde „keine Aussicht auf einen positiven Beschluss" in dieser Frage. Ein Zeitrahmen für das geplante Dokument wurde nicht genannt.[541]

Am Rande der Weltsynode kündigte die „Internationale Vereinigung römisch-katholischer Priesterinnen" an, am 17. Oktober weitere Frauenweihen durchführen zu wollen.[542] Nach eigenen Angaben hat die Vereinigung

---

540 „Weltsynode: Katholische Kirche, Diakoninnen, Frauen, Diakonenweihe, Bischof Georg Bätzing", abrufbar unter: https://www.kirche-und-leben.de/artikel/weltsynode-katholische-kirche-diakoninnen-frauen-diakonenweihe-bischof-georg-baetzing, letzter Zugriff am 17.02.2025.

541 vgl. „Frauen, Ämter, katholische Kirche, Weihe, Diakoninnen, Priesterinnen, Dokument Vatikan", abrufbar unter: https://www.kirche-und-leben.de/artikel/frauen-aemter-katholische-kirche-weihe-diakoninnen-priesterinnen-dokument-vatikan, letzter Zugriff am 17.02.2025.

542 *Weltsynode – Abschlussdokument*, abrufbar unter: https://www.dbk.de/fileadmin/redaktion/diverse_downloads/dossiers_2024/Weltsynode-Abschlussdokument.pdf, letzter Zugriff am 17.02.2025

bislang mehr als 270 Frauen in 14 Ländern zu Priesterinnen geweiht.[543]
Im Schlussdokument der Synode heißt es zur Frage der Diakoninnenweihe:

> Ebenso bleibt die Frage des Zugangs von Frauen zum diakonischen Amt offen, und der entsprechende Unterscheidungsprozess muss fortgesetzt werden.[544]

Persönliches Fazit

Die Entwicklungen der letzten Jahre zeigen eine Kirche, die zuhört – aber bisher nicht antwortet. Es wird gesprochen über die Rolle der Frau, über neue Dienste, über Wertschätzung und Verantwortung. Synoden betonen, wie unverzichtbar Frauen für das kirchliche Leben sind, und fordern ihre stärkere Beteiligung an Leitung und Verkündigung. Und doch bleibt die entscheidende Frage offen: die nach dem Zugang zu sakramentalen Ämtern.

Mich berührt, mit wie viel Ernst und theologischer Tiefe in vielen Beiträgen gerungen wird – um Gerechtigkeit, um Treue zur Überlieferung, um geistliche Berufung. Und gleichzeitig bleibt ein Gefühl zurück: Die entscheidenden Worte werden vermieden, die entscheidenden Schritte vertagt. Immer wieder wird betont, wie sehr Frauen die Kirche prägen – aber wenn es um konkrete Vollmachten geht, weicht die Kirche aus.

Dabei zeigt gerade das Motu proprio Spiritus Domini, wie sehr das Kirchenrecht veränderbar ist – und dass Berufung und Dienst nicht nur von Tradition, sondern auch von Entscheidung abhängen. Die

---

543 „Ordensoberin: Debatte Frauenfrage Weltsynode katholische Kirche“, abrufbar unter: https://www.kirche-und-leben.de/artikel/ordensoberin-debatte-frauenfrage-weltsynode-katholische-kirche, letzter Zugriff am 17.02.2025.

544 Ebd.

Einsetzung immer neuer Studiengruppen kann ein Zeichen von Sorgfalt sein – aber auch von Unsicherheit oder Verzögerung.
Vielleicht ist es gerade dieses Aushalten der Spannung, das die Gegenwart prägt: Die Frage ist nicht mehr, ob Frauen eine tragende Rolle in der Kirche haben – sondern, warum diese Rolle nicht auch amtlich, öffentlich und sakramental anerkannt wird. Die Antworten stehen noch aus. Aber sie werden kommen müssen – aus Treue zur Wahrheit, aus Respekt vor der Berufung, und aus dem Wunsch, dass die Kirche ihrem eigenen Anspruch wirklich gerecht wird

19. Jüngere Entwicklungen in den Schwesterkirchen

In diesem Kapitel werden Entwicklungen zum Thema Frauenordination in ausgewählten Schwesterkirchen der römisch-katholischen Kirche beleuchtet – konkret in der orthodoxen, der anglikanischen sowie der altkatholischen Kirche.

Eine Betrachtung der reformatorischen Kirchen – etwa der lutherischen oder reformierten Tradition – erfolgt hier bewusst nicht. Diese Kirchen besitzen ein anderes Amtsverständnis, das sich seit der Reformation grundlegend vom katholisch-sakramentalen Amtsverständnis unterscheidet. Da die Diskussion um die Weihe von Frauen innerhalb dieser Kirchen daher unter anderen theologischen und ekklesiologischen Voraussetzungen geführt wird, liegt der Fokus dieses Kapitels auf jenen Kirchen, die ein mit der katholischen Kirche vergleichbares Verständnis vom Weiheamt teilen oder zumindest stärker an die apostolische Sukzession und sakramentale Strukturen gebunden sind.

Die Entwicklung in den orthodoxen Kirchen

Auch wenn dieses Kapitel den Fokus auf Entwicklungen in der westlichen Kirche legt, bleibt das weibliche Diakonat in den orthodoxen Kirchen ein bedeutendes Thema kirchlicher Diskussion. Während das Amt der Diakonin in den ersten Jahrhunderten im Osten weitverbreitet war, wird in den heutigen orthodoxen

Kirchen über eine mögliche Wiederbelebung intensiv debattiert.[545]

Bereits ab den 1960er Jahren setzte in mehreren orthodoxen Kirchen eine theologische Auseinandersetzung darüber ein, ob Frauen erneut zum Diakonat zugelassen werden sollten. Verschiedene Konferenzen und Konsultationen beschäftigten sich mit der Frage. Ein besonderer Impuls ging vom orthodoxen Kongress des Ökumenischen Patriarchats aus, der 1988 auf Rhodos stattfand. Dort wurde die Rolle der Frau in der Kirche insgesamt aufgewertet, und es wurde betont, dass das Amt der Diakonin nie formell abgeschafft worden sei und daher wiederbelebt werden könne.[546] Konkrete Schritte folgten allerdings zunächst nicht – stattdessen wurden weitere Beratungen in unterschiedlichen Ländern abgehalten.

Ein bedeutender Durchbruch gelang im Jahr 2016: Das Patriarchat von Alexandria beschloss, Frauen wieder zum Diakonat zuzulassen – orientiert an der Praxis der frühen Kirche. Bereits im Jahr 2017 wurden in der Demokratischen Republik Kongo sechs Frauen zu Diakoninnen geweiht. Diese Entscheidung erregte großes Aufsehen, nicht zuletzt deshalb, weil das Diakonat nach

[545] vgl auch: „Die Orthodoxie: Streit um die Diakonatsweihe von Frauen", abrufbar unter: https://www.domradio.de/artikel/die-orthodoxie-streit-um-die-diakonatsweihe-von-frauen, letzter Zugriff am 20.01.2025.

[546] vgl. Chouvarda, Thomai: „Diakoninnen in der orthodoxen Kirche. Überlegungen und Perspektiven", in: Margit Eckholt, Sabine Demel, Marianne Heimbach-Steins, Regina Sommer (Hrsg.): *Frauen in kirchlichen Ämtern. Reformbewegungen in der ökumenischen Diskussion.* Vandenhoeck & Ruprecht, Göttingen 2018, S. 274f.

orthodoxem Verständnis zu den höheren sakramentalen Weihen gehört – im Gegensatz zum Subdiakonat, das den niederen Weihen zugerechnet wird.[547]

Ein weiterer Meilenstein folgte am 2. Mai 2024, als Erzbischof Serafim von Simbabwe in Harare die Theologin Angelic Molen zur Diakonin weihte. Die orthodoxe Organisation *St. Phoebe Center for the Deaconess* berichtete über die Weihe und zitierte den Erzbischof mit den Worten:

> Sie wird tun, was der Diakon in der Liturgie und bei allen Sakramenten in unseren orthodoxen Gottesdiensten tut.[548]

In der orthodoxen Liturgie übernehmen Diakone traditionell eine assistierende Rolle. Sie unterstützen den Priester bei den Sakramenten und der Feier der Liturgie, sind jedoch nicht befugt, Sakramente selbstständig zu spenden.[549] Die Weihe von Angelic Molen zeigt, dass die

---

547 „Patriarchat von Alexandria weiht erste Frau zur Diakonin", abrufbar unter: https://www.netzwerkafrika.de/patriarchat-von-alexandria-weiht-erste-frau-zur-diakonin, letzter Zugriff am 02.03.2025, und: „Alexandria: Äthiopien und der Diakonat der Diakonissen", abrufbar unter: https://www.vaticannews.va/de/welt/news/2019-03/alexandria-aethiopien-diakonat-diakonissen0.html, letzter Zugriff am 02.03.2025.

548 „Simbabwe: Orthodoxe Diakoninnen-Weihe sorgt für Aufsehen", abrufbar unter: https://www.vaticannews.va/de/welt/news/2024-05/simbabwe-orthodoxe-diakoninnen-weihe-sorgt-fuer-aufsehen-harare.html, letzter Zugriff am 02.03.2025.

549 „Erste orthodoxe Diakonin der Neuzeit sakramental geweiht", abrufbar unter: https://www.katholisch.de/artikel/53134-erste-orthodoxe-diakonin-der-neuzeit-sakramental-geweiht, letzter Zugriff am 20.01.2025.

Wiederaufnahme des weiblichen Diakonats in bestimmten orthodoxen Kirchen nicht nur diskutiert, sondern auch konkret umgesetzt wird.
Obwohl diese Entwicklungen von vielen als Fortschritt gewertet werden, ist die Weihe von Frauen zum Diakonat auch innerhalb der Orthodoxie umstritten. Konservative Stimmen kritisieren sie als moderne Neuerung, die nicht mit der überlieferten Tradition der Kirche vereinbar sei. Andere hingegen sehen darin die Wiederherstellung einer jahrhundertealten Praxis, die über lange Zeit in Vergessenheit geraten war.

Die Entwicklung in der altkatholischen Kirche

Obwohl sich dieses Buch primär mit der römisch-katholischen Kirche befasst, lohnt es sich, auch einen Blick auf die Entwicklungen in der altkatholischen Kirche zu werfen – insbesondere auf die Begründung ihrer Entscheidung, Frauen zu allen kirchlichen Weiheämtern zuzulassen.
Seit den 1970er Jahren wurde in der altkatholischen Kirche intensiv über die Möglichkeit des Diakonats für Frauen diskutiert. Dennoch beschloss die Internationale Altkatholische Bischofskonferenz im Jahr 1976, Frauen nicht zu den drei sakramentalen Weiheämtern zuzulassen. Im Jahr 1982 wurde schließlich entschieden, die Wiedereinführung des Diakonats für Frauen den jeweiligen Ortskirchen zu überlassen. Zwei Jahre später, 1984, stellte die Bischofskonferenz fest, dass gegen die Priesterweihe von Frauen keine zwingenden theologischen Argumente vorlägen. 1987 wurden daraufhin die ersten

Frauen in der Schweiz zu Diakoninnen geweiht, 1988 folgte eine Weihe in Deutschland und 1991 in Österreich. Ein entscheidender Schritt erfolgte 1994, als die 51. Ordentliche Bistumssynode der altkatholischen Kirche beschloss, Frauen den gleichen Zugang zu allen kirchlichen Ämtern zu gewähren. Am 27. Mai 1996 wurden die ersten beiden Frauen zu Priesterinnen geweiht.[550]

Die Begründung dieses Schrittes wurde von der altkatholischen Kirche theologisch wie folgt dargelegt:

> Wir sind dabei zur gemeinsamen Überzeugung gekommen, dass keine zwingenden dogmatischen-theologischen Gründe vorliegen, dass Frauen nicht zum priesterlichen Dienst geweiht werden. Bestimmend für unsere Überlegungen war dabei die soteriologische Dimension der Kirche und ihrer Sendung: das Heil der Menschen und der ganzen Schöpfung in Jesus Christus, in dem sich die neue Schöpfung vollzieht. Im Besonderen war die in der Alten Kirche herrschende Überzeugung wegweisend: Nur was angenommen und mit Gott geeint wurde, ist gerettet. Es ist die ganze, Mann und Frau gemeinsame menschliche Natur, die unser Herr angenommen hat.[551]

---

[550] Alt-Katholisches Bistum in Deutschland: *Frauenordination*, abrufbar unter: https://www.alt-katholisch.de/unser-glaube/frauenordination/, letzter Zugriff am 19.03.2025

[551] ebd.

Ein weiterer historischer Meilenstein wurde am 24. Juni 2023 erreicht, als in Wien erstmals eine Frau zur Bischöfin geweiht wurde.[552]

Die Entwicklung in der anglikanischen Kirche

Die Anglikanische Gemeinschaft, bestehend aus 38 autonomen Provinzen, zeigt in der Frage der Frauenordination eine bemerkenswerte Vielfalt. Während einige Provinzen Frauen den Zugang zu allen kirchlichen Ämtern ermöglichen, lehnen andere dies weiterhin ab.
Ein historischer Meilenstein war die Priesterweihe von Florence Li Tim-Oi im Jahr 1944 in Hongkong, die jedoch als kriegsbedingter Einzelfall galt und nicht zu einer generellen Öffnung führte. Erst in den 1970er Jahren begannen einige anglikanische Kirchen, Frauen zum Priesteramt zuzulassen. Die Episcopal Church in den USA weihte 1976 erstmals Frauen zu Priesterinnen.[553] 1989 wurde mit Barbara Clementine Harris die erste anglikanische Bischöfin in den USA geweiht. In Neuseeland folgte 1990 mit Penny Jamieson die erste Diözesanbischöfin.[554]

---

552 Alt-Katholisches Bistum in Deutschland: *Frauenordination*, abrufbar unter: https://www.alt-katholisch.de/unser-glaube/frauenordination/, letzter Zugriff am 19.03.2025

553 „12. März 1994 - Erste Priesterinnen der Church of England geweiht“, abrufbar unter: https://www1.wdr.de/stichtag/stichtag-priesterinnen-church-of-england-102.html, letzter Zugriff am 23.03.2025

554 „Kirche" und „Zukunft" – zwei weibliche Worte“, abrufbar unter: https://www.herder.de/hk/aktuell/seit-30-jahren-priesterinnen-in-englands-anglikanischer-kirche-kirche-und-zukunft-zwei-weibliche-worte/, letzter Zugriff am 23.03.2025.

In der Church of England wurde 1992 die Zulassung von Frauen zum Priesteramt beschlossen, und 1994 erfolgten die ersten Priesterinnenweihen. Die Öffnung des Bischofsamtes für Frauen wurde 2014 beschlossen, wobei Libby Lane 2015 als erste Bischöfin geweiht wurde. Rachel Treweek folgte im selben Jahr als erste Diözesanbischöfin. Trotz dieser Fortschritte bleibt die Frauenordination innerhalb der Anglikanischen Gemeinschaft umstritten. Einige Provinzen, insbesondere in Afrika und Asien, lehnen die Weihe von Frauen weiterhin ab. Diese unterschiedlichen Haltungen führen zu Spannungen innerhalb der Gemeinschaft und beeinflussen auch die ökumenischen Beziehungen zu anderen Kirchen.[555]

Eine bemerkenswerte Entwicklung fand im Februar 2024 statt: Die anglikanische Bischöfin Jo Bailey Wells wurde eingeladen, Papst Franziskus und dem Kardinalsrat ihre Erfahrungen mit der Frauenordination in der Anglikanischen Kirche vorzustellen. Die Bischöfin betonte, der Papst habe „mit Neugier“ zugehört und sei offen für Veränderungen in der Kirche. Sie sprach von einer Atmosphäre wie in einem theologischen Seminar – respektvoll und lernbereit. Die Einladung, so Wells, sei für sie bedeutsam gewesen: „Wie eine Kollegin, eine Gefährtin im Dienst am Evangelium Christi“[556]

---

555 „Anglikanische Kirche im Richtungsstreit“, abrufbar unter: https://www.evangelisch.de/inhalte/130059/08-01-2016/erzbischof-von-canterbury-beraet-mit-oberhaeuptern-aller-kirchenprovinzen-ueber-kurs-der?utm_source=chatgpt.com, letzter Zugriff am 23.03.2025

556 „Anglikanische Bischöfin berät Papst Franziskus zur Frauenordination“, abrufbar unter:

Zusammenfassend hat die Anglikanische Gemeinschaft in den letzten Jahrzehnten bedeutende Schritte unternommen, um Frauen den Zugang zu kirchlichen Ämtern zu ermöglichen. Dennoch bleibt die Umsetzung weltweit uneinheitlich, was die Komplexität und Vielfalt innerhalb der Gemeinschaft widerspiegelt.

Ein ökumenischer Blick auf die Frauenordination

Die Entwicklungen in den Schwesterkirchen zeigen deutlich, dass die Frage der Frauenordination weltweit in Bewegung ist – jedoch unter ganz unterschiedlichen Voraussetzungen. Während sich die orthodoxen Kirchen in einzelnen Regionen schrittweise an eine Wiederbelebung des weiblichen Diakonats herantasten, haben die altkatholische und die anglikanische Kirche bereits umfassende Öffnungen vollzogen: Frauen sind dort nicht nur Diakoninnen, sondern auch Priesterinnen und Bischöfinnen.

Diese kirchlichen Entscheidungen basieren jeweils auf eigenen theologischen Überlegungen, auf einer differenzierten Interpretation von Tradition und Offenbarung sowie auf der konkreten pastoralen Realität vor Ort. Trotz der bestehenden Spannungen – sowohl innerhalb der einzelnen Kirchen als auch im ökumenischen Dialog – zeigen die vielfältigen Entwicklungen, dass die Rolle der Frau im kirchlichen Amt nicht statisch ist.

---

https://www.katholisch.de/artikel/50975-anglikanische-bischoefin-beraet-papst-franziskus-zur-frauenordination, letzter Zugriff am 23.03.2025.

Auch für die römisch-katholische Kirche stellt sich angesichts dieser weltweiten Entwicklungen verstärkt die Frage, wie sie auf die Herausforderungen einer sich wandelnden Gesellschaft reagieren will – und ob sie sich dem Gespräch mit ihren Schwesterkirchen öffnet, um neue Perspektiven für eine inklusivere Kirche zu gewinnen.

Persönliches Fazit:

Auch wenn sich dieses Buch ganz auf die römisch-katholische Kirche konzentriert, scheint mir der Blick auf die Schwesterkirchen notwendig. Denn auch dort stellen sich ähnliche Fragen: Wie lassen sich sakramentales Amt, Tradition und Geschlechtergerechtigkeit miteinander verbinden? Welche Rolle spielt Berufung – und wer entscheidet, wie sie amtlich anerkannt wird?

Mir geht es dabei nicht um einen Vergleich im Sinne von „weiter" oder „rückständig". Mich interessiert, wie andere Kirchen mit vergleichbarem Amtsverständnis – wie die altkatholische, die anglikanische oder auch die orthodoxen Kirchen – eigene Antworten auf diese Fragen gefunden haben. Viele dieser Entscheidungen wurden theologisch sorgfältig begründet, nicht aus Anpassung, sondern aus einem Ringen um Glaubwürdigkeit. Dass selbst konservative Traditionen wie die Orthodoxie über das weibliche Diakonat neu nachdenken – und erste Schritte wagen –, zeigt: Die Frage ist nicht, ob es Veränderung geben kann, sondern wie sie verantwortet wird.

Dieser ökumenische Blick stellt keine fertige Lösung für die römisch-katholische Kirche bereit. Aber er weitet die Perspektive. Er erinnert daran, dass das, was in einem kirchlichen Kontext als „unumstößlich" gilt, anderswo aus ähnlicher Treue zum Evangelium neu gedeutet wurde. Und er wirft ehrliche Fragen auf: Wie viel Vielfalt kann Kirche zulassen, ohne ihre Einheit zu gefährden? Und wie viel Bewegung ist nötig, um ihrem eigenen Anspruch gerecht zu werden?

Ich habe dieses Kapitel eingefügt, weil ich überzeugt bin: Manchmal erkennt man das Eigene klarer, wenn man es neben das Andere stellt. Nicht, um sich zu vergleichen – sondern um neu zu verstehen, was wirklich trägt

III. ARGUMENTATIONSGRUNDLAGEN

Die Frage nach der Zulassung von Frauen zum Diakonat und Priesteramt zählt in Deutschland zu den kontroversesten Themen in der Geschichte und Gegenwart der Kirche. Die Debatte bewegt sich an der Schnittstelle von Tradition, Theologie und gesellschaftlichem Wandel.

Ein zentraler Aspekt dieser Diskussion ist die historische Entwicklung kirchlicher Strukturen, die eng mit den patriarchalen Gesellschaftsordnungen der Antike und des Mittelalters verknüpft sind. Die theologische Rezeption von Geschlechterrollen wurde maßgeblich von diesen gesellschaftlichen Rahmenbedingungen geprägt.

Bereits in der frühen Kirche existierten unterschiedliche Interpretationen der Rolle von Frauen in kirchlichen Leitungspositionen. Einerseits belegen biblische und außerbiblische Quellen, dass Frauen wie Phoebe und Junia zentrale Aufgaben in den Gemeinden wahrnahmen. Andererseits setzte sich spätestens ab dem 4. Jahrhundert eine zunehmend hierarchische und männlich dominierte Kirchenstruktur durch, die Frauen schrittweise von kirchlichen Ämtern ausschloss.

Die heute bestehende Ämterstruktur mit den drei Weihegraden – Diakon, Priester und Bischof – entwickelte sich erst allmählich in den ersten Jahrhunderten des Christentums. Endgültig festgeschrieben wurde dieses dreigliedrige Amt erst mit dem Konzil von Trient im Jahr 1563.[557]

Zuvor bestand eine weniger hierarchische Aufgabenverteilung zwischen *diákonoi* (Diener) und *epískopoi* (Aufseher/Bischöfe). Diese Bezeichnungen spiegelten möglicherweise keine feste Rangordnung wider, sondern deuteten vielmehr auf unterschiedliche Dienste innerhalb der Gemeinde hin.

In dieser frühen Zeit wurden auch Frauen als *diákonoi* beauftragt und geweiht. Sie gehörten zum Klerus, hatten jedoch kaum oder keine liturgischen Aufgaben am Altar und standen nach gegenwärtigem Kenntnisstand auch nie einer Eucharistiefeier vor.

Wie genau die Praxis in den frühchristlichen Hauskirchen aussah, die teilweise von Frauen geleitet wurden, lässt sich nicht mit Sicherheit rekonstruieren. Es liegt jedoch nahe, dass Frauen, die als Gastgeberinnen und Leiterinnen einer Hausgemeinde fungierten, auch die Feier des Abendmahls übernommen haben könnten – eindeutige Belege dafür existieren allerdings nicht.

Die *Didache*, die älteste bekannte Kirchenordnung aus dem frühen 2. Jahrhundert, kennt noch keine Ämter in der Kirche. Doch bereits die folgenden Kirchenordnungen legen nahe, dass die Feier der Eucharistie in der Regel dem *epískopos* (Bischof) vorbehalten war.

Erst im 4. Jahrhundert erscheint die Bezeichnung *presbýteroi* („Älteste", später „Priester"). Deren Aufgaben und

---

[557] „Si quis dixerit, in catholica ecclesia non esse hierarchiam divina ordinatione institutam, quae constat ex episcopis, presbyteris et ministris: anathema sit."

Stellung lassen sich aus den historischen Quellen nur schwer rekonstruieren.

Parallel dazu begann die schrittweise Einschränkung des Diakoninnenamts. In der Westkirche wurden Frauen nach und nach aus dem Klerus ausgegliedert, und das Amt verschwand schließlich vollständig.

In der Ostkirche hingegen wurde das Amt der Diakonin nie offiziell verboten. Dort existierte es noch über Jahrhunderte hinweg – wenn auch mit veränderter Funktion und geringerer Verbreitung. Diakoninnen waren vor allem in klösterlichen Gemeinschaften und im seelsorgerlichen Bereich tätig.

Während Diakoninnen seit den ersten Jahrhunderten der Kirchengeschichte historisch nachgewiesen sind und verantwortungsvolle Aufgaben übernahmen, existieren keine belegbaren Hinweise darauf, dass Frauen jemals als Priesterinnen (*presbýteroi*) oder Bischöfinnen (*epískopoi*) geweiht wurden. Die wiederkehrenden Verbote, Frauen zu Priesterinnen zu weihen, lassen jedoch zumindest indirekt vermuten, dass entsprechende Bestrebungen oder vereinzelte Weihen stattgefunden haben könnten.

Diese historische Entwicklung führt zu zwei unterschiedlichen, aber eng miteinander verknüpften Fragestellungen, die differenziert betrachtet werden müssen:

1. Sollte das Diakoninnenamt mit Blick auf die Praxis der frühen Kirche heute wieder eingeführt werden?

2. Sollten Frauen im Sinne eines zeitgemäßen Verständnisses von Gleichberechtigung Zugang zu allen kirchlichen Ämtern erhalten?

Diese beiden Fragen stehen im Zentrum der gegenwärtigen kirchlichen Auseinandersetzung – sie berühren historische und theologische Argumente ebenso wie Fragen nach gesellschaftlicher Gerechtigkeit und dem Selbstverständnis der Kirche in einer sich wandelnden Welt.

1. Eine Wiederbelebung des Amts der Diakonin?

Im Lukasevangelium wird berichtet, dass sieben Männer für den „Dienst an den Tischen“ ausgewählt wurden (Apg 6,3). Diese Männer gelten traditionell als die ersten Diakone der Kirche.

Zahlreiche historische Quellen belegen, dass es bereits in der frühen Kirche Frauen gab, die als Diakoninnen tätig waren. Diese Tatsache hat in den letzten Jahrzehnten immer wieder Forderungen nach einer Wiederbelebung des Diakoninnenamtes ausgelöst – insbesondere seit das Zweite Vatikanische Konzil das Amt des Ständigen Diakons wieder eingeführt hat, in Anlehnung an das frühkirchliche Diakonat.

Gleichzeitig gibt es innerhalb der Kirche auch kritische Stimmen gegenüber einer Wiedereinführung des weiblichen Diakonats. Sie verweisen darauf, dass Frauen heute bereits zahlreiche verantwortungsvolle Aufgaben übernehmen:

- als Pastoral- oder Gemeindeassistentinnen,
- als Mitglieder von Pfarrgemeinderäten und kirchlichen Gremien,
- als Theologinnen in Forschung und Lehre,
- als Religionspädagoginnen
- oder in Leitungsfunktionen – sogar innerhalb vatikanischer Behörden.

Vor diesem Hintergrund stellt sich die Frage, welchen konkreten Mehrwert eine Weihe zur Diakonin heute bieten würde. Die Diakoninnen der frühen Kirche verfügten nicht über dieselben liturgischen Befugnisse wie ihre männlichen Amtskollegen. Eine Weiheform, die heute an diese historische Praxis anknüpft und zugleich liturgisch eingeschränkt wäre, könnte daher als uneinheitlich oder befremdlich empfunden werden.

Zudem gibt es heute keine kirchlichen Aufgaben, die ausschließlich von frühkirchlichen Diakoninnen übernommen wurden und die nicht auch heute bereits von nicht geweihten Frauen erfüllt werden könnten. Der zentrale Unterschied läge in der sakramentalen Form und der damit verbundenen Autorität und öffentlichen Anerkennung – weniger in den konkreten Aufgaben.

Die Kirche steht in dieser Frage in einem Spannungsfeld zwischen Tradition und Veränderung: Einerseits ist sie gerufen, sich an der frühkirchlichen Praxis zu orientieren, andererseits muss sie auf die gesellschaftlichen Entwicklungen und pastoralen Bedürfnisse der Gegenwart reagieren. Der Papst hätte grundsätzlich die Möglichkeit, das Kirchenrecht zu ändern oder in bestimmten Fällen Dispensen (Ausnahmeregelungen) zu gewähren – beides würde faktisch zu einer Neuregelung führen.

Die eingehende Analyse der historischen und theologischen Quellen zum Diakonat der Frau in diesem Buch soll es den Leserinnen und Lesern ermöglichen, sich auf fundierter Grundlage ein eigenes Urteil zu dieser komplexen Frage zu bilden.

Aus meiner persönlichen Perspektive erscheint eine Wiedereinführung der Diakoninnenweihe unter den derzeitigen kirchlichen Voraussetzungen und angesichts der bereits bestehenden vielfältigen Einsatzmöglichkeiten für Frauen nicht als sinnvoll. Dennoch ist mir bewusst, dass andere zu einem abweichenden Schluss gelangen können – und sollen. Die Vielfalt der Argumente, Entwicklungen und historischen Kontexte lädt ausdrücklich dazu ein, sich selbst mit dieser Frage auseinanderzusetzen und zu einer eigenen begründeten Position zu finden.

2. Zugang von Frauen zu allen Ämtern?

Die historischen Quellen machen deutlich, dass Frauen in der Geschichte der Kirche eine zentrale Rolle spielten – sei es in kirchlichen, spirituellen oder auch politischen Funktionen.

Obwohl in der frühen Kirche Frauen als Diakoninnen geweiht wurden, wurde diese Weihe später abgeschafft. Gleichzeitig blieb ihnen von Beginn an der Zugang zu den höheren Weiheämtern – Priester- und Bischofsamt – verwehrt.

Mit der zunehmenden Ausbildung hierarchischer Strukturen innerhalb der Kirche – im Sinne eines geistlichen Ständemodells, das dem politischen Ordnungsdenken des Mittelalters ähnelte – setzte sich die bis heute gültige Ämterstruktur aus Bischof, Priester und Diakon endgültig durch. Diese Entwicklung wurde durch die wachsende Bedeutung des Bischofs von Rom zusätzlich zentralisiert und gefestigt.

Die Argumente, mit denen Frauen von kirchlichen Weiheämtern ausgeschlossen wurden, wiederholen sich im Verlauf der Kirchengeschichte in variierender Form. Im Folgenden sollen einige dieser historischen und theologischen Begründungsmuster näher betrachtet und kritisch analysiert werden.

Frauen sollten nicht öffentlich reden oder lehren

Eines der häufigsten Argumente gegen die Zulassung von Frauen zu kirchlichen Leitungs- oder Weiheämtern ist die

Berufung auf biblische Texte, die Frauen das öffentliche Lehren oder Reden untersagen. In 1Tim 2,12 heißt es etwa:

> Ich gestatte einer Frau nicht, zu lehren oder über den Mann zu herrschen, sondern sie soll sich still verhalten. (1Tim 2,12)

Solche Aussagen aus den Pastoralbriefen wurden über Jahrhunderte hinweg als Beleg für die Unzulässigkeit weiblicher Verkündigung oder Führung herangezogen.
Die Forschung hat jedoch gezeigt, dass diese Briefe – anders als etwa die authentischen Paulusbriefe – aus einer späteren Zeit stammen und nicht die ursprüngliche Lehre des Apostels Paulus widerspiegeln. In meinen Analysen habe ich gezeigt, wie Paulus in seinen echten Briefen sehr wohl Frauen wie Phoebe oder Junia als gleichberechtigte Mitarbeiterinnen erwähnt, ja sogar als *diákonos* (Dienerin, Diakonin) oder als *hervorragende Apostelin* bezeichnet (Röm 16,1.7).
Zudem zeigen die Quellenuntersuchungen deutlich, dass Frauen in der frühen Kirche öffentliche Rollen wahrnahmen, lehrten, predigten, Gemeindeleitungen übernahmen und als Apostelinnen und Diakoninnen wirkten. Die Argumentation der Pastoralbriefe steht somit im Kontrast zur vielstimmigen Realität der frühen Gemeinden und zu Jesu selbst, der Frauen in seinen Jüngerkreis aufnahm, mit ihnen theologische Gespräche führte und sie sogar mit Verkündigungsaufträgen betraute – wie Maria Magdalena als *apostola apostolorum* (Joh 20,17).
In der heutigen Kirche ist es längst gelebte Realität, dass Frauen:

- Theologie studieren und lehren,
- öffentliche Vorträge und Katechesen halten,
- als Pastoral- oder Gemeindereferentinnen wirken,
- Leitungspositionen in kirchlichen Gremien innehaben,
- und sogar Verantwortung in vatikanischen Behörden übernehmen.

Angesichts dessen erscheint die Berufung auf ein antikes Schweigegebot nicht nur historisch überholt, sondern auch theologisch unhaltbar. Das Weiterwirken solcher Argumente scheint weniger aus der Kraft biblischer Wahrheit als vielmehr aus einem traditionellen Amtsverständnis gespeist zu sein, das nicht mehr den heutigen Erfordernissen von Gleichwertigkeit und partnerschaftlichem Miteinander gerecht wird.
In meinem Buch wurde mehrfach gezeigt, dass Frauen in der frühen Kirche öffentliche Verantwortung trugen und eine tragende Rolle in der Entwicklung des Christentums spielten. Ihnen das Wort zu verbieten, hieße, der eigenen kirchlichen Geschichte und der Verkündigung Jesu nicht gerecht zu werden.

Jesus hat nur Männer zu den *zwölf Aposteln* gewählt

Ein häufig angeführtes Argument gegen die Zulassung von Frauen zu kirchlichen Weiheämtern ist die Berufung auf das Vorbild Jesu selbst: Die Evangelien bezeugen, dass Jesus zwölf jüdische Männer in den engsten Kreis seiner Apostel berief. Diese Auswahl wird häufig als bewusst gesetztes Zeichen gedeutet – als symbolische

Repräsentation der zwölf Stämme Israels und somit als Neugründung des Volkes Gottes.
Auch nach dem Verrat des Judas blieb man bei dieser symbolischen Struktur. Bei der Wahl seines Nachfolgers (Apg 1,21–26) wurden ausschließlich Männer als Kandidaten in Betracht gezogen. Zwei männliche Jünger, Barsabbas und Matthias, wurden der Gemeinde zur Wahl vorgestellt; das Los fiel schließlich auf Matthias. Diese Praxis wird von vielen als Fortsetzung des männlich geprägten Apostelamtes verstanden.
Die Pastoralbriefe greifen diese Sichtweise auf und verfestigen das Leitungsamt als männliche Aufgabe. So heißt es in 1Tim 3,2–4:

> Ein Bischof soll unbescholten sein, Mann einer einzigen Frau, nüchtern, besonnen, ehrbar, gastfreundlich, ein guter Lehrer, kein Trinker, kein Schläger, sondern milde, friedfertig und nicht geldgierig. Er soll seinem Haus gut vorstehen, Kinder haben, die in Ehrfurcht gehorchen. (1Tim 3,2-4)

Auch die *Didache*, die älteste erhaltene Kirchenordnung aus dem 2. Jahrhundert, formuliert deutlich, dass Bischöfe und Diakone aus der männlichen Gemeinde gewählt werden sollen.
Gleichzeitig zeigen meine Recherchen: Die Apostelgruppe wurde bereits in der frühchristlichen Zeit nicht mehr rein numerisch auf „die Zwölf" beschränkt. Während Lukas „die Zwölf" mit dem Apostelbegriff gleichsetzt, erweitert Paulus diesen deutlich. In seinen Briefen nennt er sich selbst Apostel – obwohl er Jesus nicht persönlich begegnet

war, keine Handauflegung erfahren hatte und keine formale Einsetzung durch den Zwölferkreis nachweisbar ist.
Diese Öffnung des Apostelbegriffs zeigt sich auch in Röm 16,7, wo Paulus ausdrücklich eine Frau als Apostelin nennt: Junia. Er schreibt, sie sei zusammen mit Andronikus „hervorragend unter den Aposteln". Diese Formulierung wurde bereits von Kirchenvater Johannes Chrysostomus im 4. Jahrhundert als Beleg dafür verstanden, dass auch Frauen in apostolischer Autorität standen.
Bis ins 13. Jahrhundert galt Junia in der westlichen Tradition unangefochten als Frau. Erst später wurde der Name durch Abschreibfehler oder bewusste redaktionelle Eingriffe maskulinisiert – ein Indiz dafür, wie sehr die Vorstellung von weiblicher apostolischer Autorität im Nachhinein verdrängt wurde. In der griechisch-orthodoxen Kirche hingegen wird Junia bis heute als „heilige Apostelin" verehrt; ihr Gedenktag ist der 17. Mai.
Auch Karl Rahner, einer der bedeutendsten Theologen des 20. Jahrhunderts, stellte die Frage, ob aus der Berufung von Männern in den Zwölferkreis überhaupt zwingend Normatives für die spätere Gemeindestruktur abgeleitet werden kann. Er fragt kritisch:

> Ob sich etwas Bestimmtes und Eindeutiges aus der Wahl von Männern für das Zwölfer-Kollegium durch Jesus für die Frage eines normalen und schlichten Gemeindeleiters und

Vorstehers der Eucharistiefeier in einer beliebigen Gemeinde in späterer Zeit ableiten lasse.[558]

Diese Überlegung verweist auf den historischen Kontext: Jesus wirkte in einer patriarchalen Gesellschaft, in der es kulturell ausgeschlossen war, dass Frauen öffentlich als religiöse Autoritäten auftraten. Dass er dennoch Frauen wie Maria von Magdala, Maria von Betanien oder die Samariterin am Jakobsbrunnen in seine Verkündigung einbezog, zeigt, dass seine Praxis durchaus Grenzen überschritt – auch wenn er sie im Zwölferkreis nicht institutionalisierte.

Zusammenfassend kann gesagt werden: Die Tatsache, dass Jesus nur Männer zu den Zwölfen berief, erklärt sich historisch und symbolisch. Ob sich daraus jedoch eine zeitlose, normative Vorgabe für das sakramentale Weiheamt ableiten lässt, ist theologisch umstritten – zumal die Ausweitung des Apostelbegriffs durch Paulus und die Überlieferung der Apostelin Junia dem widersprechen.

Jesus Christus war Mann – nur ein Mann kann also in persona Christi handeln

Ein zentrales Argument der Kirche gegen das Priesteramt der Frau ist die Vorstellung, dass der Geistliche *in persona Christi capitis* handelt – also in der Person Christi als Haupt der Kirche. Obwohl das Neue Testament diesen Stellvertreterbegriff nicht in der späteren, juristisch

558 Karl Rahner, „Priestertum der Frau?“, in: *StZ* 102 (1977), S. 291–301.

fixierten Form kennt, entwickelten sich entsprechende Ansätze bereits sehr früh.
Nach katholischem Verständnis repräsentiert der Priester Christus in besonderer Weise, insbesondere in der Feier der Eucharistie. Durch die Weihe wird er mit einem unauslöschlichen Merkmal ausgestattet, das ihn dazu befähigt, *in persona Christi* zu handeln. Diese Argumentation wird häufig so interpretiert, dass der Priester Christus als Bräutigam der Kirche verkörpere – und daher männlich sein müsse.
So heißt es in der Dogmatik von M. Schmaus (1957):

> So [wie bei Christus] bedeutet nun auch beim Priester sein Charakter als Mann einen natürlichen Hinweis auf seine Sendung, in der Öffentlichkeit der Welt die Botschaft vom Reiche Gottes zu verkündigen und die Sakramente zu spenden und so in einem in der Kraft Christi vollzogenen Schöpfertum göttliches Leben zu vermitteln. Sache der Frau ist es mehr, das Leben aufzunehmen und zu hegen.[559]

A. Winklhofer argumentierte 1968 in ähnlicher Weise:

> Soll nun er, das Haupt, entgegen der Schöpfungsordnung (...) im Realsymbol durch eine Frau, die dem Mann „unterworfen" und nicht Haupt ist, dargestellt werden können? Das Amt in der Kirche folgt der Schöpfungsordnung.[560]

---

559 Michael Schmaus, *Dogmatik*, Bd. IV/1, 5. Auflage, München: Hueber, 1957, S. S. 661

560 Alois Winklhofer, *Kirche in den Sakramenten*, Frankfurt: Knecht, 1968, S. 227.

Hinter diesen Aussagen steht die Annahme, dass sich die anatomischen Unterschiede zwischen Mann und Frau mit substanziellen, also wesensmäßigen Unterschieden verbinden. Daraus wird abgeleitet, dass es nicht nur eine gemeinsame Menschennatur gebe, sondern eine je eigene „Mannesnatur“ und „Frauennatur“. In dieser Logik hätte Gott in Jesus Christus nicht nur die menschliche, sondern auch die männliche Natur angenommen – eine Natur, die von einer Frau nicht repräsentiert werden könne. Die Folge wäre: Das unauslöschliche Merkmal der Weihe könne nur auf Männer übertragen werden, da Frauen angeblich die körperliche Voraussetzung fehle. Diese Argumentation gründet in der Substanzontologie des Thomas von Aquin. Allerdings existieren in der Theologie auch andere Denkmodelle, die eine solche Differenzierung nicht vornehmen.[561]

Kritiker dieser Sichtweise hinterfragen, ob eine so enge Verbindung von biologischem Geschlecht und priesterlicher Funktion theologisch tatsächlich notwendig ist. Die Vorstellung von Christus als Bräutigam der Kirche verweist auf eine mystische Beziehung – sie sollte nicht biologistisch missverstanden werden. Zahlreiche Mystikerinnen und Mystiker der Kirchengeschichte sprechen vielmehr von einem Einswerden mit Christus, das weit über körperliche Merkmale hinausgeht.

---

[561] vgl. auch: Saskia Wendel, „Jesus war ein Mann… – na und? Ein funktionales und nicht-sexualisiertes Amtsverständnis in anthropologischer Hinsicht“, in: Margit Eckholt u. a. (Hg.), *Frauen in kirchlichen Ämtern. Reformbewegungen in der Ökumene*, Freiburg i. Br.: Herder, 2018, S. 330–341.

Während nach der paulinischen Konzeption der Leib Christi als Ganzes zählt und das Amt eines von vielen Gliedern in diesem Leib ist, stellt das hier dargestellte Modell Amt und Amtsträger der Gemeinde gegenüber. Dementsprechend soll der Priester Christus als Haupt darstellen, während die Gemeinde als Braut den Leib Christi symbolisiert. Der priesterliche Dienst wird in diesem Verständnis als Fortsetzung der Wirksamkeit Christi verstanden – und dies setzt zwei Voraussetzungen voraus: das männliche Geschlecht und die sakramentale Ordination. Der Amtsträger soll Christus in seiner irdischen Existenz als Mann repräsentieren.

Nach dem Neuen Testament ist allein Christus das Haupt der Kirche – der einzige Herr, insofern er der menschgewordene Gott ist. Von ihm her wird der Leib zusammengehalten (vgl. Eph 2,21). Die kirchlichen Dienstämter gelten als Charismen des Heiligen Geistes:

> Und er gab den einen das Apostelamt, andere setzte er als Propheten ein, andere als Evangelisten, andere als Hirten und Lehrer, um die Heiligen für die Erfüllung ihres Dienstes zu rüsten, für den Aufbau des Leibes Christi (Eph 4,11f.).

Die Gemeindevorsteher der frühen Kirche traten nie als Haupt der Kirche gegenüber, sondern verstanden sich als Diener Christi, wie es an zahlreichen Stellen des Neuen Testaments betont wird. Es ging demnach nicht um eine abbildhafte Darstellung des irdischen Jesus als Mann.

Jesus bleibt der einzige wahre Hirt – der „ἀρχιποιμήν" [archipoimēn], der „Oberhirte" (vgl. 1Petr 5,4). Nur wer durch die Liebe mit ihm verbunden bleibt, kann diesen Hirtendienst in Stellvertretung ausüben. In Joh 21,15–17 fragt Jesus Petrus dreimal, ob er ihn liebe – und gerade von dieser Liebe hängt die Übertragung der Hirtensorge ab. Die Apostel sollen sich auf die Kraft des Geistes verlassen, nicht auf natürliche Eigenschaften oder ihr Geschlecht. Der Apostel selbst versteht sich ausdrücklich als schwach, dessen Kraft allein von Christus kommt (vgl. 2Kor 12,10). Wenn ein Priester seine Fähigkeit zur Christus-Repräsentanz eher aus seiner Männlichkeit als aus dem Geist Christi ableitet, läuft er Gefahr, den eigentlichen Dienstcharakter seines Amtes zu verfehlen – ein Anspruch, der der Gesinnung Christi fundamental widerspricht (vgl. Lk 22,25ff.). Wäre Frauen der Zugang zum Priesteramt gestattet, würde deutlich: Die Repräsentanz Christi ist nicht an das männliche Geschlecht gebunden, sondern allein an die innere Umgestaltung des Menschen zum Bild Christi durch die Kraft des Heiligen Geistes (vgl. 2Kor 3,18). Die eigentliche Voraussetzung ist eine tiefe, geistgewirkte Verbundenheit mit Christus, durch die der Amtsträger transparent für Ihn wird.[562]

Das Wirken *in persona Christi* beschränkt sich nicht auf die Eucharistie, sondern betrifft alle Sakramente. So kann die Taufe – das grundlegende Initiationssakrament – auch von Nichtklerikern gültig gespendet werden. Damit handelt auch eine Frau *in persona Christi.* Ebenso wird das Ehesakrament von den Eheleuten einander gespendet.

---

[562] vgl. Raming, *Der Ausschluß der Frau vom priesterlichen Amt*, S. 212-220.

Wenn eine Frau *in persona Christi* taufen und ihrem Ehemann das Ehesakrament spenden kann, stellt sich die Frage, warum sie nicht auch andere Sakramente spenden dürfte.[563]

Die Repräsentation Christi beruht nicht auf äußerlicher Ähnlichkeit mit seinem irdischen Erscheinungsbild, sondern darauf, dass die Handlung von Christus autorisiert ist.[564] Christus wurde Mensch – nicht explizit Mann. Folglich ist es nicht das Mannsein, sondern die Weihe, die einen Menschen zur Christusrepräsentanz befähigt. Dieses Weihecharakteristikum ist unsichtbar. Kein Konzil oder Kirchenvater der ersten fünf Jahrhunderte hat je behauptet, der Logos sei „Mann" geworden.[565]

Wenn das Zweite Vatikanische Konzil erklärt, dass alle Gläubigen durch die Taufe Anteil am allgemeinen Priestertum haben, bleibt es erklärungsbedürftig, warum das sakramentale Priestertum dennoch an das männliche Geschlecht gebunden sein sollte.

Zudem handelt der Priester laut der Kirchenkonstitution nicht nur *in persona Christi*, sondern auch *in persona ecclesiae*: Er feiert die Eucharistie „nicht nur in der Person Christi",

---

563 vgl. auch: Reininger, *Diakonat der Frau*, S. 647.

564 vgl. auch: Peter Hünermann, „Theologische Argumente für die Diakonatsweihe von Frauen", in: Peter Hünermann, Klaus Biesinger, Marianne Heimbach-Steins und Anne Jensen (Hgg.), *Diakonat. Ein Amt für Frauen in der Kirche – Ein frauengerechtes Amt?*, Ostfildern: Schwabenverlag, 1997, S. 119ff.

565 vgl. Matthias Remenyi und Thomas Schärtl, „Normativität – Plausibilität – Ikonizität. Überlegungen zur Frauenordination", in: Margit Eckholt und Johanna Rahner (Hg.), *Christusrepräsentanz. Zur aktuellen Debatte um die Zulassung von Frauen zum priesterlichen Amt*, Freiburg i. Br.: Herder, 2021, S. 56.

sondern bringt das Opfer „im Namen des ganzen Volkes Gott dar“ (LG 10)[566].
Diese doppelte Repräsentationsfunktion – Christus und Kirche – legt nahe, dass auch eine Frau als Repräsentantin der Kirche geeignet wäre. Wenn die Kirche als Braut Christi verstanden wird, wäre es sogar konsequent, dass sie durch eine Frau repräsentiert wird – gerade unter Berufung auf diese Bildsprache. [567] Auch andere Eigenschaften Jesu, etwa seine ethnische Herkunft oder äußere Gestalt, spielen für seine Repräsentation im priesterlichen Amt keine Rolle. Daraus ergibt sich, dass auch das biologische Geschlecht keine zwingende Voraussetzung sein kann.
Gerhard Ludwig Müller hält dem entgegen, dass das Geschlecht keine zufällige Eigenschaft, sondern in der göttlichen Schöpfung grundgelegt sei.[568]
Das Konzil von Trient wiederum betont, dass der Priester den verherrlichten Christus repräsentiert – eine Gegenwart, die nicht an das Mannsein gebunden sein kann, da dieses nur im irdischen, zeitlichen Kontext denkbar ist. Daraus folgt, dass alle Glieder des mystischen Leibes Christi ihn repräsentieren können. Die Kriterien für

---

566 Michael Seewald, „Wer stellt wen dar? Zur Debatte um die Frauenordination“, in: Margit Eckholt und Johanna Rahner (Hrsg.), *Christusrepräsentanz. Zur aktuellen Debatte um die Zulassung von Frauen zum priesterlichen Amt*, Freiburg i. Br.: Herder, 2021, S. 27f.

567 vgl. auch: ebd., S. 28f.

568 vgl. Müller, *Kann nur der getaufte Mann gültig das Weihesakrament empfangen?*, S. 344.

das Priesteramt müssten also geistlicher, nicht biologischer Natur sein.[569]
Michael Seewald analysiert unterschiedliche Konzepte der Repräsentation und kommt zu dem Schluss:

> Dass auch Frauen in der Lage sind, *in persona Christi* zu handeln, ist in der katholischen Tradition mit Blick auf das Ehesakrament unstrittig. Dass dem Mann kraft seines Mannseins ein repräsentativer Mehrwert bei der Vergegenwärtigung Christi als Haupt der Kirche zukäme, würde voraussetzen, dass die Geschlechter typologisch aufgeladen werden. Das Männliche erschiene in einem solchen Rahmen als göttliches und tätiges Prinzip, während das Weibliche als kreatürliches und passives Prinzip fungierte. (…) Aus repräsentationstheoretischer Sicht sind solche Überlegungen und die ihnen zugrundeliegende, sexualisierte Metaphysik nicht nachvollziehbar.[570]

Demgegenüber steht die paulinische Aussage:

> Der Mann darf sein Haupt nicht verhüllen, weil er Abbild und Abglanz Gottes ist; die Frau aber ist der Abglanz des Mannes. Denn der Mann stammt nicht von der Frau, sondern die Frau vom Mann. Der Mann wurde auch nicht für die Frau geschaffen, sondern die Frau für den Mann. (1Kor 11,7–9)

Diese Stelle wurde bereits im Kontext der Rolle der Frau in der frühen Kirche thematisiert. Sie zeigt eine abgestufte Ebenbildlichkeit auf, die oftmals als Argument angeführt

---

569 vgl.: Seewald, *Wer stellt wen dar?*, S 139f.
570 ebd., S. 42.

wird, dass eine Frau Christus nicht angemessen repräsentieren könne.

Historische Belege dafür, dass Frauen in der frühen Kirche – trotz Leitungsfunktionen – offiziell als *epískopoi* oder *presbýteroi* bezeichnet wurden oder als Priesterinnen wirkten, sind, abgesehen von wenigen Inschriften, kaum vorhanden.[571] Allerdings wirft dies die Frage auf, ob dies aus einer göttlichen Ordnung heraus geschah oder ob es vielmehr eine gesellschaftlich bedingte Einschränkung war.

Maria wurde auch nicht als Apostelin ausgewählt

Ein häufig vorgebrachtes Argument gegen die Weihe von Frauen ist die Tatsache, dass selbst Maria, die Mutter Jesu, kein priesterliches oder apostolisches Amt erhalten hat. Bereits Epiphanius von Salamis († 403) formulierte dieses Argument:

> Wenn Frauen von Gott beauftragt werden sollten, das Amt des Priestertums zu versehen, dann wäre es im neuen Bund niemandem mehr zugefallen als Maria, eine priesterliche Aufgabe zu vollziehen. (…) Aber er hat die Übertragung des Priesteramtes an sie nicht für gut befunden. Nicht einmal das Taufen hat er ihr anvertraut; sonst hätte Christus besser von ihr als von Johannes getauft werden können.

Maria nimmt innerhalb der christlichen Tradition eine herausragende Rolle ein. Sie wird als Mutter Gottes verehrt, als erste Jüngerin und als Mittlerin zwischen

---

571 vgl. Müller, *Kann nur der getaufte Mann gültig das Weihesakrament empfangen?*, S. 334.

Christus und den Gläubigen. Trotzdem wurde sie nicht in das Apostelamt berufen, noch empfing sie einen sakramentalen Weihegrad.

Die Kirche führt diese Tatsache als Hinweis darauf an, dass das Priestertum nicht die höchste Form der Christusnachfolge darstellt, sondern eine spezifische, funktionale Aufgabe in der Ordnung der Kirche. Dass Maria, als vollkommenster Mensch nach Christus, kein sakramentales Amt übertragen wurde, wird als Argument dafür gesehen, dass die Priesterweihe für Frauen nicht zum göttlichen Heilsplan gehört.

Gerade diese Argumentation wird oft als Schlüsselbeleg gegen die Frauenordination verwendet: Wenn selbst Maria – die Jesus am nächsten stand – kein geistliches Amt erhielt, dann könne daraus geschlossen werden, dass Frauen grundsätzlich vom Priestertum ausgeschlossen seien.

Kritiker dieser Sichtweise betonen jedoch, dass Marias Berufung innerhalb der Heilsgeschichte einen ganz anderen Charakter hatte. Ihre Rolle könne daher nicht einfach als Argument gegen die sakramentale Beauftragung von Frauen herangezogen werden.

Zudem stellt sich die Frage, warum ausgerechnet Marias fehlende Weihefunktion zum Maßstab erhoben wird, während andere Aspekte ihrer theologischen Bedeutung – etwa ihre geistliche Mutterschaft über alle Gläubigen oder ihre Rolle als „neue Eva" – keine stärkere Berücksichtigung in der kirchlichen Ämterfrage finden.

Das Argument bleibt daher umstritten. Es beruht weniger auf einer dogmatisch zwingenden Notwendigkeit, sondern vielmehr auf einer spezifischen Interpretation der Rolle Mariens innerhalb der kirchlichen Tradition.

Die Frau ist vom Weiheamt nicht „ausgeschlossen"

Ein weiteres Argument gegen die Frauenordination lautet, dass Frauen nicht vom Weiheamt *ausgeschlossen* seien, sondern dass ihnen dieses Amt *wesensmäßig* nicht zukomme – ähnlich wie ein Mann nicht vom Muttersein „ausgeschlossen" sei, sondern biologisch nicht dazu bestimmt sei.

In dieser Argumentationsweise wird der Priester als Repräsentant Christi verstanden, der als Bräutigam die Kirche – seine Braut – liebt und sich für sie hingibt. Daraus wird abgeleitet, dass nur ein Mann Christus als Haupt der Kirche repräsentieren könne, während die Frau symbolisch das bräutliche Verhältnis der Kirche zu Christus verkörpere.

Der Priester ist demnach nicht nur Träger einer kirchlichen Vollmacht, sondern soll in seiner Person typologisch und damit sakramental das Gegenüber Christi zur Kirche sichtbar machen.[572]

Dieser Sichtweise lässt sich jedoch entgegenhalten, dass die Berufung zur Nachfolge Christi und die Vereinigung mit Gott nicht geschlechtsgebunden ist. Die christliche Lehre versteht Erlösung und Heil als universal – sie umfassen nicht nur Männer, sondern die gesamte Menschheit.

---

572 Müller, *Kann nur der getaufte Mann gültig das Weihesakrament empfangen?*, S. 355.

Da die Eucharistie und die übrigen Sakramente für alle Gläubigen Mittel der Versöhnung und Gemeinschaft mit Christus darstellen, erscheint es fraglich, die „Repräsentation Christi“ allein an körperliche Geschlechtsmerkmale zu binden. Auch in der christlichen Mystik ist die Einheit mit Christus eine geistliche Wirklichkeit, die unabhängig vom biologischen Geschlecht erfahren wird.
Somit repräsentiert der Priester Christus nicht in erster Linie durch sein Mannsein, sondern durch die sakramentale Weihe, die ihn – ungeachtet seiner natürlichen Eigenschaften – zum Werkzeug des göttlichen Handelns macht.
Die Frage, ob die Gültigkeit der Priesterweihe tatsächlich von der biologischen Geschlechtszugehörigkeit abhängt, bleibt daher theologisch umstritten und kann nicht abschließend geklärt werden.

Persönliches Fazit

Die Frage nach der Zulassung von Frauen zu kirchlichen Weiheämtern bleibt eines der umstrittensten Themen innerhalb der katholischen Kirche – und dies nicht nur wegen dogmatischer oder theologischer Positionen, sondern auch aufgrund der tief verwurzelten kulturellen Prägungen, die kirchliche Strukturen seit Jahrhunderten mitformen. Die Debatte kreist um das Spannungsverhältnis zwischen Tradition und Erneuerung, zwischen gelebter Praxis und lehramtlicher Norm.
Zahlreiche Argumente gegen die Frauenordination – wie die Berufung ausschließlich männlicher Apostel, die Repräsentation Christi als Mann, die Rolle Marias oder das vermeintlich „wesensmäßige“ Fehlen einer priesterlichen Berufung bei Frauen – beruhen stark auf historisch

und anthropologisch geprägten Weltbildern. Diese lassen sich in weiten Teilen als kulturell und gesellschaftlich bedingt identifizieren, nicht als zwingend dogmatisch notwendig.

Gleichzeitig verweisen Kritiker auf die Vielfalt biblischer und patristischer Zeugnisse, in denen Frauen wichtige Rollen einnahmen – etwa als Diakoninnen, Hausgemeindeleiterinnen oder Apostelinnen wie Junia. Auch neuere theologische Ansätze hinterfragen zunehmend die Bindung des sakramentalen Amtes an das biologische Geschlecht und heben stattdessen auf die geistliche Eignung, die Taufe und das Wirken des Heiligen Geistes ab.

Papst Franziskus hat mit verschiedenen Initiativen – wie der Einsetzung von Studienkommissionen, der Öffnung bestimmter liturgischer Dienste für Frauen und der Berufung von Frauen in Leitungspositionen im Vatikan – vorsichtige Schritte unternommen. Doch bleibt die zentrale Frage nach der Weihe von Frauen weiterhin ungeklärt. Der Vatikan betont regelmäßig die Notwendigkeit weiterer theologischer Unterscheidung – ein Prozess, der gleichzeitig Hoffnung und Frustration auslöst.

Deutlich wird: Die Kirche steht heute vor einer historischen Weggabelung. Eine Öffnung der Weiheämter für Frauen könnte als Ausdruck theologischer Einsicht und pastoraler Weitsicht verstanden werden. Doch auch eine beharrende Haltung auf traditionellen Positionen wird weiterhin als legitimer Bestandteil innerkirchlicher Vielfalt vertreten.

Ob die vorgetragenen Argumente gegen die Frauenordination wirklich tragfähig sind, ob sie dem biblischen Zeugnis, der theologischen Reflexion und den Anforderungen einer weltweiten Kirche des 21. Jahrhunderts standhalten, ist letztlich eine Frage, die jede Leserin und jeder Leser selbst für sich beantworten muss. Dieses Buch will dazu ermutigen, auf der Grundlage historischer und theologischer Einsichten eine fundierte eigene Position zu entwickeln – im Geist des Dialogs, des Respekts und der Hoffnung auf eine glaubwürdige, gerechte Kirche.

SCHLUSS

Als ich mit diesem Buchprojekt begann, war mir bewusst, dass es sich um ein spannungsgeladenes Thema handelt – und doch war mir nicht klar, wie viele überraschende Einsichten sich dabei ergeben würden. Ich verstehe mich bis heute als Katholikin, der die Sakramente, die Eucharistie und das Priestertum zutiefst heilig sind. Ich habe eine tiefe Ehrfurcht vor diesen Gaben der Kirche und sehe sie nicht als menschliche Institution, sondern als göttliche Stiftung.

Mein Zugang war nie ein aktivistischer. Ich stehe der feministischen Theologie, wie sie oft auftritt, eher kritisch gegenüber – insbesondere dann, wenn sie unreflektiert Gleichberechtigung mit Anspruch verwechselt. In der Kirche geht es nicht um Rechte, sondern um Berufung. Auch ein Mann kann sich ein kirchliches Amt nicht selbst nehmen. Deshalb war es mir wichtig, die Frage der Frauenordination nicht ideologisch, sondern sachlich und auf der Grundlage historischer und theologischer Fakten zu betrachten.

In meiner bisherigen Wahrnehmung war mir klar, dass Frauen Hausgemeinden geleitet haben und in der frühen Kirche eine Rolle spielten. Doch erst durch die intensive Quellenarbeit wurde mir das Ausmaß deutlich – etwa die Tatsache, dass Junia, die im Römerbrief als angesehene Apostelin genannt wird, in späteren Übersetzungen in einen Mann namens Junias umgedeutet wurde. Oder dass das griechische Wort διάκονος bei Männern mit „Diakon“, bei Frauen hingegen oft nur mit „Dienerin“ übersetzt wurde – obwohl der gleiche Begriff verwendet wurde. Als jemand, der Griechisch versteht, war mir das sprachlich zwar bekannt, aber mir war die theologische Tragweite dieser Übersetzungsentscheidungen nicht in vollem Ausmaß bewusst.

Für mich als katholische Frau war es ein Geschenk, Theologie studieren zu dürfen – und noch mehr, dass ich als erste Frau in Deutschland ein Vorseminar für Priesteramtskandidaten leiten durfte und so in der Priesterausbildung mitwirken konnte. Dass dies nicht selbstverständlich war, zeigt ein Blick auf die gesellschaftliche Entwicklung in Deutschland selbst: Auch in der Bundesrepublik wurde die Gleichberechtigung von Frauen erst spät im Grundgesetz verankert und noch später in der Praxis verwirklicht.

Die Beschäftigung mit der Geschichte der Frauen in der Kirche war für mich kein Bruch mit der Tradition, sondern vielmehr eine Rückbindung an eine ursprüngliche Vielfalt. Die frühen Zeugnisse zeigen: Frauen waren prophetisch, diakonisch, lehrend und leitend tätig – nicht im Widerspruch zur Kirche, sondern als Teil von ihr. Erst durch spätere kirchliche, kulturelle und gesellschaftliche Entwicklungen wurden ihre Rollen zurückgedrängt und vergessen gemacht.

Ob das Diakonat der Frau wieder eingeführt wird oder Frauen in Zukunft Zugang zu höheren Weiheämtern erhalten, möchte ich nicht vorwegnehmen. Die Kirche entscheidet nicht durch gesellschaftlichen Druck, sondern in geistlicher Unterscheidung. Aber die Frage bleibt: Wie kann eine Kirche, die sich als Volk Gottes versteht, alle ihre Glieder in ihrer Berufung ernst nehmen?

Ich hoffe, dieses Buch hat dazu beigetragen, die historischen und theologischen Grundlagen dieser Debatte sichtbar zu machen. Es war für mich eine lehrreiche, manchmal auch erschütternde Reise – aber vor allem eine, die meinen Glauben vertieft hat.

Was Sie, liebe Leserinnen und Leser, aus all dem machen, ist Ihre persönliche Entscheidung. Ich lade Sie ein, sich selbst ein Urteil zu bilden – informiert, ehrlich und im Vertrauen auf den Geist Gottes, der immer wieder Neues wirkt.

Und während ich diese letzten Zeilen schreibe, hat die Kirche mit Papst Leo XIV. einen neuen Hirten an ihrer Spitze. Welche Entscheidungen unter seinem Pontifikat getroffen werden, ist noch offen – aber ich bin gespannt, wie es weitergeht. Vielleicht ist jetzt die Zeit gekommen, in der alte Fragen neu gestellt und neue Antworten gefunden werden. Möge der Geist Gottes die Kirche weiterhin führen – mit Weisheit, Geduld und dem Mut zur Wahrheit.

Literaturverzeichnis

Bibeltexte

Die biblischen Zitate sind, sofern nicht anders angegeben, eigene Übersetzungen aus dem griechischen Urtext der folgenden Ausgabe:

Aland, Kurt und Barbara Aland (Hrsg.): *Das Neue Testament. Griechisch und Deutsch*, 26. Aufl., Stuttgart: Deutsche Bibelgesellschaft, 1986, S. 530, zit. als: Nestle-Aland, *Das Neue Testament*

BibleServer: *Die Bibel online lesen und studieren.* Wycliff e.V. Verfügbar unter: https://www.bibleserver.com/EU/, letzter Zugriff am 19.03.2025.

Wörterbuch

Gemoll, Wilhelm: *Griechisch-deutsches Schul- und Handwörterbuch*, Wien/Leipzig: Freytag, 1908

Bibelkommentare

Barth, Gerhard: *Der Brief an die Philipper* (Zürcher Bibelkommentare, NT, Bd. 9), Zürich: Theologischer Verlag, 1979

Bird, Michael F. und Nijay K. Gupta: *Philippians (New Cambridge Bible Commentary)*, Cambridge: Cambridge University Press, 2020

Bovon, François: *Das Evangelium nach Lukas I (Lk 1,1–9,50). Evangelisch-Katholischer Kommentar zum Neuen Testament, Bd. III/1 (EKK NT)*, Zürich/Neukirchen-Vluyn: Benziger/Neukirchener Verlag, 1989, S. 398, zitiert als: Bovon, *Das Evangelium nach Lukas I.*

Bovon, François: *Das Evangelium nach Lukas II (Lk 9,51–14,35). Evangelisch-Katholischer Kommentar zum Neuen Testament, Bd.*

III/2 ((EKK NT), Zürich/Neukirchen-Vluyn: Benziger/Neukirchener Verlag, 1996, S. 105, zitiert als: François Bovon, *Das Evangelium nach Lukas II.*

Bovon, François: *Das Evangelium nach Lukas III (Lk 19,28–24,53). Evangelisch-Katholischer Kommentar zum Neuen Testament, Bd. III/4 (EKK NT)*, Zürich/Neukirchen-Vluyn: Benziger/Neukirchener Verlag, 2009, zitiert als: Bovon, *Das Evangelium nach Lukas III.*

Gnilka, Joachim: *Das Evangelium nach Markus (Mk 1,1–8,26). Evangelisch-Katholischer Kommentar zum Neuen Testament, Bd. II/1 (EKK NT)*, Zürich/Neukirchen-Vluyn: Benziger/Neukirchener Verlag, 1978, S. 398, zitiert als: Joachim Gnilka, Das Evangelium nach Markus I.

Gnilka, Joachim: *Das Evangelium nach Markus (Mk 8,27-16,20), Evangelisch-katholischer Kommentar zum Neuen Testament II/2 (EKK NT)*, Zürich-Einsiedeln-Köln 1979, zitiert als: Joachim Gnilka, Das Evangelium nach Markus II.

Kertelge, Karl: *Markusevangelium. Kommentar zum Neuen Testament mit der Einheitsübersetzung*, Würzburg 1994

Luz, Ulrich: *Das Evangelium nach Matthäus (Mt 26-28). Evangelisch-katholischer Kommentar zum Neuen Testament I/4*, Düsseldorf und Zürich 2002

Richter Reimer, Ivoni: *Frauen in der Apostelgeschichte des Lukas. Eine feministisch-theologische Exegese*, Gütersloh: Gütersloher Verlagshaus, 1992, S. 224, zit. als: Richter Reimer, *Frauen in der Apostelgeschichte des Lukas*

Rudolf Pesch, *Die Apostelgeschichte (Apg 13–28)* (Evangelisch-Katholischer Kommentar zum Neuen Testament, Bd. V/2), Zürich/Einsiedeln/Köln: Benziger/Neukirchener Verlag, 1986, S. 147, zit. als: Pesch, *Die Apostelgeschichte*

Roloff, Jürgen: *Der erste Brief an Timotheus* (Evangelisch-Katholischer Kommentar zum Neuen Testament, Bd. XV),

Zürich: Benziger, 1988, zit. als: Roloff, *Der erste Brief an Timotheus*

Roloff, Jürgen: *Neues Testament (Neukirchener Arbeitsbücher)*, 6. Aufl., Neukirchen-Vluyn: Neukirchener Verlag, 1995, zit. als: Roloff, *Neues Testament*

Schmeller, Thomas: *Der zweite Brief an die Korinther (2Kor 1,1-7,4). Evangelisch-katholischer Kommentar zum Neuen Testament VIII/1*, Neukirchen-Vluyn 2010.

Schmeller, Thomas: *Der zweite Brief an die Korinther (2Kor 7,5-13,13). Evangelisch-katholischer Kommentar zum Neuen Testament VIII/2*, Neukirchen-Vluyn 2010.

Schrage, Wolfgang: *Der erste Brief an die Korinther (1Kor 15,1-16,24). Evangelisch-katholischer Kommentar zum Neuen Testament VII/4*, Düsseldorf und Neukirchen-Vluyn 2001.

Weiser, Alfons: *Der zweite Brief an Timotheus. Evangelisch-Katholischer Kommentar zum Neuen Testament XVI/1*, Düsseldorf und Zürich 2003.

Weiser, Alfons: *s. v.* „Bischof I. Neutestamentlich“, in: Walter Kasper (Hrsg.), *Lexikon für Theologie und Kirche (LThK)*, 3. Aufl., Bd. 2, Freiburg im Breisgau: Herder, 1994

Wengst, Klaus: *Das Johannesevangelium I* (Theologischer Kommentar zum Neuen Testament, Bd. 4/1), Stuttgart: Kohlhammer, 2000, zit. als: Wengst, *Das Johannesevangelium I*

Wengst, Klaus: *Das Johannesevangelium II* (Theologischer Kommentar zum Neuen Testament, Bd. 4/2), Stuttgart: Kohlhammer, 2001, zit. als: Wengst, *Das Johannesevangelium II*

Wilckens, Ulrich: *Der Brief an die Römer (Röm 12–16)* (Evangelisch-Katholischer Kommentar zum Neuen Testament, Bd. VI/3), Zürich/Einsiedeln/Köln: Benziger/Neukirchener Verlag, 1982, S. 131 f., zit. als: Wilckens, Der Brief an die Römer

Primärliteratur

Achelis, Hans und Flemming, Johannes: *Die syrische Didaskalia. Übersetzt und erklärt*, Leipzig: J.C. Hinrichs, 1904, zit. als: Achelis, *Didaskalia*

Acta Conciliorum Oecumenicorum, hrsg. von G. D. Bartelmus, Berlin: Georg Reimer, 1867.

Aegidius Romanus: *De Regimine Principum*, Buch III, Kapitel 4. In: *Opera Omnia*, Bd. 1, hrsg. von Fausto Preti, Florenz: Typographia Galileiana, 1855, S. 345–350.

Alberigo, Giuseppe (Hrsg.): *Conciliorum Oecumenicorum Decreta*, Bologna: EDB, 2006. Verfügbar unter: https://archive.org/details/conciliorumoecum0000bolo/page/n41/mode/2up, letzter Zugriff am 19.03.2025

Albertus Magnus, *Commentaria in De Anima*, hrsg. von M. Grabmann, Münster: Aschendorff, 1931.

Albertus Magnus, *De homine*, hrsg. von Henryk Anzulewicz und Joachim R. Söder, Monasterii Westfalorum: Aschendorff, 2008, S. 431.

Albertus Magnus, *Summa de creaturis*, hrsg. von M. Grabmann, Münster: Aschendorff, 1931, zit. als: Albertus Magnus, *Summa de creaturis*

Amazonien. Neue Wege für die Kirche und für eine ganzheitliche Ökologie *Schlussdokument*, Vatikan: 2019, verfügbar unter: https://www.misereor.de/fileadmin/user_upload/Infothek/schlussdokument-amazonien-synode.pdf, letzter Zugriff am 02.03.2025.

„Amazonien-Synode", in: https://www.kathpress.at/goto/meldung/1820033/amazonien-synode, letzter Zugriff am 16.03.2025.

Ambrosius von Mailand, Hexaemeron V,14, in: Patrologia Latina, Bd. 14, hg. v. Jacques-Paul Migne, Paris 1845, Sp. 230.

Aristoteles, *Politik*, übersetzt und erläutert von Olof Gigon, Zürich/München: Artemis Verlag, 1971

Aristoteles, *Über die Zeugung der Geschöpfe (De generatione animalium)*, übersetzt und erläutert von Paul Gohlke, Paderborn: Ferdinand Schöningh, 1959

Assemani, Giuseppe Simone, *Bibliotheca Orientalis*, Bd. III, Teil 2, Rom: Typographia Sacrae Congregationis de Propaganda Fide, 1728

Augustinus von Hippo, *De Civitate Dei*, Buch XV, Kap. 10, in: *Patrologia Latina (PL)*, Bd. 41, hrsg. von Jacques-Paul Migne, Paris: Imprimerie Catholique, 1867

Augustinus von Hippo, *De Genesi ad litteram*, Buch I, Kap. 10, in: *Patrologia Latina (PL)*, Bd. 34, hrsg. von Jacques-Paul Migne, Paris: Imprimerie Catholique, 1845

Augustinus von Hippo, *Quaestiones in Heptateuchum*, I, § 153, in: *Patrologia Latina (PL)*, Bd. 34, hrsg. von Jacques-Paul Migne, Paris: Imprimerie Catholique, 1845

Barberini Euchologion, in: Miguel Arranz (Hrsg.), *L'Eucologio Costantinopolitano agli inizi del secolo XI*, Rom: Pontificio Istituto Orientale, 1996.

Burchard von Worms, *Decretum*, in: *Patrologia Latina (PL)*, Bd. 140, hrsg. von Jacques-Paul Migne, Paris: Migne, 1853.

Clemens von Alexandrien, *Stromata* 3,6,44; 3,12,92; 4,1,12, in: *Patrologia Graeca (PG)*, Bd. 8, hrsg. von J.-P. Migne, Paris: Garnier, 1906, zit. als: Clemens von Alexandrien, *Stromata*

Codex Iuris Canonici, *Auctoritate Joannis Pauli II. P.P. MDCCCCLXXXIII (1983) promulgatus. Codex des kanonischen Rechts. Lateinisch-deutsche Ausgabe*, Kevelaer: Butzon & Bercker, 1998, zit. als: *Codex Iuris Canonici*

Codex Iustinianus, Buch 1, Titel 12, 6, in: *Iustiniani Imperatoris, Codex Iustinianus. Corpus Iuris Civilis*, Stuttgart: Teubner, 1895

Concilia Galliae, A. 314 – A. 506, hrsg. von Charles Munier (*Corpus Christianorum, Series Latina* 148), Turnhout: Brepols, 1963, S. 82, zit. als: *Concilia Galliae*

Concilium Trullanum, Can. 48, in: *Acta Conciliorum Oecumenicorum*, hrsg. von G. D. Bartelmus, Berlin: Georg Reimer, 1867.

Cyprian von Karthago, *Epistula* 75, §10 f., in: *Corpus Christianorum, Series Latina* (CCSL), Bd. 3, hrsg. von G. F. Diercks, Turnhout: Brepols, 1972

Cyrill von Alexandrien, De Recte Fide ad Arcadiam et Marinam, In: Edward Schwartz (Hg.): *Acta Conciliorum Oecumenicorum.* Bd. I, Teil 1, Abschnitt 5. Berlin: Walter de Gruyter 1927

Decretales Gregorii IX, Lib. I, Tit. 1, Cap. 6, in: *Corpus Iuris Canonici*, hrsg. von Emil Friedberg, Bd. 2, Leipzig: Tauchnitz, 1879

Decretum Gratiani, C. 19, q. 1, c. 23, in: Emil Friedberg (Hrsg.), *Corpus Iuris Canonici*, Bd. 1, Leipzig: Tauchnitz, 1879, S. 774, online verfügbar unter: https://archive.org/details/decretum-gratiani-1879, letzter Zugriff am 28.02.2025, zit. als: *Decretum Gratiani*

Dekret über Dienst und Leben der Priester, Art. 2, in: *Acta Apostolicae Sedis* (AAS) 58 (1966), S. 992; deutscher Text nach: *Lexikon für Theologie und Kirche* (LTHK), Ergänzungsband III

Deutsche Bischofskonferenz, *Zu Fragen der Stellung der Frau in Kirche und Gesellschaft*, Erklärung der Deutschen Bischöfe, Bonn: Sekretariat der Deutschen Bischofskonferenz, 1981.

Drittes Konzil von Toledo (589), Canon 2, in: J.-D. Mansi (Hrsg.), *Sacrorum Conciliorum Nova et Amplissima Collectio*, Bd. 9, Florenz: A. Zatta, 1763, Sp., zit. als: Mansi, *Sacrorum Conciliorum Nova et Amplissima Collectio*

Die Feier der Kindertaufe in den Bistümern des deutschen Sprachgebietes. Zweite authentische Ausgabe auf der Grundlage der Editio typica altera 1973, Freiburg i. Br. u. a.: Herder, 2008.

Duns Scotus, *Reportatio Parisiensis*, hrsg. von Luke Wadding, Lyon: Typographia Sumptibus P. Lethielleux, 1901.

Epiphanius, *Panarion (Adversus Haereses)*, in: *Patrologia Graeca (PG)*, Bd. 42, hrsg. von Jacques-Paul Migne, Paris: Imprimerie Catholique, 1864, Sp. 744A, zit. als: Epiphanius, *Panarion*

Epistola VII. Ambrosii Mediolanensis Presbyteri ad Attonem, in: https://la.wikisource.org/wiki/De_pressuris_ecclesiasticis_(Atto_Vercellensis), letzter Zugriff am 27.02.2025.

Epistola VIII. Attonis ad Ambrosium Sacerdotem, in: https://la.wikisource.org/wiki/De_pressuris_ecclesiasticis_(Atto_Vercellensis), letzter Zugriff am 27.02.2025.

„Erklärung der Kongregation für die Glaubenslehre über die Exkommunikation derjenigen, die eine Priesterweihe für Frauen vornehmen oder empfangen (*Attentata Ordinatio*)", in: https://www.vatican.va/roman_curia/congregations/cfaith/documents/rc_con_cfaith_doc_20071219_attentata-ord-donna_ge.html, letzter Zugriff am 13.02.2025.

Franziskus, Papst: *Querida Amazonia. Nachsynodales Apostolisches Schreiben über Amazonien*, Vatikan: 2020, verfügbar unter: https://www.vatican.va/content/francesco/de/apost_exhortations/documents/papa-francesco_esortazione-ap_20200202_querida-amazonia.html, letzter Zugriff am 02.03.2025., zit. als: *Querida Amazonia*

Funk, Franz Xaver (Hrsg.): *Didascalia et Constitutiones Apostolorum*. Paderborn: Ferdinand Schöningh, 1905. Online verfügbar unter: https://archive.org/details/cu31924029335167, letzter Zugriff am 17.03. 2025, zit. als: *Didascalia* bzw. *Constitutiones Apostolorum*

Gaudium et Spes, Art. 29, zitiert nach: https://www.vatican.va/archive/hist_councils/ii_vatican_council/documents/vat-ii_const_19651207_gaudium-et-spes_ge.html, letzter Zugriff am 02.03.2025.

Gelasius I., Papst: *Epistula* IX, 26, in: *Patrologia Latina (PL)*, Bd. 59, hrsg. von Jacques-Paul Migne, Paris: Imprimerie Catholique, 1847

Gertrud von Helfta, Legatus IV, xxxii, S. 27–37, zitiert nach: https://www.fembio.org/biographie.php/frau/biographie/gertrud-von-helfta, letzter Zugriff am 28.02.2025.

Gregory of Tours, *The History of the Franks*, übersetzt von Lewis Thorpe, London: Penguin Classics, 1974

Hefele, Karl Josef von: *Conciliengeschichte*, Bd. 1, Freiburg im Breisgau: Herder, 1855

Hieronymus, *Adversus Jovinianum*, Buch 2, Kap. 26, in: *Hieronymus, Werke*, Bd. 2, übers. und komm. von Rudolf E. M. Bultmann, Darmstadt: Wissenschaftliche Buchgesellschaft, 1993

Hieronymus, *Commentarium in Epistolas Pauli*, 1 Tim. 2,12, in: *Patrologia Latina (PL)*, Bd. 26, hrsg. von Jacques-Paul Migne, Paris: Imprimerie Catholique, 1845

Hieronymus, *Epistolae*, in: *Patrologia Latina (PL)*, Bd. 22, hrsg. von Jacques-Paul Migne, Paris: Imprimerie Catholique, 1845

Hieronymus, *Epistulae*, in: *Monumenta*, https://www.monumenta.ch/latein/text.php?tabelle=Hieronymus&rumpfid=Hieronymus,%20Epistulae,%205,%20146&level=4&domain=&lang=0&id=&hilite_id=&links=&inframe=1, letzter Zugriff am 12.01.2025.

Hildegard von Bingen, *Scivias*, in: *Patrologia Latina (PL)*, Bd. 197, hrsg. von Jacques-Paul Migne, Paris: Migne, 1855

Hildegard von Bingen, *Scivias* II, 6, in: *Corpus Christianorum, Continuatio Mediaevalis* (CCCM), Bd. 43, Turnhout: Brepols, 1978

Hinkmar von Reims, *De ordine palatii* und *De ecclesiis et capellis*, in: *Patrologia Latina (PL)*, Bd. 125, hrsg. von Jacques-Paul Migne, Paris: Migne, 1852.

Hippolyt von Rom, „Kommentar zum Hohenlied XV", in: *Hippolytus Werke. Kommentar zum Buche Daniel und die Fragmente des Kommentars zum Hohen Liede* (Griechische Christliche Schriftsteller, Bd. 1), hrsg. von Georg Nathanael Bonwetsch, Leipzig: Hinrichs, 1897

Gerlinde Huber-Rebenich (Hrsg.), *Venantius Fortunatus: Vita Sanctae Radegundis. Das Leben der heiligen Radegunde*, Stuttgart: Reclam, 2008

Ignatius von Antiochia, „Brief an die Philadelphier" 1,1, in: *Die Apostolischen Väter. Griechisch-deutsche Parallelausgabe*, hrsg. von Andreas Lindemann und Henning Paulsen, Tübingen: Mohr Siebeck, 1992, S. 186.

„Inter Insigniores, Erklärung der Kongregation für die Glaubenslehre zur Frage der Zulassung der Frauen zum Priesteramt" (15. Oktober 1976), in: *Verlautbarungen des Apostolischen Stuhls 117*, Sekretariat der Deutschen Bischofskonferenz (Hrsg.), (2. Aufl.) Bonn 1995., zit. als: *Inter Insigniores*

Irenäus von Lyon, *Adversus Haereses*, Buch V, Kap. 1, in: *Patrologia Graeca (PG)*, Bd. 7, Paris: Migne

Iustinianus Imperator (Hrsg.), Novellae Constitutiones, 6. Novelle, in: *Corpus Iuris Civilis*, Stuttgart: Teubner, 1895, zit. als: *Novellae Constitutiones*

Ivo von Chartres, *Decretum* VIII, 92, zitiert nach: https://ivo-of-chartres.github.io/decretum/ivodec_8.pdf, letzter Zugriff am 28.02.2025, S. 28.

Johannes XXIII., Enzyklika *Pacem in Terris*, 11. April 1963, in: https://www.vatican.va/content/john-xxiii/de/encyclicals/documents/hf_j-xxiii_enc_11041963_pacem.html, letzter Zugriff am 02.03.2025.

Johannes Chrysostomus, *De Sacerdotio (Vom Priestertum)*, Buch II, Kap. 2, in: *Patrologia Graeca (PG)*, Bd. 48, hrsg. von Jacques-Paul Migne, Paris: Imprimerie Catholique, 1862

Johannes Chrysostomus, *Homiliae in Epistolam ad Romanos*, Hom. 30, in: *Patrologia Graeca (PG)*, Bd. 60, hrsg. von Jacques-Paul Migne, Paris: Imprimerie Catholique, 1862

Johannes Chrysostomus, *Homiliae in Epistolam I ad Timotheum*, Hom. 9, in: *Patrologia Graeca (PG)*, Bd. 62, hrsg. von Jacques-Paul Migne, Paris: Imprimerie Catholique, 1862

Justin der Märtyrer: *Erste Apologie*, hrsg. und übersetzt von Wilhelm Geerlings, in: *Die großen christlichen Kirchenväter. Texte und Zeugnisse*, Darmstadt: Wissenschaftliche Buchgesellschaft, 2000.

Klauck, Hans-Josef: *Apokryphe Evangelien. Eine Einführung*, Stuttgart: Katholisches Bibelwerk, 2002, zit. als: Klauck, Apokryphe Evangelien

Kongregation für die Glaubenslehre: Erklärung „Inter Insigniores" über die Frage der Zulassung von Frauen zum priesterlichen Dienst, 15. Oktober 1976, verfügbar unter https://www.vatican.va/roman_curia/congregations/cfaith/documents/rc_con_cfaith_doc_19761015_inter-insigniores_ge.html, letzter Zugriff am 16.03.2025

Kongregation für die Glaubenslehre, Kongregation für den Gottesdienst und die Sakramentenordnung, Kongregation für den Klerus, *Notifikation zum Diakonat der Frau*, 17. September 2001, verfügbar unter: https://uni-tuebingen.de/securedl/sdl-eyJ0eXAiOiJKV1QiLCJhbGciOiJIUzI1NiJ9.eyJpYXQiOjE3NDAzMzUxNzEsImV4cCI6MTc0MDQyNTE3MSwid

XNlciI6MCwiZ3JvdXBzIjpbMCwtMV0sImZpbGUiOiJma
WxlYWRtaW4vVW5pX1R1ZWJpbmdlbi9GYWt1bHRhZ
XRlbi9LYXRoLVRoZW9sL0xlaHJzdFx1MDBmY2hsZS9
LaXJjaGVucmVjaHQvRG9rdW1lbnRlL0FudXRoX19Gc
mF1ZW5kaWFrb25hdC5wZGYiLCJwYWdlIjozNjA0NH
0.R-
MVViR3yH4_tE6_Qd2a3xgcTrr3c0aGDgvPY8lVfEk/An
uth__Frauendiakonat.pdf, letzter Zugriff am 02.03.2025.

Lietzmann, Hans (Hrsg.), *Sacramentarium Gregorianum. Das Sacramentarium Gregorianum nach dem Aachener Urexemplar*, Münster: Aschendorff, 1921, zit. als: Lietzmann, *Sacramentarium Gregorianum*

Lumen Gentium, abrufbar unter: https://www.vatican.va/archive/hist_councils/ii_vatican_council/documents/vat-ii_const_19641121_lumen-gentium_ge.html, letzter Zugriff am 02.03.2025.

Macy, Gary: *The Hidden History of Women's Ordination. Female Clergy in the Medieval West*, Oxford: Oxford University Press, 2008.

Mansi, Giovanni Domenico (Hrsg.), *Sacrorum Conciliorum Nova et Amplissima Collectio*, Bd. 2, Lucca: Expensis Antonii Zatta, 1759

Mansi, Giovanni Domenico (Hrsg.): *Sacrorum Conciliorum Nova et Amplissima Collectio*, Bd. 3, Florenz: A. Zatta, 1759, zit. als: Mansi, *Sacrorum Conciliorum Nova et Amplissima Collectio*

Mansi, Giovanni Domenico (Hrsg.): *Sacrorum Conciliorum Nova et Amplissima Collectio*, Bd. 12, Concilium Wormatiense 868, Florenz: A. Zatta, 1766

Markschies, Christoph und Jens Schröter (Hrsg.), *Antike christliche Apokryphen in deutscher Übersetzung*, Bd. I: *Evangelien und Verwandtes*, Teilband 2, 7. Aufl., Tübingen: Mohr Siebeck, 2012, S. 1208–1216, zit. als: Markschies, *Apokryphen II*

Miall, Louis Compton: *The Early Naturalists: Their Lives and Work (1530–1789)*, London: Macmillan, 1912

Migne, Jacques-Paul: Peter Abaelard, *Epistolae (Briefe)*, in: *Patrologia Latina (PL)*, Bd. 178, Paris: Migne, 1855

Mohlberg, Leo Cunibert (Hrsg.): *Liber sacramentorum Romanae ecclesiae ordinis anni circuli (Sacramentarium Gelasianum)*, Rom: Herder, 1960, S. 111 f.

Munier, Charles (Hrsg.): *Concilia Galliae A. 314–A. 506*, (= *Corpus Christianorum. Series Latina*, Band 148), Brepols, Turnhout 1963, S. 17.

Johannes Paul II., *Ordinatio Sacerdotalis.* Apostolisches Schreiben über die nur Männern vorbehaltene Priesterweihe, in: *Verlautbarungen des Apostolischen Stuhls* 117, hrsg. vom Sekretariat der Deutschen Bischofskonferenz, 2. Aufl., Bonn: Sekretariat der DBK, 1995, zit als: *Ordinatio Sacerdotalis*

Origenes, *Commentariorum in Evangelium Ioannis*, in: *Patrologia Graeca (PG)*, Bd. 14, Paris: Migne

Papst Franziskus: Motu Proprio zu Frauen in kirchlichen Ämtern, in: https://www.vaticannews.va/de/papst/news/2021-01/papst-franziskus-motu-proprio-frauen-kirche-liturgie-amt-lektor.html, letzter Zugriff am 12.02.2025.

„Papst Franziskus richtet neue Kommission für Frauendiakonat ein“, in: https://www.vaticannews.va/de/vatikan/news/2020-04/papst-franziskus-neue-kommission-frauendiakonat.html, letzter Zugriff am 02.07.2020.

Parenti, Stefano und Elena Velkovska (Hrsg.): *L'Eucologio Barberini gr. 336 (ff. 1–263)* (*Bibliotheca Ephemerides Liturgicae*, Bd. 80), Rom: Edizioni Liturgiche, 1995, zit als: Parenti, *L'Eucologio Barberini*

Plinius der Jüngere, *Epistulae* X, 96, in: *Loeb Classical Library, Briefe* II, Cambridge, MA/London: Harvard University Press, 1969

Plinius Iunior, *De diaconissarum ordinatione*, in: *Acta Sanctorum*, Sept. I, Anvers: Société des Bollandistes, 1746, S. I–XXVII.

Preußische Akademie der Wissenschaften (Hrsg.), *Corpus Inscriptionum Graecarum (CIG)*, hrsg. von August Böckh, Bd. 1–4, Berlin: Georg Reimer, 1828–1877.

Preußischen Akademie der Wissenschaften (Hrsg.): *Corpus Inscriptionum Latinarum (CIL)*, Bd. 6, Nr. 1399, Berlin: Georg Reimer, 1876.

Querida Amazonia. Nachsynodales apostolisches Schreiben von Papst Franziskus an das Volk Gottes und an alle Menschen guten Willens, Rom, 2020.

Rhabanus Maurus, *De vita beatae Mariae Magdalenae*, cap. CCVII, in: *Patrologia Latina (PL)*, Bd. 112, Paris: Migne

Schneemelcher, Wilhelm(Hrsg.): *Neutestamentliche Apokryphen in deutscher Übersetzung*, Bd. 2, Tübingen: Mohr Siebeck, 1999, S. 10.

Schöllgen, Georg (Hrsg.): *Didache – Zwölf-Apostel-Lehre / Traditio Apostolica – Apostolische Überlieferung* (Fontes Christiani, Bd. 1), Freiburg u. a.: Herder, 1991, S. 82.

Sekretariat der Gemeinsamen Synode der Bistümer in der Bundesrepublik Deutschland (Hrsg.): *Amtliche Mitteilungen der Gemeinsamen Synode der Bistümer der Bundesrepublik Deutschland, 1970-1976*, zit. als: Sekretariat, *Amtliche Mitteilungen*

Edith Stein, *Beruf des Mannes und der Frau nach Natur- und Gnadenordnung*, erstmals veröffentlicht in: *Die christliche Frau. Zeitschrift im Dienste katholischen Frauenlebens*, hrsg. vom Katholischen Deutschen Frauenbund, 30. Jg., 1. Heft, Januar 1932, S. 5–20, neu aufgenommen in: *Die Frau. Fragestellungen und Reflexionen* (*Edith Stein Gesamtausgabe*, Bd. 13), Freiburg: Herder, [5]2015, S. 56–78, hier S. 77.

Testamentum Domini Nostri Jesu Christi. Nunc primum edidit, latine reddidit et illustravit Ignatius Ephraem II. RAHMANI, Mainz 1899 (= Hildesheim 1968), zit. nach: https://archive.org/details/testamentumdomi00ephrgoog/page/n22/mode/2up, abgerufen am 7.02.2025

Thomae Aquinatis *Opera Omnia*, Vol. I: *Summa Theologica pars primae seu summa naturalis*, editio nova, Paris: Apud Ludovicum Vives, Bibliopolam Editorem, 1895

Thomae Aquinatis *Opera Omnia*, Vol. II: *Summa Theologica continuatio partis primae et prima pars secundae seu moralis universalis*, editio nova, Paris: Apud Ludovicum Vives, Bibliopolam Editorem, 1895, zit. als: Thomas, *Summa theologica II*

Thomae Aquinatis *Opera Omnia*, Vol. III: *Summa Theologica continuatio partis secundae et pars tertia*, editio nova, Paris: Apud Ludovicum Vives, Bibliopolam Editorem, 1895, zit. als: Thomas, *Summa theologica III*

Thomas von Aquin, *Summa Theologiae*, III, q. 68, a. 10, in: *Sancti Thomae de Aquino Opera Omnia*, hrsg. von der Commissio Leonina, Bd. 4, Rom: Typographia Polyglotta S.C. de Propaganda Fide, 1889

Thomas von Aquin, *Summa Theologiae*, Supplementum, q. 39, a. 1, in: *Sancti Thomae de Aquino Opera Omnia*, Bd. 4, hrsg. von der Commissio Leonina, Rom: Typographia Polyglotta S.C. de Propaganda Fide, 1889.

Tertullian, *Adversus Marcionem*, Buch 2, Kap. 8, in: *Corpus Christianorum, Series Latina* (CCSL), Bd. 1, hrsg. von Eugène M. A. D. de Ghellinck, Turnhout: Brepols, 1958, S. 164.

Tertullianus, Quintus Septimius Florens: *De Anima.* In: *Patrologia Latina*, Bd. 2, hrsg. von Jacques-Paul Migne, Paris: Imprimerie Catholique, 1844

Tertullian, *De Baptismo*, Kap. XVII, in: *Corpus Christianorum, Series Latina* (CCSL), Bd. 1, hrsg. von Eugène Dekkers, Turnhout: Brepols, 1958

Tertullian, *De Corona* 4,7, in: *Corpus Christianorum, Series Latina* (CCSL), Bd. 1, hrsg. von E. Dekkers, Turnhout: Brepols, 1958

Tertullian, *De cultu feminarum* I, 1, 2, in: *Corpus Christianorum, Series Latina* (CCSL), Bd. 1, hrsg. von E. Dekkers, Turnhout: Brepols, 1958, S. XXX.

Tertullian, De exhortatione castitatis, Bibliothek der Kirchenväter (BKV), abrufbar unter: https://bkv.unifr.ch/de/works/cpl-20/versions/de-exhortatione-castitatis/divisions/8, letzter Zugriff am 23.02.2025

Tertullian, *De Exhortatione Castitatis*, Kap. 5, in: *Corpus Christianorum, Series Latina (CCSL)*, Bd. 1, hrsg. von Eugène Dekkers, Turnhout: Brepols, 1958, S. 95.

Tertullian, *De Praescriptione Haereticorum*, Kap. XLI, 5, in: *Corpus Christianorum, Series Latina (CCSL)*, Bd. 1, hrsg. von Eugène Dekkers, Turnhout: Brepols, 1958

Tertullian, *De Virginibus Velandis*, Kap. 9, Abs. 1, in: *Corpus Christianorum, Series Latina (CCSL)*, Bd. 1, hrsg. von Eugène Dekkers, Turnhout: Brepols, 1958

Theophylakt von Bulgarien, *Enarratio in Evangelium Joannis*, in: *Patrologia Graeca (PG)*, Bd. 123, Paris: Migne, 1864

Vogel, Cyrille und Reinhard Elze (Hrsg.): *Le Pontifical romano-germanique du dixième siècle*, Bd. 2, Città del Vaticano: Biblioteca Apostolica Vaticana, 1963–1972, zit. als: Vogel, *Le Pontifical romano-germanique*

Vogel, Heinrich Josef (Hrsg.), *Das Corpus Paulinum des Ambrosiaster*, Bonn: Hanstein, 1957, S. 80.

Sekundärliteratur

„*Alexandria: Äthiopien und der Diakonat der Diakonissen*“, abrufbar unter: https://www.vaticannews.va/de/welt/news/2019-03/alexandria-aethiopien-diakonat-diakonissen0.html, letzter Zugriff am 02.03.2025.

Algermissen, Konrad: „Diakonissen“, in: *Lexikon für Theologie und Kirche* (*LThK*), Bd. 3, Freiburg im Breisgau: Herder, [3]2017

Alt-Katholisches Bistum in Deutschland: *Frauenordination*, abrufbar unter: https://www.alt-katholisch.de/unser-glaube/frauenordination/, letzter Zugriff am 19.03.2025

Amazonien-Synode, abrufbar unter: https://www.kathpress.at/goto/meldung/1820033/amazonien-synode, letzter Zugriff am 12.01.2025.

Ansorge, Dirk: Die wesentlichen Argumente liegen auf dem Tisch. Zur neueren Diskussion um den Diakonat der Frau, in: *Herder Korrespondenz* (*HerKorr*) 47, 1993

Ansorge, Dirk: „Der Diakonat der Frau. Zum gegenwärtigen Forschungsstand“, in: Teresa Berger und Albert Gerhards (Hrsg.), *Liturgie und Frauenfrage. Ein Beitrag zur Frauenforschung aus liturgiewissenschaftlicher Sicht*, St. Ottilien: EOS Verlag, 1990

Apostolorum Apostola, in: *Congregation for Divine Worship and the Discipline of the Sacraments*, https://www.vatican.va/roman_curia/congregations/ccdds/documents/articolo-roche-maddalena_ge.pdf, letzter Zugriff am 12.01.2025

“*apostolorum apostola*“, abrufbar unter: https://www.vatican.va/roman_curia/congregations/ccdds/documents/articolo-roche-maddalena_ge.pdf, letzter Zugriff am 20.03.2025.

Backes, Julian R.: „Apostola Apostolorum. Beobachtungen zum Magdalenenproprium des *Breviarium Praemonstratense*“, in: *Analecta Praemonstratensia (AnPraem)* 90 (2014), S. 287–290.

Beard, Mary: *Frauen und Macht. Ein Manifest*, Frankfurt a. M.: S. Fischer, 2018.

Berger, Klaus *Priesterweihe auch für Frauen?*, Münster: Aschendorff, 2012, zit. als: Berger, *Priesterweihe auch für Frauen*

„Bericht: Bischöfe wollen Frauen Stimmrecht bei Amazonas-Synode", abrufbar unter: https://www.katholisch.de/artikel/23187-bericht-bischoefe-wollen-frauen-stimmrecht-bei-amazonas-synode, letzter Zugriff am 17.02.2025.

Berlis, Angela: „Die Tradition weiter denken: Die Einbeziehung von Frauen in das Amt der Kirche in den alt-katholischen Kirchen der Utrechter Union", in: Margit Eckholt, Ulrike Link-Wieczorek, Dorothea Sattler und Andrea Strübind (Hrsg.), *Frauen in kirchlichen Ämtern. Reformbewegungen in der Ökumene*, Göttingen: Vandenhoeck & Ruprecht, 2018, S. 192–204.

Brankaer, Johanna: „Sacerdos und Christus bei Cyprianus und Ambrosius", in: Margit Eckholt (Hrsg.), *Christusrepräsentanz. Eine theologische Standortbestimmung*, Freiburg: Herder, 2021

Brooten, Bernadette: „Junia [...] hervorragend unter den Aposteln (Röm 16,7)", in: Elisabeth Moltmann-Wendel (Hrsg.), *Frauenbefreiung. Biblische und theologische Argumente*, München: Kaiser, 1982

Chouvarda, Thomai: „Diakoninnen in der orthodoxen Kirche. Überlegungen und Perspektiven", in: Margit Eckholt, Sabine Demel, Marianne Heimbach-Steins, Regina Sommer (Hrsg.): *Frauen in kirchlichen Ämtern. Reformbewegungen in der ökumenischen Diskussion.* Vandenhoeck & Ruprecht, Göttingen 2018, S. 273–286

Colson, Jean: Diakon und Bischof in den ersten drei Jahrhunderten der Kirche, in: Karl Rahner/ Herbert Vorgrimler (Hrsg.): *Diaconia in Christo. Über die Erneuerung des Diakonates*, Freiburg: Herder 1962, 23-30

Connell, Sophia M.: „Frauen", in: K. Corcilius und C. Rapp (Hrsg.), *Aristoteles-Handbuch: Leben – Werk – Wirkung*, Stuttgart: J.B. Metzler, 2021, S. 243–249, abrufbar unter: https://eprints.bbk.ac.uk/id/eprint/31859/3/31859.pdf, letzter Zugriff am 01.03.2025.

Connelly, Joan Breton*: Portrait of a Priestess. Women and Ritual in Ancient Greece*, Princeton: Princeton University Press, 2007.

Daniélou, Jean*: The Ministry of Women in the Early Church*, Leighton Buzzard: Faith Press, 1974, S. 1, zit. als: Daniélou, *The Ministry of Women in the Early Church*

Dassmann, Ernst*: Ämter und Dienste in den frühchristlichen Gemeinden* (*Hereditas*, Bd. 8), Bonn: Borengässer, 1994, zit. als: Dassmann, *Ämter und Dienste*

Dautzenberg, Helmut (Hrsg.) u. a.: *Die Frauen im Urchristentum*, 5. Aufl., Freiburg: Herder, 1992.

Demel, Sabine*: Frauen und kirchliches Amt. Grundlagen – Grenzen – Möglichkeiten*, Freiburg/Basel/Wien: Herder, 2012, S. 39 f., zit. als: Demel, *Frauen und kirchliches Amt*

„*Der Kampf ums Frauenpriestertum in der katholischen Kirche*", abrufbar unter: https://www.br.de/nachrichten/bayern/der-kampf-ums-frauenpriestertum-in-der-katholischen-kirche,UDVqLcP, letzter Zugriff am 02.03.2025.

„*Diakoninnen aus Gnade? Zwei Handlungstexte des Synodalen Wegs*", abrufbar unter: https://www.katholisch.de/artikel/32799-diakoninnen-aus-gnade-zwei-handlungstexte-des-synodalen-wegs, letzter Zugriff am 20.01.2025.

„*Die Orthodoxie: Streit um die Diakonatsweihe von Frauen*", abrufbar unter: https://www.domradio.de/artikel/die-orthodoxie-streit-um-die-diakonatsweihe-von-frauen, letzter Zugriff am 20.01.2025.

Düren, Sabine*: Diakonat der Frau? Fragen zur Stellung der Frau in der Kirche*, Buttenwiesen: Holos, 2000, zit. als: Düren, *Diakonat der Frau*

Eckholt, Margit/ Rahner, Johanna (Hrsg.): *Christusrepräsentanz. Zur aktuellen Debatte um die Zulassung von Frauen zum priesterlichen Amt* (Quaestiones Disputatae 319) Freiburg-Basel-Wien, 2021

Eckholt, Margit u.a. (Hrsg.): *Frauen in kirchlichen Ämtern. Reformbewegungen in der Ökumene*, Freiburg 2018, zitiert als: Eckholt, Frauen in kirchlichen Ämtern

Eckolt, Margit: *Ohne die Frauen ist keine Kirche zu machen. Der Aufbruch des Konzils und die Zeichen der Zeit*, Ostfildern: Schwabenverlag 2012.

Edeling-Teves, Walburga: *Hat die Diakonissin in der Frühen Kirche versagt? Untersuchungen über die Gründe, die zur Beendigung von Frauendiensten in der römischen Kirche beitrugen*, Maintal bei Frankfurt: Selbstverlag, ²1989.

Eisen, Ute E: Amtsträgerinnen im frühen Christentum: Epigraphische und literarische Studien, Göttingen: Vandenhoeck & Ruprecht, 1996, S. 34-38, zit. als: Eisen, *Amtsträgerinnen*

„*Erste orthodoxe Diakonin der Neuzeit sakramental geweiht*", abrufbar unter: https://www.katholisch.de/artikel/53134-erste-orthodoxe-diakonin-der-neuzeit-sakramental-geweiht, letzter Zugriff am 20.01.2025.

Esch-Wermeling, Elisabeth*: Thekla – Paulusschülerin wider Willen? Strategien der Leserlenkung in den Theklaakten*, Münster: Aschendorff, 2008.

Fander, Monika: *Die Stellung der Frau im Markusevangelium. Unter besonderer Berücksichtigung kultur- und religionsgeschichtlicher Hintergründe*, Altenberge: Telos, 1990, S. 32 f., zit. als: Fander, *Die Stellung der Frau*

Faxon, Alicia Craig: *Frauen im Neuen Testament. Vom Umgang Jesu mit Frauen*, München: Pfeiffer, 1979, S. 54, zit. als: Faxon, *Frauen im Neuen Testament*

Fee, Gordon D.: *The First Epistle to the Corinthians* (NICNT), Grand Rapids: Eerdmans 1987.

„*Frauen, Ämter, katholische Kirche, Weihe, Diakoninnen, Priesterinnen, Dokument Vatikan*", abrufbar unter: https://www.kirche-und-leben.de/artikel/frauen-aemter-katholische-kirche-weihe-diakoninnen-priesterinnen-dokument-vatikan, letzter Zugriff am 17.02.2025.

Frohnhofen, Herbert: „Weibliche Diakone in der frühen Kirche", in: *Stimmen der Zeit* (*StZ*) 204 (1986), S. 269–278.

Gerl-Falkovitz, Hanna-Barbara: Nachdenkliches zum Diakonat der Frau, in: *Communio. Internationale katholische Zeitschrift* (*Communio*) 25, 1996, 534-542.

Franziskus, Papst: *Wage zu träumen! Mit Zuversicht aus der Krise*, im Gespräch mit Austen Ivereigh, München: Kösel-Verlag, 2020.

Giesen, Richard: *Können Frauen zum Diakonat zugelassen werden?*, Siegburg: Franz Schmitt, 2001.

Gillmann, Franz: „Weibliche Kleriker nach dem Urteil der Frühscholastik", in: *Archiv für katholisches Kirchenrecht* (*AfkKR*) 93 (1913), S. 239–253.

Gössmann Elisabeth und Dietmar Bader (Hrsg.): *Warum keine Ordination der Frau? Unterschiedliche Einstellungen in den christlichen Kirchen*, Freiburg u. a.: Herder, 1987, zit. als: Gössmann, *Warum keine Ordination*

Gryson, Roger: *Le ministère des femmes dans l'Église ancienne*, Gembloux: J. Duculot, 1972

„Guido de Baysio", abrufbar unter: *Catholic Encyclopedia*, https://www.newadvent.org/cathen/02361a.htm, letzter Zugriff am 01.03.2025.

„Guido de Baysio“, abrufbar unter: https://womenpriests.org/theology/guido-guido-de-baysio/, letzter Zugriff am 01.03.2025.

Harnack, Adolf von: *Die Mission und Ausbreitung des Christentums in den ersten drei Jahrhunderten*, 4. Aufl., Leipzig: Hinrichs, 1924.

Hartsoeker, Nicolas: Essai de Dioptrique, Paris: Jean Anisson, 1694, S. 230, abrufbar unter: https://archive.org/details/BIUSante_07012/page/n261/mode/2up, letzter Zugriff am 18.05.2025; Abbildung S. 230. Digitalisat der Wellcome Collection, Bild-ID M0016638, https://commons.wikimedia.org/wiki/File:N._Hartsoeker,_Essay_de_dioptrique_Wellcome_M0016638.jpg. Lizenz: CC BY 4.0.

Hauke, Manfred: „Die Geschichte der Diakonissen – Nachwort und Literaturnachtrag zum Standardwerk von Aimé-Georges Martimort über die Diakonissen“, in: Manfred Hauke und Helmut Hoping (Hrsg.), *Der Diakonat. Geschichte & Theologie*, Regensburg: Friedrich Pustet, 2019, S. 361–394, zit. als: Hauke, *Die Geschichte der Diakonissen*

Hauke, Manfred: „Überlegungen zum Weihediakonat der Frau“, in: *Theologie und Glaube* (*ThGl*) 77 (1987), S. 108–127

Hefele, Karl Josef von: *A History of the Christian Councils*, abrufbar unter: https://www.newadvent.org/fathers/3806.htm, letzter Zugriff am 27.02.2025.

Hentschel, Anni: *Diakon – Diakonin. Zur Frage nach dem Diakonat der Frau*, Stuttgart: Katholisches Bibelwerk, 2011

Hentschel, Anni: *Diakon – Diakonin*, abrufbar unter: http://www.bibelwissenschaft.de/stichwort/59458/, letzter Zugriff am 12.01.2025.

Hentschel, Anni: „Diakon / Diakonin (NT)“, abrufbar unter: Das wissenschaftliche Bibellexikon im Internet (*WiBiLex*), abrufbar unter: https://www.die-bibel.de/ressourcen/wibilex/neues-testament/diakon-diakonin-2, letzter Zugriff am 18.01.2025.

Hentschel, Anni: *Gemeinde, Ämter, Dienste. Perspektiven zur neutestamentlichen Ekklesiologie*, Neukirchen-Vluyn: Neukirchener Verlag, 2013, S. 48., zit. als: Hentschel, *Gemeinde*

Hoff, Gregor Maria: „Repräsentation im Entzug. Zur Darstellungslogik der repraesentatio Christi“, in: Margit Eckholt und Johanna Rahner (Hrsg.), *Christusrepräsentanz. Zur aktuellen Debatte um die Zulassung von Frauen zum priesterlichen Amt*, Quaestiones disputatae Band 319, Freiburg: Verlag Herder, 2021, S. 289–304.

Hofrichter, Peter: „Diakonat und Frauen im kirchlichen Amt“, in: *Heiliger Dienst (HD)* 50 (1996), 3, 140-158.

Hünermann, Peter: „Schwerwiegende Bedenken. Eine Analyse des Apostolischen Schreibens *Ordinatio Sacerdotalis*“, in: Walter Groß (Hrsg.), *Frauenordination. Stand der Diskussion in der Katholischen Kirche*, München: Wewel, 1996, S. 120–127, zit. als: Hünermann, *Schwerwiegende Bedenken*

Hünermann, Peter: „Theologische Argumente für die Diakonatsweihe von Frauen“, in: Peter Hünermann, Klaus Biesinger, Marianne Heimbach-Steins und Anne Jensen (Hrsg.), *Diakonat. Ein Amt für Frauen in der Kirche – Ein frauengerechtes Amt?*, Ostfildern: Schwabenverlag, 1997, S. 98–128, zitiert als: Hünermann, *Theologische Argumente*

Jantschgi, Nina: *Der ständige Diakonat der Frau in der römisch-katholischen Kirche. Eine ökumenische Brücke zwischen den christlichen Kirchen?*, Masterarbeit,Graz 2020, S. 34, abrufbar unter: https://unipub.uni-graz.at/obvugrhs/download/pdf/5332867?utm_source=chatgpt.com, letzter Zugriff am 25.02.2025

Jensen, Anne: „Das Amt der Diakonin in der kirchlichen Tradition des ersten Jahrtausends“, in: Peter Hünermann, Albert Biesinger, Marianne Heimbach-Steins und Anne

Jensen (Hrsg.), *Diakonat. Ein Amt für Frauen in der Kirche – Ein frauengerechtes Amt?*, Ostfildern: Schwabenverlag, 1997, S. 33–52, zit. als: Jensen, *Diakonat*

Kalsbach, Adolf*: Die altkirchliche Einrichtung der Diakonissen bis zu ihrem Erlöschen*, Freiburg: Herder, 1926, zit. als: Kalsbach, *Die altkirchliche Einrichtung der Diakonissen*

„*Katholische Kirche: Frauen, Weihe, Diakonin, Priester, Weltsynode, Bischöfe, Deutschland, Konflikt*", abrufbar unter: https://www.kirche-und-leben.de/artikel/katholische-kirche-frauen-weihe-diakonin-priester-weltsynode-bischoefe-deutschland-konflikt, letzter Zugriff am 17.02.2025.

„*Kein Frauenstimmrecht bei Amazonas-Synode*", abrufbar unter: https://www.katholisch.de/artikel/23235-kein-frauenstimmrecht-bei-amazonas-synode, letzter Zugriff am 17.02.2025.

Kertelge, Karl: Frauen im Neuen Testament – Dienste und Ämter, in: Müller, Gerhard Ludwig (Hrsg.): *Frauen in der Kirche. Eigensein und Mitverantwortung*, Würzburg: Echter 1996, 231-251.

„*Konzil und die Frauen*", abrufbar unter: https://www.uni-trier.de/fileadmin/theofak/Symposium/Konzil_und_die_Frauen.pdf, letzter Zugriff am 02.03.2025.

Kowalski, Beate: „11. Sonntag im Jahreskreis (C): Lk 7,36–8,3", abrufbar unter: http://www.perikopen.de/Lesejahr_C/11_iJ_C_Lk7_36-8_3_Kowalski.pdf, S. 5, letzter Zugriff am 18.01.2025

„*Kritisch bis positiv: Reaktionen auf „Querida Amazonia" in Deutschland*", abrufbar unter: https://de.catholicnewsagency.com/news/5758/kritisch-bis-positiv-reaktionen-auf-querida-amazonia-in-deutschland, letzter Zugriff am 12.01.2025.

Ladaria, Luis F.: „Der endgültige Charakter der Lehre von *Ordinatio sacerdotalis*“, in: *L'Osservatore Romano (OR)*, 29. Mai 2018

Lanzetta, Serafino: „Die Erneuerung des ständigen Diakonats auf dem Zweiten Vatikanum. Anliegen, Ergebnisse und Probleme“, in: Hauke, Manfred / Hoping, Helmut (Hrsg.): *Der Diakonat. Geschichte & Theologie*, Regensburg: Pustet 2019, 125-144.

Lehner, Markus: „Nicht Fisch, nicht Fleisch. Zur chronischen Identitätskrise des Diakonats“, in: *Theologisch-Praktische Quartalschrift (ThPQ)*138 (1990), 358-365.

Legrand, Hervé: „Die Frage der Frauenordination aus der Sicht katholischer Theologie. „Inter Insigniores“ nach zehn Jahren“, in: Gössmann, Elisabeth / Bader, Dietmar (Hrsg.): *Warum keine Ordination der Frau? Unterschiedliche Einstellungen in den christlichen Kirchen*, München, Zürich: Schnell & Steiner 1987, zit als: Legrand, *Die Frage der Frauenordination aus der Sicht katholischer Theologie*

Lietzmann, Hans: „Zur altchristlichen Verfassungsgeschichte“, in: *Zeitschrift für wissenschaftliche Theologie (ZWTh)* 25 (1913), S. 97–153.

Madigan, Kevin; Osiek, Carolyn: *Ordained Women in the Early Church*, Johns Hopkins University Press 2005

„Maria Magdalena – Die verkannte Zeugin“, *Deutschlandfunk*, abrufbar unter: https://www.deutschlandfunk.de/maria-magdalena-die-verkannte-zeugin-102.html#:~:text=Bis%20weit%20ins%2020.,–%20als%20„Apostola%20Apostolorum, letzter Zugriff am 12.01.2025.

Marschler, Thomas: „Natürliche Ähnlichkeit und sakramentale Signifikation“, in: Margit Eckholt (Hrsg.), *Christusrepräsentanz. Eine theologische Standortbestimmung*, Freiburg: Herder, 2018

Martimort, Aimé Georges: *Les diaconesses. Essai historique*, Rom: Edizioni Liturgiche, 1982, zit. als: Martimort, *Les diaconesses*

Morice, Dom Hyacinthe: *Mémoires pour servir de preuves à l'histoire ecclésiastique et civile de Bretagne*, Bd. 1, Paris: Imprimerie Royale, 1742

Müller, Gerhard Ludwig: *Der Empfänger des Weihesakraments. Quellen zur Lehre und Praxis der Kirche, nur Männern das Weihesakrament zu spenden*, Würzburg: Echter, 1999, zit. als: Müller, *Der Empfänger des Weihesakraments*

Müller, Gerhard Ludwig: „Die entscheidende Frage nicht geklärt. Zu der Studie Dorothea Reinigers über den Diakonat der Frau", in: *Die Tagespost. Katholische Zeitung für Politik, Gesellschaft und Kultur (Tagespost)* 45/133 (6.11.1999).

Müller, Gerhard Ludwig: „Kann nur der getaufte Mann gültig das Weihesakrament empfangen? Zur Lehrentscheidung in Ordinatio Sacerdotalis", in: Gerhard Ludwig Müller (Hrsg.), *Frauen in der Kirche*, Freiburg: Herder, 1999, 278–356, zit. als: Müller, *Kann nur der getaufte Mann gültig das Weihesakrament empfangen?*

Müller, Hans: „Frauen im Montanismus. Epigraphische und literarische Zeugnisse", in: *Journal of Early Christian Studies (JECS)* 13 (2), 2005, S. 112–115.

Müller, Hans: „Frauen in der Liturgie des frühen Christentums", in: *Journal of Early Christian Studies (JECS)* 13 (2), 2005, S. 112–115

„*Ordensoberin: Debatte Frauenfrage Weltsynode katholische Kirche*", abrufbar unter: https://www.kirche-und-leben.de/artikel/ordensoberin-debatte-frauenfrage-weltsynode-katholische-kirche, letzter Zugriff am 17.02.2025.

„*Orthodoxe für Wiedereinführung von Diakoninnen*", abrufbar unter: https://www.katholisch.de/artikel/11333-orthodoxe-fuerwiedereinfuehrung-von-diakoninnen, letzter Zugriff am 12.01.2025.

„Osnabrücker Thesen“, in: Margit Eckholt u. a. (Hrsg.), *Frauen in kirchlichen Ämtern. Reformbewegungen in der Ökumene*, Göttingen: Vandenhoeck & Ruprecht, 2018, S. 465–467.

Otranto, Giorgio: „Die Schriften des Atto“, abrufbar unter: http://priester-ohne-amt.org/?page_id=122, letzter Zugriff am 27.02.2025.

Otranto, Giorgio: „Lecture: *The Problem of the Ordination of Women in the Early Christian Priesthood*“, abrufbar unter: https://womenpriests.org/tradition/otran-2-the-problem-of-the-ordination-of-women-in-the-early-christian-priesthood/, letzter Zugriff am 18.02.2025.

Otranto, Giorgio: „Note sul sacerdozio femminile nell'antichità in margine a una testimonianza di Gelasio I“, in: *Vetera Christianorum (VetChr)*19 (1982), S. 341–360.

„*Patriarchat von Alexandria weiht erste Frau zur Diakonin*“, abrufbar unter: https://www.netzwerkafrika.de/patriarchat-von-alexandria-weiht-erste-frau-zur-diakonin, letzter Zugriff am 02.03.2025.

Payne, Philip B.: *Man and Woman, One in Christ*, Grand Rapids: Zondervan 2009.

Petersen, Silke: „*Jede Häresie ist eine wertlose Frau“ (Epiphanius von Salamis). Zur Konstruktion der Geschlechterdifferenz im Religionsstreit*“, in: Ute E. Eisen, Christine Gerber und Angela Standhartinger (Hrsg.), *Doing Gender – Doing Religion*, Tübingen: Mohr Siebeck, 2013, S. 99–126

„*Philippa Rath: Papst, Diakoninnen-Weihe, Frauen, Vatikan*“, abrufbar unter: https://www.kirche-und-leben.de/artikel/philippa-rath-papst-diakoninnen-weihe-frauen-vatikan, letzter Zugriff am 17.02.2025.

„*Phoebe und Junia*“, abrufbar unter: *Theologie und Kirche*, http://theologie-und-kirche.de/phoebe-und-iunia.pdf, letzter Zugriff am 18.01.2025.

Pinger, Christina: „*Frauen als Diakoninnen?“. Das Diakonat der Frau unter Berücksichtigung von Phil 1,1; Röm 16,1f. und 1Tim 3,8-13*“, Diplomarbeit, Wien 2017, abrufbar unter: https://services.phaidra.univie.ac.at/api/object/o:1333669/get, letzter Zugriff am 18.02.2025.

Pomeroy, Sarah B.: *Goddesses, Whores, Wives, and Slaves. Women in Classical Antiquity,* New York: Pimlico, 1995

„*Predigt zu Lukas (Lk 7,36–50)*“, Universitäts-Bibel-Freundschaft Heidelberg, abrufbar unter: https://ubfheidelberg.org/Wordpress/predigt-lukas-lukas, letzter Zugriff am 18.03.2025.

„Priesterinnen-Weihe: Rebellion gegen Rom“, abrufbar unter: https://www.spiegel.de/panorama/gesellschaft/priesterinnen-weihe-rebellion-gegen-rom-a-423468.html, letzter Zugriff am 02.03.2025.

Rahner, Karl: „Priestertum der Frau?“, in: *Stimmen der Zeit* (StZ) 102 (1977), S. 291–301, zitiert als: Rahner, *Priestertum der Frau*

Raming, Ida: *55 Jahre Kampf für Frauenordination in der katholischen Kirche. Eine Pionierin hält Rückschau: Personen – Dokumente – Ereignisse – Bewegungen*, Berlin: LIT Verlag, 2018

Raming, Ida: *Der Ausschluß der Frau vom priesterlichen Amt. Gottgewollte Tradition oder Diskriminierung?*, Köln: Böhlau, 1973, zit. als: Raming, *Der Ausschluß der Frau vom priesterlichen Amt*

Raming, Ida: Gab es bereits in neutestamentlicher Zeit Diakoninnen?, aus: Die Kirche braucht Diakoninnen, Münster 1999, abrufbar unter: https://womenpriests.org/de/call-ovr-katholische-frauen-mit-priesterlicher-berufung/diakon1-zur-geschichte-des-weiblichen-diakonats/, letzter Zugriff am 18.02.2025.

Reininger, Dorothea: *Diakonat der Frau in der Einen Kirche. Diskussionen, Entscheidungen und pastoral-praktische Erfahrungen in der christlichen Ökumene und ihr Beitrag zur römisch-katholischen Diskussion*, Ostfildern: Schwabenverlag, 1999, S. 60, zit. als: Reininger, *Diakonat der Frau*

Reininger, Dorothea / Pemsel-Maier, Sabine: „Frauen als Diakone in der Ökumene", in: Hünermann / Biesinger / Heimbach-Steins / Jensen (Hrsg.): *Diakonat. Ein Amt für Frauen in der Kirche – Ein frauengerechtes Amt?*, Ostfildern: Schwabenverlag 1997, 192-205.

Reininger, Dorothea: *Gemeinde. Strukturen und Ämter im Wandel*, Ostfildern: Schwabenverlag, 2005.

Remenyi, Matthias und Thomas Schärtl, „Normativität – Plausibilität – Ikonizität. Überlegungen zur Frauenordination", in: Margit Eckholt und Johanna Rahner (Hrsg.), *Christusrepräsentanz. Zur aktuellen Debatte um die Zulassung von Frauen zum priesterlichen Amt*, Freiburg i. Br.: Herder, 2021, S. 44–75.

Röttger, Sarah „Die Äbtissinnen und ihre Weihe. Stütze in der Diskussion um die Ordination von Frauen?", in: Margit Eckholt, Ulrike Link-Wieczorek, Dorothea Sattler und Andrea Strübind (Hrsg.), *Frauen in kirchlichen Ämtern: Reformbewegungen in der Ökumene*, Freiburg im Breisgau: Herder / Göttingen: Vandenhoeck & Ruprecht, 2018, S. 148–159.

Schmaus, Michael: *Dogmatik*, Bd. IV/1, 5. Auflage, München: Hueber, 1957

Schnackenburg, Rudolf: „Apostles before and during Paul's Time", in: *Apostolic History and the Gospel. Festschrift for F. F. Bruce*, W. Ward Gasque und Ralph P. Martin (Hrsg.), Exeter: Paternoster Press, 1970, S. 287–303.

Schneider, Sebastian: „*16. Sonntag im Jahreskreis (C): Lk 10,38–42*", abrufbar unter:

http://www.perikopen.de/Lesejahr_C/16_iJ_C_Lk10_38-42_Schneider.pdf, letzter Zugriff am 18.01.2025

Schöllgen, Georg: „*Die Anfänge der Professionalisierung des Klerus und das kirchliche Amt in der syrischen Didaskalie*“, in: *Jahrbuch für Antike und Christentum (JbAC)*, Ergänzungsband 26, Münster: Aschendorff, 1998, zit. als: Schöllgen, *Die Anfänge der Professionalisierung des Klerus*

Schüssler Fiorenza, Elisabeth: *In Memory of Her. A Feminist Theological Reconstruction of Christian Origins*, New York: Crossroad, 1983, S. 306.

Schüssler-Fiorenza, Elisabeth: „Women Apostles: The Testament of Scripture“, in: *Women and Catholic Priesthood: An Expanded Vision. Proceedings of the Detroit Ordination Conference*, hrsg. von Anne Marie Gardiner, New York/Paramus/Toronto: Paulist Press, 1976, S. 94–102.

Schüssler-Fiorenza, Elisabeth: „Die Rolle der Frau in der urchristlichen Bewegung“, in: *Concilium*. Internationale Zeitschrift für Theologie *(Concilium)* 12 (1976), S. 3–9.

„*Schwester Katharina: Rom fehlt Mut, Frauenweihe bei Synode zu beraten*“, abrufbar unter: https://www.kirche-und-leben.de/artikel/schwester-katharina-rom-fehlt-mut-frauenweihe-bei-synode-zu-beraten, letzter Zugriff am 17.02.2025.

Seewald, Michael: „Wer stellt wen dar? Zur Debatte um die Frauenordination“, in: Margit Eckholt und Johanna Rahner (Hrsg.), *Christusrepräsentanz. Zur aktuellen Debatte um die Zulassung von Frauen zum priesterlichen Amt*, Freiburg i. Br.: Herder, 2021, S. 27–43, zit. als : Seewald, *Wer stellt wen dar?*

„*Simbabwe: Orthodoxe Diakoninnen-Weihe sorgt für Aufsehen*“, abrufbar unter: https://www.vaticannews.va/de/welt/news/2024-05/simbabwe-orthodoxe-diakoninnen-weihe-sorgt-fuer-aufsehen-harare.html, letzter Zugriff am 02.03.2025.

Spendel, Stefanie: „Braucht die Kirche Diakoninnen? Frauen in Diakonie und Caritas: Bestandsaufnahme und Perspektiven“, in: Hünermann / Biesinger / Heimbach-Steins / Jensen (Hrsg.): *Diakonat. Ein Amt für Frauen in der Kirche – Ein frauengerechtes Amt?* Ostfildern: Schwabenverlag 1997, 78-85.

Spiazzi, Raimondo u.a.: *Die Sendung der Frau in der Kirche. Die Erklärung „Inter insigniores“ der Kongregation für die Glaubenslehre mit Kommentar und theologischen Studien*, deutschsprachige Redaktion des „Osservatore Romano (Hrsg.), Kevelaer 1978, zit. als: *Spiazzi, Die Sendung der Frau in der Kirche*

Stiefel, Jennifer H.: „Women Deacons in 1 Timothy: A Linguistic and Literary Look at ‚Women Likewise ...‘ (1 Tim 3,11)“, in: *New Testament Studies (NTS)*, Bd. 41 (1995), S. 442–457.

Streitenberger, Peter: *Das Evangelium nach Johannes*, S. 23, abrufbar unter: http://www.bibelgriechisch.online/Das%20Johannesevangelium.pdf, letzter Zugriff am 17.01.2025, zit. als: Streitenberger, *Das Evangelium nach Johannes*

Streitenberger, Peter: *Das Lukasevangelium. Griechischer Text und Übersetzung mit Kommentar – Vers für Vers*, abrufbar unter: https://www.sermon-online.com/de/contents/35122, letzter Zugriff am 18.01.2025

Swidler, Leonhard: „Jesu Begegnung mit Frauen. Ein Plädoyer für Gleichheit und Gleichberechtigung der Frau“, in: *Diakonia. Internationale Zeitschrift für die Praxis der Kirche (Diakonia)* 3 (1972), S. 229–236

Theobald, Michael: „Apostolizität und Macht“, in: Margit Eckholt (Hrsg.), *Frauen in kirchlichen Ämtern. Reformbewegungen in der Ökumene*, Ostfildern: Grünewald, 2018

Theobald, Michael: „Die biblischen Frauen Junia und Phoebe. Ohne Heimatrecht in der römisch-katholischen Kirche?“, in: *Das Katholische Sonntagsblatt*, Nr. 13, 25.03.2012.

Theodorou, Evangelos: „Die Weihe oder Segnung der Diakonissen", in: Anne Jensen und Grigorios Larentzakis (Hrsg.), *Diakonat und Diakonie in frühchristlicher und ostkirchlicher Tradition*, Graz: Print&Art, 2008, S. 34–134, zit. als: Theodorou, *Die Weihe oder Segnung der Diakonissen*

Theodorou, Evangelos: „Frauenordination in der Orthodoxen Kirche? Anmerkungen zum Diakonat der Frau", in: Dietmar W. Winkler (Hrsg.), *Diakonat der Frau. Befunde aus biblischer, patristischer, ostkirchlicher, liturgischer und systematisch-theologischer Perspektive*, Wien: Lit, 2010, S. 43–57, zit. als: Theodorou, *Frauenordination*

Theodorou, Evangelos: „Das Amt der Diakoninnen in der kirchlichen Tradition. Ein orthodoxer Beitrag zum Problem der Frauenordination", in: *Una Sancta. Zeitschrift für ökumenische Begegnung*, 33. Jg. (1978), zit. als: Theodorou, *Das Amt der Diakoninnen*

Torrell, Jean-Pierre: „Die Verbindlichkeit von *Ordinatio Sacerdotalis*. Zur Hermeneutik lehramtlicher Dokumente", in: Gerhard Ludwig Müller (Hrsg.), *Frauen in der Kirche. Eigensein und Mitverantwortung*, Würzburg: Echter, 1999, S. 357–379.

Thomas, Yan: „Die Teilung der Geschlechter im Römischen Recht", in: Georges Duby, Michelle Perrot (Hrsg.), *Geschichte der Frauen. Band 1: Antike*, Pauline Schmitt Pantel (Hrsg.), Campus-Verlag, Frankfurt am Main 1993, S. 105–171

„Umstrittene Priesterinnenweihe auf Donauschiff – spätere Exkommunikation", abrufbar unter: https://www.domradio.de/glossar/umstrittene-priesterinnenweihe-auf-donauschiff-spaetere-exkommunikation, letzter Zugriff am 02.03.2025.

Vasilevich, Natallia: „Frauenordination in der orthodoxen Kirche. Wird die Diakoninnenweihe im Patriarchat von Alexandrien der Flügelschlag des Schmetterlings?", in: Eckholt, Margit / Link-Wieczorek, Ulrike / Sattler, Dorothea / Strübind, Andrea (Hrsg.): *Frauen in kirchlichen*

Ämtern. Reformbewegungen in der Ökumene, Freiburg im Breisgau: Herder 2018, 261-272.

Vogt, Hermann-Josef: „Kommt das Diakonat der Frau? Gewöhnung ersetzt keine Argumente", in: *Die Tagespost. Katholische Zeitung für Politik, Gesellschaft und Kultur (Tagespost)* 125 (19.10.1999).

Vorgrimler, Herbert: „Gutachten über die Diakonatsweihe von Frauen", in: *Synode. Gemeinsame Synode der Bistümer in der Bundesrepublik Deutschland*, Bd. 7: *Amt und Dienste in der Kirche*, 1973, S. 48–50.

Peter Walter, „*Bishop II. Medieval Times and Reformation Era*", in: *Encyclopedia of the Bible and Its Reception (EBR)*, Bd. 4, Berlin/Boston: De Gruyter, 2012, Sp. 68–70.

Weiher, Joseph: Art. Diakon. IV. Kirchenrechtlich, in: *Lexikon für Theologie und Kirche (LThK)* 3 (1995) 182-183.

Weltsynode – Abschlussdokument, abrufbar unter: https://www.dbk.de/fileadmin/redaktion/diverse_downloads/dossiers_2024/Weltsynode-Abschlussdokument.pdf, letzter Zugriff am 17.02.2025.

„*Weltsynode: Katholische Kirche, Diakoninnen, Frauen, Diakonenweihe, Bischof Georg Bätzing*", abrufbar unter: https://www.kirche-und-leben.de/artikel/weltsynode-katholische-kirche-diakoninnen-frauen-diakonenweihe-bischof-georg-baetzing, letzter Zugriff am 17.02.2025.

Wendel, Saskia: „Jesus war ein Mann… – na und? Ein funktionales und nicht-sexualisiertes Amtsverständnis in anthropologischer Hinsicht", in: Margit Eckholt u. a. (Hrsg.), *Frauen in kirchlichen Ämtern. Reformbewegungen in der Ökumene*, Freiburg i. Br.: Herder, 2018, S. 330–341

Westfall, Cynthia Long: *Paul and Gender: Reclaiming the Apostle's Vision for Men and Women in Christ*, Grand Rapids, MI: Baker Academic, 2015.

Winklhofer, Alois: *Kirche in den Sakramenten*, Frankfurt: Knecht, 1968

Zscharnack, Leopold: *Der Dienst der Frau in den ersten Jahrhunderten der christlichen Kirche*, Götttingen: Vandenhoeck & Ruprecht, 1902, zit. als: Zscharnack, *Der Dienst der Frau*

Abkürzungsverzeichnis

Abkürzung	Vollständiger Titel
AAS	Acta Apostolicae Sedis
AfkKR	Archiv für katholisches Kirchenrecht
AnPraem	Analecta Praemonstratensia
BKV	Bibliothek der Kirchenväter
CCCM	Corpus Christianorum, Continuatio Mediaevalis
CCSL	Corpus Christianorum, Series Latina
Communio	Communio. Internationale katholische Zeitschrift
Concilium	Concilium. Internationale Zeitschrift für Theologie
Diakonia	Diakonia. Internationale Zeitschrift für die Praxis der Kirche
EBR	*Encyclopedia of the Bible and Its Reception*
EKK NT	Evangelisch-Katholischer Kommentar zum Neuen Testament
HD	Heiliger Dienst. Liturgische Zeitschrift
HerKorr	Herder Korrespondenz
JbAC	Jahrbuch für Antike und Christentum
JECS	Journal of Early Christian Studies
LThK	Lexikon für Theologie und Kirche
NTS	New Testament Studies
OR	L'Osservatore Romano
PG	Patrologia Graeca
PL	Patrologia Latina
StZ	Stimmen der Zeit

Tagespost	Tagespost. *Katholische Zeitung für Politik, Gesellschaft und Kultur*
ThGl	Theologie und Glaube
ThKN	Theologischer Kommentar zum NT
ThPQ	Theologisch-Praktische Quartalschrift
Una Sancta	Una Sancta. Zeitschrift für ökumenische Begegnung
VetChr	Vetera Christianorum
WiBiLex	Das wissenschaftliche Bibellexikon im Internet
ZWTh	Zeitschrift für wissenschaftliche Theologie

Sr. Clara Petschnigg, geboren 1968, ist Diplomtheologin und klassische Philologin. Sie unterrichtet Religion, Latein, Mathematik und Informatik an einem privaten Gymnasium in Aachen.

Neben ihrer Tätigkeit als Lehrerin war sie einige Jahre in der kirchlichen Berufungspastoral tätig und leitete als stellvertretende Direktorin ein Vorseminar für Geistliche Berufe – damit war sie vermutlich eine der ersten Frauen im Bereich der Priesterausbildung in Deutschland.

Nach fast drei Jahrzehnten im Kloster lebt sie heute als geweihte Jungfrau und gehört zur *Kleinen Kommunität der Geschwister Jesu.* In ihrer Arbeit verbindet sie wissenschaftliche Genauigkeit mit spiritueller Tiefe.

„*Die verschwiegene Hälfte der Kirche*" ist ihr erstes Buch.

Gebet

Herr, in der Eucharistie hast Du Dich mir geschenkt.
Dort habe ich Dich erkannt, dort bist Du mir begegnet,
dort wächst die Liebe zu Dir, die mich trägt.

Lehre mich, Dich anzubeten –
nicht nur mit Worten,
sondern mit meinem ganzen Leben.

Dein Wille geschehe –
in mir, in Deiner Kirche, in dieser Zeit.

Öffne unser aller Herzen für das, was Du willst.
Zeige Deiner Kirche, was Du ihr anvertraut hast.

Lass uns erkennen, was Dir gefällt,
und gib uns den Mut, es zu leben.

Amen.